# 무역관계법규

## -관세법·대외무역법·외국환거래법-

김용태 저

Dr. Jur. Yongtae Kim

도서출판 두남

# 머리말

관세법 · 대외무역법 · 외국환거래법은 Global 시대에서의 무역 · 통상거래와 관련된 주요한 행정법규이다. 세 분야의 법률은 단일의 무역 · 통상거래에 대해 중첩하여 규율하면서도 각각 그 입법목적을 달리하고 있다. 또한, 세 분야의 법률은 각 법령마다 독자적인 법리와 규율 내용을 담고 있어서 그 핵심적 내용을 모두 한번에 숙지하면서 법률 서로간 연관성을 거시적으로 이해하려면 상당한 어려움을 갖게 된다.

그런 연유에서, 저자는 이미 저술한 『관세행정법 with 관세형사법』과 『외국환거래법 with 외환형사법』의 핵심적 내용을 중심으로 압축하여, 세 분야 법률의 이론과 실무를 한번에 알기 쉽게 이해할 수 있는 단권의 법학서를 편저하려는 마음을 가지게 되었다. 그리하여 이 책의 내용은 관세법 · 대외무역법 · 외국환거래법을 이론적으로 배우는 대학생, 관세사시험 등을 준비하는 수험생, 수출입기업에서 무역 · 통상거래의 실무를 직접 다루는 기업체 관계자, 그리고 관련 전문영역에 종사하는 실무전문가들에게 길잡이로서 유용한 지침서가 될 수 있도록 의도하였다.

이 책의 구성체계는 무역관계법규의 전문서로서 다음과 같은 특징을 갖는다. 첫째, 대학에서 한 학기 강의 분량으로 적합한 분량이 되도록 관세법 · 대외무역법 · 외국환거래법의 실체법규를 모법의 내용을 중심으로 기술하면서 하위규범인 시행령과 시행규칙의 절차법규 내용은 주석에서 가급적 해당 조문으로 표기하였다. 둘째, 각 법률이 내포하는 조문의 분량과 규율 내용의 비중을 고려하여 관세법 · 대외무역법 · 외국환거래법의 구성비율을 7장 · 3장 · 3장으로 편찬하였다. 셋째, 최근 10년 간의 관세사 기출문제를 각 법률마다 말미에 부록하였다.

아무쪼록 이 책이 대학에서 관련 학문을 배우는 학생이나 수험생, 그리고 관세행정실무에 종사하는 관계자들에게 조금이라도 도움이 되고, 무역관계법규의 발전에 일조할 수 있기를 간절하게 기대해 본다. 어려운 상황에서 이 책의 출판을 흔쾌히 결심해 준 도서출판 두남의 전두표 대표님과 이승구 상무님께 깊은 감사를 드린다.

2024년 7월 성남 도촌동에서

저자 씀

# 차례

## 제1편 관세법

# 제3편 외국환거래법

제 **1** 편

# 관세법

**제1장** 관세법의 기본이론

**제2장** 관세국경에서 운송수단의 왕래와 물품의 반출입

**제3장** 수출입물품의 통관

**제4장** 관세의 납세의무

**제5장** 관세의 과세행정과 납세자의 권리보호

**제6장** 관세행정상 조세특례

**제7장** 관세형사제재법규

# 1

# 관세법의 기본이론

# 제1장 관세법의 기본이론

## 제1절 관세의 개념과 기능

관세의 개념[1)]은 국가가 그 존립과 활동의 재원을 확보하기 위하여 반대급부 없이 일반 국민으로부터 강제적으로 부과 · 징수하는 과징금을 말한다. 재정학상 조세의 종류[2)]는 과세주체에 따라 국세와 지방세로 구분되며, 관세는 국세에 속하지만 과세권이 국세청장이나 세무서장의 소관인 내국세와 구별되고, 다른 일반의 국세와는 원칙적으로 그 법적 규제를 달리하고 있다.

국가나 그와 유사한 공동체가 존재한 이래로 관세의 징수는 전래되었다. 그렇기 때문에 관세는 가장 오래된 조세이다. 그것의 흔적은 예컨대 기원전 3,000년 오리엔트나 이집트의 문화사 이전까지 거슬러 올라간다. 중세까지 관세 또는 같은 의미의 통행세는 육로와 해로, 다리, 항만시설과 장터 등에 대한 사용수수료의 특성을 혹은 상품거래에 대한 보호수수료의 특성을 현저하게 가졌다.[3)] 이와 같은 통로관세, 다리관세 또는 통행관세는 무엇보다도 국가수입의 목적에 이바지하였다. 이러한 목적의 조세는 관세이론상

1) 관세의 어원적 개념은 김용태, 관세행정법 with 관세형사법, 12쪽을 참조.

2) 재정학상 조세의 종류는 법규상 납세의무자와 사실상의 조세부담자와의 관계에 따라 직접세와 간접세로, 과세물건의 성질에 따라 수익세 · 재산세 · 거래세 및 소비세로, 과세물건의 종류에 따라 대인세 · 대물세 및 행위세로, 조세수입의 용도에 따라 보통세와 목적세로, 조세수입의 시기에 따라 경상세 · 정기세와 임시세 · 수시세로 그 종류를 나눌 수 있는데, 관세는 대물세로서 수시세인 성격을 띠고 있으며, 간접세 · 소비세 및 보통세로 분류된다.

3) Peter Witte/Hans-Michael Wolffgang, Lehrbuch des Europäischen Zollrecht, S.28.

**재정관세**로서 특징된다. 17세기와 18세기 관세영역 또는 경제영역을 설정할 때까지 관세는 소위 생산현장에서 거두어들였다. 따라서 국경에서 관세를 징수하는 사상은 즉 국경관세는 비로소 근대(현대)의 발전 결과였다.

절대왕정의 중상주의정책은 국가를 이미 경제단위와 경제생활의 조정자로 여겼다. 그렇기 때문에 이 시대에 재정관세사상과 더불어 보다 넓은 관세의 동기가 나타났으며, 국제적인 경쟁에 대한 자국경제의 보호를 위하여 국가시장을 **보호관세**로서 폐쇄하였다. 또한, 관세를 부과하여 성취된 수입재화의 가격등귀는 관세로 보호된 경제에 재화의 생산 그 자체를 수용하거나 생산량을 확대시킴으로써 생존적 대외무역을 성장시킬 수 있는 효과를 준다는 인식이 넓혀졌다.

오늘날 GATT에 근거하는 자유무역학설로부터 원칙적으로는 배척됨에도 불구하고, 보호관세사상은 여러 가지 변형을 통하여 오늘날까지 유지될 수 있었다. 특히, 순수한 보호관세의 징수는 일정한 상황에 따라 일시적으로 경제논리에서 정당화될 수 있다. 예컨대 새로운 산업부문의 보호(육성관세), 산업부문 내지 총체적 국민경제에서 위기의 제거(위기관세), 보조금 및 덤핑방지(상계관세 및 반덤핑관세) 등이 있다. 이러한 관세 부과의 사례가 보여주는 바와 같이 오히려 GATT규범에 대하여 오늘날 보호관세의 징수가 적법한 것으로 여겨지는 예외상황에 관한 문제이다.

세계무역이 일반적으로 관세의 영향을 받고 있는 것은 결과적으로 재정관세사상과 보호관세사상을 능가하는 동기에 의하여 발생되고 있다. 관세동맹, 자유무역지역(FTA) 또는 그 개별국가와 제3국가와의 상품거래에서 오늘날 다른 측면에서 관세가 징수되는 경우에, 관세는 본질적으로 **영역관세** 또는 **경제관세**의 사상에 동기를 갖게 된다.[4)]

## 제2절 관세행정법의 존재형식(法源)

### Ⅰ. 헌법

헌법(Constitution)은 국가의 통치권 전반에 걸친 근거조직과 기본작용을 규율하는 기본법이며, 국가의 최고법으로서의 성질을 가지므로 다른 형식의 법원(法源)에 대하여

4) Peter Witte/Hans-Michael Wolffgang, 앞의 책, S.29.

우월한 효력을 갖는다. 관세행정에 관한 법률은 행정법에 속하고 행정법은 헌법의 구체화된 법을 의미하므로 관세법은 헌법의 집행법으로서 헌법의 가치관 내지 기본이념에 기속되며, 그것을 구현해야 한다. 관세법이 구현해야 할 헌법적 가치관 내지 기본이념이 도출되는 헌법규정으로 다음과 같은 법원칙 또는 법조문이 있다:

- 법치국가원리;
- 모든 국민은 법률이 정하는 바에 의하여 납세의 의무를 진다(헌법 제38조);
- 조세의 종목과 세율은 법률로 정한다(헌법 제59조);
- 모든 국민은 행위시의 법률에 의하여 범죄를 구성하지 아니하는 행위로 소추되지 아니하며, 동일한 범죄에 대하여 거듭 처벌받지 아니한다(헌법 제13조);
- 국가는 대외무역을 육성하며, 이를 규제·조정할 수 있다(헌법 제125조).

## Ⅱ. 법률

성문의 관세행정법은 원칙적으로 형식적 의미의 법률, 즉 입법부인 국회가 제정하는 '법률'(Law; Act)의 형식으로 존재한다. 그런데 어떤 법률사실의 적용에서 두 개의 법률이 상충하는 경우에는 특별법우선의 원리 또는 신법우선의 원리에 따라 적용되는 법률이 결정된다. 그리고 법률에 근거하여 행정입법의 형식으로 제정된 법규를 법규명령이라 하는데, 대통령령으로 제정된 법규명령을 시행령이라 칭하고, 각 부령으로 제정된 법규명령을 시행규칙이라 일컫는다.[5)]

### 1. 관세법

1949. 11. 23. 법률 제67호로 제정된 관세법은 관세행정에 관한 기본(일반)법률이며, 별표로서 관세율표가 있다. 일반적으로 "형식적 의미의 관세법"을 말할 때 이 법을 의미한다. 헌법상 국민의 기본적 의무로서 관세에 관한 납세의무를 구체적으로 규율하고 있는 **관세법의 입법목적**은 관세의 부과·징수와 수출입물품의 통관을 적정하게 하고 관세수입을 확보함으로써 국민경제의 발전에 이바지하는 데 있다.

이러한 입법목적을 갖는 관세법은 그 법적 성격에서 과세권의 주체인 국가와 경제활동의 주체인 개인(자연인, 법인, 법인격 없는 단체 등) 사이 관세에 관한 납세의무관계를

5) 한편, 행정조직의 내부에서 조직이나 절차를 또는 행정기관의 사항적인 행위영역을 상세히 규율하거나, 상급행정청이 하급행정청에 대해 그것을 설정하는 행정명령을 행정규칙이라 부른다.

규율하는 법률로 내용적으로는 납세의무의 실체를 규율하는 조세실체법규, 관세의 부과 · 징수 등 관세채권의 실현을 위한 절차를 규율하는 조세절차법규, 납세자의 권리보호에 관한 구제절차를 규율하는 조세구제법규 등을 포함하고 있기 때문에 **조세행정법**의 성격을 띠고 있다. 또한, 공정한 통상질서를 확립하기 위하여 관세국경을 통과하는 물품의 통관절차에 관한 법규, 국제수지의 균형을 도모하기 위한 관세율조정에 관한 법규, 관세국경에서의 통상보호조치에 관한 법규, 수출 촉진을 위한 관세행정지원에 관한 법규 등을 내포하고 있어서 **통상행정법의 성격**을 갖는다. 아울러 관세에 관한 납세의무의 이행과 통상정책에 관한 관세행정작용의 실효성을 확보하기 위하여 관세범죄와 관세질서위반행위에 대한 형사(형벌)제재의 실체법규 및 절차법규를 내포하고 있어서 **관세형사법의 성격**을 갖는다.

그런데 조세행정법으로서 관세법은 조세행정법의 동일한 법원에 속하는 내국세법과 서로 충돌하는 경우가 발생한다. 그리하여 수입물품에 대하여 세관장이 부과 · 징수하는 부가가치세, 지방소비세, 담배소비세, 지방교육세, 개별소비세, 주세, 교육세, 교통 · 에너지 · 환경세 및 농어촌특별세(이하 "내국세등", 내국세등의 가산세 및 강제징수비를 포함한다)의 부과 · 징수 · 환급 등에 관하여 국세기본법(이하 "국기법"), 국세징수법(이하 "국징법"), 부가가치세법(이하 "부가세법"), 지방세법, 개별소비세법(이하 "개소세법"), 주세법, 교육세법, 교통 · 에너지 · 환경세법 및 농어촌특별세법(이하 "농특세법")의 규정과 관세법의 규정이 상충되는 경우에는 관세법의 규정을 우선하여 적용한다(관세법 제4조제1항). 그리고 관세법에 따른 가산세 및 강제징수비의 부과 · 징수 · 환급 등에 관하여는 관세법 중 관세의 부과 · 징수 · 환급 등에 관한 규정을 적용한다(관세법 제4조제3항). 또한, 수입물품에 대하여 세관장이 부과 · 징수하는 내국세등에 대한 담보제공 요구, 국세충당, 담보해제, 담보금액 등에 관하여는 관세법 중 관세에 대한 담보 관련 규정을 적용한다(관세법 제4조제4항).

## 2. 수출용원재료에 대한 관세 등 환급에 관한 특례법

「수출용원재료에대한관세등환급에관한특례법」(이하 '관세환급특례법')은 능률적인 수출지원과 균형있는 산업발전에 이바지하기 위하여 1974. 12. 12. 제정된 법률로 관세법, 임시수입부가세법, 개소세법, 주세법, 교통 · 에너지 · 환경세법, 농특세법 및 교육세법과 국기법, 국징법에 대한 특례를 규정하고 있기 때문에 **관세환급에 관하여 관세법에 대한 특별법의 지위**를 갖는다.

## 3. 자유무역협정의 이행을 위한 관세법의 특례에 관한 법률

「자유무역협정의이행을위한관세법의특례에관한법률」(이하 "FTA관세법")은 2005. 12. 31. 제정된 관세행정에 관한 특별법으로서 우리나라가 체약상대국과 체결한 자유무역협정의 이행을 위하여 필요한 관세의 부과 · 징수 및 감면, 수출입물품의 통관 등 관세법의 특례에 관한 사항과 자유무역협정에 규정된 체약상대국과의 관세행정 협조에 필요한 사항을 규정하고 있다.[6] FTA관세법에서 정한 사항과 관세법에서 정한 사항이 상충되는 경우에는 FTA관세법이 관세행정에 관한 특별법의 지위를 갖기 때문에 **관세법에 우선하여 적용**된다. 하지만 FTA관세법에서 정하지 아니한 관세행정에 관한 사항에 대해서는 관세행정에 관한 일반법인 관세법에서 정하는 바에 따라야 한다.

## 4. 국제조약·국제법규

국제조약이란 그 명칭이 협약(convention) · 협정(agreement) · 약정(arrangement) · 의정서(protocol)의 어느 것이든 널리 국가와 국가 사이 또는 국가와 국제기구 사이의 문서에 의한 합의를 말한다. 또한, 국제법규란 우리나라가 체약당사국이 아닌 국제조약으로서 국제사회에서 일반적으로 그 법규성이 승인되어 구속력을 갖고 있는 법규정을 의미한다. 이러한 국제조약과 국제법규는 헌법 제6조제1항에 따라 국내법과 동일한 효력을 가지므로, 그것이 관세행정에 관한 사항을 포함하고 있을 경우에는 그 범위에서 관세법의 존재형식이 된다.

관세행정에 관한 국제조약으로 우선 먼저 GATT/WTO법을 들 수 있다. 이 법의 연원은 이렇다. 1947년 GATT협정이 체결되어 발효된 이후 동경라운드까지 7차에 걸쳐 GATT의 다각적 무역협상이 개최되어 관세인하 등 무역자유화에 크게 기여한 바 있다. GATT의 여덟 번째 다각적 무역협상인 우루과이라운드는 1986. 9. 우루과이 푼타델에스테 각료선언을 통하여 출범하였는데, 타결시한을 넘기는 등 협상이 지지부진하게되자 1991. 12. GATT 사무총장 둔켈(Arthur Dunkel)이 작성한 최종협상 초안을 기초로 협상을 진행하게 함으로써 협상타결을 위한 일대 전기를 마련한 바 있다. 미국의회 무수정 일괄 통과 절차(fast-track)에 의한 우루과이라운드협상안의 미국의회 상정기한인 1993. 12. 15. 이 다가오자 협상은 급진척되었으며, 드디어 1993. 12. 15. 협상에 참가한 117개국이 우루과이라운드 최종협정문에 조인함으로써 GATT체제는 발전적으로 해체되고 역사적

---

6) FTA 원산지규정에 관한 상세한 내용은, 김용태, FTA 원산지 이야기(서울: 도서출판 두남, 2022)를 참고하기 바람.

인 WTO체제가 탄생하게 되었다. 우리나라에서 WTO협정은 1994. 6. 20. 제26회 국무회의의 심의를 거쳐 동년 12. 16. 제170회 정기국회 제19차 본 회의에서 비준동의를 얻어 동년 12. 30. GATT 사무총장에게 기탁함으로써 1995. 1. 1.자로 발효하였다. 그 밖의 관세법의 존재형식이 인정되는 국제조약 내지 국제법규로는 WCO협약[7)]과 SOFA협정이 있다. SOFA협정은 우리나라에 주둔하는 미국군대의 지위에 관한 한·미 간의 행정협정으로 체결되어 1967. 2. 9.부터 발효되었다. 이 협정 제9조에 "통관과 관세"에 관한 기본규정을 두고 제13조에 비세출자금기관, 제15조에 초청계약자, 제20조에 군사우편국 등에 대한 과세·면세통관 등에 관한 규정을 두고 있다.

---

7) 세계관세기구(WCO)는 1994. 6. 관세협력이사회(CCC)의 제83~84차 총회에서 동 기구의 비공식 명칭이 CCC에서 WCO로 변경된 것으로 현재 법률적 성격의 문서 이외에는 WCO의 명칭으로 호칭되고 있다. WCO는 관세전문 국제기구로써 각국의 관세제도와 법규를 고도로 통일화하고 조화시키며, 관세와 무역을 개선하고 국제무역의 확대를 이루고자 설립한 정부간 기구로써 현재 관세제도, 관세평가 및 품목분류 등 여러 분야에서 필수적인 국제기구로 활동하고 있다. WCO는 상품분류에 관한 협약과 관세평가에 관한 협약의 적용과 해석을 할 수 있는 집행기관을 구성하고 있으며, 체약국 간의 관세제도를 최고도의 조화와 통일화를 도모하고 관세기술과 이에 관련되는 관세제도의 발전 및 개선에 관한 문제를 연구하는 것을 설립목적으로 하고 있다. WCO협약으로는 "포장용기 일시수입에 관한 관세협약"(Customs Convention on the Temporary Importation of Packings, 발효일: 1962.3.15, 우리나라 발효일: 1976.1.21), "직업용구의 일시수입에 관한 관세협약"(Customs Convention on the Temporary Importation of Professional Equipment, 발효일: 1962.7.1, 우리나라 발효일: 1978.7.3), "전시회·전람회·회의 기타 유사한 행사에 전시 또는 사용을 위한 물품의 수입편의를 위한 관세협약"(Customs Convention Concerning Facilities for the Importation of Goods for Display or Use Ehhibition, Fairs, Meetings or Similar Events, 발효일: 1962.7.13, 우리나라 발효일: 1976.1.21.), "물품의 일시수입을 위한 일시수입 통관증서에 관한 관세협약"(Customs Convention on the ATA Carnet for the Temporary Admission of Goods, 발효일: 1963.7.30, 우리나라 발효일: 1978.7.3.), "선원의 후생용품에 관한 관세협약"(Customs Convention Concerning Welfare Material for Seafarers, 발효일: 1965.12.1, 우리나라 발효일: 1976.1.21), "과학장비의 일시수입에 관한 관세협약"(Customs Convention on the Temporay Importation of Scientific Equipments, 발효일: 1969.9.5, 우리나라 발효일: 1982.9.18), "교육용구의 일시수입에 관한 관세 협약"(Customs Convention on the Temporary Importation of Pedagogic Material, 발효일: 1971.9.25, 우리나라 발효일: 1982.9.18), "세관절차의 간소화 및 조화에 관한 국제협약"(International Convention on the Simplification and Harmonization of Customs Procedures, 발효일: 1974.9.25, 우리나라 발효일: 1983.10.18), "통일상품명 및 부호체계에 관한 국제협약"(International Convention on the Harmonized Commodity Description and Coding System, 발효일: 1988.1.1, 우리나라 발효일: 1988.1.1) 등이 있다.

# 제3절 관세행정법의 일반원칙

## Ⅰ. 관세행정과 법치국가원리

우리 헌법은 국민주권의 이념에 따라 통치권을 기본권에 기속시킴으로써 국민의 정치적인 합의에 바탕을 두고 창설된 국가권력이 악용 내지 남용되는 일이 없도록 국가권력의 행사는 법과 법률에 의하여 규율되고 제한되는 법치국가원리 내지 법치주의를 헌법상의 기본원리로 삼고 있다. 그리하여 특히 국가작용 중에서도 가장 강력하고 국민생활과 가장 밀접한 행정작용이 언제나 헌법과 법률에 근거를 두고 공정하게 행해지게 하고, 행정을 통해 불이익을 입은 국민의 구제제도를마련함으로써 법치국가원리의 구현을 꾀하고 있다. 즉, 관세행정권에 의한 포괄적 위임입법을 금지함은 물론 집행명령도 제한하고, 관세행정명령·규칙·처분에 대한 위헌·위법심사제도를 둠으로써 법률에 의한 관세행정 내지 관세행정의 법률적합성을 보장하고 있으며, 관세행정조직과 관세행정관청의 직무범위를 법률로 정하게 하여 국가권력행사의 예측가능성을 보장함으로써 법적 안정성을 도모하고 있으며, 조세법률주의를 통해서 과세권의 남용을 방지하고 있다. 또한, 우리 헌법은 모든 국가작용의 한계로서의 과잉금지(비례)원칙을 채택함으로써 공권력의 과잉행사로 인해서 법치주의의 실질적인 내용이 침해되는 일이 없도록 규정하고 있다.

### 1. 관세행정작용의 법적 안정성

#### 1) 명확성의 원칙

관세행정의 법률적합성원리는 법치국가원리에서 추론되며, 규범의 명확성은 법치국가적 법률개념의 구성요소를 이룬다. 따라서 법률은 국민개인에게 계산가능하고 예견가능할 수 있도록 명확하지 않으면 안 된다. 그런 연유에서 법적 규율은 내용, 목적 및 범위 등이 인식할 수 있어야만 한다. 관세행정작용상 일반통치권에 의거해서 관세를 부과·징수하는 재정권력작용은, 특히 국민의 재산권을 크게 침해하므로 과세의 요건과 효과가 미리 법률로써 명확하게 규율되어 있어야 한다. 따라서 국민의 관세법률생활에서 예측가능성과 계산가능성을 확보하기 위하여 관세의 납세의무자, 과세물건, 과세표준, 세율 등에 대한 규율은 미리 법률로써 명확하게 정해지지 않으면 안 된다. 입법자가 불가피하게 이른바 불확정법개념을 사용하는 것은 물론 명확성원칙에 위반되지 않는다. 그러나 관세행정작용상 명확성원칙을 관철하기 위해서는 불확정개념[8]을 통한 판단여지 및 재량의 폭을 가능한 한 축소하는 것이 바람직하다고 하지 않을 수 없다.

### 2) 소급과세금지의 원칙

법치국가원리에서 특별한 신뢰구성요건이 추론되어 국민개인은 현행의 법률의 상태에 신뢰할 수 있어야만 한다. 이러한 신뢰는 법규의 변경에 의하여 불리한효력이 발생되는 경우에는 무너질 수 있다. 그러나 법개정의 모든 불리한 효력이 강제적으로 신뢰원칙의 위반에 이르는 것은 아니다. 진정소급효를 갖는 규율과 부진정소급효를 갖는 규율은 그 한도 내에서 상이하게 된다. **진정소급효**는 법률의 구성요건과 법률효과가 법률의 효력발생일 이전에 이미 완성된 법률사실에 대하여 적용되는 것을 말한다. 이러한 진정소급효는 신뢰원칙에 위반되기 때문에 원칙적으로 허용되지 않는다. 이에 반하여 **부진정소급효**는 법률의 효력발생일 이전에 이미 시작하여 아직 종결되지 않은 법률사실에 대하여 법률을 적용하는 것을 말한다. 부진정소급효는 지금까지의 규율의 지속에 대한 개개인의 신뢰가 새로운 규율이 목적하는 국민의 복리에 양보하여야만 할 경우에 헌법적으로 고려할 필요가 없다.

우리 헌법 제13조제2항은 "모든 국민은 소급입법에 의하여 참정권의 제한을받거나 재산권을 박탈당하지 아니한다"라는 규정을 통해서 소급금지의 원칙을 명문해 놓고 있다. 관세법 제5조제2항에서 "관세법의 해석이나 관세행정이 일반적으로 납세자에게 받아들여진 후에는 그 해석이나 관행에 따른 행위 또는 계산은 정당한 것으로 보며, 새로운 해석이나 관행에 따라 소급하여 과세되지 아니한다"라고 규정하여 조세법규의 효력발생전에 완성된 사실에 대해서는 과세할 수 없는 과세불소급의 원칙을 천명하고 있다. 소급과세금지의 원칙은 합법성의 원칙을 희생하여서라도 납세자의 신뢰를 보호함이 정의에 부합하는 것으로 인정되는 특별한 사정이 있을 경우에 한하여 적용된다고 할 것이고, 이 법문에서의 일반적으로납세자에게 받아들여진 세법의 해석 또는 관세행정의 관행이란 비록 잘못된 해석 또는 관행이라도 특정납세자가 아닌 불특정한 일반납세자에게 정당한 것으로 이의 없이 받아들여져 납세자가 그와 같은 해석 또는 관행을 신뢰하는 것이 무리가아니라고 인정될 정도에 이른 것을 말하고, 단순히 세법의 해석기준에 관한 공적 견

---

8) '불확정개념'(unbestimmter Rechtsbegriff)이란 공공의 복지 · 공적 질서 · 위험 등의 용어와 같이 그 의미내용이 일의적인 것이 아니라 다의적인 것이어서 진정한 의미내용의 확정이 구체적 상황에 따라 그때그때 판단되어지는 개념을 말한다.

해의 표명이 있었다는 사실만으로 그러한 해석 또는 관행이 있다고 볼 수는 없는 것이며, 그러한 해석 또는 관행의 존재에 대한 입증책임은 그 주장자인 납세자에게 있다고 할 것이다.[9]

이 원칙은 납세자의 **신뢰보호원칙**으로도 설명될 수 있다. 즉, 국민개인이 명시적 언동·묵시적 언동을 포함하여 행정기관의 어떤 결정의 정당성 또는 존속성에 대하여 신뢰한 경우 그 신뢰가 보호받을 가치가 있는 한 그 신뢰를 보호해 주어야 한다는 것이다. 판례[10]는 **신뢰보호의 원칙의 적용요건**으로 ① 과세관청이 납세자에게 신뢰의 대상이 되는 공적인 견해표명을 할 것, ② 과세관청의 견해표명이 정당하다고 신뢰한데 대하여 납세자에게 귀책사유가 없을 것, ③ 납세자가 그 견해표명을 신뢰하고 이에 따라 무엇인가 행위를 할 것, ④ 과세관청이 위 견해표명에 반하는 처분을 함으로써 납세자의 이익이 침해되는 결과가 초래할 것 등을 제시하고 있다.

### 3) 유추해석금지의 원칙

유추해석금지의 원칙이란 조세행정기관이나 법관은 세법을 유추하거나 확장해석하여 납세자에게 불이익하게 세법을 적용해서는 안 됨을 의미한다. 유추해석은 어떤 사실에 대하여 적용할 직접적인 법규정이 없는 경우에 그와 성질이 유사한 사실에 관하여 규정하고 있는 다른 법령을 적용하여 같은 법적 효과를 인정하는 해석을 말한다. 따라서 유추해석은 문구의 의미가 명확하지 아니한 경우 법의 흠결을 보충하거나 입법자의 의도를 자의적으로 판단하여 문언을 수정·해석하는 것이기 때문에 조세법규의 해석에서 요구되는 법률조항의 문구에 충실한 엄격해석의 원칙에 반하는 결과를 초래하게 된다. 유추해석금지의 원칙은 헌법상의 민주국가원리, 권력분립의 원칙 및 행정의 법률적합성으로부터 파생되어 온 법원칙인 것으로 간주되고 있다.

## 2. 관세행정작용의 과잉금지(비례)원칙

과잉금지원칙은 법치국가원리에서 도출되는 일반법원칙으로 광의의 비례의 원칙이라고도 한다. 따라서 관세행정작용에서 관세행정목적의 실현을 위한 수단과 당해 목적 사이에 합리적인 비례관계가 유지되어야 한다는 원칙을 말한다. 비례원칙은 그 세부원칙으로 ① 적합성의 원칙, ② 필요성의 원칙(최소침해의 원칙), ③ 상당성의 원칙(협의의

9) 대법원 2006.06.29. 선고 2005두2858 판결.
10) 대법원 1996.02.23. 선고 95누3737 판결; 2014.02.27. 선고 2011두17493 판결.

비례원칙) 등이 있다. 비례원칙은 헌법적 원칙이므로 이에 위반된 관세행정작용은 위법 · 위헌의 문제가 된다. 우리 헌법 제37조제2항은 "국민의 모든 자유와 권리는 국가안전보장 · 질서유지 또는 공공복리를 위하여 필요한 경우에 한하여 제한할 수 있으며, 제한하는 경우에도 자유와 권리의 본질적인 내용을 침해할 수 없다"고 규정함으로써 과잉금지의 원칙을 인정하고 있다.

관세행정처분의 "**적합성의 원칙**"이란 관세행정기관이 취한 조치 또는 수단이 그가 의도하는바 목적을 달성하는 데에 적합해야 함을 의미한다. 어떠한 조치 하나만으로 목적을 달성할 수 있는 것이 아니고, 다른 조치 · 수단과 합쳐져서 목적을 달성할 수 있는 경우에도 동 원칙은 충족되는 것으로 볼 수 있다. 관세행정처분의 "**필요성의 원칙**"이란 관세행정조치는 설정된 목적을 실현하기 위하여 필요한 한도 내에서 행해져야 한다는 것을 말한다. 이러한 의미에서 필요성의 원칙은 **최소침해의 원칙**이라고도 일컬어진다. 관세법 제267조제1항에 따라 관세청장 또는 세관장은 직무를 집행하기 위하여 필요하다고 인정되는 때에는 그 소속 공무원으로 하여금 무기를 휴대하게 할 수 있는데, 세관공무원은 무기의 사용에 있어서 특히 자기 또는 다른 사람의 생명 또는 신체의 방어 및 보호와 공무집행에 대한 항거의 제지를 위하여 필요하다고 인정되는 상당한 이유가 있을 때에는 그 사태를 합리적으로 판단하여 필요한 한도에서 무기를 사용할 수 있게 하고 있다(관세법 제267조제3항). 관세행정처분의 "**상당성의 원칙**"은 **협의의 비례의 원칙**이라고도 하며, 어떤 조치가 설정된 목적실현을 위하여 필요한 경우라 할지라도 그 관세행정조치를 취함에 따른 불이익이 그것에 의해 초래되는 이익보다 큰 경우에는 당해 관세행정조치를 취해서는 안 된다는 것을 말한다. 따라서 세관공무원은 그 재량에 의하여 직무를 수행함에 있어서는 과세의 형평과 관세법의 목적에 비추어 일반적으로 타당하다고 인정되는 한계를 엄수하여야 한다(관세법 제7조).

## Ⅱ. 조세법규의 기본원칙

### 1. 조세법률주의와 조세평등원칙

헌법상의 법치국가원리에 따라 관세법상 납세의무관계에서는 그 형식적 측면과 실질적 측면에서 이른바 조세법률주의(조세의 합법률성의 원칙)와 조세평등원칙(조세의 합형평성의 원칙)이 기본적 법원리로 작용하고 있다. 그리하여 관세법상 관세의 부과 · 징수는 반드시 법률적 근거를 필요로 하게 하고, 아울러 관세법의 내용이 형평의 원칙 내지 평등의 원칙에 합당하여 관세의 부과징수 대상자로서의 국민이 합리적 기준에 의하여 평등하게 처우되도록 하고 있다.[11)]

### 1) 조세법률주의

우리 헌법은 제59조에서 "조세의 종목과 세율은 법률로 정한다"라는 규정과 제39조에서 "모든 국민은 법률이 정하는 바에 의하여 납세의 의무를 진다"라는 규정을 통해 우리의 실정법이 조세법정원칙을 취하고 있음을 명백히 하고 있다. 그의 취지는 조세의 종목이나 세율 뿐 아니라 과세의 요건과 효과 및 절차 등이 모두 법률로 정해질 것을 요구하는 취지로 새겨진다. 그 결과 납세자에게 여러 법률효과 가운데 선택할 권리를 인정하는 일, 합의과세 같은 것은 원칙적으로 부인된다고 보지 않으면 안 된다. 조세법률주의의 이념은 과세요건을 법률로 규정하여 국민의 재산권을 보장하고, 과세요건을 명확히게 규정하여 국민의 경제생활에서 법적 안정성과 예측가능성을 보장하기 위한 것이며, 그 핵심적 내용은 과세요건 법정주의[12)]와 과세요건 명확주의[13)]가 된다.

### 2) 조세평등원칙

우리 헌법 제11조제1항에서 "모든 국민은 법앞에 평등하다. 누구든지 성별·종교 또는 사회적 신분에 의하여 정치적·경제적·사회적·문화적 생활의 모든 영역에 있어서 차별을 받지 아니한다"라고 규정하여 있으며, 이 원칙은 법의 적용에 있어서의 평등뿐 아니라 법의 내용에 있어서의 평등까지 포함하는 것으로 해석된다. 그러므로 조세평등의 원칙 또는 공평부담의 원칙이란 모든 국민이 능력에 따라 균등하게 조세를 부담하여야 함을 의미한다. 조세는 국민이 직접적인 반대급부 없이 일방적으로 부담하는 것이므

11) 우리 헌법 전문, 제1조, 제10조, 제11조제1항, 제23조제1항, 제38조, 제59조가 그 근거이며, 제5조, 제7조 등은 조세의 합형평성의 원칙을 재확인하고 있다.

12) **과세요건 법정주의**란 조세는 국민의 재산권을 침해하는 것이 되기 때문에 납세의무를 발생하게 하는 납세의무자·과세물건·과세표준·과세기간·세율 등 과세요건과 조세의 부과·징수절차를 모두 국민의 대표기관인 국회가 제정한 법률로써 규정하여야 한다는 것이다.

13) **과세요건 명확주의**란 과세요건을 법률로 규정하였다고 하더라도 그 규정내용이 지나치게 추상적이고 불명확하면 과세관청의 자의적인 해석과 집행을 초래할 염려가 있으므로 그 규정내용이 명확하고, 일의적(一義的)이어야 한다는 것을 뜻한다. 따라서 조세법률주의는 형식적으로는 국민의 대표기관인 국회가 제정한 법률에 의해서만 조세를 부과·징수할 수 있다는 뜻이지만 실질적으로는 과세요건과 절차 및 그 법률효과를 미리 법률로써 명확하게 규정하여 이를 국민에게 공포함으로써 국민으로 하여금 세제상 자신에게 불이익을 초래할 행위를 스스로 삼가거나 자제할 수 있도록 하는 등 장래에의 예측과 행동방향의 선택을 보장하고 그 결과로 국민의 재산권이 국가의 과세권의 부당한 행사로부터 침해되는 것을 예방하고 국민생활의 법적 안정성을 보호하려는 데 그 참뜻이 있는 것이다. 이러한 조세법률주의원칙에서 관세법에서는 불확정법규개념이나 과세관청의 판단여지는 원칙적으로 배제되는 것으로 볼 수 있다.

로 조세윤리는 조세평등주의가 실질적으로 구현될 때 확립된다고 할 수 있다. 조세평등의 원칙(조세의 합형평성의 원칙)은 과세권자의 자의가 배제되고 객관적인 사실을 기초로 한 합리적인 근거에 의하여 조세가 부과·징수되도록 내용이 규정되어야 함을 의미하는 것이라 할 수 있으며, 따라서 그러한 법률이라고 할 수 있기 위해서는 과세대상의 선정규정과 과세금액의 산정규정에 합리성이 배려되어 결국 과세적격사유가 있는 대상에 대하여 그 능력에 합당한 과세액이 부과·징수되도록 규정되어 있는 것을 의미하는 것이라 할 것이다. 평등원칙은 우선 조세입법단계에서부터 준수되지 않으면 안 된다. 즉, 각 납세자군 사이에 있어서 그의 담세력에 따라 공평한 부담이 이루어지도록 세심한 배려가 행해지지 않으면 안 된다. 공평한 조세부담은 그 자체 정의를 의미한다. 그리고 조세평등의 원칙은 조세법규의 해석·적용의 단계에서도 준수되어야 하는바, 이와 관련하여 특히 강조되는 것이 실질과세의 원칙이다. 아울러 조세평등의 원칙은 일명 "자의의 금지"를 의미하고, 이를 위해서는 근거과세의 원칙이 지켜질 필요가 있다.

## 2. 조세법규의 일반원칙

### 1) 신의성실의 원칙

관세법 제6조는 "납세자는 그 의무를 이행함에 있어서 신의를 좇아 성실히 하여야 한다. 세관공무원이 그 직무를 수행함에 있어서도 또한 같다"고 규정하고 있으며, 국기법 제15조 역시 관세법 제6조의 법문과 동일한 법문의 내용으로 납세자와 세무공무원에게 공히 적용되는 신의성실의 원칙을 규정하고 있다. 그리고 행정절차법 제4조에서도 "행정청은 직무를 수행함에 있어 신의에 따라 성실하게 하여야 한다"라고 규정하고 있다. 또한, 관세법 제113조제1항에 따라 세관공무원은 납세자가 관세법에 따른 신고 등의 의무를 이행하지 아니한 경우 또는 납세자에게 구체적인 관세포탈 등의 혐의가 있는 경우 등을 제외하고는 납세자가 성실하며 납세자가 제출한 신고서 등이 진실한 것으로 추정하여야 한다.[14] 판례는 신의성실의 원칙은 자기의 언동을 신뢰하여 행동한 상대방의 이익을 침해하여서는 안된다는 의미로서,[15] 합법성의 원칙을 희생하여서라도 납세자의 신뢰를 보호함이 정의에 부합하는 것으로 인정되는 특별한 사정이 있을 경우에 한하여 적용되며, 그러한 입증책임은 그 주장자인 납세자에게 있다는[16] 태도를 보이고 있다.

---

14) 하지만 세관공무원이 납세자가 제출한 신고서 등의 내용에 관하여 질문을 하거나 신고한 물품에 대하여 확인하는 행위 등을 제한하지는 않는다(관세법 제113조제2항).

15) 대법원 1989.09.26. 선고 88누6597 판결.

신의성실의 원칙과 같은 맥락에서 관세형벌법규는 세관공무원에게 관세행정을 수행함에 있어 금품 수수(收受) 금지의무를 부여하고 있는데, 그 의무를 위반하는 경우에는 국가공무원법 제82조에 따른 징계절차에서 그 금품 수수액의 5배 내의 징계부가금 부과 의결을 징계위원회에 요구하여야 한다(관세법 제277조의2제1항). 만일 징계대상 세관공무원이 징계부가금 부과 의결 전후에 금품 수수를 이유로 다른 법률에 따라 형사처벌을 받거나 변상책임 등을 이행한 경우(몰수나 추징을 당한 경우를 포함한다)에는 징계위원회에 감경된 징계부가금 부과 의결 또는 징계부가금 감면을 요구하여야 한다(관세법 제277조의2제2항). 한편, 관세청장 또는 세관장은 세관공무원에게 금품을 공여한 자에 대해서는 대통령령으로 정하는 바에 따라 그 금품 상당액의 2배 이상 5배 내의 과태료를 부과 · 징수하는데, 형법 등 다른 법률에 따라 형사처벌을 받은 경우에는 과태료를 부과하지 아니하고, 과태료를 부과한 후 형사처벌을 받은 경우에는 과태료 부과를 취소한다(관세법 제277조의2제5항).

### 2) 권리남용금지의 원칙

관세법 제7조는 "세관공무원은 그 재량에 의하여 직무를 수행함에 있어서는 과세의 형평과 이 법의 목적에 비추어 일반적으로 타당하다고 인정되는 한계를 엄수하여야 한다"라고 규정하고 있으며, 국기법 제19조 역시 관세법 제7조의 법문과 동일한 법문의 내용으로 세무공무원에게 적용되는 권리남용금지의 원칙을 규정하고 있다. 또한, 관세법 제111조제1항에 따라 세관공무원은 적정하고 공평한 과세를 실현하고 통관의 적법성을 보장하기 위하여 필요한 최소한의 범위에서 관세조사를 하여야 하며 다른 목적 등을 위하여 조사권의 남용하여서는 아니 된다. 이에 따라 관세법상 원칙적으로 해당 사안에 대하여 이미 조사받은 자를 중복조사하는 것은 금지된다.

### 3) 실질과세의 원칙

실질과세의 원칙이란 과세물건의 명목상의 귀속 여하에 관계없이 사실상으로 과세물건이 귀속된 자를 납세의무자로 하여 조세를 부과하여야 한다는 것을 의미한다. 이 원칙은 납세자가 비정상적인 거래형식을 취함으로써 조세의 부담을 부당히 감소시키는 조세회피행위에 대한 규제의 법리로서 담세력 내지 경제적 실질에 따른 과세원칙으로 풀이되고 있다.[17] 실질과세의 원칙은 국기법 제14조[18]에 명시되어 있으나 그러한 명문규

---

16) 대법원 2006.06.29. 선고 2005두2858 판결.

17) 임승순, 조세법, 78쪽 이하 참조.

18) 국기법상 실질과세원칙에 대한 자세한 설명은, 김완석 · 박종수 · 이중교 · 황남석, 주석 국세기본법, 186쪽 이하를 참조.

정의 설정 이전에도 법의 일반원칙(조리법)으로서 인정되고 있다. 판례[19]는 사업자등록 명의를 대여하여 준 형식상의 수입신고명의인이 관세법상 납세의무자에 해당하는지 여부의 판단기준으로 실질과세 원칙을 원용하여, 관세법상 소정의 관세납부의무자인 '그 물품을 수입한 화주'란 그 물품을 수입한 실제 소유자를 의미한다고 할 것이고, 다만 그 물품을 수입한 실제 소유자인지 여부는 구체적으로 수출자와의 교섭, 신용장의 개설, 대금의 결제 등 수입절차의 관여 방법, 수입화물의 국내에서의 처분 · 판매의 방법의 실태, 당해 수입으로 인한 이익의 귀속관계 등의 사정을 종합하여 판단하여야 하며, 이와 같이 해석하는 것이 관세법에도 적용되는 실질과세 원칙에 부합하는 것이라고 판시하고 있다.

19) 대법원 2003.04.11. 선고 2002두8442 판결.

# 2

# 관세국경에서 운송수단의 왕래와 물품의 반출입

# 제2장 관세국경에서 운송수단의 왕래와 물품의 반출입

## 제1절 관세국경 반입물품에 대한 관세행정권의 포착

### Ⅰ. 관세영역에 반입된 외국물품에 대한 세관감시

#### 1. 세관감시의 개시

관세법 제1조에 따라 관세행정권이 입법자로부터 부여받은 임무는 관세의 부과·징수와 수출입물품의 통관을 적정하게 집행하고 관세수입을 확보하는 것이다. 관세행정권이 관세와 수입물품에 대한 국세 등을 부과하거나 징수하는 행위는 국가가 그 존립과 활동에 필요한 재력의 취득을 직접목적으로 하는 국가목적적 작용으로서 일반통치권에 의하여 국민에게 명령하거나 강제하는 재정권력작용이다. 이러한 연유에서 외국으로부터 우리나라의 관세영역에 수입목적을 갖고 실체적으로 반입되는 물품은 관세고권[1]에 기초한 관세행정권의 세관감시에 놓이게 된다. 이것은 관세행정에 관한 법규의 준수를 담보할 수 있는 관세행정권의 각종 처분과 조치 개연성의 개시를 의미한다.[2] 따라서 **세관**

1) 국가가 관세법에서 정한 과세요건에 따라 해당 물품에 대하여 관세 등을 독점적·배타적으로 부과·징수할 수 있는 국가권력을 관세고권(Zollhoheit)이라 하며, 관세고권이 발동되는 일정한 범위의 공간을 관세영역(Zollgebiet)이라 한다. 관세영역은 법적으로 관세법이 적용되는 지역적 효력범위를 의미하며, 우리나라의 관세영역은 원칙적으로 헌법상의 대한민국의 영토를 기초로 하고, 영토에는 영해도 포함된다.

2) Peter Witte/Hans-Michael Wolffgang, 앞의 책, S.60.

**감시는 관세영역에 실체적으로 반입되는 외국물품을 반입 후 최초의 단계에서 관세행정권에 기속**시키는 데 이바지하게 된다.

관세행정권이 관세영역에 실체적으로 반입되는 외국물품을 기속하고 그에 따라 상응하는 관세행정처분을 내리기 위해서는 해당 외국물품이 필수적으로 세관당국에게 제시되어야 한다. 제시는 운송수단의 입항보고에서 적재화물목록의 제출과 같은 방법으로 행하여진다. 그런 까닭에 반입자가 관세영역에 반입한 외국물품을 임의로 이적하거나 운송하는 것은 허용되지 않는다. 세관감시는 그 법적 성질에서 관세법 제14조부터 제16조까지의 목적에 따라 조세감시에 해당된다. 이것은 관세국경을 통과하는 모든 물품거래의 기속에 이바지한다. 그러나 관세와 수입물품에 대한 국세를 징수하는지 여부가 중요하지 않을 때도 있다. 내국물품이 관세영역 밖으로 반출될 때의 세관감시가 그러한 경우이다.

## 2. 세관감시의 종료

세관감시는 관세행정권이 관세행정상 국가적 공권의 보존에 필요한 모든 조치를 다 할 때까지 해당 물품의 법적 지위에 상응하여 지속된다. 이것은 원칙적으로 외국으로부터 우리나라의 관세영역에 실체적으로 반입된 물품이 관세법상 내국물품의 지위를 부여받거나 관세영역 밖으로 다시 반출(반송)될 때까지 멈추지 않는다. 관세법상 물품의 지위는 관세법 제2조에서 정하는 용어정의에 따라 달리 부여된다. 그리고 물품에 대한 관세행정처분은 관세법상 그 물품의 지위에 따라 결정적으로 구분된다. 즉, 내국물품 또는 외국물품인지 여부이다. 여기에서 내국물품은 원칙적으로 관세법률관계의 국가적 공권의 범위 밖에 놓인다.

내국물품은 원산지가 우리나라인 물품이다. 우리나라의 원산지자격은 상응하는 규범적 전제요건의 성취를 통하여, 가령 외국물품의 충분한 가공을 통하여 획득될 수 있다. 또한, 외국물품도 관세행정상의 수입통관을 통하여 내국물품의 자격이 부여된다. 그리하여 관세법상 **내국물품의 법적 개념**은 다음과 같은 물품으로 정의된다(관세법 제2조제5호):

- 우리나라에 있는 물품으로서 외국물품이 아닌 것;
- 우리나라의 선박 등이 공해에서 채집하거나 포획한 수산물 등;
- 입항전수입신고가 수리된 물품;
- 수입신고수리 전 반출승인을 받아 반출된 물품;
- 수입신고 전 즉시반출신고를 하고 반출된 물품.

외국으로부터 우리나라의 관세영역에 실체적으로 반입된 물품은 원칙적으로 외국물품의 지위를 갖게 된다. 이것에 대하여 관세법 제229조제1항에서 명시적으로 나타내고 있는 이른바 속지주의가 인과적 근거가 된다. 내국물품은 관세영역 밖으로의 실체적 반출에 의하여 그 법적 지위를 잃는다. 그럼에도 불구하고 예외적인 경우 외국으로부터 반입된 물품이 내국물품의 지위를 가질 수도 있다.

이에 반하여 비내국물품, 즉 관세법상 **외국물품의 개념**은 다음과 같은 물품으로 정의된다(관세법 제2조제4호):

- 외국으로부터 우리나라에 도착된 물품[외국의 선박 등이 공해(公海, 외국의 영해가 아닌 경제수역을 포함한다)에서 채집하거나 포획한 수산물 등을 포함한다]으로서 수입의 신고가 수리(受理)되기 전의 것;
- 수출의 신고가 수리된 물품.

관세영역에 실체적으로 반입된 물품의 법적 지위는 반드시 한 번은 확정되어야 하기 때문에 모든 외국물품은 세관감시에 예속되지 않으면 안 된다. 관세영역에 반입된 후 법적으로 내국물품의 지위가 확정된 후에 계속된 세관감시는 원칙적으로 소멸한다. 예외적으로 세관감시 하에, 예컨대 일정한 용도의 사용에만 제한된 수입통관으로 내국물품의 상태가 될 수 있다. 외국물품은 관세법상 선택되는 결정에 상응하여 그 지위가 유지되거나 변경되든지 또는 잃게 될 수 있다. 그렇기 때문에 그 지위는 일정한 관세행정절차에 이행되는 경우에는 변경되지 않는다. 외국물품이 이른바 관세행정작용의 특례지역인 (특허)보세구역이나 자유무역지역[3]으로 반입되는 경우 해당 물품들이 비록 실체적으로 우리나라의 관세영역 내에 소재하고 있음에도 불구하고 그 법적 지위는 변하지 않는다. 그리고 이러한 관세행정작용의 특례지역에서 세관감시도 원칙적으로 행하여지지 않는다. 여기에서 세관감시는 단지 해당 물품의 반입과 반출에만 제한적으로 이루어지게 된다. 관세등 수입조세가 일반적으로 부과 · 징수되는 경우인 수입물품의 통관 시에 물품의 법적 지위는 비로소 변경되며 그에 따라 통상적인 세관감시는 종료된다. 하지만 예외적으로 수입통관 시 일정한 조건으로 감면을 받는다든가 또는 용도세율을 적용받았다면 세관감시는 그러한 목적이 달성될 때까지 견지된다.

상이한 법적 지위에 있는 물품의 혼합(민법 제256조 이하) 시 하나의 지위를 갖는 합성물품이 생긴다. 따라서 이 물품의 법적 지위는 강제적으로 외국물품이 되어야만 한다.[4] 왜냐

3) 자유무역지역에 관하여는 김용태, 앞의 책, 101~111쪽을 참조.

하면 그렇지 않다면 관세법상 국가적 공권은 보호될 수 없기 때문이다. 외국물품이 물리적으로 분쇄되면 그 물품의 관세법상 지위 또한 소멸된다. 물론 여기에서 생기는 대용물이 동일한 지위를 승계받는다는 것을 고려하여야 한다. 물리적 존재의 종료인 폐기 또는 관세영역 밖으로의 반출 시 모든 물품은 그 규범적 지위를 잃는다. 따라서 수출통관된 물품의 법적 지위는 외국물품이 된다. 그것은 속지주의원칙[5]에 따라 국외반출에 의하여 내국물품의 특성을 잃어버렸기 때문이다. 분쇄와 폐기의 구분에서는 소멸이 해당된다. 대량변경은 자연적 유입, 가령 증발로 이해될 수 있다. 물품은 그 자체가 형체로서 존재한다.

## Ⅱ. 세관감시의 목적

관세국경을 통과하는 물품거래에 대한 세관감시의 본질적 이유는 관세등 수입조세의 확보와 그 밖의 통관법규상 금지나 제한과 같은 통상정책적 조치의 준수에 있다.

### 1. 수입조세

관세법상 실질적인 관세는 관세법 제14조에 의하여 수입조세를 의미하지만, 관세법상 수입물품에 대한 국세의 납세의무가 있는 물품 또한 세관감시에 예속된다. 여기에서 수입조세의 종류는 관세와 수입물품에 대해 부과하는 부가가치세, 개별소비세, 주세, 교통 · 에너지 · 환경세 등이 있다.

### 2. 수출입물품의 금지와 제한

관세법 제226조제1항에 따라 관세국경을 통과하는 물품거래에 대한 세관감시는 관련 법령이 규정하고 있는 수출입물품의 금지와 제한의 확인에도 이바지하게 된다. 수많은 물품의 수입 · 수출 또는 통과는 단지 일정한 전제요건을 충족할 때에만 허용될 수 있다. 여기에서 세관감시는 본질적으로 국가의 여러 가지 법익을 보호하는 기능을 수행하게 된다. 관세법 제234조에 따라 다음과 같은 물품은 어떠한 경우에도 수출 또는 수입이 허용될 수 없다: ① 헌법질서[6]를 문란하게[7] 하거나 공공의 안녕질서 또는 풍속을 해치는[8]

4) 관세법 제158조제3항과 제188조에서 외국물품에 부가되거나 합성된 내국물품은 외국물품으로 간주된다.

5) 국가의 입법 · 사법 · 집행관할권을 자국의 영역 내에서만 행사한다고 하는 원칙.

6) 헌법상 기본질서는 정치적 공동체로서의 기본질서로 민주적 기본질서, 경제적 공동체로서의 기본질서로 사회적 시장경제질서, 그리고 국제사회의 구성국으로서의 대한민국의 기본질서로 평화주의적 국제질서를 말한다.

서적 · 간행물 · 도화 · 영화 · 음반 · 비디오물 · 조각물 기타 이에 준하는 물품; ② 정부의 기밀[9]을 누설하거나 첩보활동[10]에 사용되는 물품; ③ 화폐[11] · 채권 기타 유가증권[12]의 위조품 · 변조품 또는 모조품.[13] 한편, 관세법 제235조제1항에 따라 상표법 · 저작권법 · 식물신품종법 · 농수산물품질법 · 특허법 · 디자인보호법에 따라 설정등록된 지식재산권(상표권 · 저작권/저작인접권 · 품종보호권 · 지리적 표시권/지리적 표시 · 특허권 · 디자인권)을 침해하는 물품은 수출 또는 수입이 허용될 수 없다.

## Ⅲ. 외국물품의 반입 후 세관당국의 검사

일반적인 세관감시는 추상적 방법으로 관세법의 법익보호에 이바지하게 된다. 물론 관세법의 법익보호는 관세법 제262조(운송수단의 출발 중지 등), 제263조(서류의 제출 또는 보고 등의 명령), 제265조(물품 또는 운송수단 등에 대한 검사 등), 제300조(검증수색) 및 제301조(신변수색 등)에서 규정된 바와 같이 관세행정의 구체적인 검사조치나 검색조치를 통하여 실현될 것을 요구받고 있다.

### 1. 운송수단과 수화물에 대한 검사

관세행정권은 외국물품의 우리나라 관세영역으로 실체적 반입과 관련하여 우선 먼저 반입되는 물품이 관세법상 어떠한 지위를 갖는지와 관세법 제155조에 따라 반입되는 물품이 보세장치되어 있는지 여부에 관하여 검사할 수 있어야만 한다. 따라서 관세영역에 반입되는 외국물품은 관세법 제140조부터 제143조까지와 제151조에 따라 세관감시 하에 하역되어야 하며, 이에 따라 세관당국은 구체적인 검사조치를 행할 수 있게 된다. 세

7) "헌법질서를 문란하게 하는 것"이란 헌법상 기본질서를 파괴하는 것을 말한다.
8) 공공의 안녕질서를 해친다는 것은 공공의 법질서 또는 공공의 안전과 평온을 해하는 것을 의미하며, 풍속을 해하는 것이란 성도덕 또는 건전한 성적 풍속을 해하는 것을 말한다.
9) "정부의 기밀"이란 제한된 범위의 사람에게만 알려져 있고 대한민국의 외적 안전에 중대한 불이익을 초래할 위험을 방지하기 위하여 적국에 대하여 비밀로 하여야 할 사실 · 대상 또는 지식을 말한다.
10) '첩보활동'이란 정부의 기밀을 적국을 위하여 탐지 · 모집하는 활동을 말한다.
11) '화폐'란 금속화폐인 경화를 말하며, 재료에 따라 금화 · 은화 · 백동화 · 청동화 · 니켈화 등도 있으나, 현재 우리나라에서 통용되는 화폐로는 주화가 있을 뿐이다.
12) '채권'이란 사채를 표창하는 유가증권으로서 요식증권이며, '유가증권'이란 증권상에 표시된 재산상의 권리의 행사와 처분에 그 증권의 점유를 필요로 하는 것을 말한다.
13) '위조품'이란 발행권자가 아닌 자가 진정물품의 외관을 가지는 것처럼 작성한 물품을 말하고, '변조품'이란 진정물품에 가공하여 그 가치를 변경한 물품을 말하며, '모조품'이란 진정물품에 유사하지만 일반인의 통상의 주의력으로서는 진정한 것으로 오인되지 않을 정도로 작성된 물품을 말한다.

관감시는 내국물품이 관세행정절차에 이행되는 경우에도 또한 행하여진다. 관세법에 따라 지시된 검사는 물품의 지위와 장치의 검색에 이바지하게 된다.

공식화된 구체적 검사로서 검색은 관세법의 수권에 기인한다. 검사가 물품의 구체적인 수량과 성질(상태)에 관련되지 않고 이러한 확인은 추후에 신청하는 이행절차의 틀(수입통관)에서 세관당국의 물품검사에 유보 하에 놓이게 된다(관세법 제246조제1항). 오히려 운송수단, 용기와 포장품을 대상으로 하는 것은 검색의 목적으로부터 생긴다. 이에 따라 세관공무원은 관세법 또는 관세법에 의한 명령에 위반한 행위를 방지하기 위하여 필요하다고 인정되는 때에는 물품 · 운송수단 · 장치장소와 관계장부서류를 검사하거나 봉쇄 기타 필요한 조치를 할 권한을 갖는다(관세법 제265조). 검색은 장치장소에서 행하여지기 때문에 원칙적으로 직무장소로 제한되며, 현실적으로 그 물품이 장치장소를 떠날 때까지 실행된다. 그리고 검색은 관세법에 의한 장치장소 밖에서의 검사조치와 사람에 대한 권능, 즉 신변 수색이나 검색으로 구분된다.

외국으로부터 우리나라 관세영역에 실체적으로 반입된 물품은 원칙적으로 외국물품의 지위를 갖기 때문에 검색의 실질적 중요성은 그 물품이 온전하게 장치되었는지 여부의 확인에 귀속된다. 이것은 선박이나 항공기 또는 화물차의 적재공간과 승용차의 트렁크 안의 물품과 수화물에 관련되는 한 문제가 되지 않는다. 따라서 검색은 궁극적으로 구체적인 세관감시를 통과하여 반입되는 운송수단 또는 수화물에 숨겨진 외국물품을 발견하는 것을 그 대상으로 한다. 이와 동시에 검색은 특히 밀수입품과 수출입의 금지와 제한에 위반되는 물품의 단속에 이바지하게 된다. 적법한 재량에 의한 검사의 틀에서 차량은 구체적으로 해체될 수 있고, 수화물은 분해될 수 있으며, 분리된 채로 휴대반입되는 의류품들도 검사될 수 있다. 검사는 밀수입이나 금지위반과 함께 여행자 왕래에서 상용물품의 반입을 찾아내는 일도 수행하게 된다. 여기에서 관세청장 또는 세관장은 세관공무원의 적법한 물품검사(관세법 제246조)로 인하여 물품에 손실이 발생한 경우 그 손실을 입은 자에게 손실보상을 하여야 하는데, 손실보상[14]의 지급절차 및 방법 등은 관세청장이 정한다(관세법 제246조의2).

한편, 관세법률관계에서 관세행정주체의 운송수단 또는 수화물에 대한 검사권에 상응하여 관세행정객체에게는 그에 대응되는 편의제공의무가 발생하게 되는데, 관세법 제325조에 따라 "관세법에 따라 물품의 운송 · 장치 또는 그 밖의 취급을 하는 자는 세관

14) 손실보상의 기준은, ① 해당 물품을 수리할 수 없는 경우에는 관세의 과세가격 결정(관세법 제30조부터 제35조까지) 규정에 따른 해당 물품의 과세가격에 상당하는 금액으로, ② 해당 물품을 수리할 수 있는 경우라면 수리비에 상당하는 금액(다만, 앞의 제①에 따른 금액을 한도로 한다)으로 한다(관세령 제251조의2).

공무원의 직무집행에 대하여 편의를 제공하여야 한다."라는 규정이 바로 그것이다.

## 2. 입국자 신변에 대한 수색과 검색

검사에 대한 권리는 운송수단, 수화물 그리고 분리되어 반입되는 그 밖의 물품에 제한된다. 그러므로 운송수단과 수화물에 대한 검사권은 밀수품이 세관감시에 놓여 있는 신체에 은닉되는 경우에는 그 효과가 감소된다. 그러한 이유에서 형사소송절차상 조건의 실현 없이 자주 발생하는 밀수 형태에 대처할 수 있도록 광범위한 권능이 이를테면 최종적 수단으로서 신변수색의 권리와 함께 성립된다. 신변의 수색이란 압수할 물품을 발견할 목적으로 사람의 신체에 대하여 행하는 강제처분이다.[15] 형소법상 영장주의에도 불구하고 세관공무원은 피의자가 범죄사실을 증명하기에 충분한 물품을 신변에 은닉하였다고 인정되는 때에는 이를 내보이도록 요구하고 이에 응하지 아니하는 때에는 신변을 수색할 수 있게 된다. 관세법 제301조제1항에서 "범죄사실을 증명하기에 충분한 물품을 피의자가 신변에 은닉하였다고 인정될 때"가 잘 알려진 혐의개념에 해당된다. 형소법상 전제요건(최초혐의) 해당성에서 즉각적으로 수사의 개시가 형소법에 따라 불가피하기 때문에 관세법 관계조항의 개입전제요건은 낮게 해석되지 않으면 안 된다:

- 해당자가 자신의 착의 속에 목적물을 은닉하고 있다는 것이 식별된다;
- 해당자가 마약류 중독자의 신체상 전형적 징후를 식별할 수 있게 한다;
- 해당자가 검색을 회피하려고 한다.

위와 같은 전제요건이 존재하면 상응되는 물품을 은닉하고 있는 해당자의 착의는 검색될 수 있다. 이것을 넘어 해당자가 물품을 신체에 부착했는지 여부를 확인할 수도 있다. 이와 같은 두 가지 경우에 있어서 탈의가 요구된다. 탈의조치는 그것에 관하여 규정하고 있는 장소, 즉 인간의 존엄, 예의범절과 위생이 준수될 수 있는 곳에서 그리고 해당자의 동일한 성이 고려되어야만 한다.[16]

---

15) 그렇기 때문에 원칙적으로는 법원 또는 수사기관이 피고인 또는 피의자의 신체를 수색할 수 있다(형소법 제109조제1항 · 제219조). 그리고 피고인 또는 피의자 아닌 자의 신체에 관하여는 압수할 물품이 있음을 인정할 수 있는 경우에 한하여 수색할 수 있다(형소법 제109조제2항 · 제219조). 법원이 행하는 수색이라 할지라도 공판정 외에서 수색을 할 때에는 영장을 발부하여야 한다(형소법 제113조). 또한, 검사는 범죄수사에 필요한 때에는 지방법원판사에게 청구하여 발부받은 영장에 의하여 수색할 수 있다. 사법경찰관이 범죄수사에 필요한 때에는 검사에게 신청하여 검사의 청구로 지방법원판사가 발부한 영장에 의하여 수색할 수 있다(형소법 제215조). 관세법 제296조에서도 수색할 때에는 관할 지방법원판사의 영장을 받도록 하고 있으며 긴급을 요하는 경우에도 반드시 사후에 영장을 발부받도록 규정하고 있다.

## 3. 그밖의 권한

관세행정주체는 관세법상 관세행정목적을 달성하기 위하여 재정권력작용으로서 재정하명권[17]을 갖기 때문에 관세청장이나 세관장은 관세법 또는 관세법에 의한 명령(대한민국이 체결한 조약 및 일반적으로 승인된 국제법규에 따른 의무를 포함한다)을 집행하기 위하여 필요하다고 인정되는 때에는 운송수단의 출발을 중지시키거나 그 진행을 정지시킬 수 있다(관세법 제262조). 그리고 관세청장이나 세관장은 직무를 집행하기 위하여 필요하다고 인정되는 때에는 그 소속공무원으로 하여금 무기[18]를 휴대하게 할 수 있다(관세법 제267조제1항).[19] 또한, 운송수단에 대한 검사권 행사의 실현을 위하여 관세행정권은 관계행정기관에게 원조요구권을 행사할 수 있어서 세관공무원은 직무를 집행하기 위하여 필요하다고 인정되는 때에는 육군 · 해군 · 공군의 각 부대장이나 국가경찰관서의 장 또는 해양경찰관서의 장의 협조를 요청할 수 있다(관세법 제267조의2제1항). 이러한 경우에 협조요청을 받은 관계행정기관은 밀수 관련 혐의가 있는 운송수단에 대하여 추적감시 또는 진행정지명령을 하거나 세관공무원과 협조하여 해당 운송수단에 대하여 검문 · 검색을 할 수 있으며, 이에 따르지 아니하는 경우 강제로 그 운송수단을 정지시키거나 검문 · 검색할 수 있다.

한편, 관세법 제236조에 따라 관세청장 또는 세관장은 세관감시상 필요하다고 인정될 때에는 통관역 · 통관장 또는 특정한 세관에서 통관할 수 있는 물품을 제한할 수 있다. 그리고 관세청장은 밀수감시단속 활동의 효율적인 수행을 위하여 필요한 경우에는 수출입 관련 분야의 민간종사자 등을 명예세관원으로 위촉하여 공항 · 항만에서의 밀수감시, 정보제공과 밀수방지의 홍보 등의 활동을 하게 할 수 있다(관세법 제268조제1항).

---

16) 관세법 제301조제2항에 따라 여성의 신변을 수색하는 때에는 성년의 여성을 참여시켜야 한다.

17) 재정하명에는 작위하명, 부작위하명, 급부하명, 수인하명 등이 있다.

18) 여기에서 '무기'란 총포화약법에 따른 총포(권총 또는 소총에 한정한다), 도검, 분사기 또는 전자충격기를 말한다(관세법 제267조제2항).

19) 세관공무원은 그 직무를 집행할 때 특히 자기나 다른 사람의 생명 또는 신체를 보호하고 공무집행에 대한 방해 또는 저항을 억제하기 위하여 필요한 상당한 이유가 있는 경우 그 사태에 응하여 부득이하다고 판단될 때에는 무기를 사용할 수 있다(관세법 제267조제3항).

## 제2절 외국물품의 반입에 직접 관련된 관세행정절차[20)]

### Ⅰ. 관세국경에서 운송수단의 출입장소 제한과 반입물품의 장치장소 제한

외국으로부터 우리나라의 관세영역에 반입되거나 우리나라의 관세영역에서 외국으로 반출되는 물품은 세관당국이 그 물품의 왕래를 포착할 수 있도록 특정한 지역이나 통로를 통하여 운송되지 않으면 안 된다. 그렇기 때문에 우리나라와 외국을 왕래하는 국제무역선과 국제무역기가 국제항이 아닌 지역을 통하여 외국과 왕래하는 것은 원칙적으로 허용될 수 없다(관세법 제134조제1항). 아울러 국경을 출입하는 차량은 반드시 관세통로를 경유하여야 하며, 통관역이나 통관장에 정차하여야 한다(관세법 제148조제1항). 따라서 만일 국제무역선이나 국제무역기가 출입의 허가를 받지 아니하고 국제항이 아닌 지역을 운항하였거나 관세통로의 경유의무 또는 통관역·통관장에서의 정차의무를 이행하지 아니하였다면, 그 의무위반행위는 관세형벌법규상 2천만원(과실인 경우 300만 원) 이하의 벌금에 처해지는 허위신고죄 등에 해당된다(관세법 제276조제3항). 여기에서 **'국제무역선'의 법적 개념**은 무역을 위하여 우리나라와 외국 간을 운항하는 선박을 말하며, **'국제무역기'의 법적 개념**은 무역을 위하여 우리나라와 외국 간을 운항하는 항공기를 말한다(관세법 제2조제6호·제7호).

#### 1. 국제항과 관세통로

관세법 제133조에 따라 국제항은 일정한 시설기준 등을 갖춘 항구나 공항에 대하여 지정될 수 있는데, 국제항으로 지정될 수 있는 전제요건은 다음과 같다(관세령 제155조의2):

- 선박입출항법 또는 공항시설법에 따라 국제무역선(기)이 항상 입출항할 수 있을 것;
- 국내선과 구분되는 국제선 전용통로와 그 밖에 출입국업무를 처리하는 행정기관의 업무수행에 필요한 시설·장비를 확보할 수 있을 것;
- 공항의 경우에는 ① 정기여객기가 주 6회 이상 입항하거나 입항할 것으로 예상될 것 또는 ② 여객기로 입국하는 여객수가 연간 4만명 이상일 것의 기준을 갖추어야 하고, 항구의 경우에는 국제무역선인 5천톤급 이상의 선박이 연간 50회 이상 입항하거나 입항할 것으로 예상될 것.

20) 관세법상 국제항이 아닌 지역에 대한 출입허가신청(제134조)이나 출항허가신청(제136조), 물품하역 등의 허가신청(제140조), 항외하역에 관한 허가의 신청(제142조), 선박용품 및 항공기용품의 하역허가신청(제143조)을 받은 세관장은 그 신청을 받은 날부터 10일 이내에 허가여부를 신청인에게 통지하여야 하는데, 만일 그 기간 내에 허가여부 또는 처리기간의 연장을 신청인에게 통지하지 아니하면 그 기간이 끝난 날의 다음 날에 허가를 한 것으로 간주한다.

이러한 요건에 따라 현재 지정된 국제항은 다음의 표와 같다(관세령 제155조제1항).[21]

| 구분 | 국제항명 |
|---|---|
| 항구 | 인천항, 부산항, 마산항, 여수항, 목포항, 군산항, 제주항, 동해·묵호항, 울산항, 통영항, 삼천포항, 장승포항, 포항항, 장항항, 옥포항, 광양항, 평택·당진항, 대산항, 삼척항, 진해항, 완도항, 속초항, 고현항, 경인항, 보령항 |
| 공항 | 인천공항, 김포공항, 김해공항, 제주공항, 청주공항, 대구공항, 무안공항, 양양공항 |

관세법상 국제항이 아닌 지역에 일반적으로 국제무역선이나 국제무역기의 출입이 금지되는 것이 원칙이지만 부득이한 경우 세관장의 허가를 받는다면 국제항이 아닌 지역에 국제무역선이나 국제무역기의 운항은 허용될 수 있는데, 국제항이 아닌 지역에 대한 출입허가를 받는 방법은 소정의 신청서[22]를 해당 지역을 관할하는 세관장에게 제출하는 것이다(관세령 제156조제1항).[23] 국제항이 아닌 지역은 관세공무원이 상주하여 근무하는 지역범위를 벗어나기 때문에 국제무역선이나 국제무역기가 국제항이 아닌 지역에의 출입으로 발생되는 관세행정경비에 대한 수익자 부담의 법리에 따라 해당 운송수단의 선장이나 기장은 소정의 출입허가수수료를 납부하여야 한다(관세법 제134조제2항).[24]

한편, 우리나라와 외국을 왕래하는 차량이 반드시 경유하여야 하는 관세통로는 육상국경(陸上國境)으로부터 통관역에 이르는 철도와 육상국경으로부터 통관장에 이르는 육로 또는 수로 중에서 세관장에 의하여 지정된다(관세법 제148조제2항). 여기에서 통관역은 국외와 연결되고 국경에 근접한 철도역 중에서 관세청장이 지정한다(관세법 제148조제3항). 그리고 통관장은 관세통로에 접속한 장소 중에서 세관장이 지정한다(관세법 제148조제4항).

## 2. 외국물품의 보세장치의무

우리나라의 관세영역에 반입된 외국물품은 적어도 한 번은 반드시 관세법상 처분을 받게 된다. 관세행정절차에 제공되는 외국물품이 관세법상 처분을 받기위한 전제요건은 그 물품에 대한 관세행정처분의 현실적 기속가능성과 그 물품에 대하여 세관공무원이 행사할 수 있는 물품검사권의 구체적 실현가능성이다. 그렇기 때문에 외국물품은 세

21) 국제항의 항계는 항만법시행령 별표 I 에 따른 항만의 수상구역 또는 공항시설법에 의한 범위가 된다(관세령 제155조제2항).

22) 국제항이 아닌 지역의 출입허가신청서에 기재하는 법정사항은 관세령 제156조를 참조.

23) 국제무역선이나 국제무역기의 항행의 편의도모 기타 특별한 사정이 있는 때에는 해당 지역의 관할세관장이 아닌 다른 지역의 세관장에게 제출할 수도 있다(관세령 제156조).

24) 국제항이 아닌 지역에 대한 출입허가수수료의 산정기준 및 면제요건 등은 관세규칙 제62조를 참조.

관장이 지정하거나 특허한 일정한 장소에 한하여 그 장치가 허용된다(관세법 제155조제1항). 이와 같이 관세행정절차에 제공되는 외국물품의 장치를 일정한 장소로 제한하여 허용하는 것은 외국물품의 반입자에게는 관세법상 보세장치의무가 된다. 만일 보세장치의무를 위반하였다면 그 의무위반행위는 1천만 원 이하의 과태료 부과대상 질서위반행위에 해당된다(관세법 제277조제2항). 이러한 맥락에서 외국물품의 보세장치는 관세행정절차에 제공되는 외국물품의 적법한 소재를 의미하는데, 외국물품의 적법한 소재에 이바지하는 일정한 구역을 보세(장치)구역이라고 한다.

## Ⅱ. 선박과 항공기의 관세국경 출입에 관련된 관세행정절차

### 1. 입출항절차

#### 1) 입항절차

관세법 제135조제1항에 따라 국제무역선이나 국제무역기가 국제항[25]에 입항하였을 때에는 선장이나 기장[26]은 선박용품 또는 항공기용품의 목록[27], 여객명부[28], 승무원명부[29], 승무원 휴대품목록[30]과 적재화물목록[31]을 첨부하여 지체 없이 세관장에게 입항보고[32]를 하여야 하며,[33] 국제무역선은 선박국적증서와 최종 출발항의 출항면장(出港免狀)이나 이를 갈음할 서류를 제시하여야 한다. 여기에서 적재화물목록을 제출한 자는 제출한 자료를 해당 신고에 대한 수리일부터 2년 동안 보관[34]할 의무가 생긴다(관세법 제12조). 그리고 만일 입항보고를 거짓으로 하였거나 입항보고를 불이행하였다면, 그 의무위반행위는 관세형벌법규상 1천만 원(과실인 경우 200만 원) 이하의 벌금에 처해지는 허위신고

25) 국제항이 아닌 지역에 대한 출입허가를 받은 지역을 포함한다.
26) 관세법 제145조에 따라 선장이나 기장이 하여야 할 직무를 대행하는 자를 포함한다.
27) 선박용품목록에 기재하는 법정사항에 관하여는 관세령 제157조제2항을 참조.
28) 선박(항공기)의 여객명부에 기재하는 법정사항에 관하여는 관세령 제157조제3항 · 제8항을 참조.
29) 선박(항공기)의 승무원명부에 기재하는 법정사항에 관하여는 관세령 제157조제4항 · 제8항을 참조.
30) 선박(항공기)의 승무원 휴대품목록에 기재하는 법정사항에 관하여는 관세령 제157조제5항 · 제8항을 참조.
31) 적재화물목록에 기재하는 법정사항에 관하여는 관세령 제157조제6항 · 제8항을 참조.
32) 선박(항공기)의 입항보고서에 기재하는 법정사항은 관세령 제157조제1항 · 제7항을 참조.
33) 세관장은 세관감시와 밀수단속에 지장이 없다고 인정될 때에는 선박용품 또는 항공기용품의 목록이나 승무원 휴대품목록의 첨부를 생략하게 할 수 있다.
34) 관세청장이 정하는 바에 따라 마이크로필름 · 광디스크 등 자료전달 및 보관 매체에 의하여 보관할 수 있다(관세령 제3조제2항).

죄 등에 해당된다(관세법 제276조제4항). 아울러 부정한 방법으로 적재화물목록을 작성하였거나 제출하였다면, 그 의무위반행위는 마찬가지로 관세형벌법규상 2천만 원 이하의 벌금에 처해지는 허위신고죄 등에 해당된다(관세법 제276조제3항). 또한, 적재물품과 일치하지 아니하는 적재화물목록을 작성하였거나 제출하였다면 그 의무위반행위[35]는 100만 원 이하의 과태료 부과대상 질서위반행위에 해당된다(관세법 제277조제5항).

그런데 세관장은 신속한 입항과 통관절차의 이행, 그리고 효율적인 세관감시와 밀수단속을 위하여 필요할 때에는 관세법 제135조제2항에 따라 입항하는 해당 선박 또는 항공기가 소속된 선박회사 또는 항공사(그 업무를 대행하는 자를 포함한다)로 하여금 앞서 설명한 여객명부 · 적재화물목록 등을 입항하기 전에 미리 제출하게 할 수 있다. 여기에서 화물운송주선업자[36]로서 법정요건(관세령 제231조제2항)을 갖춘 자가 작성한 적재화물목록은 해당 화물운송주선업자로 하여금 제출하게 할 수 있다. 만일 세관장의 제출명령을 거부하였다면, 그 의무위반행위는 관세형벌법규상 1천만 원(과실인 경우 200만 원) 이하의 벌금에 처해지는 허위신고죄 등에 해당된다(관세법 제276조제4항). 그러나 과실로 여객명부 또는 승객예약자료를 제출하지 아니하였다면, 그 의무위반행위는 200만 원 이하의 과태료 부과대상 질서위반행위에 해당된다(관세법 제277조제4항).

한편, 국제무역선이나 국제무역기가 국제항에 입항하여 물품[37]을 하역하지 아니하고 입항한 때부터 24시간 이내에 출항하는 경우 세관장은 입항절차에 따른 적재화물목록, 선박용품 또는 항공기용품의 목록, 여객명부, 승무원명부, 승무원 휴대품목록 또는 출항절차에 따른 적재물품의 목록의 제출을 생략하게 할 수 있다(관세법 제137조제1항). 또한, 세관장은 국제무역선이나 국제무역기가 국제항에 입항하여 입항절차를 마친 후 다시 우리나라의 다른 국제항에 입항할 때에는 간이입출항절차를 준용하여 서류제출의 생략 등 간소한 절차로 입출항하게 할 수 있다(관세법 제137조제2항).

### 2) 출항절차

관세법 제136조제1항에 따라 국제무역선이나 국제무역기가 국제항을 출항하려면 선장이나 기장은 출항하기 전에 세관장에게 서면으로 출항허가[38]를 받아야 한다. 여기에

35) 다만, 부정한 방법으로 적하목록을 작성하였거나 제출한 행위 또는 다른 선박회사 · 항공사 및 화물운송주선업자가 투입과 봉인한 것이어서 적재화물목록을 제출한 자가 해당 적재물품의 내용을 확인하는 것이 불가능한 경우에는 해당 적재화물목록을 제출한 행위는 제외된다.

36) 관세법 제254조의2 제1항에 따른 탁송품 운송업자로 한정한다.

37) 선박용품 또는 항공기용품과 승무원의 휴대품은 제외한다.

38) 선박(항공기)의 출항허가신청서에 기재하는 법정사항에 관하여는 관세령 제158조를 참조.

서 선장이나 기장은 그 국제항에서 적재한 물품의 목록을 제출하여야 하는데, 세관장이 출항절차를 신속하게 진행하기 위하여 필요하다고 인정하여 출항허가 후 7일의 범위에서 따로 기간을 정하는 경우에는 예외적으로 따로 정한 그 기간 내에 그 목록의 제출이 허용된다(관세법 제136조제2항). 그리고 적재화물목록을 제출한 자는 제출한 자료를 해당 신고에 대한 수리일부터 2년 동안 보관할 의무가 생긴다(관세법 제12조). 만일 출항허가를 거짓으로 받았거나 출항허가를 받지 아니하였다면, 그 의무위반행위는 관세형벌법규상 1천만 원(과실인 경우 200만 원) 이하의 벌금에 처해지는 허위신고죄 등에 해당된다(관세법 제276조제4항). 그리고 부정한 방법으로 적재한 물품의 목록을 작성하였거나 제출하였다면, 그 의무위반행위는 마찬가지로 관세형벌법규상 2천만 원 이하의 벌금에 처해지는 허위신고죄 등에 해당된다(관세법 제276조제3항). 또한, 적재물품과 일치하지 아니하는 적재화물목록을 작성하였거나 제출하였다면 그 의무위반행위[39]는 100만 원 이하의 과태료 부과대상 질서위반행위에 해당된다(관세법 제277조제5항).

### 3) 세관장의 승객예약자료 요청과 입출항절차의 예외

관세법 제137조의2 제1항에 따라 세관장은 특정한 범죄단속의 업무수행에 필요한 경우 입항절차에 따라 입항하거나 출항절차에 따라 출항하는 선박 또는 항공기가 소속된 선박회사 또는 항공사가 운영하는 예약정보시스템의 승객예약자료를 정보통신망을 통하여 열람하거나 법정시한[40] 내에 제출하여 줄 것을 선박회사 또는 항공사에 요청할 수 있는데,[41] 해당 선박회사 또는 항공사는 그 요청에 따라야 한다. 그렇기 때문에 만일 선박회사 또는 항공사가 승객예약자료를 제출(열람조치)하지 아니하였다면 그 의무위반행위는 관세형벌법규상 1천만 원(과실인 경우 200만 원) 이하의 벌금에 처해지는 허위신고죄 등에 해당된다(관세법 제276조제4항). 여기에서 승객예약자료의 열람[42]이 허용되는

39) 다만, 부정한 방법으로 적재화물목록을 작성하였거나 제출한 자나 적재물품을 수출한 자 또는 다른 선박회사·항공사 및 화물운송주선업자가 투입 및 봉인한 것이어서 적재화물목록을 제출한 자가 해당 적재물품의 내용을 확인하는 것이 불가능한 경우에는 해당 적재화물목록을 제출한 자는 제외된다.

40) 출항하는 선박 또는 항공기의 경우라면 출항 후 3시간이고, 입항하는 선박 또는 항공기의 경우라면 입항 1시간(운항예정시간이 3시간 이내인 경우에는 입항 30분)이 적용된다(관세규칙 제62조의2).

41) 세관장이 열람이나 제출을 요청할 수 있는 승객예약자료(PNR: Passenger Name Record)는 ① 국적, 성명, 생년월일, 여권번호 및 예약번호, ② 주소 및 전화번호, ③ 예약 및 탑승수속 시점, ④ 항공권 또는 승선표의 번호·발권일·발권도시 및 대금결제 방법, ⑤ 여행경로 및 여행사, ⑥ 동반탑승자 및 좌석번호, ⑦ 수하물자료, ⑧ 항공사 또는 선박회사의 회원으로 가입한 경우 그 회원번호 및 등급과 승객주문정보 등의 자료로 한정되고, 제공받은 승객예약자료를 열람할 수 있는 사람은 관세청장이 지정하는 세관공무원으로 한정되며, 열람권을 부여받은 세관공무원은 직무상 알게 된 승객예약자료를 누설 또는 권한 없이 처리하거나 타인이 이용하도록 제공하는 등 부당한 목적을 위하여 사용하는 것이 금지된다(관세법 제137조의2제2항부터 제3항까지).

특정한 범죄단속의 수행업무는 다음과 같은 업무가 해당된다: ① 수출입금지물품을 수출입(하려는)한 자에 대한 검사업무; ② 수입 · 수출(반송)신고의무를 위반한 자 또는 그 의무를 위반하여 마약류 또는 총포 · 도검 · 화약류 · 분사기 · 전자충격기 및 석궁을 수출입하거나 반송하려는 자에 대한 검사업무.

지금까지 설명한 선박이나 항공기의 관세국경 출입에 관련된 관세행정절차는 재해나 그 밖의 부득이한 사유에 의한 경우에는 적용하지 아니하지만, 선장이나 기장[43]은 지체 없이 그 이유를 세관공무원이나 국가경찰공무원(세관공무원이 없는 경우로 한정한다)[44]에게 신고하여야 하고,[45] 재해나 그 밖의 부득이한 사유가 종료되었을 때에는 지체없이 세관장에게 그 경과를 보고하여야 한다(관세법 제138조). 그리고 재해나 그 밖의 부득이한 사유로 국내운항선이나 국내운항기가 외국에 임시 정박, 착륙하고 우리나라로 되돌아왔을 때에는 선장이나 기장은 지체 없이 그 사실을 세관장에게 보고하여야 하며,[46] 외국에서 적재한 물품이 있을 때에는 그 목록을 제출하여야 한다(관세법 제139조). 만일 재해나 그 밖의 부득이한 이유에 대한 신고의무를 이행하지 아니하였거나 그 경과보고의무를 이행하지 아니하였다면, 그 의무위반행위는 100만 원 이하의 과태료 부과대상 질서위반행위에 해당된다(관세법 제277조제5항). 그리고 외국 기착의 보고의무를 이행하지 아니하였다면, 그 의무위반행위는 1천만 원 이하의 과태료 부과대상 질서위반행위에 해당된다(관세법 제277제2항).

## 2. 물품의 하역[47]

관세법 제140조제1항에 따라 국제항에 입항한 외국무역선이나 외국무역기는 관세법상 입항절차를 마친 후가 아니면 원칙적으로 반입한 물품의 하역이나 환적은 허용될 수 없다. 따라서 만일 입항절차가 종료되기 전 물품을 하역하였거나 환적하였다면, 그 행위는 관세형벌법규상 1천만 원(과실인 경우 200만 원) 이하의 벌금에 처해지는 허위신고죄 등이 적용된다(관세법 제276조제4항). 이것은 관세행정권이 관세영역에 반입된 외국물품에 대한 정확한 정보를 확보하여 그 물품에 대한 세관감시의 수행을 개시하기 위함이다. 하지만 국제무역선이나 국제무역기로 반입된 물품의 하역이 시급하고 그 외국물품에

---

42) 세관장이 제공받는 승객예약자료의 열람방법과 보존기간에 관하여는 관세령 제158조의2를 참조.

43) 관세법 제145조에 따라 선장이나 기장이 하여야 할 직무를 대행하는 자를 포함한다.

44) 신고를 받은 국가경찰공무원은 지체 없이 그 내용을 세관공무원에게 통보하여야 한다.

45) 재해 등으로 인한 행위의 경과보고서에 기재하는 법정사항에 관하여는 관세령 제159조를 참조.

46) 외국 임시정박 또는 착륙의 보고서에 기재하는 법정사항에 관하여는 관세령 제160조를 참조.

47) 물품의 하역등에 관한 세부사항에 관하여 관세청장은 행정규칙으로 「보세화물입출항하선하기및적재에관한고시」와 「환적화물처리절차에관한특례고시」 및 「선박용품등관리에관한고시」를 제정 · 시행하고 있다.

대한 세관감시에 지장이 없다고 인정될 경우 예외적으로 입항절차가 종료하기 전이라도 세관장의 허가를 받는다면 물품의 하역이나 환적은 허용될 수 있다.[48] 여기에서 '**하역**'(荷役)이란 물품을 보세구역에서 반출하여 운송수단인 선박이나 항공기 또는 차량에 옮겨 놓거나 선박이나 항공기 또는 차량에서 하선이나 하기 또는 하차장소에 반입하는 행위를 말한다. 그리고 **환적**(換積)**의 법적 개념**은 동일한 세관의 관할구역에서 입국 또는 입항하는 운송수단에서 출국 또는 출항하는 운송수단으로 물품을 옮겨 싣는 것을 말한다(관세법 제2조제14호).[49]

그런데 관세법상 물품의 하역이나 환적이 허용되는 상태임에도 외국무역선이나 외국무역기에서 실제로 물품을 하역하려면 원칙적으로 세관장에게 신고하고[50] 현장에서 세관공무원의 확인[51]을 받아야 한다(관세법 제140조제4항).[52] 그렇기 때문에 만일 현장에서 세관공무원의 확인을 받지 아니하고 물품을 하역하였거나 환적하였다면, 그 의무위반행위는 관세형벌법규상 1천만 원(과실인 경우 200만 원) 이하의 벌금에 처해지는 허위신고죄 등에 해당된다(관세법 제276조제4항). 이것은 관세행정권이 해당 운송수단으로 반입된 물품에 대한 세관감시와 밀수단속의 용이성을 확보하기 위함이며, 세관장은 감시 · 단속의 필요성이 인정되는 경우라면 물품을 하역하는 장소와 통로인 이른바 하역통로와 기간을 제한할 수도 있다(관세법 제140조제5항).[53] 만일 하역통로와 기간에 대한 제한을 위반하여 물품을 하역하였다면, 그 의무위반행위는 200만 원 이하의 과태료 부과대상 질서위반행위에 해당된다(관세법 제277조제4항).

물품의 하역은 일반적으로 국제항 내에서만 허용되는 것이 원칙이기 때문에 국제무역선이 국제항의 바깥에서 물품을 하역하거나 환적하려면 선장은 세관장의 허가를 받아야 하고, 항외하역에 관한 허가수수료를 납부하여야 한다(관세법 제142조). 국제항의 바깥

48) 입항절차가 종료하기 전 물품을 하역 또는 환적하기 위하여 세관장에게 제출하는 허가신청서에 기재하는 법정사항에 관하여는 관세령 제161조제1항을 참조.

49) 입국 또는 입항하는 운송수단의 물품을 다른 세관의 관할구역으로 운송하여 출국 또는 출항하는 운송수단으로 물품을 옮겨 싣는 것은 '복합환적'이라 한다(관세법 제2조제15호).

50) 세관장은 신고된 물품이 폐기물 · 화학물질 등 관세청장이 관계 중앙행정기관의 장과 협의하여 고시하는 물품으로서 하역 장소 및 통로, 기간을 제한하는 방법으로는 사회안전 또는 국민보건 피해를 방지하기 어렵다고 인정되는 경우에는 하역을 제한하고, 적절한 조치 또는 반송을 명할 수 있다(관세법 제140조제7항).

51) 세관공무원이 확인할 필요가 없다고 인정하는 경우에는 예외적으로 세관공무원의 확인이 없다고 하더라도 물품의 하역이나 환적은 가능하게 된다.

52) 세관장에게 제출하고 그 신고필증을 현장세관공무원에게 제시하는 물품의 하역(환적)신고서에 기재하는 법정사항 및 신고갈음에 관하여는 관세령 제161조제2항을 참조.

53) 하역통로와 기간은 세관장이 지정하고 이를 공고하여야 한다(관세령 제161조제3항).

에서 물품을 하역하거나 환적하는 행위를 원칙적으로 금지하는 이유는 외국으로부터 우리나라의 관세영역에 반입되는 물품에 대한 세관감시를 보장하기 위함이다. 따라서 만일 세관장의 허가 없이 국제항의 바깥에서 물품을 하역하거나 환적하였다면, 그 의무위반행위는 관세형벌법규상 1천만 원(과실인 경우 200만 원) 이하의 벌금에 처해지는 허위신고죄 등에 적용된다(관세법 제276조제4항).

한편, 관세법 제140조제4항에 따라 세관장의 허가를 받지 아니하고 국제무역선이나 국제무역기에 외국물품이 아닌 내국물품의 적재는 허용될 수 없으며, 국내운항선이나 국내운항기에 외국물품의 적재도 허용될 수 없다.[54] 따라서 만일 세관장의 허가를 받지 아니하고 적재하였다면, 그 의무위반행위는 관세형벌법규상 1천만 원(과실의 경우 200만 원) 이하의 벌금에 처해지는 허위신고죄 등에 해당된다(관세법 제276조제4항). 마찬가지로 ① 외국물품을 운송수단으로부터 일시적으로 육지에 내려놓으려는 경우[55]나 ② 해당 운송수단의 여객·승무원 또는 운전자가 아닌 자가 운송수단에 타려는 경우[56] 또는 외국물품을 적재한 운송수단에서 다른 운송수단으로 물품을 (복합)환적하거나 사람을 이동시키는 경우[57]에 해당하는 행위를 하려면 세관장에게 이를 신고를 하고, 그 현장에서 세관공무원의 확인을 받아야 한다(관세법 제141조).[58] 그렇기 때문에 만일 외국물품의 일시양륙 또는 물품의 (복합)환적이나 사람의 이동 등에 대한 신고의무를 위반하였다면, 그 의무위반행위는 관세형벌법규상 1천만 원(과실인 경우 200만 원) 이하의 벌금에 처해지는 허위신고죄 등에 해당된다(관세법 제276조제4항). 그리고 세관장에게 신고하지 아니하고 운송수단에 승선이나 탑승하였다면, 그 의무위반행위는 100만 원 이하의 과태료 부과대상 질서위반행위에 해당된다(관세법 제277조제5항). 아울러 ⓐ 선박용품 또는 항공기용품,[59]

54) 허가를 받기위하여 세관장에게 제출하는 신청서에 기재하는 법정사항에 관하여는 관세령 제161조제4항·제5항을 참조.

55) 외국물품의 일시양륙은 선하증권(항공화물운송장을 포함함)상의 수하인과 목적지가 제3국으로 기재된 외국물품을 운송수단 등의 변경을 위해 우리나라에 일시적으로 양륙(하선 또는 하기를 포함한다)하는 것을 말하는데, 세관장에게 제출하고 그 신고필증을 현장세관공무원에게 제시하는 외국물품의 일시양륙 신고서에 기재하는 법정사항에 관하여는 관세령 제162조제1항을 참조. ▶육지에 내려놓고자 하는 외국물품을 장치할 수 있는 장소의 범위 등에 관하여는 관세청장이 정한다(관세령 제162조제2항).

56) 세관장에게 제출하고 그 신고필증을 현장세관공무원에게 제시하는 승선(탑승)신고서에 기재하는 법정사항에 관하여는 관세령 제163조를 참조.

57) 세관장에게 제출하고 그 신고필증을 현장 세관공무원에게 제시하는 환적(이동) 신고서에 기재하는 법정사항에 관하여는 관세령 제164조를 참조.

58) 관세청장이 세관감시나 밀수단속에 지장이 없다고 인정하여 따로 정하는 경우에는 외국물품의 일시양륙 등에 해당하는 행위를 간소한 방법으로 신고 또는 확인하거나 이를 생략하게 할 수 있다.

59) 해상면세유 등 선박·항공기 용품의 적재 허가를 받은 후 적재하지 않고 국내로 부정유출하는 사례 등을 방지하기 위하여 2014.1.1. 개정법령에서 추가되었다.

ⓑ 국제무역선 · 국제무역기 안에서 판매하는 물품, ⓒ 원양산업발전법 제6조제1항 및 제17조제1항 · 제3항에 따라 해수부장관의 허가 · 승인 또는 지정을 받은 자가 조업하는 원양어선에 무상으로 송부하기 위하여 반출하는 물품으로서 해수부장관이 확인한 물품을 국제무역선 · 국제무역기 또는 원양어선에 하역하거나 환적하려면 세관장의 허가[60]를 받아야 한다(관세법 제143조제1항).[61] 따라서 만일 허가를 받지 아니하고 선박용품이나 항공기용품을 하역하였거나 환적하였다면, 그 의무위반행위는 1천만 원 이하의 과태료 부과대상 질서위반행위에 해당된다(관세법 제277조제2항). 여기에서 허가를 받아야 하는 물품의 종류와 수량은 선박이나 항공기의 종류, 톤수 또는 무게, 항행일수 · 조업일수 또는 운행일수, 여객과 승무원 · 선원의 수 등을 고려하여 세관장이 타당하다고 인정하는 범위에 따라 결정된다(관세법 제143조제3항). **선박용품의 법적 개념**은 음료, 식품, 연료, 소모품, 밧줄, 수리용 예비부분품과 부속품, 집기, 그 밖에 이와 유사한 물품으로서 해당 선박에서만 사용되는 것을 말하며(관세법 제2조제10호), **항공기용품의 법적 개념**은 선박용품에 준하는 물품으로서 해당 항공기에서만 사용되는 것을 말한다(관세법 제2조제11호).

그런데 세관장의 허가를 받아 외국무역선 또는 외국무역기에 하역하거나 환적하려면 앞서 설명한 ⓐ와 ⓑ에 해당하는 물품이 외국으로부터 우리나라에 도착한 외국물품일 때에는 보세구역으로부터 외국무역선 · 외국무역기 또는 원양어선에 적재하는 경우에 한하여 그 외국물품을 그대로 적재할 수 있지만(관세법 제143조제2항), 나중에 설명하는 환승전용내항기는 외국무역기에 관한 규정이 준용되어 적용되는 대상임에도 불구하고 그 외국물품을 그대로 적재하는 것이 허용되지 않는다(관세법 제146조제2항). 만일 외국물품이 세관장으로부터 받은 하역허가의 내용대로 운송수단에 적재되지 아니한 경우에는 해당 허가를 받은 자로부터 즉시 그 관세를 징수하는데, ① 세관장이 지정한 기간 내에 그 물품이 다시 보세구역에 반입된 경우나 ② 재해나 그 밖의 부득이한 사유로 멸실된 경우 또는 ③ 미리 세관장의 승인[62]을 받고 폐기한 경우에는 예외적으로 그 관세를 징수하지 아니한다(관세법 제143조제6항).

지금까지 설명한 물품의 하역에 관련된 관세행정절차는 재해나 그 밖의 부득이한 사유에 의한 경우에는 적용되지 않는데, 이러한 경우에 선장이나 기장[63]은 지체 없이 그 이유를 세관공무원이나 국가경찰공무원(세관공무원이 없는 경우로 한정한다)[64]에게 신고하여

---

60) 허가를 받아야 하는 물품의 종류와 수량 등에 관하여 필요한 사항은 관세청장이 정하여 고시한다(관세법 제143조제5항).

61) 선박(항공기)용품의 하역(환적) 허가신청에 관한 세부사항에 관하여는 관세령 제166조를 참조.

62) 폐기승인 신청서에 기재하는 법정사항에 관하여는 관세령 제166조제8항을 참조.

63) 관세법 제145조에 따라 선장이나 기장이 하여야 할 직무를 대행하는 자를 포함한다.

야 하고, 재해나 그 밖의 부득이한 사유가 종료되었을 때에는 지체 없이 세관장에게 그 경과를 보고하여야 한다(관세법 제138조).[65] 만일 재해나 그 밖의 부득이한 이유에 대한 신고의무를 이행하지 아니하였거나 그 경과보고의무를 이행하지 아니하였다면, 그 의무위반행위는 100만 원 이하의 과태료 부과대상 질서위반행위에 해당된다(관세법 제277조제5항).

## 3. 운송수단의 자격 변경

운송수단은 기업의 경영전략상 우리나라와 외국 간 운항에 투입되거나 우리나라 영내의 운항에만 투입될 수 있게 된다. 우리나라와 외국 간 운항에 투입되는 운송수단은 관세행정의 대상범위에 속하기 때문에 개항에 한정하여 관세영역의 입출항이 허용될 수 있으며, 동시에 관세법상 입출항절차 등의 규율에 기속된다. 하지만 우리나라 영역내의 운항에만 투입되는 운송수단은 원칙적으로 관세행정의 대상범위에 속하지 않기 때문에 관세법상 입출항절차 등의 규율대상에서 제외된다. 따라서 관세법상 운송수단의 자격 변경은 관세국경에서 물품의 반출입에 대한 세관감시와 밀수단속을 위하여 마땅히 관세행정권의 통제 하에 있어야 한다. 이런 연유에서 관세법상 우리나라와 외국 간 운항할 수 있는 자격이 부여되는 국제무역선 또는 국제무역기를 우리나라 영역에만 운행하는 자격을 갖는 국내운항선이나 국내운항기로 전환하거나, 국내운항선 또는 국내운항기를 국제무역선이나 국제무역기로 전환하려면 해당 운송수단의 선장이나 기장은 세관장의 승인을 받아야 한다(관세법 제144조).[66] 따라서 만일 해당 운송수단의 선장이나 기장이 세관장의 승인을 받지 아니하고 그 운송수단의 자격을 변경하여 운항하였다면, 그 의무위반행위는 관세형벌법규상 1천만 원(과실인 경우 200만 원) 이하의 벌금에 처해지는 허위신고죄 등에 해당된다(관세법 제276조제4항). **국내운항선의 법적 개념**은 국내에서만 운항하는 선박으로 정의되고(관세법 제2조제8호), **국내운항기의 법적 개념**은 국내에서만 운항하는 항공기로 정의된다(관세법 제2조제9호).

그런데 ① 국제무역선 또는 국제무역기 외의 선박이나 항공기로서 외국에 운항하는 선박 또는 항공기, 그리고 ② 외국을 왕래하는 여행자와 휴대품 · 탁송품 · 별송품을 전용으로 운송하기 위하여 국내에서만 운항하는 항공기인 이른바 환승전용내항기[67]도 그

64) 신고를 받은 국가경찰공무원은 지체 없이 그 내용을 세관공무원에게 통보하여야 한다.

65) 재해 등으로 인한 행위의 경과보고서에 기재하는 법정사항에 관하여는 관세령 제159조를 참조.

66) 자격전환승인 신청서에 기재하는 법정사항에 관하여는 관세령 제167조제1항을 참조. ▶세관장은 선박 또는 항공기의 자격전환승인 신청이 있는 때에는 당해 선박 또는 항공기에 적재되어 있는 물품을 검사할 수 있다(관세령 제167조제2항).

운송수단에 의하여 운반되는 수출입물품의 효율적인 통관과 세관감시 · 밀수단속이 요구되기 때문에 바로 앞서 설명한 관세법상 국제무역선이나 국제무역기에 관한 규정이 준용된다(관세법 제146조제1항).[68] 하지만 이러한 준용규정은 그 적용대상 선박 또는 항공기가 군함과 군용기이거나 국가원수 또는 정부를 대표하는 외교사절이 전용하는 선박이나 항공기에 해당된다면 예외적으로 적용되지 않는다(관세법 제146조제1항단서; 관세령 제168조).

## Ⅲ. 외국물품의 보세운송[69]

외국물품은 관세영역 내에서 그 법적 지위가 내국물품으로 바뀌기 전까지 임의적 운송이 허용될 수 없는 것이 원칙이지만, 물류의 원활한 흐름과 효율적 통관을 위하여 필요한 경우에 예외적으로 ① 국제항, ② 보세구역, ③ 허가된 보세구역이 아닌 장소, ④ 세관관서, ⑤ 통관역, ⑥ 통관장, ⑦ 통관우체국 등의 장소 상호 간에 한하여 그 운송이 허용될 수 있는데(관세법 213조제1항), 이러한 장소 간 외국물품의 운송을 관세법상 보세운송이라고 한다. 여기에서 수출신고가 수리된 물품은 해당 물품이 장치된 장소에서 앞서 설명한 제①부터 제⑦까지에 해당하는 장소로 운송될 수 있다. 또한, 재해나 그 밖의 부득이한 사유로 선박 또는 항공기로부터 내려진 조난 외국물품도 그 물품이 있는 장소로부터 앞서 설명한 제①부터 제⑦까지의 장소로 운송될 수 있다(관세법 제219조제1항).[70]

보세운송은 일반적으로 세관장에게 보세운송에 대한 신고의무를 이행만 하면 허용되지만, 특별히 물품에 대한 세관감시 등이 필요한 특정물품은 세관장의 승인을 받아야만 보세운송이 허용될 수 있다(관세법 제213조제2항).[71] 세관장의 승인을 얻어야 그 보세운송이 허용될 수 있는 물품은 다음과 같은 물품이 해당된다(관세령 제226조제3항):[72] ㉮ 보세운송된 물품 중 다른 보세구역 등으로 재보세운송하고자 하는 물품; ㉯ 검역법 · 식물방역법 · 가축전염병예방법 등에 따라 검역을 요하는 물품; ㉰ 위험물관리법에 따른 위험물; ㉱ 화

67) 세관장이 조치할 수 있는 환승전용내항기의 관리사항에 관하여는 관세령 제168조의2를 참조.
68) 국경하천만을 운항하는 내국선박은 관세법상 외국무역선에 관한 규정의 적용범위에서 배제된다(관세법 제147조).
69) 보세운송업등의 등록과 관리에 관하여는 김용태, 관세행정법 with 관세형사법, 69~71쪽을 참조
70) 이와 같은 경우에 외국물품을 운송하려면 보세운송의 승인을 받아야 하는데, 긴급한 경우에는 세관공무원이나 국가경찰공무원(세관공무원이 없는 경우로 한정한다)에게 신고하여야 하며, 신고를 받은 국가경찰공무원은 지체 없이 그 내용을 세관공무원에게 통보하여야 하고, 조난물품의 운송에 관하여는 관세법 제215조부터 제218조까지의 규정을 준용한다(관세법 제219조).
71) 보세운송신고(승인신청)서에 기재하는 법정사항에 관하여는 관세령 제226조제1항 · 제2항을 참조.
72) 이러한 물품 중 관세청장이 보세운송승인대상으로 하지 아니하여도 화물관리와 불법 수출입의 방지에 지장이 없다고 판단하여 정하는 물품에 대하여는 신고만으로 보세운송이 허용될 수 있다(관세령 제226조제4항).

학물질관리법에 따른 유해화학물질; ㉮ 비금속설; ㉯ 화물이 국내에 도착된 후 최초로 보세구역에 반입된 날부터 30일이 경과한 물품; ㉴ 통관이 보류되거나 수입신고수리가 불가능한 물품; ㉵ 보세구역 외 장치허가를 받은 장소로 운송하는 물품; ㉶ 귀석·반귀석·귀금속·한약재·의약품·향료 등과 같이 부피가 작고 고가인 물품; ㉷ 화주 또는 화물에 대한 권리를 가진 자가 직접 보세운송하는 물품; ㉸ 통관지가 제한되는 물품; ㉹ 적재화물목록상 동일한 화주의 선하증권 단위의 물품을 분할하여 보세운송하는 경우 그 물품; ㉺ 불법 수출입의 방지 등을 위하여 세관장이 지정한 물품; ㉻ 관세법 및 관세법에 의한 세관장의 명령을 위반하여 관세범으로 조사를 받고 있거나 기소되어 확정판결을 기다리고 있는 보세운송업자 등이 운송하는 물품.

그런데 보세운송의 신고 또는 승인신청을 받은 세관당국의 입장에서 세관감시와 밀수단속을 위하여 필요하다고 인정될 때에 세관공무원은 보세운송하려는 물품에 대한 검사권을 행사할 수 있으며, 수출신고가 수리된 물품에 대한 보세운송절차는 관세청장이 따로 정하는 것을 제외하고 생략된다(관세법 제213조제3항·제4항).[73] 여기에서 보세운송의 신고 또는 승인신청에 대한 취하와 각하에 대한 처리 방법은 관세법 제250조를 준용하여 승인되거나 조치되며, 보세운송하려는 물품에 대한 검사 장소는 관세법 제247조를 준용한다(관세법 제213조제5항). 그리고 보세운송의 신고 또는 승인신청은 화주나 관세사 등 또는 보세운송을 업(業)으로 하는 소위 보세운송업자의 명의로만 허용되며, 보세운송의 신고를 하거나 승인을 받은 자는 해당 물품이 운송목적지에 도착하였을 때에는 도착지의 세관장에게 보고할 의무가 주어진다(관세법 제214조·제215조). 따라서 만일 보세운송의 신고인 적격이 위반되었거나 보세운송의 도착보고의무가 위반되었다면 그 의무위반행위는 200만 원 이하의 과태료 부과대상 질서위반행위가 해당된다(관세법 제277조제4항).

한편, 보세운송물품에 대한 세관감시와 밀수단속을 위하여 필요하다고 인정될 때에는 세관장에게 운송통로를 제한할 수 있는 권한이 주어지며,[74] 보세운송의 신고인은 관세청장이 정하는 기간 내에 보세운송을 끝내야 하는데, 세관장은 재해나 그 밖의 부득이한 사유로 필요하다고 인정될 때에는 그 기간을 연장할 수 있다(관세법 제216조).[75] 만일 보세운송의 신고를 하거나 승인을 받아 보세운송하는 외국물품이 지정된 기간 내에 목적

---

73) 보세운송의 신고·승인과 검사에 대하여는 관세법 제247조의 검사장소 규정과 관세법 제250조의 신고의 취하와 각하 규정을 준용한다(관세법 213조제5항).

74) 세관장은 보세운송의 신고를 하거나 승인을 받으려는 물품에 대하여 관세의 담보를 제공하게 할 수 있다(관세법 제218조).

75) 보세운송을 신고하거나 승인한 세관장 또는 도착지 세관장에게 제출하는 보세운송기간 연장신청서에 기재하는 법정사항에 관하여는 관세령 제227조를 참조..

지에 도착하지 아니한 경우에는 즉시 그 관세를 징수하는데, 해당 물품이 재해나 그 밖의 부득이한 사유로 망실되었거나 미리 세관장의 승인을 받아 그 물품을 폐기하였을 때에는[76] 예외적으로 해당 물품에 대한 관세의 징수를 면하게 된다(관세법 제217조). 아울러 세관장은 보세운송하려는 물품의 성질과 형태, 보세운송업자의 신용도 등을 고려하여 보세운송업자나 물품을 지정하여 보세운송신고절차의 간소화, 보세운송하려는 물품에 대한 검사의 생략, 보세운송대상물품에 대한 담보제공의 면제 등, 간이보세운송의 조치를 할 수 있다(관세법 제220조). 그리고 국제무역선이나 국제무역기가 내국물품을 운송하려면 세관장에게 내국운송의 신고를 하여야 하는데, 내국운송에 관하여는 외국물품의 보세운송에 관한 규정이 준용된다(관세법 제221조; 관세령 제230조). 그리고 보세운송에 관한 자료는 해당 신고에 대한 수리일부터 2년 동안 보관[77]할 의무가 생긴다(관세법 제12조).

## Ⅳ. 보세구역

### 1. 보세구역 개설

#### 1) 보세구역의 의의

보세구역은 외국물품이 물리적으로 우리나라의 관세영역에 소재하고 있음에도 불구하고 관세법상 그 물품에 대한 **관세의 납세의무가 발생하지 아니하는 관세행정작용의 특례지역**을 의미한다. 보세구역의 종류는 지정보세구역 · 특허보세구역과 종합보세구역으로 구분되고, 지정보세구역은 지정장치장과 세관검사장으로 세분되며, 특허보세구역은 보세창고 · 보세공장 · 보세전시장 · 보세건설장과 보세판매장으로 세분된다(관세법 제150조).

#### 2) 보세구역 장치물품의 관리에 대한 일반준칙[78]

##### (1) 외국물품의 장치장소에 대한 제한

국외로부터 우리나라에 반입되는 외국물품이 관세행정권의 처분을 받으려면 반드시

---

76) 운송물품의 폐기승인신청과 관련하여 관세령 제179조와 제180조의 규정이 준용된다(관세령 제228조).

77) 관세청장이 정하는 바에 따라 마이크로필름·광디스크 등 자료전달 및 보관 매체에 의하여 보관할 수 있다(관세령 제3조제2항).

78) 보수작업의 승인신청(관세법 제158조), 해체 · 절단등의 작업신청(관세법 제159조), 견본품 반출신청(관세법 제161조), 보세공장의 내국물품만을 원재료로 한는 작업의 허가신청(관세법 제185조), 보세공장 외 작업 허가신청(관세법 제187조), 보세공장 외 작업 허가신청(관세법 제195조)을 받은 세관장은 그 신청을 받은 날부터 10일 이내에 허가여부를 신청인에게 통지하여야 하는데, 만일 그 기간 내에 허가여부 또는 처리기간의 연장을 신청인에게 통지하지 아니하면 그 기간이 끝난 날의 다음 날에 허가를 한 것으로 간주한다.

보세구역에 장치되어야 하기 때문에 관세법에서 보세구역이 아닌 장소에 외국물품을 장치하는 것은 원칙적으로 허용되지 아니한다(관세법 제155조제1항). 하지만 그 물품의 형태 또는 지위가 특수한 외국물품은 예외적으로 보세구역이 아닌 장소에 장치하는 것이 허용될 수 있다. 보세구역이 아닌 장소에 장치하는 것이 허용될 수 있는 외국물품은 다음과 같은 물품이 해당된다: ① 수출신고가 수리된 물품; ② 크기 또는 무게의 과다나 그 밖의 사유로 보세구역에 장치하기 곤란하거나 부적당한 물품; ③ 재해나 그 밖의 부득이한 사유로 임시로 장치한 물품; ④ 검역물품; ⑤ 압수물품; ⑥ 우편물품. 그런데 앞의 제②에 해당하는 물품을 보세구역이 아닌 장소에 장치하려면 세관장의 허가[79]를 받아야 한다(관세법 제156조제1항).[80]

### (2) 보세구역 반입·반출물품에 대한 신고의무

관세법 제157조제1항에 따라 보세구역에 물품을 반입하거나 반출하려는 자는 해당 물품에 대한 신고의무를 진다.[81] 신고의무를 이행하는 방법은 소정의 신고서[82]를 세관장에게 제출하는 것이다. 여기에서 보세구역에 물품을 반입하거나 반출하는 방식이 ㉮ 적재화물목록, ㉯ 보세운송신고서 사본 또는 수출신고필증, ㉰ 내국물품장치신고서를 제출하여 반입·반출하는 방식이라면 소정의 반입신고서 또는 반출신고서의 제출이 면제되거나 신고서상 기재사항의 일부 생략이 허용된다(관세령 제176조제3항제1호). 마찬가지로 보세구역에 물품을 반입하거나 반출하는 방식이 자율관리보세구역으로 지정받은 자가 내국물품(수출신고가 수리된 물품을 포함한다)에 대하여 장부를 비치하고 반출입사항을 기록관리하는 방식이라면 소정의 반입신고서 또는 반출신고서의 제출이 면제되거나 신고서상 기재사항의 일부 생략이 허용된다(관세령 제176조제3항제2호). 만일 보세구역 반입·반출물품에 대한 신고의무를 위반하였다면, 그 의무위반행위는 200만 원 이하의 과태료 부과대상 질서위반행위에 해당된다(관세법 제277조제4항). 그리고 보세화물반출입에 관한 자료[83]는 당해 신고에 대한 수리일부터 2년 동안 보관할 의무가 생긴다(관세법 제12조).

---

79) 보세구역 외 장치의 허가신청 방법에 관하여는 관세령 제175조를 참조.

80) 본문의 제①부터 제④까지에 해당되는 물품에 대하여는 관세법 제157조, 제158조부터 제161조까지, 제163조, 제172조, 제177조, 제208조부터 제212조까지 그리고 제321조를 준용한다(관세법 제155조제2항).

81) 수입화물의 보세운송이나 보세구역에 장치되어 있는 화물에 관하여 관세법상 엄격한 감독과 규제를 받고 세관의 감독과 지배 하에 놓이게 된다고 할지라도 이는 관세확보라는 관세행정목적의 범위 내에서 세관장의 감독을 받는데 불과한 것이므로 그 자가보세장치장에 반입된 물품은 입고시킨 자의 점유 하에 있다고 할 것이다(대법원 1990.02.13. 선고 88다카23735 판결).

82) 물품의 반출입신고서에 기재하는 법정사항에 관하여는 관세령 제176조제1항·제2항을 참조.

83) 관세청장이 정하는 바에 따라 마이크로필름·광디스크 등 자료전달 및 보관 매체에 의하여 보관할 수 있다(관세령 제3조제2항).

한편, 보세구역에 반입하거나 반출하려는 물품에 대한 신고를 받는 세관장은 신고된 물품에 대한 관세법의 실효성을 담보하기 위하여 해당 물품을 검사하는 권한을 가지는 세관공무원을 참여시킬 수 있으며, 세관공무원이 검사를 실행함에 있어서 해당 물품의 반입자나 반출자에게 반입신고서 · 송품장 등 검사에 필요한 서류를 제출하게 할 수 있다(관세법 제157조제2항; 관세령 제176조제4항). 또한, 세관장은 보세구역에 반입할 수 있는 물품의 종류를 제한할 수 있는 권한도 갖는다(관세법 제157조제3항).

### (3) 보세구역 장치물품의 관리와 취급제한

인화질 또는 폭발성의 물품을 보세구역에 장치하는 것은 허용될 수 없으며(관세령 제174조제1항), 보세창고에 부패할 염려가 있는 물품 또는 살아있는 동물이나 식물의 장치는 금지된다(관세령 제174조제2항). 하지만 이러한 보세구역 장치물품의 반입제한은 해당 물품을 장치하기 위하여 특수한 설비를 갖춘 보세구역에서는 적용되지 않는다(관세령 제174조제3항). 그런데 보세구역에 반입되어 장치된 외국물품은 그 물품에 대한 세관장의 수입신고수리가 행하여졌다면 관세행정상 내국물품의 법적 지위를 얻어 더 이상 보세구역에 장치할 필요성이 없어지게 된다. 이런 까닭에 관세청장이 정하는 보세구역에 반입되어 수입신고가 수리된 물품의 화주 또는 반입자는 법정 장치기간에도 불구하고 그 수입신고수리일부터 15일 이내에 해당 물품을 보세구역으로부터 반출하지 않으면 안 된다(관세법 제157조의2). 하지만 이러한 반출의무의 이행기한은 외국물품을 장치하는 데에 방해가 되지 아니하는 것으로 인정되어 세관장으로부터 해당 반출기간의 연장승인[84]을 받았다면 그 연장기간 만큼 늦춰질 수 있다. 만일 수입신고가 수리된 물품에 대한 반출의무를 이행하지 아니하였다면, 그 의무위반행위는 100만 원 이하의 과태료 부과대상 질서위반행위에 해당된다(관세법 제277조제4항).

국외로부터 우리나라에 반입된 외국물품은 잠재적인 관세의 납세의무의 객체이기 때문에 이러한 물품을 취급하는 자 또는 보세구역에 출입하는 자는 그러한 물품과 보세구역 감시에 관한 세관장의 명령을 준수하고 세관공무원의 지휘를 받아야 한다(관세법 제162조).[85] 그리고 보세구역 또는 보세구역이 아닌 장소에 장치된 외국물품이 멸실된 때에는 소정의 신고서[86]를 세관장에게 제출하여 그 확인을 받아야 한다(관세령 제180조). 또한, 보세구

84) 반출기간 연장승인의 신청방법에 관하여는 관세령 제176조의2를 참조.

85) 세관장은 보세구역에 세관공무원을 파견하여 세관사무의 일부를 처리하게 할 수 있다(관세법 제163조).

86) 신고서에 기재하는 법정사항에 관하여는 관세령 제180조제1항을 참조. ▶특허보세구역장치물품인 경우에는 운영인의 명의로, 특허보세구역장치물품이 아닌 경우에는 보관인의 명의로 신고하여야 한다(관세령 제180조제2항).

역 또는 보세구역이 아닌 장소에 장치된 외국물품이 도난당하거나 분실된 때와 이상이 있는 때에는 소정의 신고서[87]를 세관장에게 제출하여야 한다(관세령 제181조·제182조). 만일 국외로부터 우리나라에 반입된 외국물품을 취급하는 자 또는 보세구역에 출입하는 자가 세관장의 해당 명령이나 세관장의 해당 지휘사항을 이행하지 아니하였다면 그 의무위반행위는 100만 원 이하의 과태료 부과대상 질서위반행위에 해당된다(관세법 제277조제4항).

이와 같이 보세구역에 장치된 물품에 대한 엄격한 관리준칙에도 불구하고 수출입기업의 편익과 통관의 효율화를 위하여 보세구역에 장치된 물품은 그 현상을 유지하기 위하여 필요한 보수작업과 그 성질을 변하지 아니하게 하는 범위에서 포장을 바꾸거나 구분·분할·합병을 하거나 그 밖의 비슷한 **보수작업**이 허용되며, 더 나아가 보세구역에서의 보수작업이 곤란하다고 세관장이 인정할 때에는 기간과 장소를 지정받아 보세구역 밖에서도 보수작업이 허용될 수 있다(관세법 제158조제1항). 여기에서 허용 가능한 보수작업의 적용범위는 ㉠ 물품의 보존을 위해 필요한 작업(부패, 손상 등을 방지하기 위한 보존작업 등)과 이와 유사한 작업, ㉡ 물품의 상품성 향상을 위한 개수작업(포장개선, 라벨표시, 단순절단 등)과 이와 유사한 작업, ㉢ 선적을 위한 준비작업(선별, 분류, 용기변경 등)과 이와 유사한 작업, ㉣ 단순한 조립작업(간단한 셋팅, 완제품의 특성을 가진 구성요소의 조립 등)과 이와 유사한 작업이 해당되며, 해당 보수작업으로 인해 보수작업 대상물품의 HS품목분류에 변화를 가져오는 경우에는 허용 가능한 보수작업의 적용범위를 벗어나게 된다. 그런데 실제로 보수작업을 하려면 세관장의 승인[88]을 받아야 하고, 승인된 보수작업에서 외국물품에 부가된 내국물품이 있다면 그 내국물품은 외국물품으로 간주되며, 어떠한 경우에도 수입될 물품의 보수작업의 재료로 외국물품이 사용되는 것은 허용될 수 없다(관세법 제158조제2항부터제4항까지).[89] 만일 세관장의 승인을 받지 아니하고 보수작업을 하였거나 외국물품을 보수작업의 재료로 사용하였다면, 그 의무위반행위는 200만 원 이하의 과태료 부과대상 질서위반행위에 해당된다(관세법 제277조제4항).

보세구역의 허용목적과 같은 취지에서 보세구역에 장치된 물품에 대하여는 그 원형을 변경하거나 해체·절단 등의 작업이 허용될 수 있다(관세법 제159조제1항). 허용될 수 있는 해체·절단의 작업의 적용범위는 관세청장이 정하며, 실제로 이러한 작업을 하려면 세

87) 신고서에 기재하는 법정사항에 관하여는 관세령 제181조제1항과 제182조제1항을 참조. ▶특허보세구역 장치물품인 경우에는 운영인의 명의로, 특허보세구역 장치물품이 아닌 경우에는 보관인의 명의로 하여야 한다(관세령 제181조제2항·제182조제2항).

88) 보수작업의 승인신청방법과 승인된 보수작업의 완료보고방법에 관하여는 관세령 제177조를 참조.

89) 보수작업을 하는 경우 해당 물품에 관한 반출검사 등에 관하여는 관세법 제187조(보세공장 외 작업허가) 제3항·제4항과 제6항이 준용된다.

관장의 허가[90])를 받아야 한다(관세법 제159조제2항·제3항). 그리고 세관장은 수입신고한 물품에 대하여 필요하다고 인정될 때에는 화주 또는 그 위임을 받은 자에게 해체 · 절단의 작업을 명할 수 있다(관세법 제159조제4항). 만일 세관장의 허가를 받지 아니하고 해체 · 절단의 작업을 하였다면, 그 의무위반행위는 1천만 원 이하의 과태료 부과대상 질서위반행위에 해당된다(관세법 제277조제2항).

어떤 물품이 경제적 가치가 더 이상 존재하지 않거나 유해성을 내포하고 있다면 그 물품의 폐기가 요구될 수 있을 것이다. 이러한 까닭에 보세구역에 장치된 물품의 폐기는 부패 · 손상되거나 그 밖의 사유로 허용될 수 있으며, 그러한 물품을 실제로 폐기하려면 세관장의 승인[91])을 받아야 한다(관세법 제160조제1항). 여기에서 "부패 · 손상 그 밖의 사유"의 적용범위는 ㉠ 부패, 변질, 손상, 실용시효의 경과, 물성의 변화 등으로 상품가치를 상실한 경우, ㉡ 상품가치는 있으나 용도가 한정되어 있어 실용의 가능성이 거의 없는 경우, ㉢ 장치기간경과물품으로 매각하고자 하였으나 매각되지 아니한 경우로서 국고귀속의 실익이 없는 경우가 해당된다. 그리고 보세구역에 장치된 물품이 세관장의 승인을 받아 폐기되었거나 재해 또는 그 밖의 부득이한 사유로 멸실된 때에는 그 물품에 대한 관세의 납세의무는 발생하지 않지만 이러한 경우를 제외하고 보세구역에 장치된 외국물품이 멸실되거나 폐기되었을 때에는 그 운영인 또는 보관인에게 즉시 그 관세를 부과 · 징수하게 된다(관세법 제160조제2항). 물론 세관장의 폐기승인을 받은 외국물품 중 폐기 후에 남아 있는 부분에 대하여는 폐기 후의 성질과 수량에 따라 관세가 부과된다(관세법 제160조제3항). 만일 세관장의 승인을 받지 아니하고 보세구역에 장치된 물품을 폐기하였다면, 그 의무위반행위는 1천만 원 이하의 과태료 부과대상 질서위반행위에 해당된다(관세법 제277조제2항).

그런데 세관장은 폐기승인의 신청이 없다고 하더라도 보세구역에 장치된 물품 중 직권폐기대상물품은 그 물품의 납세의무관계자인 화주, 반입자, 화주 또는 반입자의 위임을 받은 자나 제2차 납세의무자(국기법 제38조부터제41조까지)에게 이를 반송 또는 폐기할 것을 명하거나 그 물품의 납세의무관계자에게 통고한 후 폐기할 수 있는데, 급박하여 통고할 여유가 없는 경우에는 폐기한 후 즉시 통고하여야 한다(관세법 제160조제4항). 만일 세관장의 통고를 수령할 그 물품의 납세의무관계자의 주소나 거소를 알 수 없거나 그 밖의 사유로 통고할 수 없는 경우에는 공고로써 이를 갈음할 수 있으며, 세관장이 물품을 폐기하거나 그 물품의 납세의무관계자가 물품을 폐기 또는 반송한 경우 그 비용의 부담은 그 물품의

90) 해체 · 절단 등 작업의 허가신청방법과 허가된 해체 · 절단 등 작업의 완료보고방법에 관하여는 관세령 제178조를 참조.
91) 장치물품의 폐기승인신청방법과 폐기작업의 종료보고방법에 관하여는 관세령 제179조를 참조.

납세의무관계자에게 귀속된다(관세법 제160조제5항·제6항). 여기에서 세관장의 **직권폐기대상 물품**은 다음과 같은 물품이 해당된다: ⓐ 사람의 생명이나 재산에 해를 끼칠 우려가 있는 물품; ⓑ 부패하거나 변질된 물품; ⓒ 유효기간이 지난 물품; ⓓ 상품가치가 없어진 물품; ⓔ 앞의 ⓐ부터 ⓓ까지에 준하는 물품으로서 관세청장이 정하는 물품. 만일 세관장의 반송 또는 폐기 명령을 이행하지 아니하였다면, 그 의무위반행위는 100만 원 이하의 과태료 부과대상 질서위반행위에 해당된다(관세법 제277조제5항).

한편, 보세구역에 장치된 외국물품의 전부 또는 일부를 견본품으로 반출하려면 세관장의 허가[92]를 받아야 한다(관세법 제161조제1항). 하지만 세관공무원은 보세구역에 반입된 물품에 대하여 검사상 필요하면 그 물품의 일부를 견본품으로 채취할 수 권한이 부여되기 때문에 별도로 세관장의 허가를 필요로 하지 아니하며, 세관공무원이 채취한 물품이 사용 · 소비된 경우에는 수입신고를 하여 관세를 납부하고 수리된 것으로 간주한다(관세법 제161조제2항·제3항). 만일 세관장의 허가를 받지 아니하고 보세구역에 장치된 외국물품의 견본품을 반출하였다면, 그 의무위반행위는 1천만 원 이하의 과태료 부과대상 질서위반행위에 해당된다(관세법 제277조제2항).

### (4) 보세구역의 자율관리 허용

보세구역 중 물품의 관리가 세관감시에 지장이 없다고 인정하여 세관장이 지정하는 보세구역인 "자율관리보세구역"에 장치한 물품의 반출입 시 세관공무원의 참여와 관세법에 따른 절차 중 관세청장이 정하는 절차를 생략하게 된다(관세법 제164조제1항). 자율관리보세구역의 지정을 받으려면 보세구역의 화물관리인이나 운영인이 세관장에게 그 지정을 신청[93]하여야 하는데, 자율관리보세구역 지정요건으로 보세구역의 화물관리인이나 운영인에게 해당 보세구역에 장치된 물품을 관리하는 사람, 즉 보세사의 채용의무가 수반된다(관세법 제164조제2항·제3항). 그리고 자율관리보세구역으로 지정을 받았다면 물품의 반출입 상황을 장부에 기록할 의무가 주어지는데, 세관장은 자율관리보세구역의 지정을 받은 자가 관세법에 따른 의무를 위반하거나 세관감시에 지장이 있다고 인정되는 사유가 발생한 경우에는 그 지정을 취소할 수 있다(관세법 제164조제5항·제6항). 만일 자율관리보세구역의 지정을 취소하는 처분을 하려면 반드시 청문을 실시하여야 한다(관세법 제328조제1호).

한편, 자율관리보세구역의 지정요건으로 채용하여야 하는 보세사의 자격요건은 보세화물의 관리업무에 관한 전형에 합격한 사람으로서 관세법상 결격사유가 없는 자가 된

92) 견본품반출의 허가신청방법에 관하여는 관세령 제183조를 참조.
93) 자율관리보세구역 지정신청의 방법에 관하여는 관세령 제184조제1항을 참조.

다(관세법 제165조제1항). 보세사의 자격을 갖춘 사람이 보세사로 근무하려면 해당 보세구역을 관할하는 세관장에게 등록신청서를 제출하여야 하고(관세령 제185조제2항), 세관장은 보세사로 등록을 한 사람이 보세사의 결격사유에 해당하게 된 경우나 사망한 경우에는 등록을 취소하여야 하며, 직무와 관련하여 부당한 금품을 수수한 경우 또는 관세법이나 관세법에 따른 명령을 위반한 경우에는 6개월 이내의 업무정지, 견책 또는 그 밖에 필요한 조치를 할 수 있다(관세법 제165조제2항·제4항). 여기에서 보세사 등록의 취소 및 업무정지 처분을 하려면 반드시 청문을 실시하여야 한다(관세법 제328조제2호). 그리고 등록이 취소된 자는 그 취소된 날로부터 2년 이내에 다시 등록할 수 없다(관세법 제165조제3항). **보세사의 직무범위**는 ㉮ 보세화물과 내국물품의 반입 또는 반출에 대한 입회와 확인, ㉯ 보세구역 안에 장치된 물품의 관리와 취급에 대한 입회와 확인, ㉰ 보세구역출입문의 개폐와 열쇠관리의 감독, ㉱ 보세구역의 출입자관리에 내한 감독, ㉲ 견본품의 반출과 회수, ㉳ 그 밖에 보세화물의 관리를 위하여 필요한 업무로서 관세청장이 정하는 업무가 해당된다(관세령 185조제1항). 그리고 보세사는 다른 사람에게 자신의 성명 · 상호를 사용하여 보세사 업무를 하게 하거나 그 자격증 또는 등록증을 빌려주는 것이 금지된다(관세법 제165조의2). 만일 이러한 금지의무를 위반하여 ① 다른 사람에게 자신의 성명 · 상호를 사용하여 보세사 업무를 수행하게 하거나 자격증 또는 등록증을 빌려주는 자나 ② 다른 사람의 성명 · 상호를 사용하여 보세사의 업무를 수행하거나 자격증 또는 등록증을 빌린 자 또는 제①이나 제②의 행위를 알선한 자는 보세사의 명의대여죄 등으로 1년 이하의 징역 또는 1천만원 이하의 벌금에 처해진다(관세법 제275조의4).

## 2. 지정보세구역

### 1) 지정보세구역의 지정

지정보세구역의 지정권자는 세관장이고, 지정보세구역으로 지정할 수 있는 대상은 국가, 지방자치단체, 공항시설 또는 항만시설을 관리하는 법인이 소유하거나 관리하는 토지 · 건물 또는 그 밖의 시설이 해당된다(관세법 제166조제1항). 세관장은 해당 세관장이 관리하지 아니하는 토지 등을 지정보세구역으로 지정하려면 해당 토지 등의 소유자나 관리자의 동의를 받아야 하며, 지정한 지정보세구역의 임차료 등은 세관장이 부담하게 된다(관세법 제166조제2항·제3항). 한편, 세관장은 수출입물량이 감소하거나 그 밖의 사유로 지정보세구역의 전부 또는 일부를 보세구역으로 존속시킬 필요가 없어졌다고 인정될 때에는 그 지정을 취소하여야 한다(관세법 제167조). 그리고 지정보세구역의 지정을 받은 토지 등의 소유자나 관리자는 해당 토지 등의 양도, 교환, 임대 또는 그 밖의 처분이나 그 용도의 변경, 해당 토지에 대한 공사나 해당 토지 안에 건물 또는 그 밖의 시설의 신축, 해당 건물 또는 그 밖의 시설의 개축 · 이전 · 철거나 그 밖의 공사를 하려면 미리 세관장과 협의하여야 한다(관세법 제168조제1항). 여기에서 그러한 행위가 지정보세구역으로서의 사용에 지장을 주지 아니하거나 지정보세구역으로 지정된 토지 등의 소유자가 국가 또는 지방자치단체인 경우에는 세관장과의 사전협의를 요하지 않는다. 그리고 만일 지정보세구역의 지정의 취소 처분을 하려면 반드시 청문을 실시하여야 한다(관세법 제328조제3호).

### 2) 지정보세구역의 유형

#### (1) 지정장치장

지정장치장은 **통관을 하려는 물품을 일시 장치하기 위한 장소**이며, 지정장치장에 물품을 장치하는 기간은 6개월의 범위에서 관세청장이 정하되, 관세청장이 정하는 기준에 따라 세관장은 3개월의 범위에서 그 기간을 연장할 수 있다(관세법 제169조·제170조). 지정장치장에 반입한 물품의 보관책임은 원칙적으로 그 물품의 화주 또는 반입자에게 주어지지만, 세관장은 지정장치장의 질서유지와 화물의 안전관리를 위하여 필요하다고 인정할 때에는 화주를 갈음하여 보관의 책임을 지는 **화물관리인**을 지정할 수 있는데, 세관장이 관리하는 시설이 아닌 경우에는 세관장이 해당 시설의 소유자나 관리자와 협의하여 화물관리인을 지정하며, 지정장치장의 화물관리인은 화물관리에 필요한 비용[94]을 화주로부터 징수[95]할 수 있고, 지정장치장의 화물관리인은 해당 화주로부터 징수한 비용 중 세관설비 사용료에 해당하는 금액을 세관장에게 납부하여야 한다(관세법 제172조제1항부터제4항까지). 여기에서 화물관리인의 보관책임은 보세구역에 장치된 외국물품의 멸실이나 폐기로 인하여 징수되는 관세를 부담하는 보관인의 책임(관세법 제160조제2항)과 해당 화물의 보관과 관련한 하역 · 재포장과 경비 등을 수행하는 책임으로 한다(관세령 제187조의3). 아울러 지정보세구역의 관리인은 그 업무에 종사하는 자와 기타 보세구역에 출입하는 자에 대하여 상당한 단속을 하여야 한다(관세령 제195조제4항). 만일 불가피한 사유로 화물관리인을 지정할 수 없을 때에는 세관장이 화주를 대신하여 직접 화물관리를 할 수 있으며, 화물관리에 필요한 비용을 화주로부터 징수할 수 있다(관세법 제172조제5항). 그리고 만일 지정장치장의 화물관리인이 세관장의 승인을 받지 아니한 요율로 화물관리비용을 징수하였다면, 그 의무위반행

94) 관세법 제323조에 따른 세관설비 사용료를 포함한다.

95) 그 요율에 대해서는 세관장의 승인을 받아야 한다.

위는 200만 원 이하의 과태료 부과대상 질서위반행위에 해당된다(관세법 제277조제4항).

(2) 세관검사장

세관검사장은 **통관하려는 물품을 검사하기 위한 장소**이며, 세관장은 검사를 받을 물품의 전부 또는 일부를 세관검사장에 반입하여 검사할 수 있는데, 세관검사장에 반입되는 물품의 채취 · 운반 등에 필요한 비용은 화주가 부담한다(관세법 제173조).

## 3. 특허보세구역

### 1) 일반준칙

(1) 특허보세구역의 특허신청

관세법 제174조제1항에 따라 특허보세구역을 설치 · 운영하려면 세관장의 특허를 받아야 하며, 기존의 특허를 갱신하려는 경우에도 마찬가지로 세관장의 특허를 받아야 한다.[96] 여기에서 특허보세구역의 설치 · 운영에 관한 특허를 받으려는 자, 특허보세구역을 설치 · 운영하는 자, 이미 받은 특허를 갱신하려는 자는 특허수수료를 납부하여야 한다(관세법 제174조제2항).

(2) 설치 · 운영에 관한 특허의 요건과 특허기간 그리고 물품의 장치기간

관세법 제175조에 따라 특허보세구역 운영인의 결격사유에 해당하는 자는 특허보세구역을 설치 · 운영할 수 없다. **특허보세구역 운영인의 결격사유**는 ① 미성년자, ② 금치산자와 한정치산자, ③ 파산선고를 받고 복권되지 아니한 자, ④ 관세법을 위반하여 징역형의 실형을 선고받고 그 집행이 끝나거나(집행이 끝난 것으로 보는 경우를 포함한다) 면제된 후 2년이 지나지 아니한 자, ⑤ 관세법을 위반하여 징역형의 집행유예를 선고받고 그 유예기간 중에 있는 자, ⑥ 관세법에 따라 특허보세구역의 설치 · 운영에 관한 특허가 취소된 후 2년이 지나지 아니한 자,[97] ⑦ 관세범으로 처벌되어 벌금형 또는 통고처분을 받은 자로서 그 벌금형을 선고받거나 통고처분을 이행한 후 2년이 지나지 아니한 자(다만, 양벌 규정에 따라 처벌된 개인 또는 법인은 제외한다), ⑧ 앞의 제②부터 제⑦까지에 해당하는 자를 임원[98]으로 하는 법인이 해당된다.

특허보세구역의 설치 · 운영에 관한 특허를 받을 수 있는 요건은 ㉮ 체납된 관세와 내국세가 없을 것, ㉯ 특허보세구역 운영인의 결격사유가 없을 것, ㉰ 위험물품을 장치 · 제

96) 특허의 신청절차 및 갱신절차에 관하여는 관세령 제188조를 참조.
97) 다만, 그 특허가 취소된 해당 특허보세구역을 제외한 기존에 특허 받은 특허보세구역은 설치 · 운영할 수 있다.
98) 해당 보세구역의 운영업무를 직접 담당하거나 이를 감독하는 자로 한정한다.

조 · 전시 또는 판매하는 경우에는 위험물품의 종류에 따라 관계행정기관의 장의 허가 또는 승인 등을 받을 것, ㉱ 관세청장이 정하는 바에 따라 보세화물의 보관 · 판매와 관리에 필요한 자본금 · 수출입규모 · 구매수요 · 장치면적 등에 관한 요건을 갖출 것 등이 해당된다(관세령 제189조). 그런데 특허보세구역의 운영인이 그 장치물품의 종류를 변경하거나 그 특허작업의 종류 또는 작업의 원재료를 변경하고자 하는 때에는 그 사유를 기재한 신청서를 세관장에게 제출하여 그 승인을 얻어야 하고, 특허보세구역의 운영인이 법인인 경우에 그 등기사항을 변경한 때에는 지체 없이 그 요지를 세관장에게 통보하여야 한다(관세령 제190조). 그리고 특허보세구역의 운영인이 그 장치물품의 수용능력을 증감하거나 그 특허작업의 능력을 변경할 설치 · 운영시설의 증축, 수선 등의 공사를 하려면 그 사유를 기재한 신청서에 공사내역서와 관계도면을 첨부하여 세관장에게 제출하여 그 승인을 얻어야 하는데, 특허받은 면적의 범위 내에서 수용능력 또는 특허작업능력을 변경하는 경우에는 신고함으로써 승인을 얻은 것으로 간주되고, 공사를 준공한 운영인은 그 사실을 지체 없이 세관장에게 통보하여야 한다(관세령 제191조). 만일 특허보세구역의 운영인이 특허사항을 위반하였다면, 그 의무위반행위는 200만 원 이하의 과태료 부과대상 질서위반행위에 해당된다(관세법 제277조제4항).

특허보세구역(보세전시장과 보세건설장은 제외한다)의 특허기간은 원칙적으로 10년의 범위 내에서 신청인이 신청한 기간으로 하는데(관세법 제176조제1항), 예외적으로 관세청장은 보세구역의 합리적 운영을 위하여 필요한 경우에는 신청인이 신청한 기간과 달리 특허기간을 정할 수 있다(관세령 제192조). 보세전시장의 특허기간은 해당 박람회 등의 기간을 고려하여 세관장이 정하는 기간으로 하고, 보세건설장의 특허기간은 해당 건설공사의 기간을 고려하여 세관장이 정하는 기간으로 하되, 전시목적을 달성하거나 공사를 진척하기 위하여 부득이하다고 인정할 만한 사유가 있을 때에는 그 기간을 연장할 수 있다(관세법 제176조제2항).

한편, 특허보세구역에 물품을 장치하는 기간은 다음과 같은 구분에 따른다(관세법 제177조제1항). 보세창고에 장치된 물품이 ⓐ 외국물품(뒤에 설명하는 ⓒ에 해당하는 물품은 제외한다)인 경우에는 1년의 범위에서 관세청장이 정하는 기간,[99] ⓑ 내국물품(뒤에 설명하는 ⓒ에 해당하는 물품은 제외한다)인 경우에는 1년의 범위에서 관세청장이 정하는 기간, ⓒ 정부비축용 물품, 정부와의 계약이행을 위하여 비축하는 방위산업용 물품, 장기간 비축이 필요한 수출용원재료와 수출품보수용 물품으로서 세관장이 인정하는 물품, 국제물류의 촉진을 위하여 관세청장이 정하는 물품인 경우에는 비축에 필요한 기간이 적용되고, 그

99) 다만, 세관장이 필요하다고 인정하는 경우에는 1년의 범위에서 그 기간을 연장할 수 있다.

밖의 특허보세구역에 장치된 물품은 해당 특허보세구역의 특허기간이 적용된다. 하지만 세관장은 물품관리에 필요하다고 인정될 때에는 앞서 설명한 법정 장치기간 내에도 운영인에게 그 물품의 반출을 명할 수 있다(관세법 제177조제2항). 따라서 만일 세관장의 반출명령을 위반하였다면, 그 의무위반행위는 100만 원 이하의 과태료 부과대상 질서위반행위에 해당된다(관세법 제277조제5항).

### (3) 보세판매장 특허의 특례

관세법 제176조의2 제1항에 따라 세관장은 보세판매장 특허를 부여하는 경우에 중소기업과 중견기업에게 보세판매장 총 특허 수의 100분의 30 이상의 특허를 부여할 의무를 가지며(관세령 제192조의2제1항), 또한 상호출자제한기업집단에 속하는 기업에 대해 보세판매장 총 특허 수의 100분의 60 이상의 특허를 부여하는 것이 금지된다(관세법 제192조의2제2항). 하지만 이러한 보세판매장 특허의 특례에도 불구하고 기존 특허가 만료되었으나 신규특허의 신청이 없는 등 적용예외요건[100]에 해당하는 경우에는 그 특례를 적용하지 아니한다(관세법 제176조제2항). 그리고 특허의 특례적용요건은 매출액, 자산총액과 지분 소유나 출자 관계 등 적합성기준[101]에 맞는 기업에 속하여야 한다. 아울러 중소기업 및 중견기업과 상호출자제한기업집단에 속하는 기업에 대한 특허 비율에 적합한지를 판단하는 시점은 보세판매장의 설치 · 운영에 관한 특허를 부여할 때를 기준으로 하며, 이러한 특허 비율에 적합한지를 판단할 때에 보세판매장의 특허절차에 따른 공고일 이후 기존 특허의 반납 등 예상하지 못한 사유로 특허 비율이 변경된 경우 그 변경된 특허 비율은 적용하지 아니한다(관세령 제192조의2제3항·제4항).

한편, 관세법 제176조의2 제3항에 따라 보세판매장의 특허는 특허보세구역의 설치 · 운영의 특허신청 자격요건을 갖춘 자[102]의 신청을 받아 특허심사의 평가기준[103]에 따라 심사하여 부여하는데, 기존 특허가 만료되는 경우에도 또한 같다.[104] 하지만 특허를 받은 자가 특허를 갱신하는 경우에는 대통령령으로 정하는 바에 따라 두 차례에 한정하여 갱신할 수 있는데, 갱신기간은 한 차례당 5년 이내로 한다(관세법 제176조의2제5항). 보세판매장 특허 신청자의 평가 및 선정과 특허갱신의 심사 그 밖에 보세판매장 운영에 관한 중요 사항을 심의하기 위하여 관세청에 보세판매장 특허심사위원회를 둔다(관세법 제176조의3제1항).

100) 적용예외요건에 관하여는 관세령 제192조의2 제5항을 참조.
101) 적합성기준의 세부요건에 관하여는 관세령 제192조의2 제1항을 참조.
102) 보세판매장 특허신청의 자격요건에 관하여는 관세령 제189조를 참조.
103) 보세판매장 특허심사의 평가기준에 관하여는 관세령 제192조의3 제2항을 참조.
104) 보세판매장 특허절차에 관하여는 관세령 제192조의5를 참조.

### (4) 세관장의 설치 · 운영에 관한 감독과 행정제재

관세법 제180조제1항에 따라 세관장은 특허보세구역의 운영인에 대한 감독권을 가지고, 이에 따라 특허보세구역의 운영인에게 그 설치 · 운영에 관한 보고를 명하거나 세관공무원에게 특허보세구역의 운영상황을 검사하게 할 수 있는 권한을 갖는다(관세법 제180조제2항). 또한, 세관장은 특허보세구역의 운영에 필요한 시설 · 기계와 기구의 설치를 명할 수 있을 뿐더러 특허보세구역에 반입된 물품이 해당 특허보세구역의 설치 목적에 합당하지 아니한 경우에는 해당 물품을 다른 보세구역으로 반출할 것을 명할 수 있는 권한을 갖는다(관세법 제180조제3항·제4항). 그렇기 때문에 만일 운영인이 세관장의 필요한 시설 · 기계와 기구의 설치명령을 위반하였다면 그 의무위반행위는 200만 원 이하의 과태료 부과대상 질서위반행위에 해당된다(관세법 제277조제4항). 아울러 운영인이 세관장의 감독이나 명령 등을 위반하였거나 세관장의 다른 보세구역으로 반출하라는 명령을 위반하였다면, 그 의무위반행위는 100만 원 이하의 과태료 부과대상 질서위반행위에 해당된다(관세법 제277조제5항).

관세법 제178조에 따라 세관장은 특허보세구역의 관리와 관련하여 물품반입 등의 정지처분권과 특허의 취소권을 행사할 수 있는 권한을 갖는다. 먼저, 물품반입 등의 정지처분권을 행사할 수 있는 요건은 ⓐ 특허보세구역의 운영인이 장치물품에 대한 관세를 납부할 자금능력이 없다고 인정되는 경우 또는 ⓑ 본인이나 그 사용인이 관세법 또는 관세법에 따른 명령을 위반한 경우나 ⓒ 해당 시설의 미비 등으로 특허보세구역의 설치 목적을 달성하기 곤란하다고 인정되는 경우가 해당된다. 여기에서 물품반입 등의 정지처분권의 효과는 해당 특허보세구역에의 물품반입 또는 보세건설 · 보세판매 · 보세전시 등은 관세청장이 정하는 바에 따라 6개월의 범위에서 정지된다. 다음으로, 특허의 취소권을 행사할 수 있는 요건은 특허보세구역의 운영인이 ① 거짓이나 그 밖의 부정한 방법으로 특허를 받은 경우, ② 특허보세구역 운영인의 결격사유에 해당하게 된 경우, ③ 1년 이내에 3회 이상 물품반입 등의 정지처분(반입정지 등을 갈음하는 과징금의 부과처분을 포함한다)을 받은 경우, ④ 1년 이상 물품의 반입실적이 없어서 세관장이 특허보세구역의 설치 목적을 달성하기 곤란하다고 인정하는 경우에 해당되는 것이다. 여기에서 앞의 제①과 제②에 해당하는 경우에는 그 특허를 반드시 취소하여야 한다. 아울러 물품반입 등의 정지 및 운영인 특허의 취소 처분을 하려면 반드시 청문을 실시하여야 한다(관세법 제328조제5호). 한편, 세관장은 물품반입 등의 정지처분이 그 이용자에게 심한 불편을 주거나 공익을 해칠 우려가 있는 경우에는 특허보세구역의 운영인에게 물품반입 등의 정지처분을 갈음하여 해당 특허보세구역 운영에 따른 매출액의 100분의 3 이하의 과징금을 부과[105]할 수 있다(관세법 제178조제3항).[106]

### (5) 특허의 효력상실과 승계

관세법 제179조제1항에 따라 특허보세구역의 설치 · 운영에 관한 특허는 ① 운영인이 특허보세구역을 운영하지 아니하게 된 경우, ② 운영인이 해산하거나 사망한 경우, ③ 특허기간이 만료한 경우, ④ 특허가 취소된 경우에 해당하면 그 효력이 상실된다. 여기에서 앞의 제①과 제②의 경우에는 운영인, 그 상속인, 청산법인 또는 합병 · 분할 · 분할합병 후 존속하거나 합병 · 분할 · 분할합병으로 설립된 법인 등 이른바 승계법인은 지체 없이 세관장에게 그 사실을 보고하여야 하며, 특허보세구역의 설치 · 운영에 관한 특허를 받은 자가 사망하거나 해산한 경우 상속인 또는 승계법인이 계속하여 그 특허보세구역을 운영하려면 피상속인 또는 피승계법인이 사망하거나 해산한 날부터 30일 이내에 법정 특허요건을 갖추어 특허보세구역승계신청서에 소정의 서류를 첨부하여 세관장에게 신고하여야 한다(관세법 제179조제2항·제3항).[107] 따라서 만일 앞서 설명한 제①과 제②의 사실에 대한 보고의무를 위반하였다면, 그 의무위반행위는 100만 원 이하의 과태료 부과대상 질서위반행위에 해당된다(관세법 제277조제5항). 상속인 또는 승계법인이 특허보세구역의 운영에 대한 승계신고를 하였을 때에는 피상속인 또는 피승계법인이 사망하거나 해산한 날부터 신고를 한 날까지의 기간에 있어서 피상속인 또는 피승계법인의 특허보세구역의 설치 · 운영에 관한 특허는 상속인 또는 승계법인에 대한 특허로 간주된다(관세법 제179조제4항). 하지만 특허보세구역 운영인의 결격사유에 해당하는 자에게는 특허의 승계신고가 허용될 수 없다(관세법 제179조제5항).

한편, 특허보세구역의 설치 · 운영에 관한 특허의 효력이 상실되었을 때에는 운영인이나 그 상속인은 해당 특허보세구역에 있는 외국물품을 지체 없이 다른 보세구역으로 반출할 의무를 가지고, 해당 특허보세구역에 있는 외국물품의 종류와 수량 등을 고려하여 6개월의 범위에서 세관장이 지정하는 기간 동안 그 구역은 특허보세구역으로 보며, 운영인이나 그 상속인에 대하여는 해당 구역과 장치물품에 관하여 특허보세구역의 설치 · 운영에 관한 특허가 있는 것으로 간주된다(관세법 제182조). 만일 다른 보세구역으로 반출할 의무를 위반하였다면, 그 의무위반행위는 100만 원 이하의 과태료 부과대상 질서위반행위에 해당된다(관세법 제277조제5항).

---

105) 과징금의 부과기준 등에 관하여는 관세령 제193조의2를 참조.

106) 과징금을 납부하여야 할 자가 납부기한까지 납부하지 아니한 경우 과징금의 징수에 관하여는 관세법 제26조의 담보 등이 없는 경우의 관세징수 규정을 준용한다(관세법 제178조제4항).

107) 특허의 승계신고 방법에 관하여는 관세령 제194조제1항을 참조. ▶승계신고를 받은 세관장은 이를 심사하여 신고일부터 5일 이내에 그 결과를 신고인에게 통보하여야 한다(관세령 제194조제2항).

### 2) 특허보세구역의 종류

#### (1) 보세창고

보세창고는 **외국물품이나 통관을 하려는 물품을 장치하는 곳**이다(관세법 제183조제1항). 그럼에도 불구하고 보세창고의 운영인이 미리 세관장에게 신고[108]를 한다면 외국물품의 장치에 방해되지 아니하는 범위에서 보세창고에 내국물품의 장치가 허용될 수 있는데, 그 내국물품이 동일한 보세창고에 장치되어 있는 동안 수입신고가 수리된 물품인 경우라며 세관장에게 신고 없이 계속하여 장치할 수 있다(관세법 제183조제2항). 하지만 이와 같이 보세창고에 수입신고가 수리된 물품을 6개월 이상 또는 내국물품만을 1년 이상 계속하여 장치하려면 그 운영인은 세관장의 승인[109]을 받아야 한다(관세법 제183조제3항). 여기에서 세관장의 승인을 받은 보세창고에 내국물품만을 장치하는 기간에는 관세법상 견본품 반출에 관한 규정과 특허보세구역에 물품장치기간에 관한 규정의 적용은 배제된다(관세법 제183조제4항). 그리고 세관장은 승인을 얻어 장치하는 물품에 대하여는 물품의 반출입신고를 생략하게 할 수 있다(관세령 제197조제3항). 아울러 보세창고의 운영인은 세관장에게 신고를 하였거나 세관장의 승인을 받은 내국물품을 그 신고기간 또는 그 승인기간이 지난 후 10일 내에 자신의 책임으로 반출할 의무를 진다(관세법 제184조). 만일 운영인이 미리 세관장에게 신고하지 아니하고 보세창고에 내국물품을 장치하였거나 세관장의 승인을 받지 아니하고 1년(수입신고 수리물품의 경우 6개월) 이상 계속해서 내국물품만을 장치하였다면, 그 의무위반행위는 100만 원 이하의 과태료 부과대상 질서위반행위에 해당된다(관세법 제277조제5항). 그리고 보세창고의 운영인이 장치기간이 지난 내국물품을 그 신고기간이나 승인기간이 지난 후 10일 내에 반출하지 아니하였다면, 그 의무위반행위도 마찬가지로 100만 원 이하의 과태료 부과대상 질서위반행위에 해당된다(관세법 제277조제5항).

#### (2) 보세공장

보세공장은 **외국물품을 원료 또는 재료로 하거나 외국물품과 내국물품을 원료 또는 재료로 하여 제조·가공하거나 그 밖에 이와 비슷한 작업을 할 수 있는 특허보세구역**을 말하는데, 보세공장에서는 세관장의 허가를 받지 아니하고는 내국물품만을 원료로 하거나 재료로 하여 제조·가공하거나 그 밖에 이와 비슷한 작업을 하는 것이 허용되지 아니한다(관세법 제185조제1항·제2항).[110] 그런데 관세법 제185조제3항에 따라 보세공장 중 수입하는

108) 내국물품의 장치신고 방법에 관하여는 관세령 제197조제1항을 참조.

109) 내국물품의 장치승인 신청방법에 관하여는 관세령 제197조제2항을 참조.

110) 내국물품만을 원재료로 하는 작업의 허가신정 방법에 관하여는 관세령 제200조를 참조.

물품을 제조 · 가공하는 것을 목적으로 하는 보세공장의 업종은 일정한 업종으로 제한되는바, ㉠ 국내외 가격차에 상당하는 율로 양허한 농 · 임 · 축산물을 원재료로 하는 물품을 제조 · 가공하는 업종이나 ㉡ 국민보건 또는 환경보전에 지장을 초래하거나 풍속을 해하는 물품을 제조 · 가공하는 업종으로 세관장이 인정하는 업종의 보세공장은 허용되지 않는다(관세규칙 제69조). 그리고 관세청장은 국내공급상황을 고려하여 필요하다고 인정되는 때에는 보세공장에 대하여 외국물품의 반입을 제한할 수 있는 권한을 갖는다(관세령 제201조). 만일 보세공장에서 세관장의 허가를 받지 아니하고 내국물품만을 원료로 하거나 재료로 하여 제조 · 가공 등의 작업을 하였다면, 그 의무위반행위는 100만 원 이하의 과태료 부과대상 질서위반행위에 해당된다(관세법 제277조제5항).

한편, 세관장은 수입통관 후 보세공장에서 사용하게 될 물품에 대하여는 보세공장에 직접 반입하여 수입신고를 하게 할 수 있어서, 보세구역에 직접 반입하여 수입신고하려는 물품이 지정장치장 또는 보세창고에 반입되었거나 보세구역이 아닌 장소에 장치되었다면 그 반입일 또는 장치일부터 30일 이내 관세법상 수입신고절차를 이행하여야 한다(관세법 제185조제4항). 그리고 관세법 제186조제1항에 따라 보세공장의 운영인은 보세공장에 반입된 물품을 그 사용 전에 반드시 세관장에게 사용신고[111]를 하여야 할 의무를 가진다. 여기에서 세관공무원은 그 물품을 검사할 수 있는 권한을 갖는다. 그리고 사용신고를 한 외국물품이 허가 · 승인 · 표시 또는 그 밖의 조건을 갖출 필요가 있는 것일 때에는 해당 조건을 갖춘 것임을 증명하지 않으면 안 된다. 아울러 만일 보세공장에 반입된 물품을 사전에 세관장에게 사용신고를 하지 아니하고 사용하였다면, 그 의무위반행위는 1천만 원 이하의 과태료 부과대상 질서위반행위에 해당된다(관세법 제277조제2항).

관세법 제187조제1항에 따라 세관장은 가공무역이나 국내산업의 진흥을 위하여 필요한 경우에는 기간, 장소, 물품 등을 정하여 해당 보세공장 외에서 제조 · 가공작업을 허가할 수 있다.[112] 보세공장 외 제조 · 가공작업을 허가를 한 경우 세관공무원은 해당 물품이 보세공장에서 반출될 때에 이를 검사할 수 있는 권한을 가지며, 허가를 받아 지정된 장소인 "공장 외 작업장"에 반입된 외국물품은 지정된 기간이 만료될 때까지는 보세공장에 있는 것으로 간주한다(관세법 제187조제3항·제4항). 아울러 세관장은 보세공장 외 제조 · 가공작업의 허가를 받은 보세작업에 사용될 물품을 보세공장 외 작업장에 직접 반입하게 할 수 있는 권한을 가지고, 보세공장 외 제조 · 가공작업의 허가에 따라 지정된 기간이 지난

111) 보세공장 물품반입의 사용신고 방법에 관하여는 관세령 제202조를 참조.
112) 보세공장 외 작업허가 신청방법에 관하여는 관세령 제203조를 참조.

경우 해당 보세공장 외 작업장에 허가된 외국물품이나 그 제품이 있을 때에는 해당 물품의 허가를 받은 보세공장의 운영인으로부터 그 관세를 즉시 징수한다(관세법 제187조제5항·제6항). 만일 세관장의 허가 없이 보세공장 외 보세·가공작업을 하였다면, 그 의무위반행위는 1천만 원 이하의 과태료 부과대상 질서위반행위에 해당된다(관세법 제277조제2항).

그런데 외국물품이나 외국물품과 내국물품을 원료로 하거나 재료로 하여 작업을 하는 경우 그로써 생긴 물품은 외국으로부터 우리나라에 도착한 물품으로 간주되어 소위 제품과세의 대상물품으로 취급하는데, 세관장의 승인[113]을 받고 외국물품과 내국물품을 혼용하는 경우에는 그로써 생긴 제품 중 해당 외국물품의 수량 또는 가격에 상응하는 것은 외국으로부터 우리나라에 도착한 물품으로 간주된다(관세법 제188조). 반면에 보세공장에서 제조된 물품을 수입하는 경우 앞서 설명한 보세공장에 반입된 물품의 사용신고를 하기 전에 미리 세관장에게 해당 물품의 원료인 외국물품에 대한 과세의 적용을 신청[114]한 경우에는 관세법상 과세물건의 확정시기에 관한 규정의 적용을 배제하고, 보세공장에 반입된 물품을 그 사용 전에 세관장에게 사용신고를 할 때의 그 원료의 성질과 수량에 따라 관세를 부과하는 이른바 원료과세의 대상물품으로 취급하는데, 세관장은 일정한 기준에 해당하는 보세공장에 대하여는 1년의 범위에서 원료별·제품별 또는 보세공장 전체에 대하여 원료과세의 신청을 하게 할 수 있다(관세법 제189조).

### (3) 보세전시장

보세전시장은 **박람회, 전람회, 견본품 전시회 등의 운영을 위하여 외국물품을 장치·전시하거나 사용할 수 있는 특허보세구역**을 말한다(관세법 제190조). 이러한 보세전시장에서 해당 외국물품의 성질 또는 형상에 변경을 가하는 행위나 해당 박람회의 주최자·출품자와 관람자가 그 보세전시장 안에서 소비하는 행위는 허용될 수 있다(관세령 제208조).

### (4) 보세건설장

보세건설장은 **산업시설의 건설에 사용되는 외국물품인 기계류 설비품이나 공사용 장비를 장치·사용하여 해당 건설공사를 할 수 있는 특허보세구역**을 말한다(관세법 제191조). 관세법 제192조에 따라 보세건설장의 운영인은 보세건설장에 외국물품을 반입하였을 때에는 사용 전에 해당 물품에 대하여 수입신고를 하고, 세관공무원의 검사[115]를 받아야 한다. 아울러 세관장은 보세건설장에 반입된 외국물품에 대하여 필요하다고 인정될 때에

113) 외국물품과 내국물품의 혼용에 관한 승인의 신청방법에 관하여는 관세령 제204조를 참조.
114) 원료과세 적용신청 방법에 관하여는 관세령 제205조제1항·제2항을 참조.
115) 세관공무원이 검사가 필요 없다고 인정하는 경우에는 세관공무원의 검사는 생략된다.

는 보세건설장 안에서 그 물품을 장치할 장소를 제한하거나 그 사용상황에 관하여 운영인으로 하여금 보고하게 할 수 있는 권한을 갖는다(관세법 제193조). 그리고 보세건설장의 운영인이 보세건설장에서 건설된 시설을 수입신고가 수리되기 전에 가동하는 것은 금지된다(관세법 제194조). 만일 세관장의 감독이나 보고지시 등을 위반하였다면, 그 의무위반행위는 100만 원 이하의 과태료 부과대상 질서위반행위에 해당된다(관세법 제277조제5항). 또한, 만일 보세건설장에 건설된 시설의 가동제한 규정을 위반하였다면, 그 의무위반행위는 200만 원 이하의 과태료 부과대상 질서위반행위에 해당된다(관세법 제277조제4항). 그리고 보세건설장에 반입할 수 있는 물품의 범위는 반입대상 외국물품과 이와 유사한 물품으로서 해당 산업시설의 건설에 필요하다고 세관장이 인정하는 물품으로 제한된다(관세령 제210조). 아울러 보세건설장의 운영인은 사용전 수입신고를 한 물품을 사용한 건설공사가 완료된 때에는 지체 없이 이를 세관징에게 보고할 의무를 가진다(관세법 제211조). 따라서 만일 보세건설장에 반입된 외국물품을 사전에 세관장에게 수입신고를 하지 아니하고 사용하였다면, 그 의무위반행위는 1천만 원 이하의 과태료 부과대상 질서위반행위에 해당된다(관세법 제277조제2항). 한편, 세관장은 보세작업상 필요하다고 인정될 때에는 기간, 장소, 물품 등을 정하여 해당 보세건설장 외에서의 보세작업을 허가[116]할 수 있다(관세법 제195조제1항).[117] 만일 세관장의 허가 없이 보세건설장장 외 보세작업을 하였다면 그 의무위반행위는 1천만 원 이하의 과태료 부과대상 질서위반행위에 해당된다(관세법 제277조제2항).

### (5) 보세판매장

보세판매장은 원칙적으로 **외국으로 반출하거나** 관세법 제88조(외교관용 물품의 면세) 제1항제1호부터 제4호까지에 따라 **관세의 면제를 받을 수 있는 자가 사용하는 것을 조건으로 외국물품을 판매할 수 있는 특허보세구역**을 말하는데, 예외적으로 공항 및 항만 등의 입국경로에 설치된 보세판매장에서는 외국에서 입국하는 자에게 외국물품을 판매할 수 있으며,[118] 세관장은 보세판매장에서 판매할 수 있는 물품의 종류, 수량, 장치 장소 등을 제한[119]할 수 있다(관세법 제196조). 만일 세관장의 보세판매장에서 판매 제한조치를 위반하였다면, 그 의무위

---

116) 보세건설장 외 보세작업의 허가신청 방법에 관하여는 관세령 제212조를 참조.

117) 보세건설장 외에서의 보세작업 허가에 관하여는 보세공장 외 작업허가 규정(관세법 제187조제3항부터제6항까지)을 준용한다(관세법 제195조제2항).

118) 2018. 12. 31. 개정관세법에서 내국인 해외여행 증가로 출국 시 구매한 면세품을 여행기간 동안 계속 휴대하는 국민불편을 해소하고, 해외소비의 국내전환을 통한 일자리 창출 및 공항의 글로벌 경쟁력 강화를 위해 입국장 면세점이 도입되었다.

119) 다만, 보세판매장에서 판매할 수 있는 물품의 종류와 판매한도는 관세규칙 제69조의3부터 제69조의5까지를 참조.

반행위는 200만 원 이하의 과태료 부과대상 질서위반행위에 해당된다(관세법 제277조제4항).

## 4. 종합보세구역

종합보세구역은 보세창고 · 보세공장 · 보세전시장 · 보세건설장 또는 보세판매장의 기능 중 둘 이상의 기능인 이른바 "**종합보세기능**"**을 수행할 수 있는 보세구역**을 말한다(관세법 제197조제2항).

### 1) 종합보세구역의 지정절차와 지정취소

#### (1) 종합보세구역의 지정방법과 지정대상지역

관세법 제197조제1항에 따라 종합보세구역의 지정은 두 가지 방법이 있다. 하나는 관세청장이 직권으로 지정하는 방법이고, 다른 하나는 관계 중앙행정기관의 장이나 지방자치단체의 장 또는 그 밖에 종합보세구역을 운영하려는 자의 요청에 따라 관세청장이 무역진흥에의 기여 정도, 외국물품의 반입 · 반출 물량 등을 고려하여 일정한 지역을 지정하는 방법이다. 종합보세구역의 지정대상지역은 다음과 같은 지역으로서 관세청장이 그 지정의 필요성을 인정하는 지역이어야 한다(관세령 제214조): ㉮ 외투법에 의한 외국인투자지역; ㉯ 산업입지법에 의한 산업단지; ㉰ 유통산업발전법에 의한 공동집배송센터; ㉱ 물류시설법에 따른 물류단지; ㉲ 그 밖에 종합보세구역으로 지정됨으로써 외국인투자촉진 · 수출증대 또는 물류촉진 등의 효과가 있을 것으로 예상되는 지역.

#### (2) 종합보세구역의 지정취소와 기능중지

관세법 제204조제1항에 따라 관세청장은 종합보세구역에 반입 · 반출되는 물량이 감소하여 종합보세구역을 존속시킬 필요가 없다고 인정될 때 또는 그 밖에 법정 지정취소사유[120]가 발생한 때에는 종합보세구역의 지정을 취소할 수 있다(관세령 제218조제1항). 그리고 세관장은 종합보세사업장의 운영인이 수행하는 종합보세기능과 관련하여 반입 · 반출되는 물량이 감소하거나 그 밖에 법정 수행중지사유[121]가 발생한 경우에는 6개월의 범위에서 운영인의 종합보세기능의 수행을 중지시킬 수 있다(관세법 제204조제2항, 관세령 제218조제2항).[122]

---

120) 종합보세구역의 지정요청자가 지정취소를 요청한 경우 또는 종합보세구역의 지정요건이 소멸한 경우가 해당한다(관세령 제218조제1항).

121) 1년 동안 계속하여 외국물품의 반입 · 반출실적이 없는 경우 또는 운영인이 설비유지의무를 위반한 경우가 해당한다(관세령 제218조제2항).

122) 세관장은 운영인이① 거짓이나 그 밖의 부정한 방법으로 종합보세사업장의 설치 · 운영에 관한 신고를 한 경우, ② 특허보세구역 운영인의 결격사유에 해당하게 된 경우, ③ 다른 사람에게 자신의 성명 · 상호를 사용하여 종합보세사업장을 운영하게 한 경우에는 그 종합보세사업장의 폐쇄를 명하여야 한다(관세법 제204조제4항).

만일 세관장의 중지조치 또는 세관장의 종합보세사업장 폐쇄명령을 위반하여 종합보세기능을 수행하였다면 그 의무위반행위는 2천만 원 이하의 벌금에 처하는 관세형벌법규상 허위신고죄 등이 적용된다(관세법 제276조제2항제2호). 그리고 종합보세구역 지정의 취소 처분 또는 종합보세기능의 수행 중지 처분을 하려면 반드시 청문을 실시하여야 한다(관세법 제328조제6호·제7호).

### 2) 종합보세기능의 수행 방법

#### (1) 종합보세사업장의 설치·운영에 관한 신고의무

관세법 제198조제1항에 따라 종합보세구역에서 종합보세기능을 수행하려는 자는 그 기능을 정하여 세관장에게 종합보세사업장의 설치·운영에 관한 신고를 하여야 하는 의무를 진다.[123] 여기에서 특허보세구역 운영인의 결격사유에 해당하는 자는 신고의 주체가 될 수 없다(관세법 제198조제2항). 그리고 만일 종합보세사업장의 설치·운영에 관한 신고를 하지 아니하고 종합보세기능을 수행하였다면 그 의무위반행위는 2천만 원 이하의 벌금에 처하는 관세형벌법규상 허위신고죄 등에 해당된다(관세법 제276조제2항제1호). 한편, 종합보세사업장의 설치·운영에 관한 신고를 마치고 종합보세기능을 수행하던 운영인이 자신이 수행하는 종합보세기능을 변경하려면 마찬가지로 세관장에게 이를 신고하여야 하는 의무를 가진다(관세법 제198조제3항).[124] 만일 종합보세기능의 변경신고를 이행하지 아니하였다면, 그 의무위반행위는 200만 원 이하의 과태료 부과대상 질서위반행위에 해당된다(관세법 제277조제4항).

#### (2) 물품의 반입·반출신고의무와 물품관리

관세법 제199조에 따라 종합보세구역에 물품을 반입하거나 반출하려면 세관장에게 해당 물품에 대한 신고의무를 이행하여야 한다.[125] 여기에서 종합보세구역에 반입·반출하는 물품이 내국물품인 경우에는 신고의무를 생략하거나 간소한 방법으로 반입·반출하게 된다.[126] 만일 이러한 반출입신고의무를 이행하지 아니하였다면, 그 의무위반행위는 200만 원 이하의 과태료 부과대상 질서위반행위에 해당된다(관세법 제277조제4항).

종합보세구역에서 소비하거나 사용되는 물품이 제조·가공에 사용되는 시설기계류

123) 종합보세사업장의 설치·운영에 관한 신고절차에 관하여는 관세령 제215조제1항을 참조.
124) 종합보세기능의 변경신고 방법에 관하여는 관세령 제215조제2항을 참조.
125) 종합보세구역에의 물품 반출입절차에 관하여는 관세령 제216조를 참조.
126) 내국물품 반출신고의 생략 대상에 관하여는 관세규칙 제70조를 참조.

와 그 수리용 물품 또는 연료 · 윤활유 · 사무용품 등 제조 · 가공에 직접적으로 사용되지 아니하는 물품에 해당한다면 이러한 물품은 수입통관 후 이를 소비하거나 사용하지 않으면 안 된다(관세법 제200조제1항; 관세규칙 제71조). 만일 이러한 의무를 위반하였다면, 그 의무위반행위는 1천만 원 이하의 과태료 부과대상 질서위반행위에 해당된다(관세법 제277조제2항). 그리고 종합보세구역에 반입한 물품의 장치기간은 제한되지 않지만, 종합보세기능에 따른 보세창고의 기능을 수행하는 장소 중에서 관세청장이 수출입물품의 원활한 유통을 촉진하기 위하여 필요하다고 인정하여 지정한 장소에 반입되는 물품의 장치기간은 1년의 범위에서 관세청장이 정하는 기간으로 한다(관세법 제200조제2항). 아울러 관세법 제200조제3항에 따라 세관장은 종합보세구역에 반입 · 반출되는 물품으로 인하여 국가안전, 공공질서, 국민보건 또는 환경보전 등에 지장이 초래되거나 종합보세구역의 지정목적에 부합되지 아니하는 물품이 반입 · 반출되고 있다고 인정될 때에는 해당 물품의 반입 · 반출을 제한할 수 있는 권한을 갖는다.

한편, 관세법 제201조제1항에 따라 운영인은 종합보세구역에 반입된 물품을 종합보세기능별로 구분하여 관리하여야 하는 의무를 가진다. 그리고 관세법 제201조제2항에 따라 세관장은 종합보세구역에 장치된 물품 중 뒤에서 설명하는 장치기간경과물품의 매각절차에서 장치기간이 지나기 전 매각가능물품에 해당하는 물품은 그 매각절차에 따라 매각할 수 있으며, 운영인은 종합보세구역에 반입된 물품을 종합보세구역 안에서 이동[127] · 사용 또는 처분을 할 때에는 장부 또는 전산처리장치를 이용하여 그 기록을 유지하여야 하는 의무를 가진다(관세법 제201조제3항). 여기에서 종합보세구역의 운영인 상호간에 이동하는 물품의 경우에는 미리 세관장에게 신고하여야 한다. 그리고 만일 반입물품의 구분관리의무를 이행하지 아니하였다면, 그 의무위반행위는 1천만 원 이하의 과태료 부과대상 질서위반행위에 되며, 반입물품의 이동 등에 대한 기록유지의무를 위반하였다면, 그 행위는 1천만 원 이하의 과태료 부과대상 질서위반행위에 해당된다(관세법 제277조제2항).

### (3) 종합보세구역의 운영[128]에 대한 세관의 관리와 준용규정

관세법 제202조제1항에 따라 종합보세구역의 운영인은 종합보세기능의 수행에 필요한 일정한 시설과 장비 등을 유지할 의무를 가진다. 이러한 유지의무가 적용되는 설비의 해당 범위는 ㉮ 제조 · 가공 · 전시 · 판매 · 건실과 장치 그 밖에 보세작업에 필요한 기계

127) 종합보세구역의 운영인 상호간에 이동하는 물품은 미리 세관장에게 신고하여야 한다(관세규칙 제72조).

128) 종합보세구역에서의 물품판매와 관세 등의 환급에 대하여는, 김용태, 관세행정법 with 관세형사법, 95~96쪽을 참조.

시설과 기구, ㉯ 반입 · 반출물품의 관리와 세관의 업무검사에 필요한 전산설비, ㉰ 소방 · 전기와 위험물관리 등에 관한 법령에서 정하는 시설과 장비, ㉱ 보세화물의 분실과 도난방지를 위한 시설이 된다(관세령 제217조제1항).[129] 만일 이러한 설비유지의무를 위반하였다면, 그 의무위반행위는 200만 원 이하의 과태료 부과대상 질서위반행위에 해당된다(관세법 제277조제4항). 그리고 종합보세구역에 장치된 물품에 대해 보수작업을 하거나 종합보세구역 밖에서 보세작업을 하려면 세관장에게 신고[130]하여야 하는데, 이러한 작업을 하는 경우의 반출검사 등에 관하여는 보세공장 외 작업허가 규정(관세법 제187조)을 준용한다(관세법 제202조제2항).

세관장은 관세채권의 확보, 세관감시와 밀수단속 등 종합보세구역을 효율적으로 운영하기 위하여 종합보세구역에 출입하는 인원과 차량 등의 출입을 통제하거나 휴대 또는 운송하는 물품을 검사할 수 있는 권한을 가지고, 종합보세구역에 반입 · 반출되는 물품의 반입 · 반출 상황, 그 사용 또는 처분 내용 등을 확인하기 위하여 장부나 전산처리장치를 이용한 기록을 검사 또는 조사할 수 있는 권한도 가지며, 운영인으로 하여금 업무실적 등 필요한 사항을 보고하게 할 수 있는 권한도 갖는다(관세법 제203조제1항·제2항). 여기에서 이와 같은 세관장의 감독 · 검사 · 보고지시 등에 응하지 아니하였다면, 그 의무위반행위는 100만 원 이하의 과태료 부과대상 질서위반행위에 해당된다(관세법 제277조제5항). 그리고 관세청장은 종합보세구역 안에 있는 외국물품의 세관감시와 밀수단속에 필요하다고 인정될 때에는 종합보세구역의 지정요청자에게 보세화물의 불법유출, 분실, 도난방지 등을 위한 시설을 설치할 것을 요구할 수 있는 권한을 갖는데, 요구를 받은 지정요청자는 특별한 사유가 없으면 이에 따라야 한다(관세법 제203조제3항).

종합보세구역에서 관세법 제186조제1항, 제192조에 해당하는 의무위반행위는 1천만 원 이하의 과태료 부과대상 질서위반행위에 해당되며(관세법 제277조제1항), 종합보세구역에서 관세법 제180조제3항과 제194조에 해당하는 의무위반행위는 200만 원 이하의 과태료 부과대상 질서위반행위에 해당되고(관세법 제277조제4항), 종합보세구역에서 관세법 제177조제2항, 제180조제1항, 제180조제4항, 제182조제1항, 제184조, 제185조제2항, 제190조에 해당하는 의무위반행위는 100만 원 이하의 과태료 부과대상 질서위반행위에 해당된다(관세법 제277조제5항).

---

129) 운영인이 유지하는 설비가 천재 · 지변 기타 불가피한 사유로 인하여 일시적으로 기준에 미달하게 된다면 종합보세구역의 운영인은 관세청장이 정하는 기간 내에 이를 갖추어야 한다(관세령 제217조제2항).

130) 보수작업 또는 보세작업에 관한 신고방법에 관해서는 관세법 제177조와 제203조의 규정을 준용한다.

## 5. 보세구역 장치기간경과물품의 매각

### 1) 매각대상물품의 요건과 매각대행기관의 선정

#### (1) 매각대상물품의 요건

관세법 제208조제1항에 따라 세관장은 보세구역에 반입한 외국물품의 장치기간이 지나면 그 사실을 공고한 후 해당 물품을 매각할 수 있는 권한을 갖는다. 여기에서 해당 물품이 ① 살아 있는 동식물, ② 부패하거나 부패할 우려가 있는 것, ③ 창고나 다른 외국물품에 해를 끼칠 우려가 있는 것, ④ 장치기간이 지나면 사용할 수 없게 되거나 상품가치가 현저히 떨어질 우려가 있는 것, ⑤ 관세청장이 정하는 물품 중 화주가 요청하는 것, ⑥ 관세법 제26조, 국징법 제30조 및 지방세징수법 제39조의2에 따라 강제징수 또는 체납처분을 위하여 세관장이 압류한 수입물품(외국물품에 한정한다)에 해당한다면 장치기간이 지나기 전이라도 공고한 후 매각할 수 있다. 그리고 매각된 물품의 질권자나 유치권자는 다른 법령에도 불구하고 그 물품을 매수인에게 인도하여야 한다(관세법 제208조제3항).

#### (2) 매각대행기관의 선정

관세법 제208조제4항에 따라 세관장은 매각대행기관[131]에게 보세구역 장치기간경과물품의 매각을 대행하게 할 수 있는데, 매각대행기관 선정의 전제조건은 보세구역 장치기간경과물품의 매각에 놓여있는 상황이 ① 신속한 매각을 위하여 사이버몰[132] 등에서 전자문서를 통하여 매각하려는 경우, ② 매각에 전문지식이 필요한 경우, ③ 그 밖에 특수한 사정이 있어 직접 매각하기에 적당하지 아니하다고 인정되는 경우이다. 매각대행기관이 매각을 대행하는 경우[133]에는 매각대행기관의 장을 세관장으로 간주한다(관세법 제208조제5항). 그리고 세관장이 보세구역의 장치기간경과물품을 매각대행기관을 통하여 매각하려면 매각대행의뢰서를 매각대행기관에 송부하여야 하고, 매각대행의 사실을 화주와 물품보관인에게 통지하여야 한다(관세령 제221조). 매각대행기관은 매각을 대행하는 대가로 매각대행에 따른 실비 등을 고려하여 산정된 매각대행수수료[134]를 지급받

131) 매각대행기관은 다음과 같은 기관·법인 또는 단체 중에서 관세청장의 지정에 따라 선정한다(관세령 제220조): ㉮ 자산관리공사법에 의하여 설립된 한국자산관리공사; ㉯ 한국보훈복지의료공단법에 의하여 설립된 한국보훈복지의료공단; ㉰ 관세청장이 정하는 기준에 따라 전자문서를 통한 매각을 수행할 수 있는 시설과 시스템 등을 갖춘 것으로 인정되는 법인 또는 단체.

132) 컴퓨터 등과 정보통신설비를 이용하여 재화 등을 거래할 수 있도록 설정된 가상의 영업장을 말한다.

133) 관세법 제211조제6항에 따라 매각대금의 잔금처리를 대행하는 경우를 포함한다.

134) 매각대행수수료의 산정에 관하여는 관세규칙 제73조를 참조.

을 수 있다(관세법 208조제6항).

### 2) 매각절차

#### (1) 매각예정통고와 매각대상물품의 인도

세관장이 보세구역의 장치기간경과물품[135]을 매각하려면 원칙적으로 그 화주 등에게 통고일부터 1개월 내에 해당 물품을 수출·수입 또는 반송할 것을 통고하여야 하는데, 화주 등이 분명하지 아니하거나 그 소재가 분명하지 아니하여 통고를 할 수 없을 때에는 공고로 이를 갈음할 수 있다(관세법 제209조). 하지만 예외적으로 장치기간이 지난 물품이 앞서 설명한 장치기간경과 전 매각대상에 해당하는 물품으로서 급박하여 공고할 여유가 없을 때에는 매각한 후 공고할 수 있다(관세법 제208조제2항).

#### (2) 매각 방법

보세구역의 장치기간경과물품에 대한 매각은 일반경쟁입찰·지명경쟁입찰·수의계약·경매와 위탁판매의 방법으로 하여야 한다(관세법 210조제1항).[136] 그리고 매각하려는 물품이 법률에 의하여 수입이 금지된 물품이거나 그 밖에 관세청장이 지정하는 물품에 해당하는 물품은 수출하거나 외화를 받고 판매하는 것을 조건으로 매각한다(관세령 제222조제8항).[137] 경쟁입찰의 방법으로 매각하려는 경우 매각되지 아니하였을 때에는 5일 이상의 간격을 두어 다시 입찰에 붙일 수 있으며 그 예정가격은 최초 예정가격의 100분의 10 이내의 금액을 입찰에 붙일 때마다 줄일 수 있는데, 줄어든 예정가격 이상의 금액을 제시하는 응찰자가 있을 때에는 그 응찰자가 제시하는 금액으로 수의계약을 할 수 있다(관세법 제210조제2항).[138] 여기에서 **경매나 수의계약으로 매각할 수 있는 요건**은 ① 앞서 설명한 입찰 방법에 따라 2회 이상 경쟁입찰에 붙여도 매각되지 아니한 경우 또는 ② 매각물품의 성질·형태·용도 등을 고려할 때 경쟁입찰의 방법으로 매각할 수 없는 경우[139]에 해당하여야 한다(관세법 제210조제3항). 만일 경매나 수의계약으로도 매각되지 아니한 물품과 위탁판매대상으로 지정한 물품[140]은 위탁판매의 방법으로 매각할 수 있다(관세법 제210조제4항).

---

135) 법정 "매각대상물품의 요건"에 해당하는 경우(본문 제①부터 제⑥까지)로 장치기간이 경과하지 않은 물품도 포함한다.

136) 세관장은 보세구역의 장치기간경과물품을 매각할 때에는 매각 물건, 매각 수량, 매각 예정가격 등을 매각 시작 10일 전에 공고하여야 한다(관세법 제210조제7항).

137) 관세청장이 지정한 물품으로서 관세청장이 필요하다고 인정하는 물품은 주무부장관 또는 주무부장관이 지정하는 기관의 장과 협의하여 수입하는 것을 조건으로 판매할 수 있다.

138) 예정가격의 체감방법과 절차에 관하여는 관세령 제222조제1항부터 제4항까지를 참조.

139) 그 적용범위에 관하여는 관세령 제222조제9항을 참조.

한편, 앞서 설명한 방법에 따라 매각된 물품에 대한 과세가격은 관세의 과세가격 결정 방법에도 불구하고 경쟁입찰의 방법에 따른 최초 예정가격을 기초로 하여 과세가격을 산출한다(관세법 제210조제5항). 그리고 매각할 물품의 예정가격의 산출 방법과 위탁판매에 관한 사항은 관세청장이 정하고, 경매절차에 관하여는 국징법을 준용한다(관세법 제210조제6항).

### (3) 매각잔금의 처리와 국고귀속

세관장은 보세구역의 장치기간경과물품을 매각한 경우 그 매각대금을 그 매각비용, 관세, 각종 세금의 순으로 충당하고, 잔금이 있을 때에는 이를 화주에게 교부한다(관세법 제211조제1항).[141] 여기에서 매각하는 물품의 질권자나 유치권자는 해당 물품을 매각한 날부터 1개월 이내에 그 권리를 증명하는 서류를 세관장에게 제출하여야 하며, 세관장은 매각된 물품의 질권자나 유치권자가 있을 때에는 그 잔금을 화주에게 교부하기 전에 그 질권이나 유치권에 의하여 담보된 채권의 금액을 질권자나 유치권자에게 교부하고, 질권자나 유치권자에게 공매대금의 잔금을 교부하는 경우 그 잔금액이 질권이나 유치권에 의하여 담보된 채권액보다 적고 교부받을 권리자가 2인 이상인 경우에는 세관장이 민법이나 그 밖의 법령에 따라 배분할 순위[142]와 금액을 정하여 배분하여야 한다(관세법 제211조제2항부터제4항까지).[143]

한편, 세관장은 관세법 제212조에 따라 앞서 설명한 보세구역의 장치기간경과물품에 대한 매각 방법으로도 매각되지 아니한 물품에 대해서는 그 물품의 화주 등에게 장치 장소로부터 지체 없이 반출할 것을 통고하여야 하며, 통고일부터 1개월 내에 해당 물품이 반출되지 아니하는 경우에는 소유권을 포기한 것으로 보고 이를 국고에 귀속시킬 수 있는데, 특히 강제징수 또는 체납처분을 위하여 세관장이 압류한 수입물품(외국물품에 한정한다)은 납세의무자에게 1개월 내에 대통령령으로 정하는 유찰물품의 가격에 상당한 금액을 관세 및 체납세액 충당금으로 납부하도록 통지하여야 하며, 기한 내 납부하지 않은 경우에는 소유권을 포기한 것으로 보고 이를 국고에 귀속시킬 수 있다.

140) 위탁판매대상으로 지정하는 물품에 관하여는 관세령 제222조제5항을 참조.

141) 잔금의 교부는 관세청장이 정하는 바에 따라 일시 보류할 수도 있다(관세법 제211조제5항).

142) 세관의 공매대금 잔액 교부채무에 있어서 해당 공매가 낙찰되기 전에 송달된 전부명령과 낙찰 후에 송달된 전부명령의 우선순위는 낙찰 후에 송달된 전달된 전부명령에 대하여 우선 변제하고, 법무부와 법원으로부터 동일 채무에 대하여 각기 다른 전부명령이 세관에 도달되는 경우에는 법무부로부터 송달된 전부명령에 대하여 변제한다.

143) 매각대행기관이 매각을 대행하는 경우에는 매각대행기관이 이러한 교부절차에 따라 매각대금의 잔금처리를 대행할 수 있다(관세법 제211조제6항).

# 3

# 수출입물품의 통관

# 제3장 수출입물품의 통관

## 제1절 수출입물품에 대한 신고의무

### Ⅰ. 수입물품에 대한 신고의무와 세관장의 신고수리

관세법 제241조제1항에 따라 외국물품을 우리나라에 반입(보세구역을 경유하는 것은 보세구역으로부터 반입하는 것을 말한다)하거나 우리나라에서 소비 또는 사용[1)]하는 경제주체는 관세법상 그 물품에 대한 수입신고의무를 가지게 된다. 그리고 관세법 제248조제1항에서 수입신고를 받은 세관장에게 적합한 신고에 대한 처리의무, 즉 신고수리의무와 신고인에게 수입신고필증을 교부할 의무를 일반원칙으로 규정하고 있다.

#### 1. 수입물품에 대한 신고의무

##### 1) 수입신고의 기본적 요건

외국물품을 국내로 반입하려는 사인으로부터 수입신고를 받은 세관장은 그 수입신고가 관세법령에 적합하게 이루어진 것으로 인정하는 경우에 그 신고를 지체없이 수리하고 신고인에게 신고필증을 발급할 의무를 가지게 된다. 사인의 수입신고가 관세법령에

1) 우리나라의 운송수단 안에서의 소비 또는 사용을 포함하며, 관세법 제239조에서 수입으로 보지 아니하는 소비 또는 사용은 제외한다.

적합하게 이루어진 것으로 받아들여지기 위해서는 세 가지 기본적 요건의 충족이 요구된다. 즉, 수입신고의 형식적 요건, 시기적 요건, 내용적 요건을 실현하는 수입신고만이 일반적으로 관세법상 유효한 신고행위로 인정될 수 있게 된다. 세 가지 기본적 요건을 나누어 설명하면 다음과 같다.

### (1) 형식적 요건

수입신고의 형식적 요건은 적격요건을 갖춘 신고인 명의로 소정양식의 서면－이것을 소위 '정식(일반)수입신고'라고 말한다－에 신고서류를 첨부하여 세관장에게 제출[2]하는 것이다. 따라서 구두에 의한 수입신고는 원칙적으로 허용될 수 없다. 여기에서 신고인의 자격은 화주 또는 관세사법에 따른 관세사와 관세법인 등에 한하여 부여된다(관세법 제242조). 그리고 수입신고서에 첨부하여야 할 주요 신고서류[3]는 과세자료와 선하증권 사본 또는 항공화물운송장 사본, 원산지증명서[4], 기타 참고서류 등이다(관세법 제245조제1항; 관세령 제250조제1항). 아울러 수입신고하는 물품이 통관요건의 확인이 필요로 하는 경우라면 관련 증명서류를 첨부[5]하여야 한다(관세령 제250조제2항). 그런데 신고인의 자격이 부여되는 '**화주**'는 해당 물품의 실제 소유권자를 의미하지만 수입거래의 계약조건에 따라 수입물품의 법적 소유권은 갖고 있지 않더라도 그 물품에 대한 사용·수익 또는 처분권을 가졌다면 화주로 간주되어야 할 것이다. 그리고 신고인은 관세당국에 대하여 수입신고서에 기재한 사항의 정확성, 관세와 제세의 납부에 대한 책임을 져야하기 때문에 화주에게는 신고인의 권리로서 수입신고 전에 수입신고물품에 대한 확인이 허용된다(관세법 제246조제3항). 또한, 신고인은 수입신고 시 서류의 제출을 생략하게 하거나 수입신고수리 후에 서류를 제출하게 하는 경우 세관장이 필요하다고 인정하여 신고인에게 관세청장이 정하는 장부 기타 관계자료의 제시 또는 제출을 요청하는 때에는 이에 응하여야 한다(관세법 제245조제3항). 만일 세관장이 요청하는 장부나 기타 관계자료를 제시 또는 제출하지 아니하였다면, 그 의무위반행위는 100만 원 이하의 과태료 부과대상 질서위반행위에 해당된다(관세법 제277조제5항).

---

2) 제출의 방법은 소정의 신고서를 세관에 직접 제출하거나 세관의 EDI통관시스템을 통하여 전송(P/L신고)할 수 있는데, P/L(paperless)신고가 일반적인 방법이다.

3) 화주인 신고인이 수입신고서에 첨부하여야 할 신고서류를 관세사 등에게 제출하고, 관세사 등이 해당 서류를 확인한 후 수입신고를 하는 때에는 해당 서류의 제출을 생략하게 하거나 해당 서류를 수입신고수리 후에 제출하게 할 수 있다(관세법 제245조제2항).

4) 수입신고인이 법·조약·협정 등에 의하여 다른 국가의 생산(가공을 포함한다) 물품에 적용되는 세율보다 낮은 세율을 적용받으려는 자로서 원산지확인이 필요하다고 관세청장이 정하는 자 또는 관세율의 적용 기타의 사유로 인하여 원산지확인이 필요하다고 관세청장이 지정한 물품을 수입하는 자에 해당하는 경우를 말한다.

5) 세관장은 필요없다고 인정되는 때에는 이를 생략하게 할 수 있다(관세령 제250조제2항단서).

한편, 수입신고의 형식적 요건에서 신고 형태의 정형적 서면주의원칙에도 불구하고 관세법은 국외로부터 우리나라에 반입되거나 보세구역으로부터 국내로 반입되는 물품이 ① 휴대품 · 탁송품 · 별송품, ② 우편물, ③ 관세가 면제되는 물품, ④ 관세율표 중 기본세율이 무세인 국제운송을 위한 컨테이너, ⑤ 보고 또는 허가의 대상이 되는 운송수단[6] 등에 해당되는 경우에는 예외적으로 서면에 의한 정식신고를 생략하게 하거나 정식신고의 형태가 아닌 간이한 수입신고 방법을 허용하고 있다(관세법 제241조제2항). 신고를 생략하게 할 수 있는 물품은 여행자 휴대품, 승무원 휴대품, 우편물, 국제운송을 위한 컨테이너(관세율표상 기본세율이 무세인 것에 한한다), 그리고 기타 서류 · 소액면세물품 등 신속한 통관을 위하여 필요하다고 인정하여 관세청장이 정하는 탁송품 또는 별송품이 해당된다(관세령 제246조제4항). 하지만 예외적 수입신고 방법의 허용범위에 속하는 경우라고 하더라도 그 휴대품 · 탁송품 · 별송품 또는 우편물이 이른바 수입구비조건에 대한 세관장확인대상물품에 해당되거나 정식수입신고대상[7]인 우편물에 해당한다면 정식신고 방법으로 수입신고를 하지 않으면 안 된다. 그리고 정식신고의 형식이 아닌 간이한 수입신고 방법은 "상호주의에 의한 간이한 통관" 절차인 "A.T.A 까르네에 의한 일시수출입통관"절차가 그 전형적인 실례가 된다. 이러한 범주의 신고 방법에는 "전자상거래물품의 특별통관"절차에서 따로 정한 수입신고 방법 또는 "탁송품의 특별통관"절차에서 이른바 '통관목록'의 제출도 포함될 수 있을 것이다.

(2) 시기적 요건

수입신고의 시기적 요건은 원칙적으로 외국물품이 국외로부터 우리나라에 도착된 이후[8]에나 그 물품의 수입신고가 가능하게 된다(관세법 제243조제2항). 따라서 외국물품을 적재한 선박 또는 항공기가 우리나라의 항구나 공항에 입항하기 전이라면 수입신고는 받아들여질 수 없다. 하지만 관세법은 관세행정상 신속한 통관의 필요성이 인정된다면 예외적으로 외국물품을 적재한 선박 또는 항공기가 우리나라의 항구나 공항에 아직 입항하지 않았다고 하더라도 그 물품을 적재한 선박 또는 항공기가 국외의 항구 또는 공항에서

---

6) 우리나라에 수입할 목적으로 최초로 반입되는 운송수단 또는 해외에서 수리 또는 개체(改替)된 우리나라의 운송수단은 제외된다.

7) ① 수출입의 승인을 얻은 것, ② 법령에 의하여 수출입이 제한되거나 금지되는 물품, ③ 세관장의 확인이 필요한 물품, ④ 판매를 목적으로 반입하는 물품 또는 대가를 지급하였거나 지급하여야 할 물품(통관허용 여부 및 과세대상 여부에 관하여 관세청장이 정한 기준에 해당하는 것에 한한다), ⑤ 가공무역을 위하여 우리나라와 외국 간에 무상으로 수출입하는 물품 및 그 물품의 원 · 부자재, ⑥ 그 밖에 수출입신고가 필요하다고 인정되는 물품으로서 관세청장이 정하는 금액(현재 한화 15만 원)을 초과하는 물품 등을 말한다.

8) 임대 항공기의 수입신고 시기는 임대기간 종료 후 최초 입항한 시점이 해당된다.

출항하여 선박의 경우 5일 이내, 항공기의 경우 1일 이내 우리나라의 항구나 공항에 입항할 예정인 경우에 한하여 해당 외국물품이 우리나라에 도착된 것으로 간주하면서 수입신고를 허용하고 있는데 이를 '**입항전수입신고**'라 부른다(관세법 제244조제1항).

그러나 이와 같은 수입신고의 시기적 요건에 관한 특례규정에도 불구하고 국외로부터 우리나라에 반입하려는 물품에 대하여 세율이 인상되거나 새로운 수입요건을 갖추도록 요구하는 법령이 적용되거나 적용될 예정 또는 수입신고하는 때와 우리나라에 도착하는 때의 물품의 성질과 수량이 달라지는 물품으로서 관세청장이 지정한 물품에 해당된다면 입항전수입신고는 허용될 수 없어서 해당 물품을 적재한 선박 등이 우리나라에 도착된 후에 수입신고하지 않으면 안 된다(관세령 제249조제3항). 그런데 관세법상 수입목적으로 지정장치장 또는 보세창고에 반입되거나 보세구역이 아닌 장소에 장치된 물품은 그 반입일 또는 장치일부터 30일 이내에 수입신고의무가 강제된다(관세법 제241조제3항).[9) ]만일 위의 기간 내에 가산세대상물품의 수입신고를 하지 아니하였다면 세관장은 법정 가산세율[10)]에 의하여 산출한 금액을 가산세로 징수한다(관세법 제241조제4항).[11)]

한편, 앞서 설명한 수입신고의무의 강제기간 규정에도 불구하고 전기 · 가스 · 유류 · 용수(用水) 등은 그 물품의 특성으로 인하여 전선로, 배관 등 해당하는 물품을 공급하기에 적합하도록 설계 · 제작된 일체의 시설 또는 장치 등을 이용하여 수입하는 경우라면 예외적으로 1개월을 단위로 하여 해당 물품의 법정 신고사항으로 다음 달 10일까지 수입신고하여야 한다(관세법 제241조제6항; 관세령 제6항·제7항). 이 경우 기간 내에 수입신고를 하지 아니하는 경우의 가산세 징수는 앞서 설명한 법정 가산세율을 준용하여 산출한다.

### (3) 내용적 요건

수입신고의 내용적 요건은 국외로부터 우리나라에 반입하거나 보세구역으로부터 국내로 반입하려는 외국물품의 품명 · 규격 · 수량, 그리고 가격[12)]과 그 밖의 법정 신고사항이 신고서에 포함되어야 한다(관세법 제241조제1항). 그 밖의 법정 신고사항은 포장의 종류 · 번호와 개수, 원산지 및 선적지, 원산지표시 대상물품인 경우에는 표시유무 · 방법과 형

9) 세관장은 신고의무기간 내에 신고를 하지 아니한 물품에 대하여는 직권으로 이를 검사할 수 있으며, 해당 신고인이 세관장의 직권에 의한 검사에 참여할 것을 신청하거나 신고인의 참여가 필요하다고 인정하는 때에는 그 일시·장소·방법 등을 정하여 검사에 참여할 것을 통지할 수 있다(관세령 제251조).

10) 해당 물품의 과세가격의 100분의 2에 상당하는 금액의 범위 안에서 정한다.

11) 가산세를 징수하는 대상물품과 가산세액의 산출에 관하여는 관세령 제248조와 제247조제1항을 참도.

12) 해외에서 수리 또는 개체된 우리나라의 운송수단을 수입신고하는 경우 가격은 수리 또는 개체된 부분의 가격으로 한다(관세법 제241조의2).

태, 상표, 사업자등록번호 · 통관고유번호와 해외거래처부호,[13] 물품의 장치장소 그리고 기타 참고사항 등이다(관세령 제246조제1항).

한편, 절대적으로 수출입이 금지되는 물품은 어떠한 경우에도 그 수입이 허용될 수 없다(관세법 제234조). 마찬가지로 지식재산권을 침해하는 물품도 그 수입이 금지되기 때문에 수입신고의 대상이 될 수 없다(관세법 제235조제1항). 그리고 ㉮ 체신관서가 수취인에게 교부한 우편물, ㉯ 관세법에 의하여 매각 또는 몰수된 물품, ㉰ 법령에 의하여 국고에 귀속된 물품 등에 해당하는 외국물품도 관세법의 규정에 의하여 이미 수입된 것으로 간주(수입의 의제)하기－관세법상 내국물품으로 이전되었기－ 때문에 법리적으로 수입신고가 성립될 수 없게 된다.

(4) 수입신고의 법적 효과

관세법상 수입신고된 물품은 원칙적으로 세관장의 신고수리 전에는 운송수단, 관세통로, 하역통로 또는 관세법에 따른 장치 장소로부터 반출하는 것이 허용되지 않는다(관세법 제248조제3항). 만일 이러한 반출금지의무를 위반하였다면 그 의무위반행위는 물품원가 또는 2천만 원 중 높은 금액 이하의 벌금에 처하는 관세형벌법규상 허위신고죄 등에 해당된다(관세법 제276조제2항제5호). 하지만 수입신고의 효력발생 이후 수입신고인은 세관장의 수입신고수리 이전이라도 해당 외국물품에 대한 납부하여야 할 관세에 상당하는 담보를 제공하고[14] 세관장의 승인을 얻는다면 그 외국물품을 장치된 장소로부터 국내로 반출할 수 있게 된다.[15] 다시 말하면 앞서 설명한 일정한 전제조건(관세액상당의 담보제공)의 충족 하에 수입신고수리 전 외국물품을 반출할 수 있는 권리를 얻게 된다. 이에 따라 국내에서 해당 외국물품의 소비 또는 사용과 물리적 · 법률적 처분이 가능하게 된다. 한편, 외국물품에 대하여 이미 세관장에게 수입신고를 하였다고 하더라도 정당한 이유가 있는 경우라면 세관장의 승인을 받아 그 물품에 대한 수입신고를 취소할 수 있지만

13) 이와 관련하여 관세청장은 「통관고유부호및해외거래처부호등록 · 관리에 관한 고시」를 제정 · 시행하고 있다.

14) 정부 또는 지방자치단체가 수입하거나 신고수리 시 담보를 제공하지 아니하여도 세관의 입장에서 해당 관세의 확보에 지장이 없는 경우에는 담보의 제공을 생략할 수 있다.

15) 수입신고 전이라고 하더라도 납부하여야 하는 관세에 상당하는 담보를 제공하고 운송수단 · 관세통로 · 하역통로 및 관세법상 장치장소로부터 외국물품을 국내로 즉시 반출할 수 있다. 이와 같이 수입신고 전의 외국물품반출은 관세 등의 체납이 없고 최근 3년 동안 수출입실적이 있는 제조업자 또는 외국인투자자가 수입하는 시설재 또는 원부자재 및 기타 관세 등의 체납우려가 없는 경우로서 관세청장이 정하는 물품에 해당하는 것 중 구비조건의 확인에 지장이 없는 경우로서 세관장이 지정하는 것에 한하여 허용된다. 또한, 수입신고 전 즉시반출이 허용된 경우에도 즉시반출신고를 한 날부터 10일 이내에 수입신고의무를 이행하여야 한다.

수입신고된 해당 물품이 운송수단·관세통로·하역통로 또는 관세법에 규정된 장치장소에서 이미 반출되었다면 그 수입신고는 취하될 수 없다(관세법 제250조제1항).

## 2. 세관장의 신고수리

### 1) 신고수리의 요건

세관장의 수입신고수리란 외국물품을 우리나라에 반입하거나 보세구역으로부터 외국물품을 국내로 반입하려는 사인이 세관장에게 알린 그 반입 의사와 해당 물품의 품명·규격·수량과 가격, 그리고 그 밖의 법정 신고사항을 해당 세관장이 관세법상 유효한 행위로 받아들이는 것을 의미한다. 따라서 사인의 수입신고행위가 앞서 설명한 수입신고의 기본적 요건인 형식적 요건과 시간적 요건, 그리고 내용적 요건에 부합되는 사실의 인정이 수입신고수리의 일반적 요건이 된다. 만일 세관장에게 접수된 수입신고가 그 기본적 요건을 갖추지 못하였거나 부정한 방법으로 신고된 경우라면 세관장은 그 수입신고를 각하할 수 있다(관세법 250조제3항).[16]

한편, 세관장은 수입신고서의 기재사항이 미비되거나 첨부한 신고서류가 미비된 경우에는 수입신고수리 이전까지 신고인에게 이를 보완하게 할 수 있는데, 미비된 사항이 경미하고 신고수리 후에 보완이 가능하다고 인정되는 경우라면 신고수리 후 이를 보완하게 할 수도 있다(관세법 제249조). 만일 세관장의 보완조치 등에 대한 명령을 위반하였다면, 그 의무위반행위는 100만 원 이하의 과태료 부과대상 질서위반행위에 해당된다(관세법 제277조제5항).

### 2) 신고수리의 법적 효과

세관장이 행한 수입신고수리의 법적 효과는 관세법상 직접효과와 간접효과로 구분할 수 있다. 먼저, 직접효과는 수입신고된 해당 외국물품에 대하여 관세법상 내국물품의 지위를 부여하게 된다. 다시 말하면 국외로부터 우리나라에 도착하였거나 보세구역에 반입된 해당 외국물품은 내국의 자유로운 재화거래로 이전됨에 따라 더 이상 관세법상 외국물품의 취급에 따른 속박에서 해방될 뿐만 아니라 엄격한 세관감시의 대상범위에서도 벗어나기 때문에 국내에서 자유롭게 소비 또는 사용되거나 물리적·법률적으로 처분

16) 세관장이 신고를 각하할 수 있는 구체적 경우는 ① 수입신고가 형식적인 요건을 갖추지 못한 경우, ② 신고된 물품에 대해 멸각, 폐기, 공매낙찰, 몰수확정 또는 국고귀속이 결정된 경우, ③ 입항전수입신고의 요건을 갖추지 못한 경우, ④ 사위 기타 부정한 방법으로 신고한 경우 등이다.

될 수 있을 것이다. 다음으로 간접효과는 관세행정주체의 입장에서 볼 때, 수입신고의 효력발생과 함께 성립된 추상적 납세의무는 세관장의 수입신고수리에 의하여 구체적 납세의무로 확정(간주)[17]되기 때문에 수입신고가 수리되면 해당 납세의무(귀속)자에 대한 세관장의 관세징수권이 발생되면서 동시에 관세징수권의 소멸시효 기산의 기준일이 된다.

수입신고한 납세자의 입장에서 볼 때, 세관장의 수입신고수리가 가져오는 관세법상 주요한 간접효과는 첫째, 수입신고가 수리된 물품이 관세청장이 정하는 보세구역에 장치되어 있다면 그 수입신고수리일로부터 15일 이내에 해당 물품을 보세구역으로부터 반출할 의무가 생긴다.[18] 둘째, 재수출면세의 적용기간 기산의 기준일이 된다. 즉, 수입신고일로부터 일정한 기간 내에 해당 물품을 국외로 다시 수출한다면 그 물품에 대한 관세를 면제받을 수 있는 권리가 생긴다. 셋째, 마찬가지로 수입신고수리된 해당 물품을 수입한 원상태로 다시 수출한다면 관세환급특례법상 환급청구권을 행사할 수 있는 기간의 소급기산에 대한 기준일이 된다. 넷째, 수입신고서류의 보관의무가 발생하게 된다. 이에 따라 수입신고인은 그 수리일로부터 5년간 수입신고필증, 수입거래 관련 계약서 또는 이에 갈음하는 서류, 지적재산권거래 관련 계약서 또는 이에 갈음하는 서류, 수입물품 가격결정에 관한 자료 등을 보관[19]하여야 하는 의무를 가진다(관세법 제12조). 마지막으로, 신고수리된 외국물품이 관세청장이 지정한 유통이력 신고물품의 대상범위에 적용된다면 해당 물품에 대한 유통이력 신고의무가 발생한다. 따라서 외국물품을 수입한 자와 수입물품을 국내에서 거래하는 자는 해당 물품에 대한 유통단계별 거래내역을 관세청장에게 신고하지 않으면 안 된다.

한편, 관세법은 세관장이 이미 수입신고를 수리하였다고 하더라도 정당한 사유의 존재가 인정되는 경우에 한하여 그 수입신고 취하에 대한 세관장의 승인을 허용하고 있는데, 이러한 경우 수입신고 취하가 승인된 건에 대해 행해졌던 세관장의 신고수리는 중대하고 명백한 하자있는 행정행위가 되는 결과가 되기 때문에 그 법적 효력은 당연히 상실하게 된다(관세법 제250조제2항).

17) 수입신고한 납세자의 입장에서 볼 때, 납세신고를 한 자는 수입신고가 수리된 날로부터 15일 이내에 관세 등을 국고수납은행 또는 우체국에 납부하여야 할 의무가 발생한다.

18) 하지만 외국물품의 장치에 방해가 되지 아니하는 것으로 인정되어 세관장으로부터 해당 반출기간의 연장 승인을 얻은 때에는 예외로 한다.

19) 관세청장이 정하는 바에 따라 마이크로필름·광디스크 등 자료전달 및 보관 매체에 의하여 보관할 수 있다(관세령 제3조제2항).

# Ⅱ. 수입물품에 대한 통관제한

## 1. 지식재산권 침해물품의 통관제한

관세법 제235조제1항에 따라 지식재산권을 침해하는 물품은 그 수입이 허용될 수 없는데,[20] 관세법에서 보호될 수 있는 지식재산권은 다음과 같은 권리가 해당된다: ① 상표법에 따라 설정등록된 상표권; ② 저작권법에 따른 저작권과 저작인접권; ③ 식물신품종법에 따라 설정등록된 품종보호권; ④ 농수산물품질법에 따라 등록되거나 조약·협정 등에 따라 보호대상으로 지정된 지리적 표시권 또는 지리적 표시; ⑤ 특허법에 따라 설정등록된 특허권; ⑥ 디자인보호법에 따라 설정등록된 디자인권.

### 1) 지식재산권침해 혐의물품의 통관보류 또는 유치

관세법 제235조제2항에 따라 관세청장은 지식재산권을 침해하는 물품을 효율적으로 단속하기 위하여 필요한 경우에는 해당 지식재산권을 관계 법령에 따라 (설정)등록한 자 등으로 하여금 해당 지식재산권에 관한 사항을 신고[21]하게 할 수 있다.[22] 그리고 관세법 제235조제3항에 따라 세관장은 ① 수입신고된 물품, ② (복합)환적 신고된 물품, ③ 보세구역에 반입신고된 물품, ④ 보세운송신고된 물품, ⑤ 일시양륙 신고된 물품, ⑥ 통관우체국에 도착한 물품 등이 관세청에 신고된 지식재산권을 침해하였다고 인정될 때에는 그 지식재산권을 신고한 자에게 해당 물품과 관련된 수입신고 등 사실을 통보하여야 하고, 통보를 받은 권리자는 세관장에게 담보를 제공하고 해당 물품의 통관보류나 유치를 요청할 수 있다.[23] 아울러 지식재산권을 신고한 권리자 또는 지식재산권을 보호받으려는 권리자로부터 지식재산권을 침해하는 물품의 통관보류나 유치의 요청을 받은 세관장은 특별한 사유가 없으면 해당 물품의 통관을 보류하거나 유치하여야 한다(관세법 제235조제5항).[24] 물론 지식재산권을 보호받으려는 권리자는 앞서 설명한 절차에 따른 세

---

20) 하지만 여행자휴대품 또는 우편물 등 상업적 목적이 아닌 개인용도에 사용하기 위하여 소량으로 수출입되는 물품에 대하여는 '지식재산권 보호' 규정의 적용이 배제된다(관세령 제243조).

21) 지식재산권의 신고방법에 관하여는 관세령 제237조를 참조.

22) 관세청장은 지식재산권의 신고에 관한 업무의 일부(신고서의 접수 및 보완 요구만 해당한다)를 지식재산권 보호업무와 관련된 단체에 위탁할 수 있는데, 이 경우 관세청장은 예산의 범위에서 위탁업무의 수행에 필요한 경비를 지원할 수 있다(관세법 제329조제4항). 여기에서 권한 또는 업무를 위탁받아 행사하는 자(임직원과 사용인을 포함한다)는 형법 제129조부터 제132조까지의 규정을 적용할 때에는 공무원으로 간주된다(관세법 제329조제5항).

23) 통관의 보류나 유치를 요청하는 방법에 관하여는 관세령 제238조를 참조.

24) 통관의 보류나 유치를 요청받은 세관장의 조치에 관하여는 관세령 제239조제1항·제2항을 참조.

관장의 신고 사실에 대한 통보가 없는 경우라고 하더라도 세관장에게 담보를 제공하고 해당 물품의 통관보류나 유치를 요청할 수 있다(관세법 제235조제4항). 그리고 앞서 설명한 물품이 관세법에서 보호하고 있는 지식재산권을 침해하였음이 명백한 경우에는 세관장이 직권으로 해당 물품의 통관을 보류하거나 해당 물품을 유치할 수 있으며, 이 경우 세관장은 해당 물품의 수입신고 등을 행한 자에게 그 사실을 즉시 통보하여야 한다(관세법 제235조제7항).[25]

### 2) 지식재산권침해 혐의물품에 대한 통관보류 또는 유치의 해제

지식재산권침해 혐의물품의 수입신고 등을 행한 자가 세관장에게 담보를 제공하고 해당 물품의 통관 또는 유치해제를 요청[26]하는 경우에 그 물품이 다음과 같은 물품이 아니라면 해당 물품에 대한 통관이나 유치해제는 허용될 수 있다(관세법 제235조제5항): ① 위조하거나 유사한 상표를 부착하여 앞서 설명한 상표권을 침해하는 물품; ② 불법복제된 물품으로서 저작권 등을 침해하는 물품; ③ 같거나 유사한 품종명칭을 사용하여 앞서 설명한 품종보호권을 침해하는 물품; ④ 위조하거나 유사한 지리적 표시를 사용하여 지리적 표시권 등을 침해하는 물품; ⑤ 특허로 설정등록된 발명을 사용하여 앞서 설명한 특허권을 침해하는 물품; ⑥ 같거나 유사한 디자인을 사용하여 앞서 설명한 디자인권을 침해하는 물품.

### 3) 담보의 제공

지식재산권침해 혐의물품의 수입신고 등을 행한 자가 그 물품의 통관 또는 유치해제를 요청하려는 경우 또는 지식재산권을 신고한 권리자 또는 지식재산권을 보호받으려는 권리자가 지식재산권을 침해하는 물품의 통관보류나 유치의 요청을 하려면 세관장에게 제공하여야 하는 담보는 해당 물품의 과세가격의 100분의 120에 상당하는 금액의 담보를 금전 등으로 제공하여야 한다(관세령 제241조제1항).[27]

---

25) 통보방법에 관하여는 관세령 제239조제5항을 참조.

26) 수입신고 등을 행한 자가 통관 또는 유치해제를 요청하려면 신청서와 해당 물품이 지식재산권을 침해하지 아니하였음을 소명하는 자료를 세관장에게 제출하여야 하고(관세령 제240조제1항), 이러한 요청을 받은 세관장은 그 요청사실을 지체없이 통관보류 등을 요청한 권리자에게 통보하여야 하는데, 그 통보를 받은 권리자는 침해와 관련된 증거자료를 세관장에게 제출할 수 있다(관세령 제240조제2항). 여기에서 통관 또는 유치해제를 요청한 자는 세관장으로부터 해당 물품의 통관 또는 유치해제 허용여부에 대한 결정을 요청일부터 15일 이내에 통보받을 수 있다(관세령 제240조제3항).

27) 만일 담보를 제공하여야 하는 자가 중소기업인에 해당하는 경우라면 담보금액은 해당 물품의 과세가격의 100분의 60에 상당하는 금액으로 줄어든다(관세령 제241조제2항).

### 4) 진정상품에 대한 병행수입의 허용

지식재산권의 보호를 위하여 관세국경에서 그 권리를 침해하는 물품의 통관이 허용되지 않는 것이 원칙임에도 불구하고 관세행정권은 외국에서 적법하게 상표가 부착되어 유통되는 상품인 진정상품을 국내수입권자의 허락 없이 제3자가 수입하는 행위를 허용하는 이른바 **병행수입제도**를 시행하고 있다. 관세청고시에서 병행수입 가능 여부 판단기준은 기본적으로 상품출처의 혼동과 품질오인이 없어야 하고, 국내외 상표권자(전용사용권자 포함한다)가 동일인 관계[28]이면 국내 상표권자가 제조를 하더라도 병행수입이 허용되며, 국내외 상표권자(전용사용권자 포함)가 동일인 관계가 아니라고 하더라도 국내 상표권자가 진정상품을 수입하는 경우라면 병행수입이 허용되지만 동일인 관계가 아니면서 제조만 하는 경우라면 병행수입은 허용될 수 없다.

## 2. 통관의 보류

관세법 제237조제1항에 따라 수입신고된 물품이 다음과 같은 경우에 해당한다면 세관장에게 해당 물품에 대한 통관보류조치의 권한이 부여된다: ① 수입에 관한 신고서의 기재사항에 보완이 필요한 경우; ② 수입신고 시의 제출서류 등이 갖추어지지 아니하여 보완이 필요한 경우; ③ 관세법에 따른 의무사항[29]을 위반하거나 국민보건 등을 해칠 우려가 있는 경우; ④ 물품의 안전성 검사가 필요한 경우; ⑤ 물품의 안전성 검사 결과 불법 · 불량 · 유해 물품으로 확인된 경우; ⑥ 국징법 제30조 및 지방세징수법 제39조의2에 따라 세관장에게 강제징수 또는 체납처분이 위탁된 해당 체납자가 수입하는 경우; ⑦ 관세 관계 법령을 위반한 혐의로 고발되거나 조사를 받는 경우.

세관장이 수입신고된 물품에 대한 통관을 보류할 때에는 즉시 그 사실을 화주(화주의 위임을 받은 자를 포함한다) 또는 수입 신고인에게 통지하여야 하는데, 이 경우 이행기간을 정하여 통관의 보류 해제에 필요한 조치를 요구할 수 있다(관세법 제237조제2항·제3항). 그리고 관세법 제237조제4항에 따라 통관의 보류 사실을 통지받은 자는 세관장에게 통관보류사유에 해당하지 아니함을 소명하는 자료 또는 세관장의 통관 보류 해제에 필요한 조치를 이행한 사실을 증명하는 자료를 제출하고 해당 물품의 통관을 요청할 수 있다. 이 경우 세관장은 해당 물품의 통관 허용 여부(허용하지 아니하는 경우에는 그 사유를

28) 동일인이거나 계열회사 관계, 즉 주식의 30% 이상을 소유하면서 최다 출자자인 경우 또는 수입대리점 관계가 해당된다.

29) 대한민국이 체결한 조약 및 일반적으로 승인된 국제법규에 따른 의무를 포함한다.

포함한다)를 요청받은 날부터 30일 이내에 통지하여야 한다.

## 3. 수입통관물품에 대한 보세구역 반입명령과 유통이력관리

### 1) 수입통관물품의 보세구역 반입명령

관세법 제238조제1항에 따라 만일 수입신고가 수리되어 반출된 물품이 관세법에 따른 의무사항을 위반하거나 국민보건 등을 해칠 우려가 있는 물품에 해당하는 경우에 관세청장 또는 세관장은 해당 물품을 보세구역으로 반입할 것을 명할 수 있는 권한을 행사할 수 있으며,[30] 이에 상응하여 반입명령을 받은 자(화주 또는 화주의 위임을 받은 자 또는 수출입 신고인)는 해당 물품을 지정받은 보세구역으로 반입할 의무가 발생한다. 하지만 해당 물품이 수입신고가 수리된 후 3개월이 지났거나 관련 법령에 따라 관계행정기관의 장의 시정조치가 있는 경우라면 이른바 보세구역 반입명령권은 허용될 수 없는데, 관세청장 또는 세관장이 보세구역 반입명령권을 행사할 수 있는 반입대상물품은 다음과 같은 경우에 해당하는 수입통관물품에 한하여 적용된다(관세령 제245조제1항): ① 세관장이 요구하는 의무를 이행하지 아니한 경우; ② 원산지 표시가 적법하게 표시되지 아니하였거나 수입신고수리 당시와 다르게 표시되어 있는 경우; ③ 지식재산권을 침해한 경우. 여기에서 만일 보세구역 반입명령에 대하여 반입대상 물품의 전부 또는 일부를 반입하지 아니하였다면 그 행위는 물품원가 또는 2천만 원 중 높은 금액 이하의 벌금에 처하는 의무위반행위가 된다(관세법 제276조제2항제3호).

### 2) 수입통관물품의 유통이력관리

관세법 제240조의2 제1항에 따라 외국물품을 수입하는 자와 수입물품을 국내에서 거래하는 자[31]에게 사회안전 또는 국민보건을 해칠 우려가 현저한 물품 등으로서 관세청장이 지정하는 물품인 이른바 "유통이력 신고대상물품"에 대한 유통단계별 거래명세인 '유통이력'을 관세청장에게 신고할 의무가 발생한다.[32] 만일 유통이력에 대한 신고의무

---

30) 그럼에도 불구하고 관세청장이나 세관장은 법 위반사항이 경미하거나 감시·단속에 지장이 없다고 인정되는 경우에는 반입의무자에게 해당 물품을 보세구역으로 반입하지 아니하고 필요한 조치를 하도록 명할 수 있다(관세법 제238조제5항).

31) 소비자에 대한 판매를 주된 영업으로 하는 사업자는 제외한다.

32) 관세청장은 유통이력 신고물품을 지정할 때 미리 관계 행정기관의 장과 협의하여야 하고, 유통이력 신고물품의 지정, 신고의무 존속기한과 신고대상 범위 설정 등을 할 때 수입물품을 내국물품에 비하여 부당하게 차별하여서는 아니되며, 이를 이행하는 유통이력 신고의무자의 부담이 최소화 되도록 하여야 한다(관세법 제242조의2제3항·제4항).

를 이행하지 아니하거나 유통이력을 거짓으로 신고하였다면, 그 의무위반행위는 500만 원 이하의 과태료 부과대상 질서위반행위에 해당된다(관세법 제277조제3항). 그런데 유통이력에 대한 신고의무자는 유통이력을 장부에 기록(전자적 기록 방식을 포함한다)하고, 그 자료를 거래일부터 1년간 보관하지 않으면 안 된다(관세법 제242조의2제2항). 그리고 관세청장은 필요하다고 인정할 때에는 세관공무원으로 하여금 유통이력 신고의무자의 사업장에 출입하여 영업관계의 장부나 서류를 열람하여 조사하게 할 수 있는데, 유통이력에 대한 신고의무자는 정당한 사유 없이 이러한 유통이력 조사를 거부·방해 또는 기피하여서는 아니 되고, 이러한 유통이력 조사를 하는 세관공무원은 신분을 확인할 수 있는 증표를 지니고 이를 관계인에게 보여 주어야 한다(관세법 제240조의3). 여기에서 만일 유통이력에 대한 장부기록 자료의 보관의무를 이행하지 아니하였다면, 그 의무위반행위는 500만 원 이하의 과태료 부과대상 질서위반행위에 해당된다(관세법 제277조제3항).

## Ⅲ. 수입통관의 특례

### 1. 수입물품의 반출특례

#### 1) 수입물품의 수입신고 전 즉시반출

관세법 제253조제1항에 따라 수입신고 전에 운송수단, 관세통로, 하역통로 또는 관세법에서 규정하는 장치장소로부터 즉시반출이 허용될 수 있는 수입물품의 해당 범위는 ㉮ 관세 등의 체납이 없고 최근 3년 동안 수출입실적이 있는 제조업자나 외국인투자자가 수입하는 시설재 또는 원부자재에 해당되거나 ㉯ 그 밖에 관세 등의 체납우려가 없는 경우로서 관세청장이 정하는 물품에 해당되는 수입물품이면서 구비조건의 확인에 지장이 없는 경우로서 세관장이 지정하는 것에 한하여 적용된다(관세령 제257조제2항). 이러한 물품에 대한 수입신고 전 즉시반출의 허용은 그 전제조건으로 해당 물품에 대한 즉시반출신고[33]와 함께 납부하여야 하는 관세에 상당하는 담보의 제공이 요구된다. 한편, 즉시반출신고를 하고 수입물품을 반출하는 자는 즉시반출신고를 한 날부터 10일 이내에 관세법에 따른 수입신고의무를 이행하여야 한다(관세법 제253조제3항). 만일 이러한 법정기간 내에 수입신고의무가 이행되지 아니한다면 세관장은 즉시반출된 수입물품에 대한 관세를 부과·징수하는데, 이러한 경우에 해당 물품에 대한 관세의 100분의 20에 상당하는 금액

33) 반출신고의 방법에 관하여는 관세령 제257조제1항을 참조.

이 가산세로 부가되어 징수될 뿐아니라 수입신고 전 즉시반출 허용대상자의 지정이 취소될 수 있다(관세법 제253조제4항).

### 2) 수입물품의 수입신고수리 전 반출

관세법 제252조에 따라 수입신고수리 전 반출의 승인은 그 전제조건으로 수입신고를 한 물품에 대한 신고수리 전 반출신고[34]와 함께 납부하여야 할 관세에 상당하는 담보의 제공이 요구된다.

## 2. 탁송품의 수입통관특례

관세법 제254조의2에 따른 탁송품의 특별통관은 자가사용물품 또는 면세되는 상업용 견본품 중 물품가격이 미화 150달러 이하인 물품에 한하여 적용된다. 특별통관의 방식은 탁송품 운송업자가 통관목록을 세관장에게 제출함으로써 관세법상 정식수입신고에 갈음하는 것이 된다.[35] 여기에서 '**탁송품 운송업자**'란 국제무역선 · 국제무역기 또는 국경출입차량을 이용하여 상업서류나 그 밖의 견본품 등을 송달하는 것을 업으로 하는 자로서 관세청장 또는 세관장에게 등록한 자를 말하며, 통관목록의 요건은 그 목록의 내용으로 ① 물품의 발송인과 수신인의 성명, 주소, 국가, ② 물품의 품명, 수량, 중량과 가격, ③ 탁송품의 통관목록에 관한 것으로 법정 사항[36] 등이 기재되어야 한다(관세법 제254조의2제1항).

탁송품 운송업자는 기본적으로 사실과 부합되는 통관목록을 제출할 의무를 지는데(관세법 제254조의2제2항), 만일 이러한 의무를 위반하였다면, 그 의무위반행위는 100만 원 이하의 과태료 부과대상 질서위반행위에 해당된다(관세법 제277조제5항). 그리고 제출한 통관목록에 적힌 물품수신인(수입신고 대상이 될 경우에는 수입신고서상의 납세의무자)의 주소지가 아닌 곳에 탁송품을 배송하거나 배송하게 한 경우[37]에는 배송한 날이 속하는 달의 다음달 15일까지 실제 배송한 주소지를 세관장에게 제출할 의무를 지는데(관세법 제254조의2제3항),[38] 이러한 의무를 위반하였다면, 그 의무위반행위는 100만 원 이하의 과태료 부과대상 질서위반행위에 해당된다(관세법 제277조제5항). 아울러 세관장은 탁송품 운

---

34) 신고수리 전 반출신고의 방법에 관하여는 관세령 256조제1항을 참조.

35) 관세법령에서 위임된 탁송품의 수입통관특례에 관한 세부사항을 정하기 위하여 관세청장은 행정규칙으로 「특송물품수입통관사무처리에관한고시」를 제정 · 시행하고 있다.

36) 세부사항에 관하여는 관세규칙 제79조의2 제2항을 참조.

37) 우편법 제31조 단서에 해당하는 경우는 제외한다.

38) 탁송품 배송 시 다수의 타인명의를 도용하여 관세를 포탈하는 사례 등을 차단하기 위하여 2014.1.1. 신설되었다.

송업자가 이러한 탁송품의 특별통관절차상 준수의무를 위반하거나 관세법에 따라 통관이 제한되는 물품을 국내에 반입하는 경우에는 탁송품의 특별통관 절차의 적용을 배제할 수 있다(관세법 제254조의2제4항).

한편, 관세청장 또는 세관장은 탁송품에 대하여 세관공무원으로 하여금 검사하게 하여야 하고, 탁송품의 통관목록의 제출시한, 실제 배송지의 제출, 물품의 검사 등에 필요한 사항은 관세청장이 정하여 고시하며(관세법 제254조의2제5항), 세관장은 별도로 정한 지정장치장에서 탁송품을 통관하여야 한다(관세법 제254조의2제6항). 만일 세관장이 탁송품에 대한 세관감시와 밀수단속에 지장이 없다고 인정하는 경우 탁송품을 해당 탁송품 운송업자가 운영하는 보세창고 또는 시설[39]인 소위 자체시설에서 통관할 수 있다. 탁송품 운송업자가 탁송품을 자체시설에서 통관하려면 자체시설의 운영자료를 세관장에게 제출하여야 한다.

## 3. 전자상거래물품의 특별통관과 우편물의 수입통관

### 1) 전자상거래물품의 특별통관

"전자상거래물품"이란 사이버몰[40] 등을 통하여 전자적 방식으로 거래가 이루어지는 수출입물품을 말한다. 관세법은 이러한 물품에 대한 적합한 통관제도가 운영될 수 있도록 관세청장에게 특별통관 대상 거래물품 또는 업체, 수입신고 방법과 절차, 관세 등에 대한 납부 방법, 물품검사 방법, 그 밖에 필요하다고 인정하는 사항 등 통관에 필요한 사항을 따로 정할 수 있는 권한을 부여하고 있다(관세법 제254조제1항; 관세령 제258조).[41] 전자상거래물품의 특별통관제도는 탁송품의 특별통관(관세법 제254조의2제1항) 및 우편물의 통관(관세법 제258조제2항)에 우선하여 적용한다(관세법 제254조제5항).

전자상거래물품의 적용범위는 물품의 주문, 대금의 결제 등 거래의 전부 또는 일부가 전자문서로 처리되는 상거래 물품이 해당되며, 전자상거래의 유형은 개인직접구매형,

---

39) 자유무역지역법 제11조에 따라 입주허가를 받아 입주한 업체가 해당 자유무역지역에서 운영하는 시설에 한정한다.

40) 컴퓨터 등과 정보통신설비를 이용하여 재화 등을 거래할 수 있도록 설정된 가상의 영업장을 말한다.

41) 관세청장은 신속통관, 관세의 징수 및 효율적인 감시·단속을 위해 필요한 경우 사이버몰을 운영하는 통신판매중개자, 통신판매업자 등에게 전자상거래물품의 주문·결제 등과 관련된 거래정보로서 대통령령으로 정하는 정보를 요청할 수 있는데, 대통령령으로 정하는 정보의 제공방법, 절차 등 정보제공에 필요한 사항은 관세청장이 정하여 고시한다(관세법 제254조제2항·제3항). 한편, 관세청장은 납세자의 권리 보호 및 통관정보 제공을 위해 화주에게 전자상거래물품의 통관 및 납세와 관련된 사항으로서 대통령령으로 정하는 사항을 안내할 수 있다(관세법 제254조제4항).

배송대행형, 수입대행형, 수입쇼핑몰형으로 구분된다. 전자상거래 수입물품에 대한 수입신고 방식에서 수입대행형과 수입쇼핑몰형의 거래인 경우에 미화 2천 달러 이하의 특송물품과 미화 6백 달러 이하의 우편물에 한하여 목록통관이나 간이통관의 적용대상이 될 수 있다. 수입쇼핑몰형 거래의 경우에는 목록통관의 적용이 배제되고 위 금액을 초과하는 물품이라면 정식수입신고 방식의 형식적 요건을 갖추어 신고의무를 이행하여야 한다. 그리고 다른 유형의 거래물품에 대한 수입화주의 법적 지위와 그 물품에 대한 관세의 납세의무가 국내 구매자에게 귀속되는 것과 달리 수입쇼핑몰형의 거래물품에 대한 수입화주의 법적 지위와 관세의 납세의무는 국내구매자가 아닌 전자상거래업체에게 귀속되며, 이러한 이유에서 수입쇼핑몰형의 거래물품은 관세평가에 따른 과세금액이 20만 원을 초과하지 아니한 경우에 해당한다고 하더라도 관세법상 소액면세규정의 적용이 배제된다.

### 2) 우편물의 수입통관

관세법 제256조에 따라 우편물의 수입은 체신관서 중에서 관세청장이 지정하는 통관우체국을 반드시 경유하지 않으면 안 된다. 이것은 수입되는 우편물에 대한 관세채권의 확보를 위한 통관관리를 효율적으로 하면서 국제우편물의 원활한 물류흐름도 가급적 보장하려는 취지이다. 우편물에 대한 수입통관의 특징은 수입신고의 이행이 일반적으로 그 우편물의 수취인이나 발송인을 대신하여 통관우체국장에 의하여 이루어진다는 것이다.[42] 이에 따라 통관우체국장은 수입하는 우편물을 접수하였을 때에는 세관장에게 우편물목록을 제출하고 해당 우편물에 대한 검사[43]를 받아야 한다(관세법 제257조).[44] 우편

42) 세관장은 관세법 제257조부터 제259조까지의 규정에 따른 권한을 체신관서의 장에게 위탁할 수 있다(관세법 제329조제2항).

43) 통관우체국장은 검사를 받는 때에는 소속공무원을 참여시켜서 그로 하여금 세관공무원이 해당 우편물의 포장을 풀고 검사할 필요가 있다고 인정되는 때에는 그 우편물의 포장을 풀었다가 다시 포장하여야 한다(관세령 제260조).

44) 관세청장이 정하는 우편물은 검사를 생략할 수 있다. ▶한편, 통관우체국의 장은 수입하려는 우편물의 발송국으로부터 해당 우편물이 발송되기 전에 세관신고정보를 포함하여 대통령령으로 정하는 이른바 "사전전자정보"를 제공받은 경우에는 그 제공받은 정보를 해당 우편물이 발송국에서 출항하는 운송수단에 적재되기 전까지 세관장에게 제출하여야 한다(관세법 제256조의2제1항). 그리고 세관장은 관세청장이 우정사업본부장과 협의하여 사전전자정보 제출대상으로 정한 국가에서 발송한 우편물 중 사전전자정보가 제출되지 아니한 우편물에 대해서는 통관우체국의 장으로 하여금 반송하도록 할 수 있다(관세법 제256조의2제2항). 아울러 통관우체국의 장은 사전전자정보가 제출된 우편물에 대해서는 관세법 제257조 본문에 따른 우편물목록의 제출을 생략하고 세관장에게 검사를 받을 수 있지만, 세관장이 통관절차의 이행과 효율적인 감시·단속을 위하여 대통령령으로 정하는 사유에 해당하여 우편물목록의 제출을 요구하는 경우에는 이를 제출하여야 한다(관세법 제256조의2제3항).

물의 검사결과 세관장이 우편물에 대하여 수입을 할 수 없다고 결정하였을 때에는 통관우체국장은 그 우편물을 수취인에게 내줄 수 없으며, 통관하려는 우편물이 대외무역법 제11조에 따른 수입의 승인을 받은 것이거나 그 밖에 수입신고대상 우편물에 해당된다면 그 우편물의 수취인이나 발송인은 관세법 제241조제1항에 따른 신고의무를 이행하여야 한다(관세법 제258조).[45]

한편, 세관장은 우편물통관에 대한 결정사항이나 관세를 징수하려는 경우에는 그 세액을 통관우체국장에게 통지할 의무를 가지며(관세법 제259조), 세관장으로부터 이러한 통지를 받은 통관우체국장은 해당 우편물의 수취인에게 그 결정사항을 통지하여야 한다. 여기에서 해당 우편물이 관세법상 정식수입신고 대상물품에 해당하는 경우라면 세관장의 통관우체국장에 대한 통지는 신고수리 또는 수입신고수리전 반출승인을 받은 서류를 해당 신고인이 통관우체국에 제출하는 것으로써 이에 갈음하고, 통관우체국장의 해당 우편물의 수취인에 대한 통지는 세관이 발행하는 납부고지서로써 이에 갈음한다(관세령 제262조). 그런데 통관우체국장으로부터 납세고지서를 받은 관세의 납세의무자는 해당 관세를 세관장에게 금전으로 납부하여야 하고, 그 밖의 경우에 따른 관세의 납부는 체신관서에 금전으로 이를 납부하여야 한다(관세령 제263조). 이에 따라 체신관서는 관세를 징수하여야 하는 우편물은 관세를 징수하기 전에 수취인에게 내줄 수 없다(관세법 제260조제2항). 하지만 우편물에 대한 관세의 납세의무는 해당 우편물이 반송되면 소멸된다(관세법 제261조).

## Ⅳ. 내국(외국)물품의 국외반출에 대한 신고의무

### 1. 수출·반송물품에 대한 신고의무

관세법 제241조제1항에 따라 내국물품을 우리나라에서 외국으로 반출하는 경제주체는 관세법상 그 물품에 대한 수출신고의무를 가지게 되며,[46] 우리나라에 도착된 외국물품을 수입통관절차 거치지 아니하고 다시 외국으로 반출하는 경제주체는 관세법상 그 물품에 대한 반송신고의무를 가지게 된다. 그리고 어떤 내국물품에 대한 수출신고 또는 어떤 외국물품에 대한 반송신고가 관세법에 따라 적합하게 이루어졌다면 해당 세관장에게는 이를 지체 없이 수리하고 신고인에게 신고필증[47]을 발급할 의무가 지워진다(관세법 제248조제1항).

---

45) 수입신고대상 우편물의 적용범위는 관세령 제261조)을 참조.

46) 수출신고는 해당 물품이 장치된 물품소재지를 관할하는 세관장에게 하여야 한다(수출통관고시 제4조).

47) 국가관세종합정보망의 전산처리설비를 이용하여 신고를 수리하는 경우에는 신고인이 직접 전산처리설비를

어떤 수출(반송)신고가 세관장의 신고처리의무를 발생시킬 수 있는 관세법상 유효한 신고로 받아들여지기 위해서는 다음과 같은 전제요건이 요구된다.

첫째로, **신고의 형식적 요건**이다. 수출(반송)신고의 형식적 요건은 적격요건을 갖춘 신고인 명의로 소정양식의 서면에 신고서류를 첨부하여 세관장에게 제출[48]하는 것이다.[49] 따라서 구두에 의한 수출(반송)신고는 허용될 수 없다. 여기에서 신고인의 자격은 화주 또는 관세사법에 따른 관세사, 관세법인 등에게 주어지며, 수출신고의 경우에는 예외적으로 화주에게 해당 수출물품을 제조하여 공급한 자에게도 신고인의 자격이 부여된다(관세법 제242조). 그리고 수출신고하는 물품이 통관요건의 확인이 필요로 하는 경우에는 관련 증명서류를 첨부하여야 한다(관세령 제250조제2항).[50] 그런데 화주인 신고인이 신고서에 첨부하여야 할 신고서류를 관세사 등에게 제출하고, 관세사 등이 해당 서류를 확인한 후 수출(반송)신고를 하는 때에는 해당 서류의 제출을 생략하게 하거나 해당 서류를 신고수리 후에 제출하게 할 수 있다(관세법 제245조제2항). 또한, 신고인은 신고 시 서류의 제출을 생략하게 하거나 신고수리 후에 서류를 제출하게 하는 경우 세관장이 필요하다고 인정하여 신고인에게 관세청장이 정하는 장부 기타 관계자료의 제시 또는 제출을 요청하는 때에는 이에 응하여야 한다(관세법 제245조제3항). 만일 세관장이 요청하는 장부나 기타 관계자료를 제시하지 아니하거나 제출하지 아니하였다면, 그 의무위반행위는 100만 원 이하의 과태료 부과대상 질서위반행위에 해당된다(관세법 제277조제5항).

둘째로, **신고의 시기적 요건**이다. 수출(반송)신고는 그 대상물품에 대한 세관공무원의 현품검사가 가능한 시기에 허용된다. 따라서 그 대상물품이 이미 국제무역선에 선적되었거나 국제무역기에 기적되었다면 그 신고는 허용될 수 없다.[51] 마찬가지로 수출신고

---

이용하여 신고필증을 발급받을 수 있다.

48) 제출의 방법은 서면신고서를 세관에 직접 제출하거나 세관의 EDI통관시스템을 통하여 전송(P/L신고)할 수 있는데, P/L(paperless)신고가 일반적인 방법이다.

49) 하지만 전자상거래물품 등은 일정한 요건을 전제로 간이수출신고가 허용되는바, 그 실무적 내용은 수출통관고시 제35조의2조를 참조. ▶또한, 관세법상 간이신고 대상물품은 목록통관의 형식으로 수출신고가 가능한데, 그 실무적 내용은 수출통관고시 제36조를 참조.

50) 세관장은 필요없다고 인정되는 때에는 이를 생략하게 할 수 있다(관세령 제250조제2항단서).

51) 하지만 예외적으로 수출하려는 물품이 다음과 같은 경우에 해당한다면 해당 물품을 선적한 후 선상에서 수출신고가 가능하다(수출통관고시 제32조제1항): ① 선적한 후 공인검정기관의 검정서(Survey Report)에 의하여 수출물품의 수량을 확인하는 물품(예: 산물 및 광산물); ② 물품의 신선도 유지 등의 사유로 선상 수출신고가 불가피하다고 인정되는 물품(예: 국내운항선에 적재된 수산물을 다른 선박으로 이적하지 않은 상태로 국제무역선으로 자격변경하여 출항하고자 하는 경우); ③ 자동차운반전용선박에 적재하여 수출하는 신품자동차. ▶그럼에도 불구하고 앞의 제①의 물품이 다음과 같은 요건을 모두 충족하는 경우에는 출항 후 최초세관근무시간까지 수출신고가 허용될 수 있다(수출통관고시 제32조제2항): ① 관세법 제140조제6항단서에

의 대상인 내국물품의 생산이나 제조공정이 완료된 이후가 아니라면 수출신고는 인정될 수 없다. 아울러 수입신고된 물품을 법령에 의한 수입요건을 구비할 수 없는 등의 사유로 반송하려면 그 사유가 타당한 것에 한하여 그 수입신고를 취하한 후에나 반송이 가능하게 된다. 그런데 관세법상 반송목적으로 지정장치장 또는 보세창고에 반입되거나 보세구역이 아닌 장소에 장치된 물품은 그 반입일 또는 장치일부터 30일 이내에 반송신고의무가 강제된다(관세법 제241조제3항).[52] 만일 위의 기간 내에 가산세 대상물품의 반송신고를 하지 아니하였다면 세관장은 해당 물품의 과세가격의 100분의 2에 상당하는 금액의 범위 안에서 소정의 가산세율로 산출한 금액을 가산세로 징수한다(관세법 제241조제4항).

셋째로, **신고의 내용적 요건**이다. 수출(반송)신고의 내용적 요건은 우리나라에서 외국으로 반출하려는 내국물품이나 외국물품의 품명 · 규격 · 수량과 가격 그리고 그 밖의 법정 신고사항이 신고서에 포함되어야 한다(관세법 제241조제1항). 여기에서 그 밖의 법정 신고사항은 포장의 종류 · 번호와 개수, 목적지 · 원산지와 선적지, 원산지표시 대상물품인 경우에는 표시 유무 · 방법과 형태, 상표, 사업자등록번호 · 통관고유번호와 해외거래처부호, 물품의 장치장소 그리고 기타 참고사항 등이다(관세령 제246조제1항). 그리고 수출신고가격을 산정하기 위하여 외국통화로 표시된 가격을 내국통화로 환산하는 때에는 수출신고일이 속하는 주의 전주의 기준환율 또는 재정환율을 평균하여 관세청장이 정한 율로 하여야 한다(관세령 제246조제6항). 그런데 절대적으로 수출입이 금지되는 물품은 어떠한 경우에도 그 수출이 허용될 수 없다(관세법 제234조). 마찬가지로 지식재산권을 침해하는 물품도 수출이 금지된다(관세법 제235조제1항). 그리고 체신관서가 외국으로 발송한 우편물은 관세법의 규정에 의하여 이미 수출(반송)된 것으로 간주(수출의 의제)하기 – 관세법상 그 물품이 이미 우리나라 밖으로 반출되었기 – 때문에 법리적으로 수출(반송)의 신고가 성립될 수 없게 된다. 아울러 수입하기 위하여 외국으로부터 도착된 물품이 하자 발생 등의 사유로 인하여 보세장치장에 반입하지 못하고 선박 또는 항공기에서 양륙하지 않은 상태에서 외국으로 재운송된 경우에는 반송신고의 대상이 될 수 없으며, 우리나라에 수입할 목적으로 입항 시 적재화물목록이 제출된 물품으로서 보세구역에 반입된 물품에 한하여 반송신고의 대상이 될 수 있다. 그리고 매각하여 외국으로 반출하려는 선박도 수출

---

따른 적재허가를 받은 물품; ② 세관장확인대상수출물품이나 계약내용과 상이하여 재수출하는 물품 또는 재수출조건부로 수입통관되어 수출하는 물품에 해당하지 않는 물품; ③ 세관근무시간외에 적재 또는 출항하는 경우.

52) 세관장은 신고의무기간 내에 신고를 하지 아니한 물품에 대하여는 직권으로 이를 검사할 수 있으며, 해당 신고인이 세관장의 직권에 의한 검사에 참여할 것을 신청하거나 신고인의 참여가 필요하다고 인정하는 때에는 그 일시·장소·방법 등을 정하여 검사에 참여할 것을 통지할 수 있다(관세령 제251조).

신고의 대상이 된다.

마지막으로, **신고의 장소적 요건**이다. 반송의 신고는 해당 물품이 관세법에 따른 장치장소에 있는 경우에만 가능하다(관세법 제243조제3항). 그리고 밀수출 등 불법행위가 발생할 우려가 높거나 감시단속상 필요하다고 인정하는 특정 물품은 관세청장이 정하는 장소에 반입한 후 수출의 신고를 하게 할 수 있다(관세법 제243조제4항).[53] 여기에서 "특정 물품"은 ① 도난우려가 높은 물품 등 국민의 재산권 보호를 위하여 수출관리가 필요한 물품 또는 ② 고세율 원재료를 제조·가공하여 수출하는 물품 등 부정환급 우려가 높은 물품으로서 관세청장이 정하여 고시하는 물품을 말한다(관세령 제248조의2제1항). 만일 관세청장이 지정한 장소에 반입한 후 수출신고를 하여야 할 의무를 위반하였다면, 그 의무위반행위는 500만 원 이하의 과태료 부과대상 질서위반행위에 해당된다(관세법 제277조제3항).

## 2. 세관장의 신고수리와 수출물품의 선적의무

수출(반송)신고가 관세법에 따라 적합하게 이루어졌을 때에는 세관장은 이를 지체없이 수리하고 신고인에게 신고필증을 발급할 의무를 가지게 된다. 따라서 사인의 신고행위가 앞서 설명한 수출(반송)신고의 기본적 요건인 형식적 요건, 시간적 요건, 그리고 내용적 요건에 부합되는 사실의 인정은 신고수리의 일반적 요건이 된다. 만일 세관장에게 접수된 신고가 그 기본적 요건을 갖추지 못하였거나 부정한 방법으로 신고된 때에는 세관장은 그 신고를 각하할 수 있다(관세법 250조제3항). 하지만 수출신고서의 기재사항이 미비되거나 첨부한 신고서류가 미비된 경우에는 세관장이 수출신고수리 이전까지 신고인에게 이를 보완하게 할 수 있는데, 미비된 사항이 경미하고 신고수리 후에 보완이 가능하다고 인정되는 경우라면 신고수리 후 이를 보완하게 할 수도 있다(관세법 제249조). 여기에서 만일 세관장의 명령이나 보완조치를 이행하지 아니하였다면, 그 의무위반행위는 100만 원 이하의 과태료 부과대상 질서위반행위에 해당된다(관세법 제277조제5항).

수출(반송)신고는 정당한 이유가 있는 경우라면 세관장의 승인을 받아 취하할 수 있는데, 반송신고는 운송수단, 관세통로, 하역통로 또는 관세법에 규정된 장치장소에서 물품을 반출한 후에는 취하할 수 없게 된다(관세법 제250조제1항). 그리고 세관장이 수출(반송)신고를 수리하였지만 신고인의 정당한 사유로 인하여 신고의 취하를 승인하였다면 세관장이 이미 행한 신고수리는 그 효력이 상실하게 된다(관세법 제250조제2항). 아울러 수출(반송)

53) 그럼에도 불구하고 수출입 안전관리 우수 공인업체가 수출하는 물품은 관세청장이 정하는 장소에 반입한 후 수출의 신고를 하는 물품에서 제외할 수 있고, 반입 후 신고물품의 반입절차 및 그 밖에 필요한 사항은 관세청장이 정하여 고시한다(관세령 제248조의2제2항·제3항).

신고필증과 수출(반송)물품의 가격결정에 관한 자료와 수출(반송)거래 관련 계약서 또는 이에 갈음하는 서류는 해당 신고에 대한 수리일부터 3년 동안 그 서류를 보관하여야 할 의무가 생긴다(관세법 제12조).

한편, 수출신고인에게는 수출신고가 수리된 물품을 수출신고가 수리된 날부터 30일 이내에 운송수단에 적재할 의무가 발생하지만, 부득이한 사유가 있다면 그 적재기간을 1년의 범위에서 연장승인[54]을 받을 수 있다(관세법 제251조제1항). 만일 수출신고가 수리된 물품이 우리나라와 외국 간을 왕래하는 운송수단에 적재하는 기간을 초과하였거나 적재되지 아니하였다면 그 물품에 대한 수출신고수리는 취소되지 않을 수 없다(관세법 제251조제2항; 관세령 제255조제1항). 그럼에도 불구하고 기간 내 적재되지 아니한 물품이 ㉮ 수출신고 취하의 승인신청이 정당한 사유가 있다고 인정되는 경우, ㉯ 수출신고수리물품의 적재기간연장승인의 신청이 정당한 사유가 있다고 인정되는 경우, ㉰ 세관장이 수출신고수리를 취소하기 전에 당해 물품의 적재를 확인한 경우, ㉱ 기타 세관장이 법정적재기간 내에 적재하기 곤란하다고 인정하는 경우 등에 해당한다면 세관장의 수출신고수리는 취소되지 아니한다(관세령 제255조제1항단서). 아울러 세관장은 수출신고수리를 취소하는 때에는 즉시 신고인에게 그 내용을 통지하여야 한다(관세령 제255조제2항). 여기에서 만일 수출신고물품의 적재기간 내 운송수단에 적재의무를 위반하였다면, 그 의무위반행위는 200만 원 이하의 과태료 부과대상 질서위반행위에 해당된다(관세법 제277조제4항).

## Ⅴ. 수출입신고의무위반에 대한 형사제재

### 1. 밀수입죄[55]

밀수입죄에 대한 형사제재는 5년 이하의 징역 또는 관세액의 10배와 물품원가[56] 중 높은 금액 이하에 상당하는 벌금에 처한다(관세법 제269조제2항). 본죄는 정상에 따라 징역형과 벌금형을 병과할 수 있으며(관세법 제275조), 양벌규정도 적용된다(관세법 제279조). 한편, 그 정을 알고 본죄에 따른 행위를 교사하거나 방조한 자와 본죄의 미수범은 정범(正犯)에 준하여 처벌한다(관세법 제271조제1항·제2항). 그리고 본죄를 범할 목적으로 그 예비를 한 자는

54) 적재기간 연장승인 신청방법에 관하여는 관세규칙 제79조를 참조.

55) 형사법적으로 자세하게 설명한 내용은 김용태, 앞의 책, 137~153쪽을 참조.

56) '물품원가'란 수입의 경우에는 수입지의 도착가격(이른바 CIF가격)을 말하는 것으로서 여기에 관세 등 제세 기타 공과금, 비용 및 이윤 등이 첨가된 국내도매가격 또는 시가를 말하는 것이 아니고, 반송의 경우에도 수입의 경우에 준하여 이를 해석한다(대법원 1991.06.25. 선고 91도436 판결).

본죄의 2분의 1을 감경하여 처벌한다(관세법 제271조제3항).

### 2. 밀수품취득죄 등[57)]

밀수품의 취득죄 등에 대한 형사제재는 3년 이하의 징역 또는 물품원가 이하에 상당하는 벌금에 처한다(관세법 제274조제1항). 본죄는 정상에 따라 징역형과 벌금형을 병과할 수 있으며(관세법 제275조), 양벌규정도 적용된다(관세법 제279조). 그리고 본죄의 미수범은 본죄에 준하여 처벌하며(관세법 제274조제2항), 본죄를 범할 목적으로 그 예비를 한 자는 본죄의 2분의 1을 감경하여 처벌한다(관세법 제274조제3항).

### 3. 밀수출(반송)죄[58)]

밀(무신고)수출(반송)죄에 대한 형사제재는 3년 이하의 징역 또는 물품원가 이하에 상당하는 벌금에 처한다(관세법 제269조제3항). 본죄는 정상에 따라 징역형과 벌금형을 병과할 수 있으며(관세법 제275조), 양벌규정도 적용된다(관세법 제279조). 한편, 그 정을 알고 본죄에 따른 행위를 교사하거나 방조한 자와 본죄의 미수범은 정범(正犯)에 준하여 처벌한다(관세법 제271조제1항·제2항). 그리고 본죄를 범할 목적으로 그 예비를 한 자는 본죄의 2분의 1을 감경하여 처벌한다(관세법 제271조제3항).

# 제2절 수출입통관의 요건확인 및 전산화 등

## Ⅰ. 수출입통관의 요건확인

### 1. 수출입통관의 구비조건

#### 1) 수출입통관의 구비조건에 대한 증명의무

관세법 제226조제1항에 따라 법령에서 정하는 바에 의하여 허가·승인·표시 또는 그 밖의 조건인 이른바 '**구비조건**'이 요구되는 수출입물품의 통관은 해당 신고인이 세관장

57) 형사법적으로 자세하게 설명한 내용은 김용태, 앞의 책, 153~162쪽을 참조.
58) 형사법적으로 자세하게 설명한 내용은 김용태, 앞의 책, 167~174쪽을 참조.

에게 해당 구비조건을 갖춘 물품임을 증명하는 경우에 한하여 실현될 수 있다. 그러므로 관세법상 수출입통관을 위하여 구비조건이 요구되는 물품은 법령이 정한 요건확인을 담당하는 기관에서 해당 수출입물품에 대한 허가·승인·표시 또는 그 밖의 조건의 확인·증명이 전제되어야 하고, 이러한 물품의 통관이 적정하게 집행되기 위해서 해당 구비조건에 대한 세관장의 확인이 필요한 수출입물품에 대하여는 다른 법령에도 불구하고 그 물품과 확인방법, 확인절차, 그 밖에 필요한 사항이 미리 공고되어야 한다(관세법 제226조제2항). 이에 따라 관세청장은 해당 주무부장관의 요청을 받아 세관공무원에 의하여 확인이 가능한 사항인지 여부, 물품의 특성 기타 수출입물품의 통관여건 등을 고려하여 세관장의 확인대상물품, 확인방법, 확인절차(관세청장이 지정·고시하는 정보통신망을 이용한 확인신청 등의 절차를 포함한다), 그 밖에 확인에 필요한 세부사항을 행정규칙으로 제정·시행하는 「관세법제226조의규정에의한세관장확인물품및확인방법지정고시」에서 공고하고 있다(관세령 제233조).

한편, 수출입금지물품(관세법 제234조)은 수입신고의 기본적 요건의 하나인 내용적 요건에 반하기 때문에 절대적으로 그 수입이나 수출이 허용될 수 없다. 그리고 법령의 규정에 의하여 원산지를 표시하여야 하는 물품이 원산지표시가 법정 기준과 방법에 부합되지 아니하게 표시된 경우나 부정한 방법으로 원산지표시가 사실과 다르게 표시된 경우 또는 원산지표시가 없는 경우라면 그 수입물품의 통관은 허용될 수 없다(관세법 제230조).[59] 또한, 품질 등 허위·오인 표시물품도 통관이 제한되므로 수입물품의 품질, 내용, 제조방법, 용도, 수량을 사실과 다르게 표시한 물품 또는 품질 등을 오인(誤認)할 수 있도록 표시하거나 오인할 수 있는 표지를 부착한 물품으로서 부정경쟁방지법, 식품위생법, 산업표준화법 등 품질 등의 표시에 관한 법령을 위반한 물품은 수입통관이 허용될 수 없다(관세법 제230조의2).

### 2) 세관장의 물품검사권과 통관수반의무 명령

세관장에게 신고된 수입(수출)물품에 대한 통관요건의 적합성을 판정하기 위하여 제출된 수입(수출)신고서의 작성내용에 대한 정확성과 필요한 입증서류가 규정된 조건을 충족하였는지 여부에 대하여 확인하는 행위로서 세관장의 통관심사는 수입(수출)신고수리 여부를 결정하기 위하여 요구되는 관세행정절차가 된다. 그러므로 입법자는 통관심사의 실효성 보장을 위하여 세관공무원에게 수입(수출)물품에 대한 물리적 검사권,

59) 위반사항이 경미한 때에는 이를 보완·정정하도록 한 후 통관을 허용할 수 있다(관세법 제230조단서).

즉 수입(수출)물품의 성질, 원산지, 상태, 수량 및 가격이 수입(수출)신고서에 기재된 사항과 일치하는가를 확인하기 위하여 물품검사권을 부여하고 있다(관세법 제246조제1항). 아울러 검사대상 물품에 대한 품명, 규격, 성분, 용도, 원산지 등을 확인하거나 품목번호를 결정할 필요가 있는 때에는 해당 물품에 대하여 물리적 · 화학적 분석을 할 수 있는 권한도 부여받고 있다(관세법 제246조의4).

만일 세관공무원의 적법한 물품검사로 인하여 물품에 손실에 발생한 경우에는 관세청장 또는 세관장은 그 손실을 입은 자에게 보상하여야 한다(관세법 제246조의2제1항).[60] 그리고 관세청장은 물품검사의 효율을 거두기 위하여 검사대상 · 검사범위 · 검사방법 등에 관하여 필요한 세부기준을 행정규칙으로 제정 · 시행하는 「수입통관사무처리에관한고시」에서 정하고 있고(관세법 제246조제2항), 이 행정규칙을 통하여 물품검사의 객관성과 투명성을 담보하고 있다. 그런데 수입물품의 검사는 원칙적으로 관세법 제155조제1항에 따라 장치가 허용된 장소에서 수행되어야 하지만, 효율적인 검사를 위하여 부득이하다고 인정되는 경우라면 세관장은 해당 물품을 보세구역에 반입하게 한 후 검사할 수도 있다(관세법 제247조제1항·제2항). 그리고 관세법 제246조의3 제1항에 따라 세관장은 구비조건의 확인이 필요한 수입(수출)물품(관세법 제226조) 등 다른 법령에서 정한 물품의 성분 · 품질 등에 대한 안전성 검사를 할 수 있다.[61] 아울러 세관장은 수입신고한 물품에 대하여 필요하다고 인정되는 때에는 화주 또는 그 위임을 받은 자에게 그 원형을 변경하거나 해체 · 절단 등의 작업조치를 명할 수 있다(관세법 제159조제4항). 만일 세관장의 이러한 작업조치 명령을 위반하였다면, 그 의무위반행위는 200만 원 이하의 과태료 부과대상 질서위반행위에 해당된다(관세법 제277조제4항).

세관장은 다른 법령에 따라 수입 후 특정한 용도로 사용하여야 하는 등의 의무가 부가되어 있는 물품에 대하여는 문서로써 해당 의무를 이행할 것을 요구할 수 있으며, 세관장으로부터 의무의 이행을 요구받은 자는 특별한 사유(의무의 면제요건)[62]가 없으면 해당 물품에 대하여 부가된 의무를 이행하지 않으면 안 된다(관세법 제227조). 한편, 세관장은 관세

60) 물품의 검사에 대한 손실보상의 금액은 다음의 구분에 따른 금액으로 한다(관세령 제251조의2): ① 해당 물품을 수리할 수 없는 경우에는 관세법 제30조부터 제35조까지의 규정에 따른 해당 물품의 과세가격에 상당하는 금액; ② 해당 물품을 수리할 수 있는 경우에는 수리비에 상당하는 금액으로 하되, 제①에 따른 금액을 한도로 한다. 한편, 손실보상의 지급절차 및 방법, 그 밖에 필요한 사항은 관세청장이 정한다(관세법 제246조의2제3항).

61) 수출입물품에 대한 안전성 검사의 실시절차와 안전성 검사에 필요한 정보교류 등을 협의하기 위하여 관세청에 두는 수출입물품안전관리기관협의회의 구성 및 운영 등에 관하여는 관세법 제246조의3제2항부터 제6항까지와 관세령 제251조의3을 참조.

62) 의무를 면제받을 수 있는 특별한 사유는 관세령 제234조를 참조.

보전을 위하여 필요하다고 인정할 때에 한하여 수입되는 물품이 다음과 같은 물품에 해당된다면 그 물품에 대하여 통관표지의 첨부를 명할 수 있다(관세법 제228조; 관세령 제235조제1항): ㉮ 관세의 감면 또는 용도세율의 적용을 받은 물품; ㉯ 관세의 분할납부승인(관세법 제107조제2항)을 얻은 물품; ㉰ 부정수입물품과 구별하기 위하여 관세청장이 지정하는 물품. 여기에서 만일 해당 수입물품에 대한 세관장의 통관표지 첨부명령을 위반하였다면, 그 의무위반행위는 200만 원 이하의 과태료 부과대상 질서위반행위에 해당된다(관세법 제277조제4항).

## 2. 수출입물품의 원산지확인[63)]

### 1) 수입물품의 원산지 확인기준

관세법, 조약, 협정 등에 따른 관세의 부과 · 징수, 수출입물품의 통관, 우리나라에서 수출된 물품을 수입하는 국가의 권한 있는 기관의 확인요청에 따른 원산지 서면(현지) 조사 등을 위하여 원산지를 확인할 때에는 ㉮ 해당 물품의 전부를 생산 · 가공 · 제조한 나라 또는 ㉯ 해당 물품이 2개국 이상에 걸쳐 생산 · 가공 또는 제조된 경우에는 그 물품의 본질적 특성을 부여하기에 충분한 정도의 실질적인 생산 · 가공 · 제조 과정이 최종적으로 수행된 나라를 원산지로 한다(관세법 제229조제1항). 이와 함께 해당 물품이 원산지가 아닌 국가를 경유하지 아니하고 직접 우리나라에 운송 · 반입된 물품인 경우에만 그 원산지로 인정될 수 있다.

### 2) 수입물품의 원산지증명

관세법, 조약, 협정 등에 따라 일반특혜관세 · 국제협력관세 또는 편익관세 등과 같은 관세의 편익이 적용되는 수입물품을 통관하려면 수입신고 시 그 물품의 원산지를 증명하는 서류인 이른바 "원산지증명서"가 세관장에게 제출되어야 한다(관세법 제232조제1항).[64)] 그리고 세관장은 원산지 확인이 필요한 물품을 수입한 자로 하여금 제출받은 원산지증명서의 내용을 확인하기 위하여 필요한 자료인 소위 "원산지증명서확인자료"를 제출하게 할 수 있다(관세법 제232조제3항). 그런 까닭에 만일 원산지 확인이 필요한 물품의 수입신고 시 해당

---

63) 관세령 제236조, 제236조의2, 제236조의4에 따라 관세청장은 수입물품의 원산지확인에 필요한 세부사항에 관한 행정규칙으로 「원산지표시제도운영에관한고시」와 「원산지조사운영에관한훈령」을 제정 · 시행하고 있다.

64) 조약 · 협정 등의 시행을 위하여 원산지증명서 제출 등에 관한 사항을 따로 정할 필요가 있을 때에는 기재부령으로 정한다(관세법 제232조제5항). 이에 따라 관세청장은 행정규칙으로 「특혜관세적용및원산지증명제도운영에관한고시」를 제정 · 시행하고 있다.

물품에 대한 원산지증명서의 제출의무가 이행되지 아니한다면, 비록 그 수입물품이 관세법, 조약, 협정 등에 따라 일반특혜관세·국제협력관세 또는 편익관세 등의 적용대상물품에 해당한다고 하더라도 그 수입물품에 대한 관세의 편익은 적용될 수 없다(관세법 제232조제2항). 또한, 설령 원산지 확인이 필요한 물품의 수입신고 시 해당 물품에 대한 원산지증명서의 제출의무가 이행되었다고 하더라도 추가적인 세관장의 원산지증명서 확인자료 제출요구에도 불구하고 정당한 사유 없이 원산지증명서 확인자료가 제출[65]되지 아니하였다면 세관장은 수입신고 시 제출받은 원산지증명서의 내용을 인정하지 아니할 수 있게 된다(관세법 제232조제3항).[66]

앞서 설명한 원산지증명서 제출의무에도 불구하고 다음과 같은 수입물품에 대하여는 그 제출의무가 면제된다(관세법 제232조제1항단서; 관세령 제236조제2항): ㉮ 세관장이 물품의 종류·성질·형상 또는 그 상표·생산국명·제조자 등에 의하여 원산지를 확인할 수 있는 물품; ㉯ 우편물(수입신고대상에 해당하는 것을 제외한다); ㉰ 과세가격[67]이 15만 원 이하인 물품; ㉱ 개인에게 무상으로 송부된 탁송품·별송품 또는 여행자의 휴대품; ㉲ 기타 관세청장이 관계행정기관의 장과 협의하여 정하는 물품.

### 3) 원산지조사

세관장은 관세의 편익이 적용되는 수입물품의 통관을 위해 제출된 원산지증명서와 원산지증명서 확인자료의 진위 여부, 정확성 등에 대한 확인을 해당 물품의 수입신고를 수리한 이후에 원산지증명서를 발급한 국가의 세관이나 그 밖에 발급권한이 있는 기관에 요청할 수 있다(관세법 제233조제1항). 이 경우 세관장은 확인을 요청한 사실과 회신 내용과 그에 따른 결정 내용을 수입자에게 통보하여야 한다. 그런데 세관장이 확인을 요청한 사항에 대하여 조약 또는 협정에서 다르게 규정한 경우를 제외하고, 만일 외국세관 등이 법정 회신기간 이내에 그 결과를 회신하지 아니한 경우나 세관장에게 신고한 원산지가 실제 원산지와 다른 것으로 확인된 경우 또는 외국세관 등의 회신내용에 앞서 설명한 원산지 확인기준에 따른 원산지증명서와 원산지증명서 확인자료를 확인하는 데 필요한 정보가 포함되지 아니한 경우에 해당한다면 그 수입물품에 대하여 일반특혜관세·국제협력관세 또는 편익관세를 적용하지 아니할 수 있다(관세법 제233조제2항).[68]

---

65) 세관장은 원산지증명서 확인자료를 제출한 자가 정당한 사유를 제시하여 그 자료를 공개하지 아니할 것을 요청한 경우에는 그 제출인의 명시적 동의 없이는 해당 자료를 공개하는 것이 금지된다(관세법 제232조제4항).

66) 수입물품에 대한 원산지증명서 제출의무자의 적용범위는 관세령 제236조제1항을 참조.

67) 종량세의 경우에는 이를 관세법 제15조의 규정에 준하여 산출한 가격을 말한다.

### 4) 통과(환적)물품과 수출입통관물품의 원산지표시위반에 대한 규제

법령에 따라 원산지를 표시하여야 하는 물품이 ① 원산지 표시가 법령에서 정하는 기준과 방법에 부합되지 아니하게 표시된 경우, ② 원산지 표시가 부정한 방법으로 사실과 다르게 표시된 경우, ③ 원산지 표시가 되어 있지 아니한 경우에는 해당 물품의 통관은 허용되지 않는데, 그 위반사항이 경미한 경우에는 이를 보완·정정하도록 한 후 통관을 허용될 수 있다(관세법 제230조). 그리고 물품의 품질, 내용, 제조 방법, 용도, 수량을 사실과 다르게 표시한 물품 또는 품질등을 오인(誤認)할 수 있도록 표시하거나 오인할 수 있는 표지를 붙인 물품으로서 부정경쟁방지법, 식품표시광고법, 산업표준화법 등 품질등의 표시에 관한 법령을 위반한 물품도 통관이 허용될 수 없다(관세법 제230조의2).

관세법상 일시적으로 육지에 내려지거나 다른 운송수단으로 (복합)환적되는 외국물품이 원산지를 우리나라로 허위 표시하였다면 세관장은 직권으로 그 물품에 대한 유치권을 행사할 수 있는데, 세관장이 유치하는 외국물품은 원칙적으로 세관장이 관리하는 장소에 보관하여야 하고, 세관장이 외국물품을 유치할 때에는 그 사실을 그 물품의 화주나 그 위임을 받은 자에게 통지하여야 한다(관세법 제231조제1항부터제3항까지).

### 5) 수출물품의 원산지증명

관세법, 조약, 협정 등에 따라 관세를 양허받을 수 있는 물품의 수출자가 원산지증명서의 발급을 요청하는 경우에는 세관장이나 그 밖에 원산지증명서를 발급할 권한이 있는 기관은 그 수출자에게 원산지증명서를 발급하여야 한다(관세법 제232조의2제1항). 여기에서 세관장은 발급된 원산지증명서의 내용을 확인하기 위하여 필요하다고 인정되는 경우에는 ① 원산지증명서를 발급받은 자나 ② 원산지증명서를 발급한 자 또는 ③ 해당 수출물품의 생산자 또는 수출자로 하여금 원산지증명서확인자료[69]를 제출하게 할 수 있다(관세법 제232조의2제2항). 이 경우 자료의 제출기간은 세관장으로부터 원산지증명서 확인자료의 제출을 요구받은 날부터 30일 이내가 되지만 제출을 요구받은 자가 부득이한 사유로 그 기간에 원산지증명서 확인자료를 제출하기 곤란할 때에는 그 기간을 30일의 범위에서 한 차례만 연기할 수 있다(관세규칙 제77조). 한편, 세관장은 우리나라에서 원산지증명서가 발급된 물품을 수입하는 국가의 권한 있는 기관으로부터 원산지증명서와 원산지증명서 확인자료의 진위 여부, 정확성 등의 확인을 요청받은 경우 등 필요하다고 인정

68) 이 경우 세관장은 관세법 제38조의3 제6항과 제39조제2항에 따라 납부하여야 할 세액 또는 납부하여야 할 세액과 납부한 세액의 차액을 부과·징수하여야 한다.

69) 대상범위에 관하여는 관세령 제236조의6 제1항을 참조.

되는 경우에는 그 원산지증명서를 발급받은 자나 원산지증명서를 발급한 자 또는 해당 수출물품의 생산자나 수출자를 대상으로 서면조사 또는 현지조사를 할 수 있다(관세법 제233조제3항).

## Ⅱ. 수출입통관의 전산화와 수출입안전관리우수업체의 공인

### 1. 관세정보시스템의 구축·운영

관세법 제327조제1항에 따라 관세청장은 전자통관의 편의를 증진하고, 외국세관과의 세관정보 교환을 통하여 수출입의 원활화와 교역안전을 도모하기 위하여 전산처리설비와 데이터베이스에 관한 국가관세종합정보시스템(이하 "관세정보시스템")을 구축·운영할 수 있다.[70] 그리고 정부는 관세정보시스템을 안정적으로 운영·관리하고, 관세정보시스템의 지능정보화를 촉진하여 통상환경을 개선함으로써 국민경제의 발전에 이바지하기 위하여 한국관세정보원(이하 "관세정보원")을 설립한다(관세법 제327조의2제1항).[71] 이에 따라 세관장은 관세정보시스템의 전산처리설비를 이용하여 이 법에 따른 신고·신청·보고·납부 등과 법령에 따른 허가·승인 또는 그 밖의 조건을 갖출 필요가 있는 물품의 증명 및 확인신청 등(이하 "전자신고등")을 하게 할 수 있으며, 관세정보시스템 또는 정보통신망법에 따른 정보통신망으로서 관세법에 따른 송달을 위하여 관세정보시스템과 연계된 정보통신망(이하 "연계정보통신망")을 이용하여 전자신고등의 승인·허가·수리 등에 대한 교부·통지·통고 등(이하 "전자송달")을 할 수 있다(관세법 제327조제2항·제3항). 그리고 전자신고등을 할 때에는 관계 서류를 관세정보시스템의 전산처리설비를 이용하여 제출하게 하거나, 그 제출을 생략하게 하거나 간소한 방법으로 하게 할 수 있는데, 위의 전자신고등은 관세청장이 정하는 관세정보시스템의 전산처리설비에 저장된 때에 세관에 접수된 것으로 간주하고, 전자송달은 송달받을 자가 지정한 전자우편주소나 관세정보시스템의 전자사서함 또는 연계정보통신망의 전자고지함[72]에 고지내용이 저장된 때에 그 송달을 받아야 할 자에게 도달된 것으로 간주한다(관세법 제327조제4항·제5항).

한편, 전자송달은 송달을 받아야 할 자가 신청하는 경우에만 가능하다(관세법 제327조제6항).[73]

70) 관세청장은 관세법 제40조의6에 따른 국가 간 세관정보의 원활한 상호 교환을 위하여 세계관세기구 등 국제기구에서 정하는 사항을 고려하여 전자서류제출 및 전자송달에 관한 전자문서의 표준을 정할 수 있다(관세법 제327조의5).

71) 한국관세정보원의 설립에 대한 자세한 내용은 관세법 제327조의2 제2항부터 제11항을 참조.

72) 연계정보통신망의 이용자가 접속하여 본인에게 송달된 고지내용을 확인할 수 있는 곳을 말한다.

전자송달할 수 있는 서류는 납부서 · 납부고지서 · 환급통지서와 그 밖에 관세청장이 정하는 서류로 하며, 관세청장은 이러한 서류 중 납부서 · 납부고지서 · 환급통지서와 관세청장이 따로 정하는 서류를 전자송달하는 경우에는 전산처리설비에 저장하는 방식으로 이를 송달하여야 하고, 관세청장이 그러한 서류 외의 서류를 전자송달하는 경우에는 전자송달을 받으려는 자가 지정한 전자우편주소로 이를 송달하여야 한다(관세령 제285조의2제3항부터제5항까지). 한편, 관세정보시스템 또는 연계정보통신망의 전산처리설비의 장애로 전자송달이 불가능한 경우, 그 밖에 전자송달 장애사유가 있는 경우에는 교부 · 인편 또는 우편의 방법으로 송달할 수 있다(관세법 제327조제7항). 여기에서 "전자송달 장애사유"의 해당범위는 ㉮ 정전, 프로그램의 오류 그 밖의 부득이한 사유로 인하여 금융기관 또는 체신관서의 전산처리장치의 가동이 정지된 경우, ㉯ 전자송달을 받으려는 자의 전산처리설비 이용권한이 정지된 경우, ㉰ 그 밖의 전자송달이 불가능한 경우 등이 적용된다(관세령 제285조의2제2항).

## 2. 전자문서의 정보보호

제327조의4에 따라 누구든지 관세정보시스템 또는 전자문서중계사업자[74]의 전산처리설비에 기록된 전자문서 등 관련 정보를 위조 또는 변조하거나 위조 또는 변조된 정보를 행사하는 행위와 관세정보시스템 또는 전자문서중계사업자의 전산처리설비에 기록된 전자문서 등 관련 정보를 훼손하거나 그 비밀을 침해하는 행위는 금지되며, 관세정보원 또는 전자문서중계사업자의 임직원이거나, 임직원이었던 자는 업무상 알게 된 전자문서상의 비밀과 관련 정보에 관한 비밀을 누설하거나 도용하는 행위도 금지되는데, 관세정보원의 임직원 또는 전자문서중계사업자의 임직원은 형법이나 그 밖의 법률에 따른 벌칙을 적용할 때에는 공무원으로 간주된다(관세법 제330조).

## 3. 수출입안전관리 우수업체의 공인

관세법 제255조의2 제1항에 따라 관세청장은 수출입물품의 제조 · 운송 · 보관 또는 통관 등 무역과 관련된 자가 시설, 서류 관리, 직원 교육 등에서 관세법 또는 FTA관세법 등 수출입에 관련된 법령의 준수 여부, 재무 건전성 등 안전관리 기준을 충족하는 경우 수출입 안전관리 우수업체로 공인할 수 있으며,[75] 수출입 안전관리 우수업체로 공인된 업

73) 전자송달을 받기위한 신청방법에 관하여는 관세령 제285조의2 제1항을 참조.
74) 전자문서중계사업자의 지정 등에 대하여는 관세법 제327조의3을 참조

체(이하 "수출입안전관리우수업체")[76]에 통관절차 및 관세행정상의 혜택을 제공할 수 있다(관세법 제255조의3제1항).[77] 여기에서 공인의 유효기간은 5년으로 하되, 공인을 갱신할 수 있다(관세법 관세법 제255조의2제5항). 그리고 관세청장은 중기법에 따른 중소기업 중 수출입물품의 제조·운송·보관 또는 통관 등 무역과 관련된 기업을 대상으로 수출입안전관리우수업체로 공인을 받거나 유지하는 데에 필요한 상담·교육 등의 지원사업을 할 수 있다(관세법 제255조의6).

수출입 안전관리 우수업체 공인에 필요한 안전관리기준은 다음과 같다(관세법 제259조의2제1항):[78]

> ① 관세법, FTA관세법, 대외무역법 등 수출입에 관련된 법령을 성실하게 준수하였을 것;
> ② 관세 등 영업활동과 관련한 세금을 체납하지 않는 등 재무 건전성을 갖출 것;
> ③ 수출입물품의 안전한 관리를 확보할 수 있는 운영시스템, 거래업체, 운송수단 및 직원교육체계 등을 갖출 것;
> ④ 그밖에 세계관세기구에서 정한 수출입 안전관리에 관한 표준 등을 반영하여 관세청장이 정하는 기준을 갖출 것.

한편, 관세청장은 수출입안전관리우수업체가 안전관리기준을 충족하는지를 주기적으로 확인하여야 한다(관세법 제255조의4제1항).[79] 그리고 수출입안전관리우수업체가 양도, 양수, 분할 또는 합병하거나 그밖에 관세청장이 정하여 고시하는 변동사항이 발생한 경우에는 그 변동사항이 발생한 날부터 30일 이내에 그 사항을 관세청장에게 보고하여야 하는데, 그 변동사항이 수출입안전관리우수업체의 유지에 중대한 영향을 미치는 경우로서 관세청장이 정하여 고시하는 사항에 해당하는 경우에는 지체 없이 그 사항을 보고

---

75) 수출입 안전관리 우수업체의 공인절차 등에 관하여 관세령 제259조의3을 참조.

76) 실무상 수출입 안전관리우수공인업체를 AEO(Authorized Economic Operator)인증업체라고도 한다.

77) 수출입안전관리우수업체에 대한 혜택 등에 대한 관세령 제259조의4를 참조. ▶관세청장은 다른 국가의 수출입안전관리우수업체에 상호 조건에 따라 동일한 법정 혜택을 제공할 수 있으며, 수출입안전관리우수업체가 관세법에 따른 자율평가결과를 보고하지 아니하는 등의 사유에 해당하는 경우 6개월의 범위에서 법정 혜택의 전부 또는 일부를 정지할 수 있다(관세법 제255조의2제2항·제4항).

78) 관세청장은 안전관리기준을 심사를 할 때 국제선박항만보안법에 따른 국제선박보안증서를 교부받은 국제항해선박소유자 또는 항만시설적합확인서를 교부받은 항만시설소유자에 대하여는 안전관리 기준 중 일부에 대하여 심사를 생략할 수 있다(관세법 제259조의2제2항).

79) 관세청장은 수출입안전관리우수업체에 안전관리기준의 충족 여부를 자율적으로 평가하도록 하여 그 결과를 보고하게 할 수 있다(관세법 제255조의4제2항). ▶수출입안전관리우수업체에 대한 사후관리 등에 관하여는 관세령 제259조의5를 참조.

하여야 한다(관세법 제255조의4제3항).

관세청장은 수출입안전관리우수업체가 다음에 해당하는 경우에는 공인을 취소할 수 있다(관세법 제255조의5):

① 거짓이나 그 밖의 부정한 방법으로 공인을 받거나 공인을 갱신받은 경우;
② 수출입안전관리우수업체가 양도, 양수, 분할 또는 합병 등으로 공인 당시의 업체와 동일하지 아니하다고 관세청장이 판단하는 경우;
③ 관세법에 따른 안전관리 기준을 충족하지 못하는 경우;
④ 관세법에 따른 정지 처분을 공인의 유효기간 동안 5회 이상 받은 경우;
⑤ 관세법에 따른 시정명령을 정당한 사유 없이 이행하지 아니한 경우;
⑥ 그밖에 수출입 관련 법령을 위반한 경우로서 대통령령으로 정하는 경우.

여기에서 제①에 해당하는 경우에는 반드시 공인을 취소하여야 하고, 수출입 안전관리 우수업체 공인의 취소 처분을 하려면 반드시 청문을 실시하여야 한다(관세법 제328조제9호).

## Ⅲ. 수출입통관행정상 의무위반에 대한 형사제재

### 1. **전자문서 위조·변조행위(죄)**[80)]

관세법 제268조의2에서 규율하고 있는 전자문서 위조 · 변조죄 등은 2002. 12. 18. 관세법개정에서 처음으로 도입된 관세범죄이다. 본죄는 관세행정상 신고 · 신청 · 보고 · 납부 등과 승인 · 허가 · 수리 등에 대한 교부 · 통지 · 통고 등이 전자처리설비를 이용하여 할 수 있게 됨에 따라 전산처리설비에 기록된 전자문서 등 관련 정보에 대한 보안의무를 위반함으로써 성립하는 부진정관세범죄이다. 본죄의 행위 중 국가관세종합정보시스템이나 전자문서중계사업자의 전자처리설비에 기록된 전자문서 등 관련 정보를 위조 또는 변조하거나 위조 또는 변조된 정보를 행사하는 행위에 대한 형사제재는 1년 이상 10년 이하의 징역 또는 1억 원 이하의 벌금에 처한다(관세법 제268조의2제1항). 그러나 관세법 제327조의3을 위반하여 관세청장의 지정을 받지 아니하고 전자문서중계업무를 행한 자와 관세법 제327조의4를 위반하여 국가관세종합정보시스템 또는 전자문서중계사업자의 전산처리설비에 기록된 전자문서 등 관련 정보를 훼손하거나 그 비밀을 침해한 자 또는 업무상 알게 된 전자문서 등 관련 정보에 관한 비밀을 누설하거나 도용한 한국관세정보

80) 형사법적으로 자세하게 설명한 내용은 김용태, 앞의 책, 193~194쪽을 참조.

원 또는 전자문서중계사업자의 임직원 또는 임직원이었던 사람에 대한 형사제재는 5년 이하의 징역 또는 5천만 원 이하의 벌금에 처한다(관세법 제268조의2제2항). 본죄는 정상에 따라 징역형과 벌금형을 병과할 수 있으며(관세법 제275조), 양벌규정도 적용된다(관세법 제279조). 그리고 본죄의 미수범은 본죄에 준하여 처벌한다(관세법 제271조제2항). 아울러 본죄를 범할 목적으로 그 예비를 한 자는 본죄의 2분의 1을 감경하여 처벌한다(관세법 제271조제3항).

## 2. **부정수출입죄**[81)]

관세법 제270조는 그 조문의 죄명을 '관세포탈죄 등'으로 관세범을 규율하면서 그 행위태양이 진정 관세포탈행위에 해당하는 관세범과 부진정 관세포탈행위에 해당하는 관세범을 함께 포함하고 있다. 여기에서 부진정 관세포탈행위는 제1항제3호의 완제품 등을 부분품으로 분할하여 수입하는 '부분품가장수입행위'와 제2항의 수입물품의 구비조건을 위반하는 '부정수입행위' 및 제3항의 수출물품의 구비조건을 위반하는 '부정수출행위'가 해당한다. 부정수입행위에 대한 형사제재는 3년 이하의 징역 또는 3천만 원 이하의 벌금에 처한다(관세법 제270조제2항). 그리고 부정수출행위에 대한 형사제재는 1년 이하의 징역 또는 2천만 원 이하의 벌금에 처한다(관세법 제270조제3항). 아울러 부분품가장수입행위에 대한 형사제재는 3년 이하의 징역 또는 물품원가 이하에 상당하는 벌금에 처한다(관세법 제270조제1항). 본죄는 정상에 따라 징역형과 벌금형을 병과할 수 있으며(관세법 제275조), 양벌규정도 적용된다(관세법 제279조). 한편, 그 정을 알고 본죄에 따른 행위를 교사하거나 방조한 자와 본죄의 미수범은 정범(正犯)에 준하여 처벌한다(관세법 제271조제1항·제2항). 그리고 본죄를 범할 목적으로 그 예비를 한 자는 본죄의 2분의 1을 감경하여 처벌한다(관세법 제271조제3항).

## 3. **금지품수출입죄**[82)]

관세법 제269조제1항에서 제234조의 수출입 금지물품을 수출하거나 수입하는 행위를 금지품수출입죄로 규율하고 있다. 금지품수출입죄에 대한 형벌제재는 7년 이하의 징역 또는 7천만 원 이하의 벌금이 처해진다(관세법 제269조제1항). 본죄는 정상에 따라 징역형과 벌금형을 병과할 수 있으며(관세법 제275조), 양벌규정도 적용된다(관세법 제279조). 만약 금지품수출입죄의 행위객체에 해당하는 물품의 가액이 1억 원 이상인 경우라면 무기 또는 7년 이상의 징역으로, 수출 또는 수입한 물품의 가액이 3천만 원 이상 1억 원 미만인 경

81) 형사법적으로 자세하게 설명한 내용은 김용태, 앞의 책, 186~192쪽을 참조.
82) 형사법적으로 자세하게 설명한 내용은 김용태, 앞의 책, 195~197쪽을 참조.

우에는 3년 이상의 유기징역으로 각각 가중처벌한다(특정범죄가중법 제6조제1항). 아울러 본죄가 가중처벌에 해당하는 경우에 물품가액의 2배 이상 10배 이하에 상당하는 벌금을 병과한다(특정범죄가중법 제6조제6항제1호). 한편, 그 정을 알고 본죄에 따른 행위를 교사하거나 방조한 자와 본죄의 미수범은 정범(正犯)에 준하여 처벌한다(관세법 제271조제1항·제2항). 그리고 본죄를 범할 목적으로 그 예비를 한 자는 본죄의 2분의 1을 감경하여 처벌한다(관세법 제271조제3항).

## 4. 가격조작죄[83)]

구 관세법(2013.8.13. 개정되기 전의 것) 제276조제1항은 '수출입신고를 할 때 물품의 가격을 허위로 신고한 자는 물품원가 또는 5천만 원 중 높은 금액 이하의 벌금에 처한다', 제276조제4항제4호는 '수출입 신고를 할 때 제241조제1항에 따른 사항을 신고하지 아니하거나 허위신고를 한 자는 물품원가 또는 2천만 원 중 높은 금액 이하의 벌금에 처한다'고 규정하였는데, 구 관세법에서 단순한 가격 허위 신고만을 금지한 것과 달리, 이러한 단순 가격 허위 신고행위보다 불법이 더 큰 재물이나 재산상 부당이득을 취하기 위한 목적으로 수출입 물품의 가격을 조작하여 신고한 행위에 대해 징역형까지 부과하도록 하여 재산국외도피, 탈세, 국가예산의 편취 등의 수단으로 악용되는 가격조작 행위를 차단하기 위한 본죄가 신설되었다. 가격조작죄에 대한 형사제재는 2년 이하의 징역 또는 물품원가와 5천만 원 중 높은 금액 이하의 벌금에 처한다(관세법 제270조의2). 본죄는 정상에 따라 징역형과 벌금형을 병과할 수 있으며(관세법 제275조), 양벌규정도 적용된다(관세법 제279조). 만일 단체 또는 집단을 구성하거나 상습으로 본죄를 범한 자는 무기 또는 10년 이상의 징역으로 가중처벌한다(특정범죄가중법 제6조제8항).

## 5. 허위신고죄[84)]

관세법 제276조는 제2항부터 제5항까지 관세행정상 의무위반행위에 대하여 조문의 죄명을 '허위신고죄 등'으로 포괄하여 규율하고 있으나 그 가운데 제2항제4호와 제4호의2에 해당하는 행위만 진정 허위신고행위에 해당하고 나머지 행위는 부진정 허위신고행위에 해당한다. 부진정 허위신고행위는 그 위반행위의 법적 성격이 오히려 질서위반행위로 취급하는 것이 타당하다고 보여지므로 이 책에서는 진정 허위신고행위만 허위

83) 형사법적으로 자세하게 설명한 내용은 김용태, 앞의 책, 197~201쪽을 참조.
84) 형사법적으로 자세하게 설명한 내용은 김용태, 앞의 책, 201~205쪽을 참조.

신고죄로 다루기로 한다. 허위신고죄의 행위태양은 관세법 제276조제2항제4호에 따른 수출입(반송)물품의 허위신고행위와 관세법 제276조제2항제4의2호에 따른 신고납부세액의 허위신고행위가 있다. 본죄의 입법취지 내지 보호법익은 수출입통관질서의 확립에 있다. 허위신고죄에 대한 형사제재는 물품원가 또는 2천만 원 중 높은 금액 이하의 벌금에 처한다(관세법 제276조제2항). 본죄는 양벌규정이 적용된다(관세법 제279조).

4

# 관세의 납세의무

**제1절** | 관세행정상 기본적 법률관계

**제2절** | 납세액(구체적 납세의무)의 확정 방법

# 제4장 관세의 납세의무

## 제1절 관세행정상 기본적 법률관계

### Ⅰ. 관세법상 납세의무관계

관세법상 납세의무관계의 당사자에는 징세권 내지 관세행정권을 행사하는 자로서 과세권자와 관세를 금전으로 급부하는 납세의무자가 있다. 관세법상 납세의무관계의 당사자로서 과세권자는 헌법상 조세고권을 갖는 국가가 되며, 납세의무자는 일반 국민이 된다. 납세의무자인 국민에는 자연인뿐만 아니라 법인도 포함된다. 그리고 납세의무에 대응하는 국가적 권력인 과세권은 모든 경제주체를 그 대상으로 발동하기 때문에 국내에서 경제활동을 하는 외국인도 과세원인이 발생할 경우에는 원칙적으로 납세의무를 진다. 다만, 국제법상의 일반원칙에 따라 외교특권을 누리는 자나 외국인의 납세의무를 면제해 줄 수 있는 것은 물론이다.

**관세채권**은 공법상의 청구권으로서 관세(세관장이 부과·징수하는 내국세등을 포함한다)를 납부하여야 하는 물품에 대하여는 다른 조세 기타 공과금과 채권에 우선하여 그 관세를 징수할 수 있으며(관세법 제3조제1항), 국세징수의 예에 의하여 관세를 징수하는 경우 체납처분의 대상이 당해 관세를 납부하여야 하는 물품이 아닌 재산인 때에는 관세의 우선순위는 국기법에 의한 국세와 동일한 순위로 한다(관세법 제3조제2항).

## Ⅱ. 납세의무의 발생과 귀속

관세의 납세의무는 관세법에서 규정하고 있는 관세구성요건이 충족하면 발생한다. 즉, 일정한 시점에서 특정한 경제주체에게 과세물건이 귀속되고 관세법이 정하고 있는 납세액의 확정절차에 따라 과세표준을 결정하여 세율을 적용할 수 있는 상태에 이른 때 납세의무는 당연히 성립하게 된다. 여기에서 관세법상 납세의무의 성립은 의무(급부)의 내용인 관세액의 확정개념과 구별된다. 왜냐하면 납세의무는 과세요건의 충족과 동시에 법률상 당연히 발생(성립)되지만 이때 발생(성립)된 납세의무는 추상적 납세의무에 지나지 않고 그 구체적 내용은 아직 확정되지 않은 상태이기 때문이다. 따라서 납세의무의 성립을 위하여 관세행정주체의 의무설정(창설)행위가 요구되는 것은 아니며 납세의무의 성립은 그 법적 효과로서 해당 세액의 확정절차를 통하여 납세의무의 주체(자연인이나 법인 또는 법인격없는 단체)에게 국가에 대한 관세채무를 귀속시키며 국가는 이것에 대응하는 관세채권을 취득하게 된다.

관세는 관세법 제14조에 따라 수입물품에 대하여 부과한다. 따라서 물품을 수입하는 경우 원칙적으로 관세의 납세의무는 발생된다. 관세는 역사적으로 물품의 수입이나 수출 또는 통과 등 국경에서의 일정한 물품이동에 대하여 부과되는 조세이지만 우리나라 관세법은 대부분의 국가와 마찬가지로 수입물품에만 관세를 부과하도록 규정하고 있다. 그런데 관세법상 구체적으로 납부하여야 할 세액은 관세율표에 정해져 있는 세율에 의하여 결정되는 것이므로 수입물품이라고 하더라도 관세율이 0%인 물품에 대해서는 관세의 납세의무가 발생하지 않는다. 다만, 관세율이 0%인 물품이라도 내국세의 납세의무가 반드시 면제되는 것은 아니므로 수입하는 물품에는 원칙적으로 관세 등 수입조세의 납세의무가 발생된다고 할 수 있다.

오늘날 관세는 일반적으로 물품에 기초하여 영역관세 또는 경제관세로 징수되는 조세이고, **관세의 납세의무는 외국의 경제단위에 속하는 거래재화를 내국의 자유로운 재화거래에 편입하는 국민경제 과정에 기인하여 발생**한다.[1] 이와 같은 관세의 법적 성격에서 볼 때 관세법상 납세의무가 발생(성립)되는 구체적 요건으로는 ① 물품의 수입통관, ② 외국물품의 위법한 반입, ③ 세관감시의 회피, ④ 관세행정절차상의 규정위반, ⑤ 관세행정작용의 특례지역에서 외국물품의 위법한 사용이나 소비, ⑥ 관세감면처분 해제조건(법정부관)의 성취 등이 해당된다.

---

1) Peter Witte/Hans-Michael Wolffgang(Hrsg.), 앞의 책, S.60.

## 1. 수입물품의 통관

관세법 제226조 이하에서 규정하고 있는 '**통관'의 법적 개념**은 수입이나 수출 또는 반송에 관한 관세행정절차의 적법한 이행이다(관세법 제2조제13호).[2] 외국물품이 관세법상 자유로운 재화거래로 이전되는 수입통관의 목적은 관세법상 외국물품에 대하여 내국물품의 지위를 부여하는 것이다. 물품의 수입통관에서는 관세법 제38조와 제39조에 따라 원칙적으로 관세 등 수입조세의 징수가 요구된다. 물품의 수입통관에 따른 납세의무는 수입통관이 해당 물품의 관세영역 반입 후에 이행되는지 또는 해당 물품의 관세영역 반입 전에 이행되는지 여부와 상관없이 발생된다. 또한, 정식통관의 수입신고인지 간이통관의 수입신고인지 여부도 납세의무의 발생에 영향을 미치지 않는다. 그리고 세관감시가 종료되는 물품의 수입통관이건 또는 해당 물품의 특정 목적에만 사용하여야 하는 **용도세율**[3]의 적용으로 세관감시가 적어도 일정 기간 지속되는 수입통관인지 여부도 중요하지 않다.

만일 해당 물품의 화주가 불분명하다면 납세의무는, ㉮ 그 물품이 수입을 위탁받아 수입업체가 대행수입한 물품인 경우에는 그 물품의 수입을 위탁한 자에게, ㉯ 그 물품이 수입을 위탁받아 수입업체가 대행수입한 물품인 아닌 경우에는 송품장, 선하증권 또는 항공화물운송장에 기재된 물품수신인에게 귀속된다. 그리고 ㉰ 수입신고 전 양도된 수입물품의 납세의무는 해당 수입물품의 양수인에게 귀속되고, ㉱ 우편에 의하여 수입되는 물품의 납세의무는 해당 물품의 수취인에게 귀속된다. 그러나 수입물품의 실질적 수요자로부터 이를 증여받은 자는 관세법상 수입물품의 화주라 할 수 없을 뿐 아니라 그 물품의 수입신고를 한 통관업자나 자기명의로 통관허가를 받은 자도 화주가 아니므로 그 물품의 수요자로서 종국적으로는 관세를 부담하게 된다고 하더라도 이는 사실상의 경제적인 이해관계가 있다는 것일 뿐이고 관세법상 납세의무자라 할 수 없다.[4] 다만, 수입신고가 수리된 물품 또는 수입신고수리 전 반출된 물품에 대하여 납부하였거나 납부하여야 할 관세액이 부족한 때 수입신고인은 해당 물품을 수입한 화주의 주소 및 거소가 불명하거나 화주를 명백히 하지 못하는 경우에 한하여 해당 관세의 연대보증채무자가 된다.

---

2) SOFA특례법 제9조제1항에 따라 비면세대상자가 면세기관·면세대상자 또는 면세대상자이었던 자로부터 SOFA협정의 규정에 의하여 관세의 면제를 받은 물품(해당 물품을 사용하여 제조된 물품 그 부산물을 포함한다)을 대한민국 내에서 양수(양도 또는 양수의 위탁을 받거나 그 알선을 위하여 소지하는 것을 포함한다)하고자 할 때 그 양수는 관세법상 수입에 해당되어 수입통관법규가 적용된다.

3) '용도세율'이란 관세율표나 관세법에서 동일한 물품에 대하여 용도에 따라 세율을 다르게 정하는 경우 낮은 세율을 말한다. 김용태, 관세행정법 with 관세형사법, 231~232쪽을 참조.

4) 대법원 1976.06.22. 선고 76누43 판결.

## 2. 외국물품의 위법한 반입

관세의 납세의무는 외국물품을 위법하게 반입하는 때에도 발생한다. 외국물품의 위법한 반입행위는 물품의 수입통관과 관련하여 존재하는 경우와 관세국경을 통한 밀수입 또는 보세구역이나 자유무역지역 등으로부터의 밀수입과 관련하여 발생하는 경우로 구분된다. 위법한 반입의 첫 번째 태양으로는 외국물품의 관세국경유월과 보세장치장소 사이의 위법한 행위인 직접 **밀수입행위**가 포섭된다(관세법 제269조제2항). 객관적으로 위반하게 되면 밀수입행위의 구성요건을 실현시키는 의무, 즉 물품을 외국으로부터 반입하는 경우에 마땅히 준수하여야만 하는 의무는 특히 외국물품의 보세장치의무로 분명해진다. 이것의 전형적인 위반은 반입통로를 경시하는 경우에 존재하게 된다.[5] 외국물품의 세관당국에 제시는 운송수단의 입항보고나 도착보고에 의하여 실현된다. 이러한 보고는 단지 내용상으로 세관당국에게 외국물품이 우리나라에 도착된 사실을 아주 일반적으로 알리는 것이다.[6] 따라서 물품의 반입에 대하여 내용적으로 허위인 보고는 아직 밀수입에 이른 것은 아니다.[7] 그러나 아무 물품이 없다고 보고하거나 은닉된 또는 특수하게 설비된 장치를 통하여 숨겨진 물품이 명시적으로 보고되지 않은 경우에는 위법한 반입이 분명해진다.[8] 한편, 보세구역이나 자유무역지역 등과 같은 이른바 관세행정작용의 특례지역으로부터 외국물품을 위법하게 반입하는 경우에도 직접 밀수입행위와 동일하게 된다. 위법한 반입의 두 번째 태양으로는 물품을 수입신고함에 있어서 세액결정에 영향을 미치기 위하여 과세가격 또는 관세율 등을 허위로 신고하거나 신고하지 아니하는 **관세포탈행위**가 포섭된다(관세법 제270조제1항). 물품을 수입하는 경우 마땅히 준수하여야 하는 의무를 객관적으로 위반하게 되면 실현되는 관세포탈행위의 구성요건은 수입물품에 대한 신고의무와 납세신고의무에서 명백하게 된다.

외국물품의 위법한 반입 시 납세의무의 발생 시점은 위법한 반입의 순간 예컨대, 반입통로의 경시나 보고불이행, 물품제시의 불이행과 같은 의무위반의 시점이 된다. 이러한 경우 관세의 납세의무는 밀수입행위자나 관세포탈행위자에게 귀속된다. 특히 밀수입행위 시 관세의 납세의무자는 물품의 실제 운송자가 결정적이다.[9] 그리하여 만일 외국물

---

5) 예컨대, 국제항이나 관세통로가 아닌 국경을 통한 반입, 관세통로의 이탈, 국제항 밖에서의 양륙 등이 있다.

6) Peter Witte/Hans-Michael Wolffgang(Hrsg.), 앞의 책, S.288.

7) Peter Witte/Hans-Michael Wolffgang(Hrsg.), 앞의 책, S.288.

8) 예를 들어, 국제무역선의 선장이 세탁기가 적하되었다고 입항보고를 했으나 실제로는 건조기가 적재되어 있다면, 이러한 경우 밀수입은 존재하지 않는다. 왜냐하면 물품의 도착은 세관당국에게 알려졌기 때문이다.

9) 가령, 여러 명의 사람이 비행기, 선박, 승용차량, 철도차량 등으로 물품의 운송에 참여했다면 원칙적으로 운송수단의 운전자가 반입자가 된다.

품을 절취함으로써 밀반입되었다면 바로 절도범인이 납세의무자가 된다. 그러나 개인의 휴대물품에 대해서는 그 여행자가 소유권의 유무와 상관없이 해당 물품의 반입자가 된다.

### 3. 세관감시의 회피

관세의 납세의무는 관세 등 수입조세의 납세의무가 있는 물품을 세관감시로부터 회피하는 경우에도 발생된다. 어떤 행위, 즉 작위 또는 부작위가 구체적으로 시작된 세관감시처분을 더 이상 수행될 수 없게 하는 경우에 언제나 회피는 존재하게 된다.[10] 특히, 세관당국에게 근접에 있던 물품에 대한 기속력은 회피 이후에 불가능하게 된다. 따라서 회피는 세관당국의 구체적인 세관감시처분이 시작된 경우에 발생될 수 있으며 통상적으로 외국물품이 보세장치된 이후에 비로소 발생하게 된다. 일반적으로 보세구역에 장치된 외국물품이 멸실되거나 폐기된 경우(관세법 제160조제2항) 또는 외국물품이 도난되거나 분실된 경우(관세법 제16조제9호)와 보세운송하는 외국물품이 지정된 기간 내에 목적지에 도착하지 아니한 경우(관세법 제217조)에 세관감시의 회피로 인하여 관세의 납세의무가 발생된다. 그러나 재해 기타 부득이한 사유로 인하여 멸실 또는 망실되었거나 미리 세관장의 승인을 얻어 폐기한 경우에는 관세의 납세의무는 발생되지 않는다.

세관감시의 회피 시 납세의무의 발생 시점은 세관감시의 회피를 완료하는 시점이 된다. 이 경우 납세의무는 그의 행위, 즉 작위 또는 부작위를 통하여 세관감시처분을 더 이상 불가능하게 하는 결과를 유발시킨 자에게 귀속된다.[11] 자신이 회피가 존재한다는 것을 알거나 알았어야 할 때 관계자는 납세의무자가 될 수 있다. 회피한 물품을 취득, 구입 또는 소유한 자는 상응하는 주관적 요소, 즉 인식 또는 인식하여야 함이 존재할 때 납세의무자가 된다. 회피가 일시적으로 보존하는 것 또는 관세행정절차에서 존재한다면 관세의 납세의무는 보충적으로 의무소유자에게 귀속되므로 보세구역에서 외국물품이 멸실되거나 폐기된 경우 관세의 납세의무는 보세구역 운영인 또는 보관인에게 귀속된다(관세법 제19조제1항제4호). 또한, 도난물품이나 분실물품에 대한 관세의 납세의무는 보세구역에 장치된 물품인 경우라면 그 운영인 또는 화물관리인에게 귀속되며(관세법 제19조제1항제10호), 보세운송물품인 경우라면 보세운송신고를 하거나 승인을 얻은 자에게 귀속된다(관세법 제19조제1항제6호가목). 그리고 기타 물품은 그 보관인 또는 취급인에게 관세의 납세의무가 귀

10) Peter Witte/Hans-Michael Wolffgang(Hrsg.), 앞의 책, S.290.
11) Peter Witte/Hans-Michael Wolffgang(Hrsg.), 앞의 책, S.291.

속된다(관세법 제19조제1항제6호다목). 여기에서 관세의 납세의무자가 될 수 있는 "보관인 또는 취급인"의 의미는 관세법에 의하여 조세채무를 부담할 수 있는 권리 · 의무의 주체로서 사실상 담세능력이 있는지 여부와는 무관하며, 법률상 담세능력이 있고 책임재산[12]을 가질 수 있는 자이어야 한다.

## 4. 관세행정절차상의 규정위반

세관감시의 회피에는 해당되지 않지만 관세행정절차상의 의무를 위반하는 경우에도 관세의 납세의무는 발생된다.[13] 즉, 세관감시의 회피에 대한 구성요건에 충족되지 않는 작위 또는 부작위일 때 관세행정절차상 의무위반이 그러한 경우에 해당된다. 이러한 경우 "**관세행정절차상 의무의 회피**"가 원칙적으로 적용되며 외국물품인 선박용품 또는 항공기용품과 국제무역선 또는 국제무역기 안에서 판매할 물품이 세관장의 적재허가 내용대로 운송수단에 적재하지 아니한 경우(관세법 제143조제6항)나 보세공장 외 작업허가에 관한 규정에 의하여 지정된 기간이 경과한 때(관세법 제187조제7항) 또는 수입신고 전의 물품반출에 관한 규정에 의하여 반출을 한 자가 기간 내에 수입신고를 하지 아니하는 경우(관세법 제253조제4항) 등이 해당된다.

관세행정절차상의 규정위반 시 납세의무가 발생하는 시점은 관세행정절차상의 규정을 위반한 때가 된다. 이 경우 발생한 납세의무의 귀속과 관련하여 선박용품 · 항공기용품의 하역 등에 관한 절차(준용)규정위반으로 관세를 징수하는 물품에 대하여는 적재허가를 받은 자(관세법 제143조제6항), 보세공장 외 작업허가 절차규정 위반에 의하여 관세를 징수하는 물품에 대하여는 보세공장 외 작업 · 보세건설장 외 작업 또는 종합보세구역 외 작업의 허가를 받거나 신고를 한 자(관세법 제187조제7항), 수입신고 전의 물품반출에 관한 절차(준용)규정 위반에 따라 관세를 징수하는 물품에 대하여는 해당 물품을 즉시 반출한 자(관세법 제253조) 등에게 귀속된다.

---

12) 특정한 청구에 대한 강제 집행에 의하여 채권자의 청구를 실현시킬 채무자의 재산을 말한다.

13) 마찬가지로 SOFA특례법 제6조에 따라 관세 등의 면제를 받은 군납품이 세관장이 지정한 기간 내에 미합중국군대에 인도되거나 미합중국군대가 사용하는 시설 또는 물품에 합체된 사실이 미합중국군대의 권한 있는 기관에 의하여 증명되지 아니한 경우에도 해당 물품에 대한 관세의 납세의무가 발생된다. 그러나 해당 물품이 천재지변 기타 부득이한 사유로 인하여 멸실되었음을 세관장이 인정할 때에는 예외적으로 관세의 납세의무는 발생되지 않는다.

## 5. 관세행정작용의 특례지역에서 외국물품의 위법한 사용·소비

종합보세구역과 자유무역지역에서는 우리나라의 관세영역[14]의 일부임에도 불구하고 산업정책적 목적에서 관세행정상 여러 가지 특례를 인정하기 때문에 원칙적으로 외국물품에 대한 관세의 납세의무가 발생되지 않는다. 그러나 종합보세구역에서 소비 또는 사용되는 물품으로서 제조 · 가공에 사용되는 시설기계류 및 그 수리용 물품과 연료 · 윤활유 · 사무용품 등 제조 · 가공에 직접적으로 사용되지 아니하는 물품을 수입통관하지 아니하고 이를 소비 또는 사용하는 경우와 자유무역지역 내에서 수입신고의무를 위반하여 기계 · 기구 · 설비 및 장비와 그 부분품, 원재료 · 윤활유 · 사무용 컴퓨터 및 건축자재, 그 밖에 사업목적의 달성에 필요하다고 인정하여 관세청장이 정하는 물품에 해당하지 아니하는 외국물품을 사용 · 소비하거나 반입한 경우에는 관세의 납세의무가 발생한다. 관세행정작용의 특례지역에서 외국물품의 위법한 사용이나 소비 시 납세의무가 발생하는 시점은 해당 물품을 소비하거나 사용한 시점이며, 이 경우 발생한 납세의무는 해당 물품의 소비자 또는 사용자에게 귀속된다.

## 6. 관세감면처분 해제조건(법정부관[15])의 성취

관세법상 관세감면처분의 요건과 그 효과의 발생 또는 소멸은 조세법률주의에 의거 관세법으로 정하고 있다. 그런데 관세법이 관세감면처분 효과의 소멸을 장래의 불확실한 사실(사건)에 의존시키는 경우, 즉 관세법이 규정하고 있는 해당 관세감면처분의 해제조건이 충족되면 관세감면처분 시 소멸(감면)되었던 당초의 납세의무는 다시 발생하게 된다. 그리하여 외교관용품 등으로 관세의 납부를 면제받은 자동차, 선박, 피아노, 엽총, 전자오르간 및 파이프오르간 등을 수입신고수리일로부터 법정 사후관리기간(3년의 범위 내에서 일정한 기간) 내 세관장의 승인없이 용도 외의 다른 용도에 사용하기 위하여 양도한 때에는 소멸되었던 관세의 납세의무는 다시 발생한다. 이러한 경우 그 양수자에게 납세의무가 귀속된다. 또한, 세율불균형물품의 감면세, 학술연구용품의 감면세, 종교용품 · 자선용품 · 장애인용품 등의 면세, 특정물품의 면세 및 환경오염방지물품 등에 대한 감면세 규정에 따라 관세를 감면받은 물품을 수입신고일로부터 법정 사후관리기

14) 국가가 그 존립의 기초로 하는 일정한 범위의 공간을 '영역'이라 하며, 영역은 국가의 법이 적용되는 공간적 범위를 의미하면서 국가적 지배(통치권)의 물적 대상을 의미하고, 영역을 자유로이 사용 · 수익 · 처분하고 영역 내의 사람과 사물을 독점적.배타적으로 지배할 수 있는 국가권력을 영역권 또는 영토고권이라 한다. 특히 국가의 영토고권에 의거 관세법이 적용되는 일정한 범위의 공간을 관세영역(Zollgebiet)이라 한다.

15) '부관'이란 행정행위의 효력범위를 보다 자세히 정하기 위하여 주된 행정행위에 부가된 (종된) 규율을 말한다.

간(3년의 범위 내에서 일정한 기간) 내 감면받은 용도 외의 다른 용도로 사용한 때 또는 감면받은 용도 외의 다른 용도로 사용하고자 하는 자에게 양도한 때에는 소멸된 관세의 납세의무가 다시 발생한다(관세법 제102조제2항).

관세감면처분 해제조건의 성취 시 다시 발생하는 관세의 납세의무는 그 용도 외의 다른 용도로 사용한 자 또는 그 양도인(임대인)에게 귀속되며, 양도인으로부터 해당 관세를 징수할 수 없는 때에는 양수인(임차인)에게 납세의무가 귀속된다. 그러나 재해 기타 부득이한 사유로 멸실되었거나 미리 세관장의 승인을 얻어 폐기한 때에는 납세의무는 발생되지 않는다. 그리고 일정한 기간 내에 재수출 이행을 조건으로 관세를 면제받은 물품을 기간 내에 수출하지 아니한 경우 또는 용도 외의 다른 용도에 사용하거나 해당 용도 외의 다른 용도에 사용하고자 하는 자에게 양도한 경우 소멸된 관세의 납세의무는 다시 발생한다(관세법 제97조제3항). 이 경우 납세의무는 수출을 하지 아니한 자, 용도 외에 사용한 자 또는 그 양도한 자에게 귀속되며, 양도인으로부터 해당 관세를 징수할 수 없는 때에는 그 양수인에게 납세의무가 귀속된다. 그러나 재해 기타 부득이한 사유로 멸실되었거나 미리 세관장의 승인을 얻어 폐기한 때에는 관세의 납세의무는 발생되지 않는다.

한편, 용도세율의 적용을 받는 물품을 기간 내 해당 용도 외의 다른 용도에 사용하거나 그 용도 외의 다른 용도에 사용하고자 하는 자에게 양도한 때에는 소멸되었던 해당 관세의 납세의무는 다시 발생되어 해당 물품을 특정 용도에 사용할 것을 요건으로 하지 아니하는 세율에 따라 계산한 관세액과 해당 용도세율에 의하여 계산된 관세액과의 차액에 상당하는 관세는 즉시 징수된다(관세법 제83조제3항).[16] 이 경우 해당 물품을 특정 용도 외에 사용한 자 또는 그 양도인에게 납세의무는 귀속되며, 양도인으로부터 해당 관세를 징수할 수 없는 때에는 그 양수인에게 납세의무가 귀속된다. 그러나 재해 기타 부득이한 사유로 인하여 멸실되었거나 미리 세관장의 승인을 얻어 폐기한 경우 납세의무는 발생하지 않는다.

## 7. 납세의무발생의 예외와 납세의무귀속의 특례

### 1) 수입으로 보지 아니하는 소비·사용과 수출입의 의제

관세법 제239조에 따라 관세영역에 반입된 외국물품인 선박용품·항공기용품 또는

16) 마찬가지로 관세등의 환급을 받은 물품이 해당 용도에 제공된 날부터 3년의 범위 내에서 관세청장이 정하는 기간 내에 관세등의 환급을 받은 용도 외에 사용된 경우에는 관세의 납세의무가 발생된다(관세환급특례법 제18조제1항). 이 경우 관세의 납세의무는 그 용도 외에 사용한 자에게 귀속된다. 그러나 재해 등 부득이한 사유로 멸실되거나 미리 세관장의 승인을 얻어 멸각한 때에는 관세의 납세의무는 발생하지 않는다.

차량용품을 운송수단 안에서 그 용도에 따라 소비 또는 사용하는 경우와 그러한 용품을 세관장이 정하는 지정보세구역에서 출국심사를 마치거나 우리나라에 입국하지 아니하고 우리나라를 경유하여 제3국으로 출발하려는 자에게 제공하여 그 용도에 따라 소비하거나 사용하는 경우 및 여행자가 휴대품을 운송수단 또는 관세통로에서 소비 또는 사용하는 경우에는 관세법상 수입으로 보지 아니하는 소비 또는 사용으로 간주되어 관세의 납세의무가 발생되지 않는다. 또한, 자유무역지역 안에서 기계 · 기구 · 설비 및 장비와 그 부분품, 원재료 · 윤활유 · 사무용 컴퓨터 및 건축자재, 그 밖에 사업목적의 달성에 필요하다고 인정하여 관세청장이 정하는 물품에 해당하는 외국물품을 사용 · 소비하는 경우에도 마찬가지로 관세의 납세의무가 발생하지 않는다. 그리고 체신관서가 수취인에게 교부한 우편물, 관세법에 의하여 매각되거나 몰수된 물품, 관세형벌법규에 따라 통고처분으로 납부된 물품이거나 몰수에 갈음하여 추징된 물품과 법령에 의하여 국고에 귀속된 물품은 관세법상 적법하게 수입된 것으로 보고 관세 등은 따로 징수되지 않는다(관세법 제240조제1항). 그러나 몰수에 갈음하여 추징이 결정되었다 할지라도 추징금을 납부하지 아니한 경우에는 "몰수에 갈음하여 추징된 물품"으로 간주되지 아니하고 외국물품에 해당되어 관세의 납세의무는 발생한다.

### 2) 납세의무의 경합과 확장 · 승계

관세법상 발생된 납세의무에 대하여 화주 또는 신고인과 같은 일반 납세의무자와 그 밖의 특별 납세의무자가 경합되는 경우에 납세의무는 특별 납세의무자에게 귀속된다(관세법 제19조제2항). 그리고 관세법 또는 다른 법령이나 조약 · 협약 등에 따라 관세의 납부를 보증한 자는 보증액의 범위 안에서 납세의무를 가진다(관세법 제19조제3항). 또한, 법인이 합병하거나 상속이 개시된 경우에는 국기법상 "법인의 합병으로 인한 납세의무의 승계" 규정(제23조)과 "상속으로 인한 납세의무의 승계" 규정(제24조)을 준용하여 관세 · 가산세 및 강제징수비의 납세의무를 승계한다(관세법 제19조제4항).[17]

아울러 관세의 납세의무가 일반 납세의무자 또는 특별 납세의무자에게 귀속되는 물품에 관계되는 관세 · 가산세 및 강제징수비에 대해서는 다음과 같은 구분에 따라 **연대 납세의무자가 확대**되어, ① 관세의 납세의무가 일반 납세의무자에게 귀속되는 수입신고물품이 공유물이거나 공동사업에 속하는 물품인 경우에는 그 공유자 또는 공동사업자인 납세의무자가 연대하여 납부할 의무를 가지며, ② 수입신고인이 수입신고를 하면서

17) 이 경우 국기법 제24조제2항 및 제4항의 "세무서장"은 "세관장"으로 본다.

수입신고하는 때의 화주가 아닌 자를 납세의무자로 신고한 경우라면 수입신고인 또는 납세의무자로 신고된 자가 관세포탈이나 부정감면의 범죄를 범하거나 또는 동 범죄를 교사하거나 방조한 범죄를 범하여 유죄의 확정판결을 받은 경우에는 그 수입신고인 및 납세의무자로 신고된 자와 해당 물품을 수입신고하는 때의 화주[18]가 연대하여 납부할 의무를 가지고, ③ 자가사용물품을 수입하려는 화주의 위임에 따라 해외 판매자로부터 해당 수입물품의 구매를 대행하거나 사이버몰 등을 통하여 해외로부터 구매 가능한 물품의 정보를 제공하고 해당 물품을 자가사용물품으로 수입하려는 화주의 요청에 따라 그 물품을 구매해서 판매하는 구매대행업자가 화주로부터 수입물품에 대하여 납부할 관세 등에 상당하는 금액을 수령하고, 수입신고인 등에게 과세가격 등의 정보를 거짓으로 제공한 경우에는 구매대행업자와 수입신고하는 때의 화주가 연대하여 납부할 의무를 가지며, ④ 관세의 납세의무가 특별 납세의무자에게 귀속되는 물품에 대한 납세의무자가 2인 이상인 경우에는 그 2인 이상의 납세의무자가 연대하여 납부할 의무를 가진다(관세법 제19조제5항).

납세의무는 경제적 부담을 그 내용으로 하는 것이므로 그 성격상 이전이 가능하나, 관세채권의 확보를 위하여 사인 간의 계약에 의한 납세의무의 이전은 원칙적으로 인정되지 아니하며, 포괄적으로 권리 · 의무가 승계되는 법인의 합병과 양도의 경우에만 납세의무가 승계되는 것으로 규정하고 있다. **납세의무의 승계**는 법에 규정된 승계사유가 발생하면 당사자의 의사와는 관계없이 법률상 당연히 이루어진다. 이에 따라 ㉮ 법인이 분할되거나 분할합병되는 경우나 ㉯ 법인이 분할 또는 분할합병으로 해산하는 경우 또는 ㉰ 법인이 신회사를 설립하는 경우에는 국기법상 “연대납세의무” 규정(제25조제2항부터제4항까지)을 준용하여 분할되는 법인이나 분할 또는 분할합병으로 설립되는 법인, 존속하는 분할합병의 상대방 법인과 신회사가 관세 · 가산세 및 강제징수비를 연대하여 납부할 의무를 진다(관세법 제19조제6항).[19]

한편, 관세의 징수에 관하여는 국기법상 “제2차 납세의무” 규정(제38조부터 제41조까지)을 준용하는데, 준용되는 제2차 납세의무자는 관세의 담보로 제공된 것이 없고 납세의무자와 관세의 납부를 보증한 자가 납세의무를 이행하지 아니하는 경우에 납세의무를 진다(관세법 제19조제8항·제9항). 그런데 납세의무자가 관세 · 가산세 및 강제징수비를 체납한 경우 그 납세의무자에게 양도담보재산이 있을 때에는 그 납세의무자의 다른 재산에

18) 다만, 관세포탈 또는 부정감면으로 얻은 이득이 없는 수입신고인 또는 납세의무자로 신고된 자는 제외한다.
19) 여기에서 관세 · 가산세 및 강제징수비를 연대하여 납부할 의무에 관하여는 민법 제413조부터 제416조까지, 제419조, 제421조, 제423조 및 제425조부터 제427조까지의 규정을 준용한다(관세법 제19조제7항).

대하여 체납처분을 집행하여도 징수하여야 하는 금액에 미치지 못한 경우에만 국징법상 "제2차 납세의무자 등에 대한 납부고지" 규정(제7조)을 준용하여 그 양도담보재산으로써 납세의무자의 관세 · 가산세 및 강제징수비를 징수할 수 있다(관세법 제19조제10항). 여기에서 납세의무자의 범위에 관세의 납부를 보증한 자와 제2차 납세의무자가 포함되고, 그 관세의 납세신고일[20] 전에 담보의 목적이 된 양도담보재산에 대해서는 납세의무자의 관세 · 가산세 및 강제징수비를 징수할 수 없다.

## Ⅲ. 납세의무의 소멸

관세법에서 규정하고 있는 관세구성요건이 충족됨에 따라 발생한 관세의 납세의무는 일정한 법정요건이 성취되면 마땅히 소멸하게 된다. 관세법상 납세의무가 소멸하는 법정요건은 관세를 납부하거나 납세담보를 관세에 충당한 경우, 관세부과가 취소된 경우, 그리고 관세부과 제척기간이 경과하거나 관세징수권의 소멸시효가 완성된 경우가 해당된다(관세법 제20조).

### 1. 관세의 납부

#### 1) 납부의 이행

관세법상 납부의 이행은 납세의무 소멸의 가장 일반적인 사유이다. **관세의 납부기한**[21]은 원칙적으로 ① 신고납부(납세신고)절차에 따른 납세신고수리일이나 ② 부과고지절차에 따른 납부고지를 받은 날 또는 ③ 즉시반출신고절차에 따른 수입신고일부터 15일 이내가 된다(관세법 제9조제1항). 여기에서 만일 납세의무자가 관세의 법정납부기한까지 해당 관세의 납부를 이행하지 않으면 그 기한이 지난 날부터 미납부세액에 대한 가산세를 부가적으로 징수하는 법적 효과가 발생한다(관세법 제42조제1항).

납부기한의 기산일을 나누어 설명하면 다음과 같다. "신고납부(납세신고)절차에 따른 납세신고수리일"은 외국물품을 수입하려는 납세의무자가 세관장에게 그 물품에 대한

---

20) 관세법 제39조에 따라 부과고지하는 경우에는 그 납세고지서의 발송일을 말한다.

21) '기한(期限)'이란 법률행위의 효력의 발생 혹은 소멸 또는 관세납부의 이행을 장래 도래할 것이 확실한 사실의 발생에 의존시키는 법률행위의 부관이다. 시기(始期)가 있는 법률행위는 기한이 도래한 때로부터 그 효력이 생기고 종기(終期)가 있는 법률행위는 기한이 도래한 때로부터 그 효력을 잃는다. 여기에서 시기란 법률행위의 효력의 발생 또는 관세납부의 이행시기를 장래의 확정적 사실의 발생에 의존시키는 기한이고, 종기란 법률행위의 효력의 소멸을 의존시키는 기한이다.

수입신고와 함께 신고납부절차에 따른 납세신고를 이행하면 세관장이 그 수입신고의 적합성을 인정하여 신고수리한 날이 준용(간주)된다. 그리고 "부과고지절차에 따른 납부고지를 받은 날"은 납세의무자가 관세를 부과 · 징수하려는 세관장으로부터 납부고지서를 직접 수교한 날 또는 우편송달의 경우라면 배달증명에 의거 납부고지서를 수교한 날이 해당된다. 그런데 부과고지절차에 따른 납부고지서의 송달 방법과 관련하여 관세의 납부고지서는 납세의무자에게 직접 교부하는 경우를 제외하고는 인편, 우편 또는 전자송달의 방법이 원칙이다(관세법 제11조제1항). 하지만 납부고지서를 송달받아야 할 자가 ① 주소 또는 영업소가 국외에 있고 송달하기 곤란한 경우, ② 주소 또는 영업소가 분명하지 아니한 경우, ③ 납세의무자가 송달할 장소에 없는 경우로서 등기우편으로 송달하였으나 수취인 부재로 반송되는 경우 등 대통령령으로 정하는 경우에 해당하는 경우에는 납부고지사항을 공고한 날부터 14일이 지나면 납부고지서의 송달이 된 것으로 간주하는데(관세법 제11조제2항), 납부고지사항의 공고는 국가관세종합정보시스템,[22] 세관의 홈페이지, 게시판이나 그 밖의 적절한 장소, 해당 서류의 송달 장소를 관할하는 특별자치시 · 특별자치도 · 시 · 군 · (자치)구의 홈페이지, 게시판이나 그 밖의 적절한 장소, 관보 또는 일간신문 등에 게시하거나 게재하여야 한다(관세법 제11조제3항). 한편, "즉시반출신고절차에 따른 수입신고일"은 납세의무자가 수입하려는 물품을 수입신고 전에 운송수단 · 관세통로 · 하역통로 또는 관세법에 따른 장치장소로부터 즉시 반출하기 위하여 세관장에게 즉시 반출신고를 한 날부터 10일 이내에 수입신고를 한 날이 해당된다.

그런데 앞서 설명한 관세의 납부기한이 공휴일 또는 법정장애로 간주하는 날에 해당하는 경우에는 그 다음 날이 기한이 된다(관세법 제8조제3항). '공휴일'에는 법정 (대체)공휴일 · 근로자의 날과 토요일 및 일요일, 그 밖에 대통령령으로 정하는 날을 말한다. 그리고 '법정장애로 간주하는 날'은 한국은행 국고대리점 및 국고수납대리점인 금융기관 또는 체신관서의 휴무, 그 밖에 부득이한 사유로 인하여 정상적인 관세의 납부가 곤란하다고 관세청장이 정하는 날을 말한다(관세령 제1조의4제1항). 아울러 국가관세종합정보시스템, 연계정보통신망 또는 전산처리설비가 정전, 프로그램의 오류, 한국은행(그 대리점을 포함한다) 또는 체신관서의 비정상적인 가동 기타 관세청장이 정하는 사유로 인하여 가동이 정지되어 관세법에 따른 신고 · 신청 · 승인 · 허가 · 수리 · 교부 · 통지 · 통고 · 납부 등을 법정 기한 내에 할 수 없게 된 때에는 그 장애가 복구된 날의 다음날을 기한으로 한다(관세법 제8조제4항; 관세령 제1조의4제2항).

---

22) 국가관세종합정보시스템으로 공시송달을 하는 경우에는 다른 공시송달 방법과 함께 게시하거나 게재하여야 한다.

한편, 관세의 납부는 한국은행에 개설된 해당 세관장의 국고계좌에 납부하는 것이 원칙이다. 그 밖의 관세의 납부에 관하여는 국징법상 "납부의 방법" 규정(제12조)을 준용하여(관세법 제38조제6항), 납세의무자가 신고하거나 세관장이 부과 또는 경정하여 고지한 세액(세관장이 관세와 함께 징수하는 내국세 등의 세액을 포함한다)을 신용카드, 직불카드 등으로 납부하는 것도 가능하다(관세령 제32조의5제1항).

### 2) 납부기한의 특례

앞서 살펴본 바와 같이 관세의 납부기한은 납세의무자에게 납세신고수리일이나 납세고지를 받은 날 또는 수입신고일부터 15일의 기간이 주어지지만, 납세의무자가 수입신고가 수리되기 전에 해당 세액을 납부할 수 있음은 말할 것도 없이 가능하다(관세법 제9조제2항). 그런데 이러한 관세의 납부에 대한 법정기한에도 불구하고 관세의 월별납부 또는 천재지변 등으로 인한 기한의 연장이 허용될 경우 납세의무자는 예외적으로 앞서 설명한 15일의 법정납기를 초과하는 납부기한의 적용혜택을 사실상 누리게 된다.

**관세의 월별납부**는 관세의 납부기한이 동일한 달에 속하는 세액을 한꺼번에 납부하는 방식으로 해당 세관장의 승인을 받아야 그 적용이 가능하다(관세법 제9조제3항). 월별납부의 승인의 전제 조건은 해당 납세의무자가 관세청장이 정하는 요건을 갖춘 성실납세자에 해당되어야 한다. 여기에서 월별납부 승인의 유효기간은 승인일부터 그 후 2년이 되는 날이 속하는 달의 마지막 날까지로 한다. 만일 승인을 얻은 납세의무자에게 월별납부의 승인에 대한 법정 취소사유가 발생된다면 더 이상 월별납부는 허용될 수 없으며, 세관장은 월별납부의 대상으로 납세신고된 세액에 대하여는 15일 이내의 납부기한을 정하여 납부고지하여야 한다.

**천재지변 등으로 인한 납부기한의 연장**은 1년을 넘지 아니하는 기간의 범위 내에서 허용될 수 있는데, 납세의무자가 그 법정기한까지 관세를 납부할 수 없는 사유가 ㉮ 천재지변, ㉯ 전쟁·화재 등 재해나 도난으로 인하여 재산에 심한 손실을 입은 경우, ㉰ 사업에 현저한 손실을 입은 경우, ㉱ 사업이 중대한 위기에 처한 경우, ㉲ 그 밖에 세관장이 앞의 ㉯부터 ㉱까지에 준하는 사유가 있다고 인정하는 경우에 해당되어야 한다(관세법 제10조; 관세령 제2조제1항).

## 2. 관세부과 제척기간의 경과와 관세징수권의 소멸시효완성

### 1) 관세부과 제척기간의 경과

관세부과 제척기간이란 **국가가 관세부과권을 행사할 수 있는 법정기간**을 말한다. 그러므로 관세부과 제척기간이 만료되면 원칙적으로 관세부과권이 소멸되어 관세의 납세의무도 소멸하게 된다. 관세부과 제척기간이 경과되어 국가의 관세부과권이 소멸된다는 것은 어떠한 이유로도 관세 등을 경정하거나 추가로 징수할 수 없다는 것을 의미하며, 만약 이러한 추징이나 경정처분을 하였다면 이는 법률상 원인없는 행위이므로 당연 무효인 처분이 된다. 관세부과 제척기간은 관세채무관계를 조속히 확정시킴으로써 납세의무자의 조세법률관계를 안정시키기 위한 제도이다. 따라서 제척기간에는 소멸시효와는 달리 기간의 중단·정지제도가 없다. 여기에서 '기간'이란 한 시점에서 다른 시점까지의 시간적 간격을 말하므로 특정 시점인 기일, 의사표시인 기한과 구별된다. 관세법에 따른 기간의 계산은 관세법에 특별한 규정이 있는 것을 제외하고는 민법의 규정을 적용한다(관세법 제8조제2항).

**관세부과 제척기간은 일반적으로 5년이 적용**된다(관세법 제21조제1항). 따라서 관세는 해당 관세를 부과할 수 있는 날부터 5년이 지난 후에는 원칙적으로 나중에 설명하는 관세부과 제척기간의 확장적용 또는 적용특례에 해당되지 않는 한 어떠한 경우에도 부과할 수 없게 된다.[23] 하지만 **부정한 방법으로 관세를 포탈하였거나 환급 또는 감면받은 경우에는 관세부과 제척기간이 10년으로 확장하여 적용**된다. 아울러 이러한 관세부과 제척기간의 일반적용이나 확장적용의 원칙에도 불구하고 다음과 같은 경우에는 **관세부과 제척기간의 적용특례**로 취급되어 해당 규정된 기간까지는 해당 결정·판결·회신결과 또는 경정청구에 따라 경정이나 그 밖에 필요한 처분을 허용하고 있다(관세법 제21조제2항):

① 관세법에 따른 이의신청, 심사청구 또는 심판청구에 대한 결정이 있은 경우에는 그 결정이 확정된 날부터 1년;
② 감사원법에 따른 심사청구에 대한 결정이 있은 경우에는 그 결정이 확정된 날부터 1년;
③ 행정소송법에 따른 소송에 대한 판결이 있은 경우에는 그 판결이 확정된 날부터 1년;
④ 관세법에 따른 압수물품의 반환결정이 있은 경우에는 그 결정이 확정된 날부터 1년;
⑤ 관세법과 FTA관세법 및 조약·협정 등에서 정하는 바에 따라 양허세율의 적용여부 및 세액 등을 확정하기 위하여 원산지증명서를 발급한 국가의 세관이나 그 밖에 발급권한이 있는 기관에게 원산지증명서 및 원산지증명서확인자료의 진위 여부, 정확성 등의 확인을 요청한 경우에는 ㉮ 해당 요청에 따라 회신을 받은 날, ㉯ 관세법과 FTA관세법 및 조약·협정 등에서 정한 회신기간이 종료된 날 중 먼저 도래하는 날부터 1년;
⑥ 관세법에 따른 경정청구가 있는 경우에는 결정통지일부터 2개월;
⑦ 관세법 제38조의4 제4항에 따른 조정 신청에 대한 결정통지가 있는 경우에는 결정통지일부터 2개월.

23) 관세부과권의 제척기간이 지난 후에는 관세를 부과할 수 없다는 것은 해당 납부고지서가 제척기간이 지나기 전에 납세의무자에게 유효하게 도달하여야 하는 것을 말한다.

한편, 관세부과 제척기간을 산정할 때 그 기산일은 일반적으로 수입신고한 날의 다음날을 관세를 부과할 수 있는 날로 적용한다(관세령 제6조). 여기에서 예외적으로 과세물건 확정의 시기나 관세행정특례절차에 따라 관세부과 제척기간의 기산일을 다음과 같은 날을 관세를 부과할 수 있는 날로 적용한다:

㉮ 과세물건 확정의 시기요건에 해당되는 경우에는 그 사실이 발생한 날의 다음날;
㉯ 의무불이행 등의 사유로 감면된 관세를 징수하는 경우에는 그 사유가 발생한 날의 다음날;
㉰ 보세건설장에 반입된 외국물품의 경우에는 건설공사 완료보고를 한 날과 특허기간(특허기간을 연장한 경우에는 연장기간을 말한다)이 만료되는 날 가운데 먼저 도래한 날의 다음날;
㉱ 과다환급 또는 부정환급 등의 사유로 관세를 징수하는 경우에는 환급한 날의 다음날;
㉲ 잠정가격의 신고를 이행 후 확정된 가격을 신고한 경우에는 확정된 가격을 신고한 날의 다음 날.[24]

## 2) 관세징수권의 소멸시효완성

관세징수권의 소멸시효[25]는 **관세징수권의 불행사라고 하는 사실상태가 일정기간 계속되는 경우 그 권리를 소멸케 하는 제도**이다. 관세징수권의 소멸시효는 관세액의 금액기준에 따라 달리 적용되는데, 내국세를 포함한 관세의 금액이 5억 원 이상에 해당하는 경우에는 10년이고, 그 밖의 금액에 해당하는 경우에는 5년이다(관세법 제22조제1항). 이에 따라 관세징수권은 이를 행사할 수 있는 날부터 10년간 또는 5년간 행사하지 아니하면 소멸시효가 완성되어 그 권리는 소멸한다. 여기에서 관세징수권의 소멸시효가 완성된 때에는 해당 물품에 대한 내국세, 가산세 및 강제징수비 등에 대하여도 그 효력이 미치며, 주납세의무자에 대하여 관세징수권의 소멸시효가 완성된 경우에도 또한 해당 건과 관련된 제2차 납세의무자, 납세보증인 및 물적납세의무자 등에 대하여도 그 효력이 미친다.

관세징수권의 소멸시효는 ① 납부고지, ② 경정처분, ③ 납세독촉, ④ 통고처분, ⑤ 고발, ⑥ 특정범죄가중법에 따른 공소제기, ⑦ 교부청구, ⑧ 압류 등의 사유로 인하여 중단

24) 다만, 법정기간 내에 확정된 가격을 신고하지 아니하는 경우에는 해당 기간의 만료일의 다음날.

25) '시효'란 일정한 사실상태가 장기간 계속되는 경우 그 사실상태가 진실한 권리관계인지의 여부에 관계없이 그 사실상태를 그대로 존중하여 정당한 권리관계를 인정하려는 제도이다. 그러므로 권리자가 일정한 기간 계속하여 권리를 행사하지 않을 때에는 그 권리는 시효로 인하여 소멸한다. 즉, 권리자가 권리를 행사하지 않은 사실관계가 일정 기간 계속하는 것이 소멸시효의 요건이 되고 이 기간을 소멸시효라 한다.

된다(관세법 제23조제1항). **소멸시효의 중단**은 권리의 불행사라는 사실상태가 일정기간(소멸기간) 계속되어야 하나 그러한 사실상태와 모순하는 사실이 생겼을 때 그 사실상태의 계속이 그 시점에서 중단되는 것으로서 시효가 중단되면 이미 경과한 시효기간의 효력이 상실되며, 관세징수권의 소멸시효는 중단사유가 종료된 때로부터 새로이 진행된다. 그리고 세관장이 제2차 납세의무자, 납세보증인 및 물적납세의무자 등에 대하여 관세징수권을 행사함으로써 해당 징수권의 소멸시효가 중단된 경우 그 효력은 주 납세의무자에게도 미친다.

한편, 관세징수권의 소멸시효는 관세법 제23조제3항에 따라 관세의 분할납부기간이나 징수유예기간, 체납처분유예기간 또는 사해행위(詐害行爲) 취소소송의 기간 중에는 진행하지 아니하는데, 이러한 **소멸시효의 정지**는 시효기간 내에 권리자가 권리를 행사하기 어려운 사정이 있을 때에 일정한 기간 시효의 완성을 유예하는 것으로서 그 정지사유가 해소된 후 잔여기간이 경과하면 시효가 완성된다. 여기에서 사해행위 취소소송으로 인한 시효정지의 효력은 소송이 각하, 기각 또는 취하된 경우에는 효력이 없다(관세법 제23조제4항). 아울러 관세법에서 규정하는 관세징수권의 시효중단 사유를 제외하고는 민법상 소멸시효 규정을 준용한다(관세법 제23조제5항).

### 3. 관세행정처분 등에 의한 소멸

관세부과처분이 중대하고 명백한 흠이 있어 무효임이 확정된 경우에는 외견상 성립한 관세채무도 처음부터 존재하지 않았음이 확인되며, 또한 중대하고 명백한 흠으로 인하여 관세부과처분이 취소된 경우에는 관세채무는 당초에 소급하여 소멸하게 된다. 관세의 납세의무는 그 면제요건의 충족, 즉 면세 또는 감세를 받음으로써 또한 소멸한다. 관세의 감면은 조세부담을 경감하는 것이므로 조세법률주의에 따라 반드시 관세법상 허용규정에 근거하지 않으면 안 된다.

관세행정상 납세의무의 실효성 확보수단으로 납세담보제도가 운영되고 있는바, 세관장이 담보를 제공한 납세의무자가 그 납부기한 내에 해당 관세를 납부하지 아니한 경우에 그 담보를 해당 관세에 충당하게 되면 납세의무는 소멸하게 된다. 또한, 납세의무자가 납부기한 내에 해당 관세를 납부하지 아니하여 세관장이 체납관세를 강제징수한 경우도 관세의 납세의무는 소멸하게 된다. 그리고 관세채권자가 납세의무자에 대하여 지급하여야 할 관세환급특례법에 의한 환급금이나 과오납환급금을 가지는 경우에 그 환급금 등의 채무와 그 납세의무자가 납부하여야 할 다른 관세 등이 있는 경우 직권으로 상호 대등액에 있어서 정산·상쇄하여 충당함으로써 충당한 범위의 금액의 범위 안에서 관세의 납세의무는 소멸하게 된다.

그런데 관세행정에서도 비용·편익분석의 원리가 적용되어 세관장은 납세의무자가 납부하여야 하는 세액이 징수금액의 최저한으로 정해진 금액 미만인 경우에는 과세권을 행사하지 아니하여 관세의 납세의무는 소멸된다(관세법 제40조). 여기에서 징수금액의 최저한으로 정해진 금액은 1만 원이 적용되며, 이와 같이 징수금액의 최저한에 해당되어 관세를 징수하지 아니하게 된 경우에 해당 물품의 수입신고수리일이 그 납부일로 간주된다(관세령 제37조). 한편, 체신관서가 외국으로 발송한 우편물은 관세법에 따라 적법하게 수출되거나 반송된 것으로 간주하기 때문에 우편물에 대한 관세의 납세의무는 해당 우편물이 반송되면 소멸한다(관세법 제240조제2항·제261조). 그리고 수입신고를 하였으나 세관장으로부터 수입신고취하의 승인을 얻었거나 세관장이 해당 수입신고를 각하한 경우 이미 성립된 관세의 납세의무는 소멸한다. 만일 수입신고가 취하되거나 각하된 물품을 다시 수입신고하였다면 관세의 납세의무는 새로이 발생됨은 물론이지만 그 물품이 우리나라 관세영역 밖으로 반출(반송)되는 경우라면 그 물품은 더 이상 물리적으로 우리나라의 관세영역에 존재하는 것이 아니므로 관세의 납세의무는 다시 발생되지 않는다.

## 제2절 납세액(구체적 납세의무)의 확정 방법

관세법상 납세의무의 확정은 관세의 과세요건이 충족되어 이미 객관적·추상적으로 성립되어 있는 조세채권을 구체적으로 현실화하여 납세의무자가 납부하여야 할 관세액과 납부기일을 확정하는 것이다. 관세법상 납세의무의 확정 방식은 원칙적으로 신고납부 방식을 채택하고 있고, 예외적으로 부과고지 방식을 규정하고 있다.

### Ⅰ. 관세율의 적용

#### 1. 세율의 종류

관세법상 납세의무의 객체인 수입물품에 부과되는 관세의 세율은 기본세율, 잠정세율, 조정세율 그리고 협정세율 등으로 그 종류가 구분된다(관세법 제49조). 여기에서 기본세율과 잠정세율 및 조정세율은 관세행정권이 관세고권에 기초하여 독립적으로 그 세율을 정하므로 **국정관세율**이라고 일컬으며, 이 가운데 조정세율은 관세행정권이 불공정무역행위에 대한 제재, 국내산업의 피해구제, 국내산업의 보호 필요성, 국제통상의 증진, 그리고 국민경제 전반에 미치는 영향 등 통상정책적인 대응조치로서 그 세율을 행정부가 탄력적으로 정할 수 있도록 입법자가 위임하였기 때문에 **탄력관세율**이라고도 부른다. 그리고 관세법상 조정세율의 유형으로는 덤핑방지관세(제51조), 상계관세(제57조), 보복관세(제63조), 긴급관세(제65조), 특정물품 긴급관세(제67조의2), 농림축산물에 대한 특별긴급관세(제68조), 조정관세(제69조), 할당관세(제71조), 계절관세(제72조) 등을 들 수 있다.

한편, **협정세율**은 다자간협정이나 양자간협정과 같은 형태의 국제조약에서 규정하고 있는 세율로서 우리나라가 체약당사국의 지위에서 체약상대국에게 그 의무의 이행을 약속한 양허세율을 말한다. 관세법상 이러한 범주에 속하는 세율로는 국제협력관세에 해당하는 WTO협정이나 각종 무역협정에 따른 양허관세(제73조), 편익관세(제74조), 일반특혜관세[GSP: Generalized System of Preferences](제76조), 그리고 FTA특례법에 따른 각종 FTA 양허관세 등을 들 수 있다. 기본세율과 잠정세율은 관세법의 별표인 관세율표에서 입법권에 의한 법정세율로 정해져 있으며, 조정세율은 입법권이 조세법률주의의 예외적 조치로서 그 부과요건과 세율을 행정권에 위임하고 있기 때문에 대통령령 또는 기재부령에서 정하고 있다.

## 2. 세율의 적용원칙

### 1) 세율 적용의 우선순위

관세법의 별표인 관세율표에서 규율하고 있는 세율 간 적용순위는 잠정세율이 기본세율에 우선하여 적용하는 것이 기본원칙이다(관세법 제50조제1항). 그리고 조정세율이나 협정세율은 아래 〈표 4-1〉의 내용과 같은 순서에 따라 관세율표에서 규율하고 있는 세율에 우선하여 적용하는 것이 일반원칙이다(관세법 제50조제2항). 또한, 국제협력관세는 기본세율과 잠정세율에 우선하여 적용한다. 그런데 입법자는 관세율표 중 잠정세율을 적용받는 물품에 대하여는 그 물품의 전부 또는 일부에 대하여 잠정세율의 적용을 정지하거나 기본세율과의 세율차를 좁힐 수 있도록 잠정세율을 올리거나 내릴 수 있는 권한을 행정권에 부여하고 있다(관세법 제50조제4항). 그리고 조정세율이나 협정세율을 적용할 때 관세율표에서 종량세로 규율하고 있는 경우에는 해당 세율에 상당하는 금액을 적용한다(관세법 제50조제5항).

〈표 4-1〉 **관세법에서 적용하는 세율의 적용순위**

| 적용순위 | 적용세율 | 비고 |
|---|---|---|
| 제1순위 | 덤핑방지관세(+), 상계관세(+), 보복관세, (잠정 · 특정물품)긴급관세(+), 농림축산물특별긴급관세, 조정관세[26] | (+)는 제2순위 이하 (실행)세율에 추가하여 적용 |
| 제2순위 | FTA 협정세율 | 제3순위 이하 세율보다 낮은 경우에 한하여 우선 적용 |
| 제3순위 | 국제협력관세, 편익관세 | 제4순위 이하 세율보다 낮은 경우에 한하여 우선 적용 |
| 제4순위 | 조정관세, 할당관세, 계절관세 | 할당관세는 제5순위 세율보다 낮은 경우에 한하여 우선 적용 |
| 제5순위 | 최빈개도국 특혜관세(GSP) | |
| 제6순위 | 잠정세율 | |
| 제7순위 | 기본세율 | |

한편, 관세형벌법규상 밀수입죄와 관세포탈죄의 객체인 관세범칙물품의 감정에서 적용하는 세율은 앞서 설명한 우선순위에 따라 적용하며, 시장접근물량 양허세율의 적용에서 시장접근물량 양허관세추천서를 정당하게 발급받은 물품인 경우에는 시장접근물량 이내의 세율을 적용하고, 동 추천서가 없거나 부당한 방법으로 추천서를 발급받은 경우라면 시장접근물량초과 시의 세율을 적용하여야 한다.

### 2) 세율 적용의 특례

관세법에서 간소한 방법의 수입신고를 허용하고 있는 물품에 대한 관세와 내국세의 부과 · 징수는 비용 · 편익의 관점에서 경제적 효율성이 더 높은 행정가치가 될 수 있다. 이에 따라 입법자는 다음과 같은 간이한 수입신고 적용물품에 해당하는 물품 중 법정 간이세율 적용대상물품에 대하여는 다른 법령에도 불구하고 관세 및 임시수입부가세와 내국세의 세율을 기초로 정한 단일한 세율인 이른바 **간이세율**[27]을 적용할 수 있다(관세법 제81조제1항):

26) 관세법 제69조제2호(공중도덕 보호, 인간 · 동물 · 식물의 생명 및 건강 보호, 환경보전, 한정된 천연자원 보존 및 국제평화와 안전보장 등을 위하여 필요한 경우)에 해당하는 경우에 한한다.

27) 간이세율의 적용대상물품과 그 세율에 관하여는 관세령 제96조제1항(별표2)을 참조.

① 여행자 또는 외국을 오가는 운송수단의 승무원이 휴대하여 수입하는 물품;
② 우편물;[28)]
③ 탁송품 또는 별송품.

입법자는 수입통관절차에서 납세자의 편의를 도모하기 위하여 수입신고인이 일괄하여 수입신고를 한 물품으로써 물품별 세율이 다른 물품에 대하여 그 신고인의 신청을 전제로 그 세율 중 가장 높은 세율의 적용이 가능한 납세자와 과세당국의 합의에 따른 세율 적용을 허용하고 있다(관세법 제82조제1항). 여기에서 합의에 따른 세율이 적용된 관세부과처분은 관세법상 심사와 심판에 관한 규정의 적용이 배제된다(관세법 제82조제2항). 다시 말하면 합의에 따른 세율이 적용된 관세부과처분은 관세행정구제의 적용범위에서 배제된다. 이것은 납세자의 합의에 따른 세율 적용은 위법·부당한 관세행정으로부터 침해받은 권리가 아니기 때문이다.

기본세율과 잠정세율 및 조정세율과 협정세율은 하나의 품목에 그 물품 및 산업의 적정보호에 알맞은 하나의 세율로 책정하는 것이 일반원칙이지만 산업정책적 목적에서 하나의 품목임에도 불구하고 그 품목의 용도, 즉 사용목적에 따라 세율을 달리 책정할 필요성이 있게 된다. 이것은 동일한 품목일지라도 그 품목의 상이한 용도에 따라 경제적 효과가 각각 상이한 결과를 초래하기 때문에 국민경제상 특정 용도에 수입(공급)을 늘려야 할 필요성이 발생할 수 있다.

## Ⅱ. 세율의 조정

### 1. 덤핑방지관세의 운용

관세법 제51조에 따라 덤핑방지관세를 부과하려면 외국물품이 정상가격 이하로 수입되는 이른바 '덤핑'(dumping)이 존재하고, 그 덤핑으로 인하여 국내산업이 실질적인 피해를 받거나 받을 우려가 있는 경우 또는 국내산업의 발전이 실질적으로 지연된 경우에 해당되어야 한다.

#### 1) 덤핑의 판정

덤핑의 존재 여부를 판정하려면 덤핑혐의가 있는 해당 물품의 수출가격, 이른바 덤핑

28) 다만, 관세법 제258조제2항에 따라 제241조제1항에 따른 수입신고를 하여야 하는 우편물은 제외한다.

가격과 그 물품의 정상가격을 비교하여야 하는데, '**정상가격**'이란 해당 물품의 공급국에서 소비되는 동종물품의 통상거래가격을 말한다(관세령 제58조제1항).[29] 여기에서 동종물품이 거래되지 아니하거나 특수한 시장상황 등[30]으로 인하여 통상거래가격을 적용할 수 없는 때에는 해당 국가에서 제3국으로 수출되는 수출가격 중 대표적인 가격으로서 비교가능한 가격 또는 원산지국에서의 제조원가에 합리적인 수준의 관리비 및 판매비와 이윤을 합한 구성가격[31]을 정상가격으로 간주한다.[32] 그리고 '**덤핑가격**'이란 무역위원회의 조사가 개시된 조사대상물품에 대하여 실제로 지급하였거나 지급하여야 하는 가격을 말한다(관세령 제58조제4항). 여기에서 공급자와 수입자 또는 제3자 사이에 특수관계 또는 보상약정이 있어 실제로 지급하였거나 지급하여야 하는 가격에 의할 수 없는 때에는 다음과 같은 가격으로 할 수 있다: ㉮ 수입물품이 그 특수관계 또는 보상약정이 없는 구매자에게 최초로 재판매된 경우에는 그 재판매가격을 기초로 산정한 가격;[33] ㉯ 수입물품이 그 특수관계 또는 보상약정이 없는 구매자에게 재판매된 실적이 없거나 수입된 상태로 물품이 재판매되지 아니하는 때에는 합리적인 기준에 의한 가격.[34]

### 2) 국내산업 피해의 판정

덤핑으로 인한 국내산업 피해의 적용범위는 국내산업이 실질적인 피해를 받거나 받을 우려가 있는 경우 또는 국내산업의 발전이 실질적으로 지연된 경우가 해당된다. 국내산업은 정상가격 이하로 수입되는 물품과 동종물품[35]의 국내생산사업의 전부 또는 국

---

29) 해당 물품의 원산지국으로부터 직접 수입되지 아니하고 제3국을 거쳐 수입되는 경우에는 그 제3국의 통상거래가격을 정상가격으로 보는데, 그 제3국 안에서 해당 물품을 단순히 옮겨 싣거나 동종물품의 생산실적이 없는 때 또는 그 제3국 내에 통상거래가격으로 인정될 가격이 없는 때에는 원산지국의 통상거래가격을 정상가격으로 간주한다(관세령 제58조제2항).

30) 특수한 시장상황 등에 관하여는 관세규칙 제10조제2항을 참조.

31) 구성가격의 산정방법에 관하여는 관세규칙 제10조제3항 · 제4항을 참조.

32) 해당 물품이 통제경제를 실시하는 시장경제체제가 확립되지 아니한 국가로부터 수입되는 때에는 본문에서 설명한 동종물품의 통상거래가격이나 구성가격의 간주규정에도 불구하고 다음과 같은 가격을 정상가격으로 보는데, 시장경제체제가 확립되지 아니한 국가가 시장경제로의 전환체제에 있는 등 기재부령이 정하는 경우에는 본문에서 설명한 통상거래가격 또는 구성가격을 정상가격으로 볼 수 있다(관세령 제58조제3항): ㉮ 우리나라를 제외한 시장경제국가에서 소비되는 동종물품의 통상거래가격; ㉯ 우리나라를 제외한 시장경제국가에서 우리나라를 포함한 제3국으로의 수출가격 또는 구성가격.

33) 수입과 재판매 사이에 발생하는 제세를 포함한 비용과 그로 인한 이윤을 공제한 가격을 말한다(관세규칙 제10조제7항전단).

34) 당해 물품의 수입가격에 당해 수입과 관련하여 발생하거나 당해 수입과 재판매 사이에서 발생하는 비용과 적정한 이윤 등을 참작하여 산출한 가격을 말한다(관세규칙 제10조제7항후단).

35) 동종물품의 적용요건에 관하여는 관세규칙 제11조제1항을 참조.

내총생산량의 상당부분을 점하는 국내생산사업으로 한다(관세령 제59조제2항).[36]

### 3) 덤핑방지관세의 부과절차

덤핑방지관세의 부과와 잠정조치는 원칙적으로 각각의 조치일 이후 수입되는 물품에 대하여 적용하지만, 잠정조치가 적용된 물품에 대하여 국제협약에서 달리 정하는 경우와 소급부과대상물품[37]에 해당하면 그 물품에 대하여도 덤핑방지관세를 부과할 수 있다(관세법 제55조).[38] 여기에서 잠정조치는 덤핑방지관세의 부과 여부를 결정하기 위하여 조사가 시작된 경우로서 다음과 같은 경우에 기재부장관이 조사기간 중에 발생하는 피해를 방지하기 위하여 해당 조사가 종결되기 전 그 물품과 공급자 또는 공급국 및 기간을 정하여 잠정적으로 추계(推計)된 덤핑차액에 상당하는 금액 이하의 잠정덤핑방지관세를 추가하여 부과하도록 명하거나 담보[39]를 제공하도록 명하는 것을 말한다(관세법 제53조제1항). ① 해당 물품에 대한 덤핑 사실 및 그로 인한 실질적 피해등의 사실이 있다고 추정되는 충분한 증거가 있는 경우; ② 가격수정이나 덤핑수출의 중지에 관한 약속을 위반하거나 약속의 이행에 관한 자료제출 요구 및 제출자료의 검증 허용 요구에 응하지 아니한 경우로서 이용할 수 있는 최선의 정보가 있는 경우. 한편, 기재부장관은 필요하다고 인정될 때에는 덤핑방지관세의 부과와 가격수정이나 덤핑수출의 중지에 관한 약속에 대하여 재심사를 할 수 있으며, 재심사의 결과에 따라 덤핑방지관세의 부과, 약속 내용의 변경, 환급 등 필요한 조치를 할 수 있다(관세법 제56조제1항). 그리고 덤핑방지관세의 부과나 수락된 약속은 기재부령으로 그 적용시한을 따로 정하는 경우를 제외하고는 해당 덤핑방지관세 또는 약속의 시행일부터 5년이 지나면 그 효력을 잃으며, 덤핑과 산업피해를 재심사하고 그 결과에 따라 내용을 변경할 때에는 기재부령으로 그 적용시한을 따로 정하는 경우를 제외하고는 변경된 내용의 시행일부터 5년이 지나면 그 효력을 잃는다(관세법 제56조제2항).

### 4) 우회덤핑 물품에 대한 덤핑방지관세의 부과

관세법 제56조의2 제1항에 따라 덤핑방지관세가 부과되는 물품의 물리적 특성이나 형태 등을 경미하게 변경하는 행위 등 대통령령으로 정하는 행위를 통하여 해당 덤핑방지관세의 부과를 회피하려는 "우회덤핑"이 조사를 통하여 확인되는 경우에는 기재부령

36) 국내생산사업의 적용범위에서 당해 수입물품의 공급자 또는 수입자와 특수관계에 있는 생산자에 의한 생산사업과 당해 수입물품의 수입자인 생산자로서 비대상자에 의한 생산사업을 제외할 수 있다.

37) 소급부과대상물품에 관하여는 관세령 제69조제1항을 참조.

38) 덤핑방지관세의 부과방법과 잠정덤핑방지관세액 등의 정산에 관하여는 관세령 제65조·제67조를 참조.

39) 담보의 종류와 금액에 관하여는 관세령 제66조제4항을 참조.

으로 그 물품을 지정하여 같은 조에 따른 덤핑방지관세를 부과할 수 있다.

## 2. 상계관세의 운용

관세법 제57조에 따라 상계관세를 부과하려면 수입되는 외국물품에 대한 제조 · 생산 또는 수출에 관하여 직접 또는 간접으로 보조금 · 장려금의 지급이 존재하고, 그 물품의 수입으로 인하여 국내산업이 실질적인 피해를 받거나 받을 우려가 있는 경우 또는 국내산업의 발전이 실질적으로 지연된 경우에 해당되어야 한다. **보조금 · 장려금**은 정부 · 공공기관 등의 재정지원 등에 의한 혜택 중 특정성이 있는 것을 말한다(관세령 제72조제1항).

한편, 보조금 · 장려금이 지급된 수입물품에 대한 상계관세의 부과조치를 위한 국내산업 피해의 판정, 보조금 · 장려금을 받은 물품의 수입 및 실질적인 피해 등의 조사 개시, 상계관세의 부과절차 등의 내용은 앞서 설명한 덤핑방지관세의 운용과 동일하다.

## 3. 그밖의 탄력관세의 운용

### 1) 보복관세의 부과

관세법 제63조제1항에 따라 허용되는 보복관세의 부과를 위한 전제요건은 교역상대국이 우리나라의 수출물품 등에 대하여 관세 또는 무역에 관한 국제협정이나 양자 간의 협정 등에 규정된 우리나라의 권익을 부인하거나 제한하는 행위 또는 그 밖에 우리나라에 대하여 부당하거나 차별적인 조치를 하는 행위를 하여 우리나라의 무역이익이 침해되는 것이다.[40] 그리고 기재부장관의 조사결과 실제로 부과하는 보복관세는 대상국가로부터 수입되는 물품에 대하여 피해상당액의 범위로 한정되며, 보복관세를 부과하여야 하는 대상 국가, 물품, 수량, 세율, 적용시한, 그 밖에 필요한 사항은 대통령령으로 정한다(관세법 제63조제2항).

### 2) 긴급관세의 부과

관세법 제65조제1항에 따라 허용되는 긴급관세의 부과를 위한 전제요건은 특정물품의 수입증가로 인하여 동종물품 또는 직접적인 경쟁관계에 있는 물품을 생산하는 국내산업이 심각한 피해를 받거나 받을 우려의 존재이다. 그리고 긴급관세를 실제로 부과하기 위해서는 이러한 전제요건이 무역위원회의 조사를 통하여 확인되고 해당 국내산업

40) 보복관세의 부과요청 방법에 관하여는 관세령 제86조제1항을 참조.

을 보호할 필요가 있다고 인정되어야 하지만, 기재부장관은 긴급관세의 부과 여부와 그 내용을 결정하려면 해당 국내산업의 보호 필요성, 국제통상관계, 긴급관세 부과에 따른 보상수준 및 국민경제 전반에 미치는 영향 등을 검토하여야 한다(관세법 제65조제2항). 무역위원회의 조사결과 이러한 전제요건이 충족된 것으로 판명되어 실행관세에 추가하여 실제로 부과하는 긴급관세는 해당 물품에 대하여 심각한 피해 등을 방지하거나 치유하고 조정을 촉진하기 위하여 필요한 범위로 한정되고, 부과조치 결정 시행일 이후 수입되는 물품에 한정하여 적용되며, 긴급관세를 부과하여야 하는 대상 물품, 세율, 적용기간, 수량, 수입관리방안, 그 밖에 필요한 사항은 기재부령으로 정한다(관세법 제65조제4항·제6항).

### 3) 농림축산물에 대한 특별긴급관세의 부과

관세법 제68조제1항에 따라 허용되는 농축산물에 대한 특별긴급관세의 부과를 위한 전제요건은 국제협력관세로 국내·외 가격차에 상당한 율로 양허한 농림축산물의 수입물량이 급증하거나 수입가격이 하락하는 것이다. 특별긴급관세를 부과하여야 하는 대상 물품, 세율, 적용시한, 수량 등은 기재부령으로 정한다(관세법 제68조제2항).[41]

### 4) 조정관세의 부과

관세법 제69조에 따라 허용되는 조정관세의 부과를 위한 전제요건은 ① 산업구조의 변동 등으로 물품 간의 세율 불균형이 심하여 이를 시정할 필요성의 존재나 ② 공중도덕 보호, 인간·동물·식물의 생명 및 건강보호, 환경보전, 유한(有限) 천연자원 보존 및 국제평화와 안전보장 또는 ③ 국내에서 개발된 물품을 일정 기간 보호할 필요성의 존재나 ④ 농림축수산물 등 국제경쟁력이 취약한 물품의 수입증가로 인하여 국내시장이 교란되거나 산업기반이 붕괴될 우려가 있어 이를 시정하거나 방지할 필요성의 존재이다. 조정관세를 실제로 부과하기 위해서는 이러한 전제요건이 관계부처의 장 또는 이해관계인의 요청에 따라 기재부장관의 조사를 통하여 확인되어야 하는데, 기재부장관은 조정관세의 부과 여부와 그 내용을 결정하려면 해당 국내산업의 보호 필요성, 국제통상관계, 긴급관세 부과에 따른 보상수준 및 국민경제 전반에 미치는 영향 등을 검토하여야 하며, 조정관세를 부과하여야 하는 대상 물품, 세율 및 적용시한 등은 대통령령으로 정한다(관세법 제70조). 여기에서 실제로 부과하는 조정관세는 100분의 100에서 해당 물품의 기본세율을 뺀 율을 기본세율에 더한 율의 범위에서 부과할 수 있지만, 농림축수산물 또는

41) 특별긴급관세를 부과할 수 있는 구체적인 경우에 관하여는 관세령 제90조를 참조.

이를 원재료로 하여 제조된 물품의 국내·외 가격차가 해당 물품의 과세가격을 초과하는 경우에는 국내·외 가격차에 상당하는 율의 범위에서 조정관세를 부과할 수 있다.

### 5) 할당관세의 부과

관세법 제71조에 따라 100분의 40의 범위의 율을 기본세율에서 빼 할당관세의 부과를 위한 전제요건은 ① 원활한 물자수급 또는 산업의 경쟁력 강화를 위하여 특정물품의 수입을 촉진할 필요성의 존재 또는 ② 수입가격이 급등한 물품 또는 이를 원재료로 한 제품의 국내가격을 안정시키기 위한 필요성의 존재나 ③ 유사물품 간의 세율이 현저히 불균형하여 이를 시정할 필요성의 존재이다. 여기에서 그 전제요건이 충족되어 할당관세를 부과하는 경우에 필요하다고 인정될 때에는 그 수량을 제한할 수 있다. 그리고 일정수량의 할당은 해당 수량의 범위 안에서 주무부장관 또는 그 위임을 받은 자의 추천으로 행하지만[42] 기재부장관이 정하는 물품에 있어서는 수입신고 순위에 따르되 일정 수량에 달하는 날의 할당은 그 날에 수입신고되는 분을 해당 수량에 비례하여 할당한다(관세령 제92조제3항).

한편, 관세법 제71조제2항에 따라 일정한 수량[43]을 초과하여 수입되는 분에 대하여 100분의 40의 범위의 율을 기본세율에 더한 할당관세를 부과를 위한 전제요건은 특정물품의 수입을 억제할 필요성의 존재이다. 여기에서 그 특정물품이 농림축수산물인 경우에는 할당관세를 기본세율에 동종물품·유사물품 또는 대체물품의 국내·외 가격차에 상당하는 율을 더한 율의 범위에서 부과할 수 있다. 할당관세를 실제로 부과하기 위해서는 이러한 전제요건이 관계부처의 장 또는 이해관계인의 요청에 따라 기재부장관의 조사를 통해서 확인되어야 하고, 할당관세를 부과하여야 하는 대상 물품, 수량, 세율, 적용기간 등은 대통령령으로 정하며, 기재부장관은 매 회계연도 종료 후 3개월 이내에 할당관세의 전년도 부과실적 및 그 결과를 국회 소관 상임위원회에 보고하여야 한다(관세법 제71조제3항·제4항).

### 6) 계절관세의 부과

관세법 제72조제1항에 따라 허용되는 계절관세의 부과를 위한 전제요건은 계절에 따라 가격의 차이가 심한 물품으로써 동종물품·유사물품 또는 대체물품의 수입으로 인하여 국내시장이 교란되거나 생산 기반이 붕괴될 우려의 존재이다. 계절관세를 실제로 부

---

42) 주무부장관 또는 그 위임을 받은 자의 추천을 받은 자는 당해 추천서를 수입신고수리 전까지 세관장에게 제출하여야 한다(관세령 제92조제4항).

43) 일정 수량까지의 수입통관실적의 확인은 관세청장이 이를 행한다(관세령 제92조제5항).

과하기 위해서는 이러한 전제요건이 관계행정기관의 장 또는 이해관계인의 요청에 따라 기재부장관의 조사를 통해서 확인되어야 하고, 계절관세는 계절에 따라 해당 물품의 국내·외 가격차에 상당하는 율의 범위에서 기본세율보다 높게 부과하거나 100분의 40의 범위의 율을 기본세율에서 빼고 부과할 수 있으며, 관세를 부과하여야 하는 대상 물품, 세율 및 적용시한 등은 기재부령으로 정한다(관세법 제72조제2항).

## 4. 국제협력관세의 운용

### 1) 국제협력관세의 부과

관세법 제73조제1항과 제2항에 따라 정부는 우리나라의 대외무역 증진을 위하여 필요하다고 인정될 때에는 특정 국가 또는 국제기구와 관세에 관한 협상을 할 수 있으며, 이러한 협상을 수행할 때 필요하다고 인정되면 관세를 양허할 수 있다.[44] 여기에서 특정 국가와 협상할 때에는 기본 관세율의 100분의 50의 범위를 초과하여 관세를 양허할 수 없다. 그리고 국제협력관세를 부과하여야 하는 대상 물품, 세율 및 적용기간 등은 대통령령으로 정한다(관세법 제73조제3항).

### 2) 편익관세의 부과

관세법 제74조에 따라 관세에 관한 조약에 따른 편익을 받지 아니하는 나라의 생산물로서 우리나라에 수입되는 물품에 대하여 이미 체결된 외국과의 조약에 따른 편익의 한도에서 관세에 관한 편익을 부여할 수 있으며, 편익관세를 부여할 수 있는 대상 국가, 대상 물품, 적용 세율, 적용 방법, 그 밖에 필요한 사항은 대통령령으로 정한다.[45] 한편, 편익관세의 적용이 시행되었다고 하더라도 편익관세의 적용으로 국민경제에 중대한 영향이 초래되거나 초래될 우려가 있는 경우 또는 그 밖에 편익관세의 적용을 정지시켜야 할 긴급한 사태가 있는 경우가 발생한다면 기재부장관은 국가, 물품 및 기간을 지정하여 그 편익관세의 적용을 정지시킬 수 있다(관세법 제75조).

### 3) 일반특혜관세

관세법 제76조제1항에 따라 법정 개발도상국가(특혜대상국)를 원산지로 하는 물품

---

44) 국제기구와 관세에 관한 협상에서 국내외가격차에 상당한 율로 양허하거나 시장접근개방과 함께 기본세율보다 높은 세율로 양허한 농림축산물 중 시장접근물량 이내로서 관련 기관의 추천을 받은 자는 해당 추천서를 수입신고수리 전까지 세관장에게 제출하여야 한다(관세령 제94조).

45) 관세에 관한 편익을 받을 수 있는 국가와 대상물품 및 세율적용에 관하여는 관세령 제95조제1항·제2항·제3항을 참조.

중 법정 특혜대상물품에 대하여는 기본세율보다 낮은 세율의 일반특혜관세를 부과할 수 있다. 여기에서 일반특혜관세를 부과할 때 해당 특혜대상물품의 수입이 국내산업에 미치는 영향 등을 고려하여 그 물품에 적용되는 세율에 차등을 두거나 특혜대상물품의 수입수량 등을 한정할 수 있다(관세법 제76조제2항). 그리고 국제연합총회의 결의에 따른 최빈(最貧) 개발도상국 중 법정 국가를 원산지로 하는 물품에 대하여는 다른 특혜대상국보다 우대하여 일반특혜관세를 부과할 수 있다(관세법 제76조제3항). 특혜대상물품에 적용되는 세율 및 적용기간과 그 밖에 필요한 사항은 대통령령으로 정한다(관세법 제76조제3항).

한편, 일반특혜관세의 적용이 시행되었다고 하더라도 특정한 특혜대상 물품의 수입이 증가하여 이와 동종의 물품 또는 직접적인 경쟁관계에 있는 물품을 생산하는 국내산업에 중대한 피해를 주거나 줄 우려가 있는 등 일반특혜관세를 부과하는 것이 적당하지 아니하다고 판단될 때에는 기재부장관이 해당 물품과 그 물품의 원산지인 국가를 지정하여 일반특혜관세의 적용을 정지할 수 있으며, 또한 특정한 특혜대상국의 소득수준, 우리나라의 총수입액 중 특정한 특혜대상국으로부터의 수입액이 차지하는 비중, 특정한 특혜대상국의 특정한 특혜대상물품이 지니는 국제경쟁력의 정도, 그 밖의 사정을 고려하여 일반특혜관세를 부과하는 것이 적당하지 아니하다고 판단될 때에는 기재부장관이 해당 국가를 지정하거나 해당 국가 및 물품을 지정하여 일반특혜관세의 적용을 배제할 수 있다(관세법 제77조).

### 4) 관세양허에 대한 조치 등

관세법 제78조에 따라 정부는 외국에서의 가격 하락이나 그 밖에 예상하지 못하였던 사정의 변화 또는 조약상 의무의 이행으로 인하여 특정물품의 수입이 증가됨으로써 이와 동종의 물품 또는 직접 경쟁관계에 있는 물품을 생산하는 국내 생산자에게 중대한 피해를 가져오거나 가져올 우려가 있다고 인정되는 경우에는 다음과 같은 구분에 따른 조치를 할 수 있다: ① 조약에 따라 관세를 양허하고 있는 경우에는 해당 조약에 따라 이루어진 특정물품에 대한 양허를 철회하거나 수정하여 관세법에 따른 세율이나 수정 후의 세율에 따라 관세를 부과하는 조치; ② 특정물품에 대하여 앞의 제①의 조치를 하려고 하거나 그 조치를 한 경우에는 해당 조약에 따른 협의에 따라 그 물품 외에 이미 양허한 물품의 관세율을 수정하거나 양허품목을 추가하여 새로 관세의 양허를 하고 수정 또는 양허한 후의 세율을 적용하는 조치. 제②의 조치는 제①의 조치에 대한 보상으로서 필요한 범위에서만 할 수 있다(관세법 제78조제2항).

한편, 정부는 외국이 특정물품에 관한 양허의 철회·수정 또는 그 밖의 조치를 하려고

하거나 그 조치를 한 경우 해당 조약에 따라 대항조치를 할 수 있다고 인정될 때에는 ① 특정물품에 대하여 관세법에 따른 관세 외에 그 물품의 과세가격 상당액의 범위에서 관세를 부과하는 조치 또는 ② 특정물품에 대하여 관세의 양허를 하고 있는 경우에는 그 양허의 적용을 정지하고 관세법에 따른 세율의 범위에서 관세를 부과하는 조치를 할 수 있는데, 이러한 조치들은 외국의 조치에 대한 대항조치로서 필요한 범위에서만 할 수 있다(관세법 제79조제1항·제2항).

관세양허에 대한 조치와 관련하여 조약에 따라 우리나라가 양허한 품목에 대하여 그 양허를 철회한 경우에는 해당 조약에 따라 철회의 효력이 발생한 날부터 관세법에 따른 세율을 적용하며, 양허의 철회에 대한 보상으로 우리나라가 새로 양허한 품목에 대하여는 그 양허의 효력이 발생한 날부터 관세법에 따른 세율을 적용하지 아니한다(관세법 제80조).

## Ⅲ. 신고납부 방식

신고납부 방식은 납세의무자가 스스로 세액을 결정하여 과세권자에게 신고한 후 해당 관세 등을 납부하는 방식을 말한다. 이에 따라 관세의 납세의무자는 세관장에게 수입물품에 대한 신고의무를 이행하면서 동시에 관세법 제38조제1항에 따라 관세의 납부에 관한 납세신고의무와 관세법 제27조제1항에 따라 그 물품의 가격에 대한 신고의무를 진다. **신고납부의 법적 성격**은 수입물품에 대하여 납세의무자가 관세 등을 스스로 신고하여 납부[46]하면 세관장이 이를 수령하는 사실행위에 불과하기 때문에 그 처분성이 부인되어 관세법 제119조에서 허용하고 있는 불복의 대상이 될 수 없다.

### 1. 납세신고

#### 1) 과세물건의 확정시기

관세의 과세물건은 수입물품이고(관세법 제14조), 관세의 과세표준은 수입물품의 가격 또는 수량이다(관세법 제15조). 그리고 관세는 수입신고(입항전수입신고를 포함한다)를 하는 때의 물품의 성질과 그 수량에 따라 부과하기 때문에 과세물건 확정의 시기는 원칙적으로 수입신고를 하는 때가 된다(관세법 제16조). 하지만 관세의 납세의무는 수입신고를 하는 때가 아닌 시기에도 발생할 수 있기 때문에 예외적으로 다음과 같은 시기에서 해당 물품의 성질과 수량을 과세물건으로 확정하여 관세를 부과한다:

46) 보정하는 방법에 의하여 세액을 정정하거나 수정신고를 통하여 납부한 경우를 포함한다.

① 선박용품·항공기용품 하역허가 위반[47]에 따라 관세를 징수하는 물품에 해당하는 경우에는 하역을 허가받은 때;
② 보수작업 승인 위반에 따라 관세를 징수하는 물품에 해당하는 경우에는 보세구역 밖에서 하는 보수작업을 승인받은 때;
③ 장치물품의 멸실·폐기에 따라 관세를 징수하는 물품에 해당하는 경우에는 해당 물품이 멸실되거나 폐기된 때;
④ 보세공장 외 작업 허가 위반[48]에 따라 관세를 징수하는 물품에 해당하는 경우 보세공장 외 작업, 보세건설장 외 작업 또는 종합보세구역 외 작업을 허가받거나 신고한 때;
⑤ 보세운송기간 경과에 따라 관세를 징수하는 물품에 해당하는 경우에는 보세운송을 신고하거나 승인받은 때;
⑥ 수입신고가 수리되기 전에 소비하거나 사용하는 물품[49]에 해당하는 경우 해당 물품을 소비하거나 사용한 때;
⑦ 수입신고 전 즉시반출신고를 하고 반출한 물품에 해당하는 경우 수입신고 전 즉시 반출신고를 한 때;
⑧ 우편으로 수입되는 물품[50]에 해당하는 경우에는 통관우체국에 도착한 때;
⑨ 도난물품 또는 분실물품에 해당하는 경우에는 해당 물품이 도난되거나 분실된 때;
⑩ 관세법에 따라 매각되는 물품에 해당하는 경우 해당 물품이 매각된 때;
⑪ 수입신고를 하지 아니하고 수입된 물품(앞의 제①부터 제⑩까지에 규정된 것은 제외한다)에 해당하는 경우에는 수입된 때.

### 2) 적용법령과 과세환율

관세법 제17조에 따라 관세는 수입신고 당시의 법령에 따라 부과하는 것이 원칙이다. 여기에서 앞서 설명한 제①부터 제⑪까지에 해당하는 물품은 예외적으로 그 물품에 대한 과세물건이 확정되는 시기(날)에 시행되는 법령에 따라 부과한다. 다시 말하면 수입신고가 아닌 시기에 관세의 납세의무가 발생하여 과세물건의 확정시기가 달라지는 물품은 그 사실이 발생한 날이나 보세건설장에 반입된 외국물품은 사용 전 수입신고가 수리된 날에 시행되는 법령이 적용된다. 그리고 과세가격을 결정하는 경우 외국통화로 표시된 가격을 내국통화로 환산할 때에는 관세부과의 적용법령에 따른 날[51]이 속하는 주의

47) 차량용품과 국경출입차량 안에서 판매할 물품을 해당 차량에 하역하거나 환적하는 경우를 포함한다.
48) 보세건설장 외에서의 보세작업 허가의 경우와 종합보세구역 밖에서 보세작업의 경우를 포함한다.
49) 관세법 제239조에 따라 소비 또는 사용을 수입으로 보지 아니하는 물품은 제외한다.
50) 우편물이 대외무역법에 따른 수출입의 승인을 받은 것이거나 그 밖에 대통령령으로 정하는 기준에 해당하는 것은 제외한다.
51) 보세건설장에 반입된 물품의 경우에는 수입신고를 한 날을 말한다.

전주(前週)의 기준환율 또는 재정환율을 평균하여 관세청장이 그 율을 정한다(관세법 제18조).

### 3) 신고의 방법

납세신고의 방법은 수입신고서에 다음과 같은 사항을 추가로 기재하여 세관장에게 제출하는 것이다(관세령 제32조제1항): ㉮ 해당 물품의 관세율표상의 품목분류 · 세율과 품목분류마다 납부하여야 할 세액 및 그 합계액; ㉯ 관세법과 그 밖에 관세에 관한 법률 또는 조약에 의하여 관세의 감면을 받는 경우에는 그 감면액과 법적 근거; ㉰ 특수관계에 해당하는지 여부와 그 내용; ㉱ 그 밖에 과세가격결정에 참고가 되는 사항. 한편, 납세신고 또는 제출한 자료 중 수입거래 관련 계약서 또는 이에 갈음하는 서류와 수입물품 가격결정에 관한 자료는 해당 신고에 대한 수리일부터 5년 동안 보관할 의무가 생긴다(관세법 제12조).

## 2. 가격신고

### 1) 신고의 방법

가격신고의 방법은 수입 관련 거래에 관한 사항과 과세가격산출내용에 관한 사항을 적은 서류를 세관장에게 제출하는 것이다(관세령 제15조제1항). 여기에서 가격신고를 하는 납세의무자는 과세가격의 결정에 관계되는 자료도 함께 제출하여야 한다(관세법 제27조제2항). 그리고 통관의 능률을 높이기 위하여 필요하다고 인정되는 경우에는 물품의 수입신고를 하기 전에 가격신고를 할 수 있다. 또한, 같은 물품을 같은 조건으로 반복적으로 수입하는 경우에는 가격신고를 일정 기간 일괄하여 신고하게 할 수 있다(관세령 제15조제3항). 아울러 가격신고 또는 제출한 자료 중 수입거래 관련 계약서 또는 이에 갈음하는 서류와 수입물품 가격결정에 관한 자료는 해당 신고에 대한 수리일부터 5년 동안 보관할 의무가 생긴다(관세법 제12조).

### 2) 신고의 생략

관세법 제27조제3항에 따라 과세가격을 결정하기가 곤란하지 아니하다고 인정되는 물품에 대해서는 가격신고를 생략할 수 있는데, 가격신고 생략대상 물품은 다음과 같다(관세규칙 제2조제1항). ㉠ 정부 또는 지방자치단체가 수입하는 물품; ㉡ 정부조달물품; ㉢ 공공기관이 수입하는 물품; ㉣ 관세 및 내국세 등이 부과되지 아니하는 물품; ㉤ 방위산업용 기계와 그 부분품 및 원재료로 수입하는 물품; ㉥ 수출용 원재료; ㉦ 특정연구기관육성법의 규정에 의한 특정연구기관이 수입하는 물품; ㉧ 과세가격이 미화 1만 달러 이하인 물품으로 관세청장이 정하는 물품; ㊅ 그 밖에 과세가격의 결정에 문제가 없다고 관세청장이 인정하는 물품.

### 3) 잠정가격신고의 요건과 방법

납세의무자가 가격신고의 의무를 이행할 때 신고하여야 할 가격이 확정되지 아니한 경우로서 일정한 요건에 해당한다면 잠정가격으로 가격신고를 하는 것이 허용된다(관세법 제28조제1항). 여기에서 잠정가격으로 가격신고를 한 납세의무자는 2년의 범위 안에서 구매자와 판매자 간의 거래계약의 내용 등을 고려하여 세관장이 지정하는 기간 내에 해당 물품에 대한 확정된 가격을 신고할 의무가 수반된다(관세법 제28조제1항).

그런데 만일 납세의무자가 세관장이 지정하는 기간 내에 확정된 가격을 신고하지 아니한다면 세관장은 직권으로 해당 물품에 적용될 가격을 확정할 수 있다(관세법 제28조제3항). 더 나아가 납세의무자가 폐업, 파산신고, 법인해산 등의 사유로 확정된 가격을 신고하지 못할 것으로 인정되는 경우에는 지정된 기간 중이라고 하더라도 해당 물품에 적용될 가격을 확정할 수 있다. 한편, 납세의무자로부터 확정된 가격을 신고받거나 세관장이 직권으로 가격을 확정하였을 때에는 잠정가격을 기초로 신고납부한 세액과 확정된 가격에 따른 세액의 차액을 징수하거나 환급하여야 한다(관세법 제28조제4항).

### 4) 과세가격 자료의 조사와 수입신고가격의 공표

기재부장관(관세청장)은 관세법 제29조제1항에 따라 과세가격을 결정하기 위하여 필요하다고 인정되는 경우에는 수출입업자, 경제단체 또는 그 밖의 관계인에게 과세가격 결정에 필요한 자료를 제출할 것을 요청할 수 있는데, 그 요청을 받은 자는 정당한 사유가 없으면 이에 따라야 한다. 그리고 관세청장은 관세법 제29조제2항에 따라 원활한 물자수급을 위하여 특정물품의 수입을 촉진시킬 필요가 있는 경우 또는 수입물품의 국내가격을 안정시킬 필요가 있는 경우에 국민생활에 긴요한 물품으로써 국내물품과 비교 가능한 수입물품의 평균 신고가격이나 반입 수량에 관한 자료를 집계하여 공표할 수 있는데, 수입물품의 평균 신고가격이나 반입 수량에 관한 자료의 집계결과를 공표할 때에는 관세청의 인터넷 홈페이지를 통하여 공표하여야 하며, 이 경우 공표대상 수입물품의 선정기준 및 수입물품의 평균 신고가격이나 반입 수량에 관한 자료의 집계 방법 등을 함께 공표하여야 한다(관세령 제16조의2제1항).

## 3. 세액의 심사와 정정

### 1) 세액의 심사

납세의무자로부터 납세신고를 받은 세관장은 수입신고서에 기재된 사항과 관세법에 따른 확인사항 등을 심사하지만, 신고한 세액에 대하여는 원칙적으로 수입신고를 수리한 후에 심사한다(관세법 제38조제2항). 한편, 지금까지 설명한 납세의무자의 납세신고에 따른 세액심사의 기준에도 불구하고 세관장은 관세법 제38조제3항에 따라 납세실적과 수입규모 등을 고려하여 관세청장이 정하는 요건을 갖춘 자가 신청할 때에는 납세신고한 세액을 자체적으로 심사하게 하는 "자율심사"를 허용할 수 있는바, 해당 납세의무자는 자율심사한 결과를 세관장에게 제출하여야 한다.

### 2) 세액의 정정

관세법 제38조제4항에 따라 납세의무자는 납세신고한 세액을 납부하기 전에 그 세액이 과부족(過不足)하다는 것을 알게 되었을 때에는 납세신고한 세액을 정정할 수 있다. 여기에서 납부기한은 당초의 납부기한으로 한다. 그리고 보정신청, 수정신고와 경정청구, 수입물품의 과세가격 조정에 따른 경정청구 및 과세가격 조정신청과 관련하여 각각의 기한까지 우편으로 발송(국기법 제5조의2에서 정한 날을 기준으로 한다)한 청구서 등이 세관장 또는 기재부장관에게 기간을 지나서 도달한 경우 그 기간의 만료일에 신청·신고 또는 청구된 것으로 간주된다(관세법 제38조의5).

#### (1) 세액보정

납세의무자는 신고납부한 세액이 부족하다는 것을 알게 되거나 세액산출의 기초가 되는 과세가격 또는 품목분류 등에 오류가 있는 것을 알게 되었을 때에는 보정기간, 즉 신고납부한 날부터 6개월 이내에 해당 세액을 보정(補正)하여 줄 것을 세관장에게 신청할 수 있다(관세법 제38조의2제1항). 그리고 세관장은 신고납부한 세액이 부족하다는 것을 알게 되거나 세액산출의 기초가 되는 과세가격 또는 품목분류 등에 오류가 있다는 것을 알게 되었을 때에는 납세의무자에게 해당 보정기간에 보정신청을 하도록 통지할 수 있는데,[52] 이러한 보정통지를 받은 납세의무자가 세액보정을 신청하려면 서면으로 세관장에게 신청하여야 한다(관세법 제38조의2제2항). 여기에서 납세의무자가 부족한 세액에 대한 세액의 보정을 신청한 경우에는 해당 보정신청을 한 날의 다음 날까지 해당 관세를 납부하

52) 세액의 보정통지 방법에 관하여는 관세령 제32조의4 제1항을 참조.

여야 한다(관세법 제38조의2제4항). 그리고 세관장은 납세의무자의 신청에 따라 세액을 보정한 결과 부족한 세액이 있을 때에는 납부기한 다음 날부터 보정신청을 한 날까지의 기간과 금융회사의 정기예금에 대하여 적용하는 법정이율(연 1천분의 12)에 따라 계산한 금액을 더하여 해당 부족세액을 징수하여야 하는데, 국가 또는 지방자치단체가 직접 수입하는 물품 등의 경우 또는 신고납부한 세액의 부족 등에 대하여 납세의무자에게 정당한 사유가 있는 경우[53]에 해당한다면 가산하여야 할 금액은 면제된다(관세법 제38조의2제5항). 하지만 납세의무자가 부정한 방법으로 과소신고한 후 세액보정을 신청한 경우에는 세관장은 관세법 제42조제2항에 따른 가산세를 징수하여야 한다(관세법 제38조의2제5항).

### (2) 수정신고

납세의무자는 신고한 세액이 부족한 경우에는 보정기간이 지난날부터 관세부과의 제척기간이 끝나기 전까지에 한하여 수정신고를 할 수 있는데, 이 경우 납세의무자는 수정신고한 날의 다음 날까지 해당 관세를 납부하여야 한다(관세법 제38조의3제1항).

### (3) 경정청구와 세관장의 경정처분

납세의무자는 신고납부한 세액이 과다한 것을 알게 되었을 때에는 최초로 납세신고를 한 날부터 원칙적으로 5년 이내에 신고한 세액의 경정을 세관장에게 청구할 수 있다(관세법 제38조의3제2항). 여기에서 경정의 청구를 받은 세관장은 그 청구를 받은 날부터 2개월 이내에 세액을 경정하거나 경정하여야 할 이유가 없다는 뜻을 청구한 자에게 통지하여야 하는데, 만일 경정을 청구한 자가 2개월 이내에 통지를 받지 못한 경우에는 그 2개월이 되는 날의 다음날부터 관세법상 이의신청, 심사청구, 심판청구 또는 감사원법에 따른 심사청구를 할 수 있다(관세법 제38조의3제4항·제5항). 그리고 경정청구의 원칙적인 기한이 5년임에도 불구하고 납세의무자는 경정청구 기한의 예외적 적용사유가 발생하여 납부한 세액이 과다한 것을 알게 되었을 때에는 그 사유가 발생한 것을 안 날부터 2개월 이내에 납부한 세액의 경정을 청구할 수 있다(관세법 제38조의3제3항).

한편, 세관장은 납세의무자가 신고납부한 세액, 납세신고한 세액 또는 앞서 설명한 납세의무자의 경정청구에 따라 경정청구한 세액을 심사한 결과 과부족하다는 것을 알게 되었을 때에는 그 세액을 경정하여야 하고(관세법 제38조의3제6항), 해당 납세의무자에게 경정통지서를 교부하여야 한다(관세령 제34조제3항). 만일 이러한 경정을 처분한 후 세관장이 그

53) 관세법 제10조에 따른 기한 연장 사유에 해당하는 경우나 관세령 제1조의3에 따른 법 해석에 관한 질의·회신 등에 따라 신고·납부했으나 이후 동일한 사안에 대해 다른 과세처분을 하는 경우 또는 그 밖에 납세자가 의무를 이행하지 않은 정당한 사유가 있는 경우가 해당된다.

세액에 과부족이 있는 것을 재차 발견하였다면, 세관장은 그 경정한 세액을 다시 경정한다(관세령 제34조제5항).

### (4) 수입물품의 과세가격 조정에 따른 경정

납세의무자는 국제조세조정법 제7조제1항에 따라 관할 지방국세청장(세무서장)이 해당 수입물품의 거래가격을 조정하여 과세표준 및 세액을 결정·경정처분하거나 같은 법 제14조제3항에 따라 국세청장이 해당 수입물품의 거래가격과 관련하여 소급하여 적용하도록 사전승인을 함에 따라 그 거래가격과 관세법에 따라 신고납부·경정한 세액의 산정기준이 된 과세가격 간 차이가 발생한 경우에는 그 결정·경정처분 또는 사전승인이 있음을 안 날(처분 또는 사전승인의 통지를 받은 경우에는 그 받은 날)부터 3개월 또는 최초로 납세신고를 한 날부터 5년 내에 세관장에게 세액의 경정을 청구할 수 있다(관세법 제38조의4제1항). 그리고 이러한 경정청구를 받은 세관장은 해당 수입물품의 거래가격 조정 방법과 계산근거 등이 관세법 제30조부터 제35조까지의 규정에 적합하다고 인정하는 경우에는 세액을 경정할 수 있다(관세법 제38조의4제2항). 여기에서 세관장은 경정청구를 받은 날부터 2개월 내에 세액을 경정하거나 경정하여야 할 이유가 없다는 뜻을 청구인에게 통지하여야 하는데, 만일 청구인이 2개월 이내에 통지를 받지 못한 경우에는 그 2개월이 되는 날의 다음날부터 관세법상 이의신청, 심사청구, 심판청구 또는 감사원법에 따른 심사청구를 할 수 있다(관세법 제38조의4제3항·제5항). 한편, 세관장의 경정하여야 할 이유가 없다는 통지에 이의가 있는 청구인은 그 통지를 받은 날[54]부터 30일 내에 기재부장관에게 국세의 정상가격과 관세의 과세가격 간의 조정을 신청할 수 있다(관세법 제38조의4제4항).[55]

## Ⅳ. 부과고지 방식

### 1. 부과고지의 요건

부과고지 방식은 관세의 과세권자인 세관장이 관세금액을 결정하여 납세의무자에게 일정 기일까지 납부할 것을 명하는 행정행위에 의하여 비로소 관세의 납세의무가 구체적으로 확정되는 방식이다. 관세법 제39조제3항에 따라 세관장이 부과고지 대상물품에 대한 관세를 징수하려면 납세의무자에게 반드시 납부고지를 하여야 하는데, **납부고지**는

54) 2개월 내에 통지를 받지 못한 경우에는 2개월이 경과한 날.

55) 이 경우 국제조세조정법 제10조의3을 준용한다.

과세처분으로서 세관장이 과세연도·세목·세액·납부기일·납부장소와 세액의 산출근거를 명시한 납부고지서를 납세의무자에게 교부함으로써 효력이 발생하게 된다(관세령 제36조). 여기에서 세액의 산출근거 등 기재사항을 누락한 납부고지서에 의한 과세처분은 원칙적으로 위법한 처분이 된다. 그리고 징수금액의 최저한 금액인 1만 원 미만인 경우에는 관세의 납세의무가 면제되므로 관세의 과세물건에 해당하는 수입물품이라고 하더라도 관세가 징수되지 않는다.

## 2. 부과고지 대상물품

### 1) 위법하게 반입되거나 세관감시를 회피한 수입물품

관세법상 수입신고의무를 위반하여 국내로 반입된 외국물품에 대해 관세의 납세의무가 발생하며, 그 수입물품은 관세의 부과고지 대상물품에 해당된다. 이에 따라 관세형벌법규상 밀수입죄와 관세포탈죄의 행위객체에 해당하는 물품에 대한 관세의 징수는 부과고지 방식이 적용된다. 그리고 보세구역에 장치된 외국물품이 멸실되거나 폐기된 경우 또는 외국물품이 도난되거나 분실된 경우와 보세운송하는 외국물품이 지정된 기간 내에 목적지에 도착하지 아니한 경우에는 세관감시의 회피로 인하여 관세의 납세의무가 발생하며, 이러한 수입물품에 대한 관세의 징수 또한 부과고지 방식이 적용된다.

### 2) 관세행정절차규정에 위반되거나 관세행정작용 특례지역에서 위법하게 사용·소비된 수입물품

외국물품인 선박용품 또는 항공기용품과 국제무역선 또는 국제무역기 안에서 판매할 물품이 세관장의 적재허가 내용대로 운송수단에 적재하지 아니한 경우나 보세구역 밖에서 하는 보수작업의 지정된 기간이 지난 외국물품과 보세공장 외 작업, 보세건설장 외 작업 또는 종합보세구역 외 작업의 지정기간이 지난 외국물품에 대한 관세의 징수는 부과고지 방식이 적용된다. 또한, 관세행정작용의 특례지역에서 수입신고가 수리되기 전에 소비하거나 사용하는 물품이나 보세건설장에서 건설된 시설로서 수입신고가 수리되기 전에 가동된 경우와 보세구역에 반입된 물품이 수입신고가 수리되기 전에 반출된 경우 또는 수입신고전 즉시 반출신고한 물품을 법정기간 내에 수입신고를 하지 아니한 경우에 관세의 징수는 마찬가지로 부과고지 방식이 적용된다.

### 3) 납세신고가 부적당한 수입물품

우편으로 수입되는 물품이나 관세법에 따라 매각되는 물품은 납세신고가 부적당하므로 부과고지 방식이 적용된다. 또한, 납세의무자가 관세청장이 정하는 사유로 과세가격이나 관세율 등을 결정하기 곤란하여 부과고지를 요청하는 경우 또는 그 밖에 납세신고가 부적당한 법정 물품은 부과고지 대상물품이 되며, 세관장이 과세표준, 세율, 관세의 감면 등에 관한 규정의 적용 착오 또는 그 밖의 사유로 이미 징수한 금액이 부족한 것을 알게 되었을 때에 그 부족액을 징수하는 경우에도 부과고지 방식이 적용된다.

## Ⅴ. 과세가격 결정방법의 사전심사와 특수관계자에 대한 과세자료 제출요구

### 1. 과세가격 결정 방법에 대한 사전심사

평가대상 수입물품에 대한 과세가격의 결정에 관련된 의문을 갖는 납세의무자는 관세법 제37조제1항에 따라 관세청장에게 그 의문사항에 대한 사전심사를 신청할 수 있다.[56) 사전심사 신청의 대상범위에는 다음과 같은 사항이 해당한다: ① 관세법 제30조제1항부터 제3항까지에 규정된 사항; ② 관세법 제30조제1항 및 제2항에 규정된 방법으로 과세가격을 결정할 수 없는 경우 관세법 제31조부터 제35조까지에 규정된 과세가격 결정방법; ③ 특수관계가 있는 자들 간에 거래되는 물품의 과세가격 결정 방법. 여기에서 사전심사 신청을 받은 관세청장은 법정회신기간[57) 이내에 과세가격의 결정방법을 심사한 후, 그 결과를 신청인에게 통보하여야 한다(관세법 제37조제2항).

한편, 세관장은 관세의 납세의무자가 관세청장으로부터 통보된 과세가격의 결정 방법에 따라 납세신고를 한 경우 법정요건을 갖추었을 때에는 그 결정 방법에 따라 과세가격을 결정하여야 한다(관세법 제37조제4항).

그런데 납세의무자가 만일 앞서 설명한 사전심사 신청의 대상범위 가운데 제③에 관하여 의문이 있어 사전심사를 신청하였다면 국제조세조정법상 정상가격 산출 방법의 사전승인[58)을 관세청장에게 동시에 신청할 수 있다(관세법 제37조의2제1항). 여기에서 관세청장은 국세청장과 협의하여 관세의 과세가격과 국세의 정상가격을 사전에 조정하여야 한다. 그리고 사전조정의 대상은 관세의 과세가격 결정방법과 국세의 정상가격 산출 방

---

56) 과세가격 결정에 관한 사전심사를 신청하는 방법에 관하여는 관세령 제31조제1항을 참조.

57) 법정회신기간은 본문 제①과 제②에 해당하는 경우는 1개월이 되고, 제③에 해당하는 경우는 1년이 된다(관세령 제31조제3항). 여기에서 법정회신기간에서 관세청장이 제출된 신청서 및 서류의 보완을 요구한 경우에는 그 기간은 산입하지 아니한다(관세령 제31조제3항) ▸한편, 결과를 통보받은 자가 그 결과에 이의가 있는 경우에는 그 결과를 통보받은 날부터 30일 이내에 관세청장에게 재심사를 청구할 수 있다(관세법 제37조제3항).

58) 관세법 제6조제1항과 제2항단서에 따른 일방적 사전승인의 대상인 경우에 한정한다.

법이 유사한 경우로서 법정 사전조정의 대상으로 한정한다(관세법 제37조의2제2항). 아울러 사전조정을 하는 관세청장은 국세청장에게 정상가격 산출 방법의 사전승인 신청서류를 첨부하여 신청을 받은 사실을 통보하고, 국세청장과 과세가격 결정 방법, 정상가격 산출 방법 및 사전조정 가격의 범위에 대하여 협의하여 결정하여야 한다(관세법 제37조의2제3항). 또한, 관세청장은 국세청장과의 사전조정의 결과를 사전조정을 신청한 납세의무자와 기재부장관에게 통보하여야 한다(관세법 제37조의2제4항).

## 2. 세관장의 특수관계자 수입물품에 대한 과세가격 결정자료 제출요구

관세법 제37조의4 제1항에 따라 세관장은 납세의무자의 납세신고에 대한 세액심사 시 특수관계에 있는 자가 수입하는 물품에 대한 과세가격의 적정성을 심사하기 위하여 해당 특수관계자에게 그 수입물품의 과세가격 결정자료(전산화된 자료를 포함한다)를 제출할 것을 요구할 수 있는데, 제출받은 과세가격 결정자료에서 관세법 제30조제1항 각호에 해당하는 금액이 이에 해당하지 아니하는 금액과 합산되어 있는지 불분명한 경우에는 이를 구분하여 계산할 수 있는 객관적인 증명자료(전산화된 자료를 포함한다)의 제출을 요구할 수 있다(관세법 제37조의4제2항).

한편, 세관장으로부터 과세가격 결정자료 및 증명자료의 제출을 요구받은 특수관계자는 자료제출을 요구받은 날부터 60일 이내에 해당 자료를 제출하여야 한다(관세법 제37조의4제3항). 그리고 세관장은 특수관계가 있는 자가 앞서 설명한 과세가격 결정자료 및 증명자료를 법정제출기한까지 제출하지 아니하거나 거짓으로 제출한 경우에는 관세법 제31조부터 제35조까지에 규정된 방법으로 과세가격을 결정할 수 있는데, 이 경우 세관장은 과세가격 결정전에 특수관계에 있는 자와 협의하여야 하며, 의견을 제시할 기회를 주어야 한다(관세법 제37조의4제4항).[59] 만일 자료제출을 요구받은 특수관계에 있는 자가 천재지변 등으로 인한 기한의 연장 규정(관세법 제10조)에서 정하는 정당한 사유 없이 법정기한까지 자료를 제출하지 아니하거나 거짓의 자료를 제출하였다면, 그 위반행위는 1억 원 이하의 과태료가 부과되는 질서위반행위에 해당한다(관세법 제277조제1항).[60] 여기에서 납세의무자가 부득이한 사유로 제출기한의 연장을 신청하는 경우에는 세관장은 한 차례만 60일까지 연장할 수 있다. 제출기한의 연장을 신청하려면 제출기한이 끝나기 15일 전까지 소정의

59) 그럼에도 불구하고 세관장은 특수관계에 있는 자가 관세법 제30조제3항제4호단서에 해당하는 경우임을 증명하는 경우에는 관세법 제30조제1항 및 제2항에 따라 과세가격을 결정하여야 한다(관세법 제37조의4제5항).

60) 이 경우 관세법 제276조(허위신고죄 등)는 적용되지 않는다.

자료제출기한연장신청서를 세관장에게 제출하여야 한다(관세령 제31조의3제4항).

그런데 세관장은 자료제출을 요구받은 자가 관세법 제277조제1항에 따라 과태료를 부과받고도 자료를 제출하지 아니하거나 거짓의 자료를 시정하여 제출하지 아니하는 경우에는 미제출된 자료를 제출하도록 요구하거나 거짓의 자료를 시정하여 제출하도록 요구할 수 있는데, 자료제출을 요구받은 자는 그 요구를 받은 날부터 30일 이내에 그 요구에 따른 자료를 제출하여야 한다(관세법 제37조의4제6항·제7항). 이러한 제출의무를 위반한 행위는 2억 원 이하의 과태료가 부과되는 질서위반행위에 해당한다(관세법 제277조제2항).[61]

## 3. 세관장의 조세정보자료 요청

관세법 제37조의3에 따라 관세청장이나 세관장은 과세가격의 결정 · 조정 및 관세의 부과 · 징수를 위하여 필요한 경우에는 국세청장, 지방국세청장 또는 관할 세무서장에게 국제조세조정 정보 또는 자료를 요청할 수 있다. 여기에서 요청을 받은 기관은 정당한 사유가 없으면 요청에 따라야 한다. 그리고 "국제조세조정 정보 또는 자료"의 적용범위는 국제조세조정법 제7조에 따른 과세표준 및 세액의 결정 · 경정과 관련된 정보 또는 자료와 그 밖에 과세가격의 결정 · 조정에 필요한 자료가 해당한다.

61) 이 경우 관세법 제276조(허위신고죄 등)는 적용되지 않는다.

# 5

# 관세의 과세행정과 납세자의 권리보호

# 제5장
# 관세의 과세행정과 납세자의 권리보호

## 제1절 관세율표상 품목분류와 수입물품에 대한 과세가격의 결정

### Ⅰ. 관세율표상 품목분류

#### 1. 품목분류의 적용기준

관세율표상 품목분류는 기재부장관이 HS협약에 따라 수출입물품의 신속한 통관, 통계파악 등을 위하여 협약 및 법 별표 관세율표를 기초로 하여 품목을 세분하여 고시한 관세·통계통합품목분류표[1]에 의한다(관세령 제98조제1항). 그리고 다음과 같은 사항을 심의하기 위하여 관세청에 관세품목분류위원회를 둔다(관세법 제85조제2항): ① 품목분류 적용기준의 신설 또는 변경과 관련하여 관세청장이 기재부장관에게 요청할 사항; ② 특정물품에 적용될 품목분류의 사전심사 및 재심사; ③ 특정물품에 적용될 품목분류의 변경 및 재심사; ④ 그 밖에 품목분류에 관하여 관세청장이 분류위원회에 부치는 사항.

#### 2. 품목번호의 결정 방법

관세율표의 형식적 분류체계는 최종적으로 물품의 통일상품명 및 부호체계의 넓은

1) HS품목분류표 제7차 개정(2022.1.1. 시행)을 반영하여 HS 4단위호(Heading)는 1,228개로, HS 6단위소호(Subheading)는 5,612개로, 그리고 HSK 10단위부호는 11,293개로 구성되어 있다.

분류체계를 의미하기 때문에 구조적인 구성요소는 HS품목분류표에 의하여 결정된다. 이에 따라 관세율표는 21부 97류로 구성되며,[2] 부(Section)나 류(Chapter)의 맨 앞에 법적 효력을 갖는 주(Notes)가 배치되어 있다. 관세율표상 품목번호의 배열은 이른바 생산원칙이 적용된다. 이 원칙은 물품을 그 가공단계에 따라 체계화한다. 따라서 원료품에서부터 반제품 그리고 완제품의 순서로 품목번호가 배열된다. 이러한 배열체계는 원칙적으로 HS품목분류표상 류의 순서를 따른다. 더 나아가 생산원칙은 각 류의 내부에서도 역시 반복되어 적용된다.

생산원칙의 적용에 대한 실례는 관세율표(HS품목분류표)의 내부에서:

- 산수목(원료품) ⇨ 제0602호;
- 원목(원료품을 가공한 반제품) ⇨ 제4403호;
- 목제의자(반제품으로 가공한 완제품) ⇨ 제9401호.

분류의 내부에서 생산원칙의 적용:

- 원목(베어 낸 그대로 아직 가공하지 아니한 나무) ⇨ 제4403호;
- 합판(얇게 켠 나무 널빤지를 나뭇결이 서로 엇갈리게 여러 겹 붙여 만든 널빤지) ⇨ 제4412호;
- 목제상자(물건을 넣어 두기 위하여 나무로 만든 네모난 그릇) ⇨ 제4415호;
- 목제장식품(나무를 가공한 액세서리 따위로 치장한 제품) ⇨ 제4420호.

물론 더 자세히 살펴보면 생산원칙이 가끔 지켜지지 않는다는 것도 알 수 있다. 그렇기 때문에 이것은 품목분류의 체계에 대한 전체적인 지향점이 된다. 품목분류 내에서 물품설명(묘사)은 사용목적(용도) 또는 물질적 성질 아니면 두 가지 모두에 따른다. 이와 함께 그 밖의 기준, 가령 생산 방법이나 포장 또는 수입날짜 등이 분류의 근거(기초)가 된다. 예를 들면, 물질적 성질에 따른 물품설명은 세번 제2902호 '환식탄화수소', 세번 제3801호 '인조흑연'에서 볼 수 있고, 사용목적(용도)에 따른 물품설명은 세번 제8521호 '영상기록용 기기', 세번 제9504호 '오락용구'에서 볼 수 있으며, 물질적 성질과 사용목적에 따른 물품설명은 세번 제4013호 '고무로 만든 이너튜브', 세번 제4417호 '나무로 만든

2) 제77류는 HS협약에 따라 장래에 새로운 류의 설정이 필요할 때를 대비하여 남겨 둔 것으로 현재 사용하고 있지 않으며, 제98류와 제99류는 각 체약국이 특별한 용도에 사용할 수 있도록 배려한 것이다. 미국은 관세감면이나 재수입물품의 운영을 위하여 제98류와 제99류를 사용하고 있으나, 우리나라 등 대다수 국가는 이를 활용하고 있지 않다.

공구'에서 볼 수 있다.

HS품목분류표의 물품설명이 결정적 분류조건이 되는 것도 아니고 관세율표의 분류규칙에서 물품개념의 용어상 차이가 밝혀진다. 이것은 관세법에서 분명하게 정의내리고 있지 않았음에도 불구하고 HS품목분류표에 수록된 모든 동산의 물품을 포함한다. 그러므로 관세법상 동산은 역시 물품이다. 세율은 물품과 원료물질 사이에 엄격하게 해석되어 구분된다. 동시에 물품은 항상 특정한 가공을 통하여 특성을 이룬다. 물품과 원료물질 사이의 관세율표상 구분은 무엇보다도 두 개의 용어가 대비되고 있는 관세율표의 해석에 관한 통칙 2의 분류원칙에 따라 분명하게 결정된다.

지금까지 설명한 관세율표상 품목번호의 배열체계에서 가령 '라면'이란 품목에 대하여 품목분류를 적용해보면 다음의 도식과 같은 품목번호(세번)로 판정(결정)된다.

<table>
<tr><th colspan="6">HSK No.</th></tr>
<tr><td>분류체계</td><td>류<br>(chapter)</td><td>호<br>(heading)</td><td>소호<br>(subheading)</td><td colspan="2">부호(세번)</td></tr>
<tr><td>품목번호</td><td>19</td><td>02</td><td>30</td><td>10</td><td>10</td></tr>
<tr><td rowspan="2">법적지위</td><td colspan="3">HS협약 (회원국의 일치의무)</td><td colspan="2">회원국에게 세분류 위임</td></tr>
<tr><td colspan="5">기획재정부고시 (관세법)</td></tr>
</table>

## 3. 관세율표의 해석에 관한 통칙

관세율표의 해석에 관한 통칙(이하 "HS통칙"이라 한다)은 관세율표상 다양한 물품의 실제적인 분류를 위하여 기본적 규칙이 된다. 관세율표상 품목분류는 분류대상인 물품에 한 개의 품목번호만 부합하여야 하는 소위 일물일처(一物一處)의 분류원칙이 적용된다. HS통칙은 이러한 분류원칙의 충실한 적용에 이바지하게 되며, 본질적으로 법적인 구속력을 갖는다. HS통칙의 근원은 "통일상품명 및 부호체계에 관한 국제협약"이다. 즉, HS협약에서 규정하고 있는 "HS해석통칙"을 관세율표상 "통칙"으로 그대로 수용하였다. HS통칙은 아래의 표와 같이 제1호에서 제6호까지의 분류원칙으로 구성되어 있는데, HS통칙의 각 호는 반드시 순차적으로 적용하지 않으면 안 된다.

<table>
<tr><th colspan="2">구분</th><th>분류원칙</th></tr>
<tr><td colspan="2">HS통칙 제1호</td><td>호(heading)의 용어(terms) 및 주(notes) 최우선적용원칙</td></tr>
<tr><td rowspan="2">HS통칙<br>제2호</td><td>(가)</td><td>불완전·미완성 물품의 분류원칙</td></tr>
<tr><td>(나)</td><td>이중재료와 혼합물품의 분류원칙</td></tr>
</table>

| 구분 | | 분류원칙 |
|---|---|---|
| HS통칙 제3호 | (가) | 특정표현호 우선적용원칙 |
| | (나) | 본질적 특성에 따른 분류원칙 |
| | (다) | 최종호 분류원칙 |
| HS통칙 제4호 | | 유사물품 분류원칙 |
| HS통칙 제5호 | (가) | 물품케이스의 분류원칙 |
| | (나) | 포장재와 포장용기의 분류원칙 |
| HS통칙 제6호 | | 소호(subheading) 우선적용원칙 |

## 4. 품목분류의 사전심사와 변경 및 적용

### 1) 특정물품에 적용될 품목분류의 사전심사

관세법 제86조제1항에 따라 물품을 수출입하려는 자, 수출할 물품의 제조자 및 관세사법에 따른 관세사·관세법인 또는 통관취급법인은 수출입신고(관세법 제241조제1항)를 하기 전에 소정의 서류를 갖추어 관세청장에게 해당 물품에 적용될 별표 관세율표에 정해진 품목분류를 미리 심사하여 줄 것을 신청할 수 있는 권리가 주어진다.[3] 그리고 사전심사(또는 재심사)의 신청을 받은 관세청장[4]은 원칙적으로 해당 물품에 적용될 품목분류를 심사하여 사전심사(또는 재심사)의 신청을 받은 날부터 30일[5](보정기간은 제외) 이내에 이를 신청인에게 통지하여야 할 의무를 진다(관세법 제86조제2항). 여기에서 만일 제출자료의 미비 등으로 품목분류를 심사하기 곤란한 경우에는 관세청장이 해당 신청인에게 그 뜻을 통지하여야 한다. 하지만 사전심사(또는 재심사)의 신청이 ㉮ 관세청장의 보정요구에 따른 보정기간 내에 보정하지 아니한 경우 또는 ㉯ 신청인이 사전심사 또는 재심사를 신청한 물품과 동일한 물품을 이미 수출입신고한 경우에 해당하는 경우에는 해당 신청을 반려할 수 있다(관세령 제106조제3항). 그리고 관세청장의 통지를 받은 자는 통지받은 날부터 30일 이내에 소정의 서류를 갖추어 관세청장에게 재심사를 신청할 수 있다

3) 사전심사 또는 재심사의 신청방법에 관하여는 관세령 제106조제1항를 참조. ▸관세청장은 품목분류 사전심사 및 재심사의 세부절차, 세부 방법과 그 밖에 필요한 세부사항에 관하여 행정규칙으로 「품목분류사전심사제도운영에관한고시」를 제정·시행하고 있다.

4) 관세청장은 품목분류를 심사(또는 재심사)하기 위하여 해당 물품에 대한 구성재료의 물리적·화학적 분석이 필요한 경우에는 해당 품목분류를 심사 또는 재심사하여 줄 것을 신청한 자에게 신청품목당 3만 원의 분석수수료를 납부하게 할 수 있다(관세법 제86조제6항; 관세규칙 제33조).

5) 재심사의 경우에는 60일.

(관세법 제86조제2항).

한편, 관세청장은 관세법 제86조제4항에 따라 원칙적으로 품목분류를 심사한 물품 및 재심사 결과 적용할 품목분류가 변경된 물품에 대하여는 해당 물품에 적용될 품목분류와 품명, 용도, 규격, 그 밖에 필요한 사항을 고시 또는 공표하여야 할 의무를 진다. 여기에서 예외적으로 신청인의 영업 비밀을 포함하는 등 해당 물품에 적용될 품목분류를 고시 또는 공표하는 것이 적당하지 아니하다고 인정되는 물품에 대하여는 고시 또는 공표하지 아니할 수 있다. 그리고 세관장은 수출입신고(관세법 제241조제1항)가 된 물품이 위의 사전심사(또는 재심사) 절차에 따라 통지한 물품과 같을 때에는 그 통지 내용에 따라 품목분류를 적용하여야 할 의무를 진다(관세법 제86조제5항).

아울러 세관장은 재심사 결과 적용할 품목분류가 변경되었을 때에는 신청인이 변경내용을 통지받은 날과 그 변경일, 즉 관세청장의 고시 또는 공표일 중 빠른 날부터 변경된 품목분류를 적용하되, 다음과 같은 기준에 따라 달리 적용할 수 있다: ① 변경일부터 30일이 지나기 전에 우리나라에 수출하기 위하여 선적된 물품에 대하여 변경 전의 품목분류를 적용하는 것이 수입신고인에게 유리한 경우에는 변경 전의 품목분류 적용; ② 거짓자료 제출 등 신청인에게 책임 있는 사유로 품목분류가 변경된 경우나 신청인에게 귀책사유가 없는 경우로서 수출입신고인에게 유리한 경우에는 변경일 전에 수출입신고가 수리된 물품에 대해서도 소급하여 변경된 품목분류를 적용할 수 있다. 위의 사전심사(또는 재심사) 절차에 따라 통지받은 품목분류 사전심사(또는 재심사) 결과의 유효기간은 3년으로 하되(관세법 제86조제7항), 만일 재심사 결과 품목분류가 변경된 경우에는 해당 통지를 받은 날부터 유효기간을 다시 기산한다.

### 2) 특정물품에 적용되는 품목분류의 변경 · 적용

관세법 제87조제1항에 따라 관세청장은 특정물품에 적용될 품목분류의 사전심사 또는 재심사한 품목분류를 변경하여야 할 필요가 있거나 그 밖에 관세청장이 직권으로 한 품목분류를 변경하여야 할 부득이한 사유가 생겼을 때에는 해당 물품에 적용할 품목분류를 변경할 수 있는 권한을 갖는다. 여기에서 관세청장은 품목분류를 변경하였을 때에는 그 내용을 고시하고, 앞서 설명한 사전심사(또는 재심사)절차에 따라 통지한 신청인에게는 그 내용을 통지하여야 할 의무를 지는데, 신청인의 영업 비밀을 포함하는 등 해당 물품에 적용될 품목분류를 고시하는 것이 적당하지 아니하다고 인정되는 물품에 대해서는 고시하지 아니할 수 있다(관세법 제87조제2항).

한편, 관세청장의 통지를 받은 자는 통지받은 날부터 30일 이내에 소정의 서류를 갖추어 관세청장에게 재심사를 신청할 수 있는 권리가 주어지는데, 재심사의 기간, 재심사 결과의 통지 및 고시·공표, 수수료 및 재심사의 절차·방법 등에 관하여는 앞서 설명한 사전심사(또는 재심사)절차의 관련 규정(관세법 제86조제3항·제4항·제6항·제8항)을 준용한다. 그리고 특정물품에 적용될 품목분류의 사전심사 또는 재심사한 품목분류가 관세청장이 직권으로 변경하거나 그 변경에 따른 재심사 결과 품목분류가 변경된 경우 품목분류의 유효기간은 해당 통지를 받은 날부터 3년으로 한다.

## Ⅱ. 수입물품에 대한 과세가격의 결정

WTO관세평가협정과 이를 우리나라 국내법으로 수용한 관세법에서 관세의 과세가격 결정 방법(이하 "관세평가 방법")을 여섯 가지 방법으로 제시하고 있는데, 선순위 관세평가 방법을 적용할 수 없는 사정이 있는 경우에 한하여 후순위 관세평가 방법을 선택하는 엄격한 순차적 적용원칙을 명백히 밝히고 있다(관세법 제30조제1항; WTO관세평가협정 제4조). 여기에서 단지 해당 납세의무자가 요청하는 경우에 한하여 제4 관세평가 방법과 제5 관세평가 방법의 순위를 바꾸어 적용할 수 있도록 그 예외를 허용하고 있다.

### 1. 수입물품의 거래가격을 기초로 한 과세가격의 결정 방법[6]

GATT1947/WTO 제7조제2항에 따르면 수입상품에 대한 관세목적의 가격은 반드시 과세가격을 산출하려는 해당 수입상품 또는 동종상품의 실제가격에 기초하여야 하며, 자국산 상품의 가격이나 자의적 또는 가공의 가격에 기초하여 결정하는 것을 절대적으로 금지하고 있다. 여기에서 "실제가격"(actual value)은 수입국의 법령에서 정한 시간과 장소에서 그러한 상품 또는 동종상품이 충분히 경쟁적인 조건 하의 통상적인 거래 과정에서 판매되거나 판매를 위하여 제공되는 가격이어야 한다. 그리고 "실제가격"은 송품장가격(invoice price)에 "실제가격"의 진정한 구성요소인 정당한 비용임에도 송품장가격에 포함되지 아니한 부담액을 더하고 또한 통상적인 경쟁적 가격으로부터의 비정상적인 할인액 또는 그 밖의 경감액을 더한 가격에 해당할 수 있다고 추정하는 것은 GATT1947/WTO 제7조에 부합할 것이다. 이것은 WTO관세평가협정의 기본정신이고, 그런 까닭에 관세법상 관세의 과세가격 결정에 관한 기본원칙이 된다.

관세평가의 기본정신에 따라 관세의 과세가격은 "**거래가격**"(transaction value)을 가

6) 보다 상세한 설명 내용은 김용태, 앞의 책 322~337쪽을 참조

장 우선적인 기초로 하여야 하며, 거래가격의 적용은 관세목적상 과세가격의 일부를 형성하는 것으로 간주되는 어떤 특정 요소가 구매자가 부담하지만 수입물품에 대하여 **실제로 지급하였거나 지급하여야 할 가격**(PAPP: price actually paid or payable)에 포함되어 있지 아니한 경우에는 실제로 지급하였거나 지급하여야 할 가격에 조정하여 결정하여야 하고, 아울러 화폐가 아닌 특정 물품 또는 용역의 형태로 구매자로부터 판매자에게 귀속되는 특정 고려사항을 거래가격에 포함하여 결정하여야 한다. 이러한 과세가격 결정의 방법은 관세법상 과세가격 결정의 기본적 원칙으로서 이른바 제1 관세평가 방법이라고 한다. 따라서 관세법에서 수입물품에 대한 과세가격의 결정은 언제나 원칙적으로 제1 관세평가 방법으로 심사되지 않으면 안 된다. 다만, 제1 관세평가 방법의 적용이 배제되는 경우에 한하여 대체 방법인 그 밖의 관세평가 방법을 순차적으로 적용할 수 있다. 제1 관세평가 방법은 우선적으로 구매자와 판매자가 완전한 독립당사자인 수입물품의 거래가격을 전제조건으로 우리나라에 수출하기 위한 판매를 기초로 적용될 수 있다. 그런데 제1 관세평가 방법은 비록 구매자와 판매자가 독립당사자가 아닌 수입물품의 거래가격이라고 하더라도 다른 독립당사자인 구매자와 동일한 구매가격으로 해당 수입물품의 대가를 지급한다는 것이 확실하다면 그 적용이 배제되지 않는다.

## 2. 대체 방법에 의한 과세가격의 결정 방법

관세평가의 기본정신에 따라 관세의 과세가격이 실제가격에 기초한 거래가격으로 결정될 수 없는 경우 WTO관세평가협정은 확인이 가능한 한 실제가격에 가장 가까운 상당치에 기초하여 관세목적의 가격을 포착하는 방법으로 이른바 제2부터 제6까지의 관세평가 방법을 제1 관세평가 방법의 대체 방법으로 제시하고 있다.

### 1) 동종·동질물품의 거래가격을 기초로 한 과세가격의 결정 방법[7)]

제1 관세평가 방법으로 수입물품의 과세가격을 결정할 수 없다면, 제2 관세평가 방법이 관세법상 과세가격의 결정을 위하여 인용될 수 있다. 제2 관세평가 방법은 과세가격으로 인정된 사실이 있는 동종·동질물품의 거래가격에 의존하여 평가대상물품의 과세가격을 결정한다. 제2 관세평가 방법의 적용을 위한 전제조건은 평가대상물품과 동일한 수량으로, 동일한 상업적 단계에서, 동시 또는 거의 동시에 수출판매된 동종·동질물품에 대해 세관당국이 이전에 그 거래가격을 수락한 사실이 존재하는 것이다.

---

7) 보다 상세한 설명 내용은 김용태, 앞의 책 340쪽을 참조

### 2) 유사물품의 거래가격을 기초로 한 과세가격의 결정 방법[8)]

수입물품의 과세가격을 제1 관세평가 방법과 제2 관세평가 방법으로 결정할 수 없는 경우 과세가격으로 인정된 사실이 있는 유사물품의 거래가격을 토대로 관세법상 과세가격의 결정에 충족하는 제3 관세평가 방법이 있다. 제3 관세평가 방법의 적용을 위한 전제조건은 평가대상물품과 실제적으로 가능하다면 동일한 수량으로, 가능하다면 동일한 상업수준에서, 동시 또는 거의 동시에 수출되며 동일한 수입국에 수출을 위하여 판매된 물품에 대해 세관당국이 이전에 그 거래가격을 수락한 사실이 존재하는 것이다.

### 3) 국내판매가격을 기초로 한 과세가격의 결정 방법[9)]

제1부터 제3까지의 관세평가 방법으로 수입물품에 대한 과세가격의 결정이 불가능한 경우 우리나라에 판매된 수입물품의 국내판매가격을 기초하여 과세가격을 결정하는 제4 관세평가 방법이 관세법상 과세가격의 결정 방법으로 허용된다. 제4 관세평가 방법은 우리나라에 많은 수입물품은 지속적으로 거래되고, 따라서 해당 수입과 연관된 매매거래는 없지만, 나중 시점에서 연관성이 있는 매매거래가 존재한다는 관념을 근거로 한다. 이러한 우리나라 국내에서의 나중 판매는 관세법상 과세가격의 산출을 위하여 고려될 수 있다. 제4 관세평가 방법의 적용을 위한 전제조건은 수입된 동종·동질 또는 유사물품이 우리나라에서 특수관계가 없는 구매자에게 팔린 가격이 존재하는 것이다.

### 4) 산정가격을 기초로 한 과세가격의 결정 방법[10)]

수입물품의 과세가격을 제1부터 제4까지의 관세평가 방법으로 결정할 수 없다면 외국의 해당 물품 생산자가 제시하는 비용산정근거를 토대로 수입물품의 과세가격을 결정할 수 있는 제5 관세평가 방법이 관세법상 허용된다. 따라서 세관당국에게 예컨대 원자재 비용, 일반경비, 이윤 등과 같은 여러 가지 구성부분에서 산출가격에 의거하여 수입물품에 대한 과세가격을 형성하여 결정할 수 있는 가능성이 주어진다. 수입국의 세관당국이 그러한 가능성을 필요한 것으로 인정하는 한도에서 생산자는 자신의 영업정보에 대한 심사를 허용하지 않을 수 없다. 물론 이 관세평가 방법의 적용은 매우 드물다. 왜냐하면 외국의 생산자는 자신의 비용산출자료를 마음대로 이용하게 할 의무를 갖지 아니하고, 더구나 수입국의 세관당국에 의한 심사를 용인(감수)할 의무를 갖지 않기 때문

8) 보다 상세한 설명 내용은 김용태, 앞의 책 340~341쪽을 참조
9) 보다 상세한 설명 내용은 김용태, 앞의 책 341~343쪽을 참조
10) 보다 상세한 설명 내용은 김용태, 앞의 책 343쪽을 참조

이다. 따라서 수입자가 세관당국에게 필요한 정보를 제공할 수 없고, 산정가격 방법을 사용하여 가격을 결정하기 위한 다른 증거가 마련되지 아니한 경우라면 제5 관세평가 방법의 적용은 실현될 수 없을 것이다.

### 5) 합리적 기준에 의한 과세가격의 결정 방법[11)]

제1부터 제5까지의 관세평가 방법으로 수입물품의 과세가격 결정에 도달할 수 없다면 앞서 설명한 5가지 관세평가 방법의 원칙과 부합되는 합리적인 기준에 따라 수입국 내에서 입수 가능한 자료를 기초로 과세가격을 결정할 수 있는 최종 관세평가 방법이 관세법에서 적용된다. 이러한 제6 관세평가 방법의 적용을 위한 전제조건으로 다음의 세 가지 원칙이 충족되어야 한다. 첫째, 과세가격이 합리적인 방법을 사용하여 결정되어야 한다. 둘째, 이러한 방법은 WTO관세평가협정과 GATT1947 제7조의 원칙 및 일반 조항과 일치하지 않으면 안 된다. 그리고 마지막으로, 과세가격은 수입국에서 입수 가능한 자료에 기초하여야 한다.

## 3. 거래가격의 과세가격 적용배제

### 1) 세관장의 의심스러운 거래가격에 대한 증명자료 제출요구권

세관장은 납세의무자가 거래가격으로 수입물품에 대한 가격신고를 하였으나 해당 신고가격이 동종·동질물품 또는 유사물품의 거래가격과 현저한 차이가 있는 등 이를 과세가격으로 인정하기 곤란한 경우에는 그 납세의무자에게 신고가격이 사실과 같음을 증명할 수 있는 자료의 제출을 요구할 수 있다(관세법 제30조제4항).

### 2) 거래가격의 과세가격 불인정사유

세관장의 의심스러운 거래가격에 대한 증명자료 제출요구에 따라 해당 납세의무자가 요구받은 자료를 제출하지 아니하거나 납세의무자가 제출한 자료가 일반적으로 인정된 회계원칙에 부합하지 아니하게 작성된 경우 또는 그 밖에 신고가격을 과세가격으로 인정하기 곤란한 사유가 존재하는 경우에는 제1 관세평가 방법으로 해당 수입물품의 과세가격을 결정하지 아니하고 대체 방법으로 그 과세가격을 결정하게 되며, 이러한 경우 세관장은 빠른 시일 내에 과세가격 결정을 하기 위하여 납세의무자와 정보교환 등 적절한 협조가 이루어지도록 노력하여야 하고, 해당 납세의무자는 세관장으로부터 신고가격을

11) 보다 상세한 설명 내용은 김용태, 앞의 책 343~345쪽을 참조

과세가격으로 인정하기 곤란한 사유와 과세가격결정 내용을 통보받을 권리를 갖게 된다(관세법 제30조제5항).

# 제2절 관세의 과세권 보장

## I. 관세채권의 실효성 확보

### 1. 납세담보의 강제와 관세환급금의 관세충당

#### 1) 납세담보의 강제

관세법 또는 이에 의거한 관세행정처분에 따라 부과된 관세의 납세의무는 그 이행이 없거나 의무위반이 있게 되면 관세행정목적을 실현하기 어렵게 되는데, 이러한 경우를 대비하여 관세행정목적을 달성하고 그 실효성을 확보하기 위하여 납세담보를 강제하고 있다. 관세행정상 납세담보의 유형은 **일반담보**와 **특별담보**로 구분된다. 전자는 과세물건 그 자체에 대한 유치권 등과 같은 담보물권을 행사할 수 있는 수입물품이 해당되고, 후자는 관세행정상 세관장의 요구로 납세의무자가 별도로 제공하는 담보물이 해당된다.

##### (1) 과세물건에 대한 유치권의 행사

관세법 제206조제1항에 따라 세관장은 여행자의 휴대품 또는 우리나라와 외국 간을 왕래하는 운송수단에 종사하는 승무원의 휴대품이 관세법 제226조의 규정에 의하여 필요한 허가·승인·표시 또는 그 밖의 조건이 갖추어지지 아니하였다면 이를 유치할 수 있다. 그리고 유치한 물품은 해당 사유가 해소되었거나 반송하는 경우에 한하여 그 유치가 해제될 수 있다(관새법 제206조제2항). 따라서 유치된 휴대품은 관세행정상 그 자체로써 납세담보의 성격을 갖는다. 또한, 관새법 제248조제3항에 따라 (수입)신고수리 전에는 운송수단·관세통로·하역통로 또는 관세법에 따른 장치장소로부터 (수입)신고된 물품의 반출이 금지된다. (수입)신고수리는 원칙적으로 관세의 납부 등 통관요건이 충족되는 경우에 한하여 가능하기 때문에 마찬가지로 수입신고된 외국물품 그 자체도 관세행정상 납세담보의 성격을 갖는다.

### (2) 납세담보의 제공요구[12)]

관세법 제108조제1항에 따라 세관장은 필요하다고 인정될 때에는 관세법이나 그 밖의 법령 · 조약 · 협정 등에 따라 관세를 감면받거나 분할납부를 승인받은 물품에 대하여 그 물품을 수입할 때에 감면받거나 분할납부하는 관세액에 상당하는 담보를 제공하게 할 수 있다. 관세법에 따라 제공하는 **담보의 종류**는 ① 금전, ② 국채 또는 지방채, ③ 세관장이 인정하는 유가증권, ④ 납세보증보험증권, ⑤ 토지, ⑥ 보험에 가입된 등기 또는 등록된 건물 · 공장재단 · 광업재단 · 선박 · 항공기 또는 건설기계, ⑦ 세관장이 인정하는 보증인의 납세보증서 등이 있다(관세법 제24조제1항). 여기에서 앞의 제④와 제⑦에 해당하는 담보물은 세관장이 요청하면 특정인이 납부하여야 하는 금액을 일정 기일 이후에는 언제든지 세관장에게 지급한다는 내용의 것이어야 한다(관세법 제24조제2항). 그리고 납세의무자(관세의 납부를 보증한 자를 포함한다)는 관세법에 따라 계속하여 담보를 제공하여야 하는 사유가 있는 경우에는 일정 기간에 제공하여야 하는 담보를 포괄하여 미리 세관장에게 제공할 수 있다(관세법 제24조제4항).

한편, 세관장은 담보를 제공한 납세의무자가 그 납부기한까지 해당 관세를 납부하지 아니하면 해당 담보물을 매각하는 방법 또는 그 보증인에게 담보한 관세에 상당하는 금액을 납부할 것을 즉시 통보하는 방법에 따라 그 담보를 해당 관세에 충당할 수 있는데, 담보로 제공된 금전을 해당 관세에 충당할 때에는 납부기한이 지난 후에 충당하더라도 가산세 규정(관세법 제42조)을 적용하지 아니하고, 담보를 관세에 충당하고 남은 금액이 있을 때에는 담보를 제공한 자에게 이를 돌려주어야 하며, 돌려줄 수 없는 경우에는 이를 공탁할 수 있고, 관세의 납세의무자가 아닌 자가 관세의 납부를 보증한 경우 그 담보로 관세에 충당하고 남은 금액이 있을 때에는 그 보증인에게 이를 직접 돌려주어야 한다(관세법 제25조). 아울러 세관장은 납세담보의 제공을 받은 관세 및 강제징수비가 납부되었을 때에는 지체없이 담보해제의 절차를 밟아야 한다(관세법 제26조의2).

## 2) 관세환급금의 관세충당

관세법 제46조제2항에 따라 세관장은 직권으로 관세법상 관세환급금의 환급을 청구한 자가 세관에 납부하여야 하는 관세와 그 밖의 세금, 가산세 또는 강제징수비가 있을 때에는 환급하여야 하는 금액에서 이를 충당할 수 있다. 관세환급특례법 제8조제1항에 따라 세관장은 직권정산의 사유가 발생한 경우에는 관세 등의 채권 확보를 위하여 납부기한이 도래하

---

12) 관세청장은 관세행정상 납세담보운영에 관한 행정규칙으로 「관세등에대한담보제도운영에관한고시」를 제정 · 시행하고 있다.

지 아니한 수출용원재료에 대한 관세 등과 지급이 보류된 환급금을 즉시 정산하여야 한다.

## 2. 가산세의 징수

관세법 제42조제1항에 따라 납세의무자가 법정납부기한까지 납부하지 아니한 관세액을 징수하거나 부족한 관세액을 징수할 때에는 부족세액의 100분의 10에 해당하는 금액(신고불성실 가산세)과 아래의 ㉮와 ㉯의 산식으로 산출한 금액(납부지연가산세)을 가산세로 징수한다:

> ㉮ 미납부세액 또는 부족세액×법정납부기한의 다음 날부터 납부일까지의 기간(납부고지일부터 납부고지서에 따른 납부기한까지의 기간은 제외한다)×법정 이자율(1일 10만분의 25의 율);
> ㉯ 법정납부기한까지 납부하여야 할 세액 중 납부고지서에 따른 납부기한까지 납부하지 아니한 세액×100분의 3(관세를 납부고지서에 따른 납부기한까지 완납하지 아니한 경우에 한정한다).

징수하는 가산세는 관세의 세목으로 적용하는데(법 제320조), 이러한 가산세는 과세권의 행사와 조세채권의 실현을 용이하게 하기 위하여 세법에 규정된 의무를 정당한 이유 없이 위반한 납세자에게 부과하는 일종의 행정상 제재로서 관세채무의 이행에 대한 간접강제의 효과를 갖는다.

그런데 앞서 설명한 일반적 가산세의 징수금액 산출기준에도 불구하고 납세자가 부정한 방법으로 과소신고한 경우에는 세관장은 부족세액의 100분의 40에 상당하는 금액(**신고불성실 가산세**)과 앞서 설명한 ㉯의 산식으로 산출한 금액(**납부지연가산세**)을 합한 금액을 가산세로 징수한다(관세법 제42조제2항).

또한, 수입신고를 하지 아니하고 수입된 물품에 대하여 관세를 부과 · 징수할 때에는 해당 관세액의 100분의 20(관세법 제269조의 죄에 해당하여 처벌받거나 통고처분을 받은 경우에는 100분의 40)에 해당하는 금액(무신고 가산세)과 아래와 같은 ⓐ와 ⓑ의 산식으로 산출한 금액(납부지연가산세)을 합한 금액을 가산세로 징수한다(관세법 제42조제3항). 여기에서 관세법 제241조제5항에 따라 가산세를 징수하는 경우와 천재지변 등 수입신고를 하지 아니하고 수입한 데에 정당한 사유가 있는 것으로 세관장이 인정하는 경우는 제외한다:

> ⓐ 해당 관세액×수입된 날부터 납부일까지의 기간(납부고지일부터 납부고지서에 따른 납부기한까지의 기간은 제외한다)×법정 이자율(1일 10만분의 25의 율);
> ⓑ 해당 관세액 중 납부고지서에 따른 납부기한까지 납부하지 아니한 세액×100분의 3(관세를 납부고지서에 따른 납부기한까지 완납하지 아니한 경우에 한정한다).

지금까지 설명한 가산세 규정을 적용할 때 납부고지서에 따른 납부기한의 다음 날부터 납부일까지의 기간이 5년을 초과하는 경우에는 그 기간은 5년으로 한다(관세법 제42조제4항).[13] 그리고 체납된 관세(세관장이 징수하는 내국세가 있을 때에는 그 금액을 포함한다)가 150만원 미만인 경우에는 앞서 설명한 납부지연가산세 중 산식 ㉮ 및 산식 ⓐ의 가산세를 적용하지 아니한다(관세법 제42조제5항).

한편, 관세법 제42조의2 제1항에 따라 다음과 같은 경우에는 앞에서 설명한 가산세액에서 해당 경우에서 정하는 금액을 감면한다:

- 수입신고가 수리되기 전에 관세를 납부한 결과 부족세액이 발생한 경우로서 수입신고가 수리되기 전에 납세의무자가 해당 세액에 대하여 수정신고를 하거나 세관장이 경정하는 경우에는 신고불성실가산세와 납부지연가산세를 면제;
- 잠정가격신고를 기초로 납세신고를 하고 이에 해당하는 세액을 납부한 경우에는 신고불성실가산세를 면제;
- 관세법 제37조제1항제3호에 관한 사전심사의 결과를 통보받은 경우 그 통보일부터 2개월 이내에 통보된 과세가격의 결정방법에 따라 해당 사전심사 결과를 통보받은 날 전에 신고납부한 세액을 수정신고하는 경우에는 신고불성실가산세를 면제;
- 기재부령으로 정하는 물품 중 감면대상 및 감면율을 잘못 적용하여 부족세액이 발생한 경우에는 신고불성실가산세를 면제;
- 수정신고를 한 경우에는 다음과 같은 구분에 따른 금액;
  ㉮ 보정기간이 지난 날부터 6개월 이내에 수정신고한 경우에는 신고불성실가산세의 100분의 20을 면제;
  ㉯ 보정기간이 지난 날부터 6개월 초과 1년 6개월 이내에 수정신고한 경우에는 신고불성실가산세의 100분의 10을 면제;
- 국가 또는 지방자치단체가 직접 수입하는 물품 등의 경우에는 신고불성실가산세와 납부지연가산세를 면제;
- 관세심사위원회가 관세법 제118조제3항 본문에 따른 기간 내에 과세전적부심사의 결정·통지를 하지 아니한 경우에는 해당 결정·통지가 지연된 기간에 대하여 부과되는 가산세(납부지연가산세 산식 중 ㉮에 따른 계산식에 결정·통지가 지연된 기간을 적용하여 계산한 금액에 해당하는 가산세를 말한다) 금액의 100분의 50을 면제;
- 신고납부한 세액의 부족 등에 대하여 납세의무자에게 정당한 사유가 있는 경우엔 신고불성실가산세와 납부지연가산세를 면제.

---

13) 납부지연가산세 중 납부고지서에 따른 납부기한 후의 납부지연가산세를 징수하는 경우에는 납부고지서를 발급하지 아니할 수 있다(관세법 제42조제6항). 그리고 납부지연가산세(납부고지서에 따른 납부기한 후의 납부지연가산세에 한정한다)의 납세의무의 성립 및 확정에 관하여는 국기법 제21조제2항제11호나목·다목 및 제22조제4항제5호를 준용하는데, 이 경우 국기법 제21조제2항제11호나목의 "제47조의4 제1항제1호·제2호에 따른 납부지연가산세" 및 "법정납부기한"은 각각 "제1항제2호가목 및 제3항제2호가목에 따른 가산세" 및 "납부고지서에 따른 납부기한"으로, 같은 호 다목의 "제47조의4 제1항제3호에 따른 납부지연가산세"는 "제1항제2호나목 및 제3항제2호나목에 따른 가산세"로 본다(관세법 제42조제7항).

## 3. 고액·상습체납자에 대한 행정규제

### 1) 고액 · 상습체납자의 명단 공개

관세법 제116조의2 제1항에 따라 관세청장은 체납발생일부터 1년이 지난 관세 및 내국세 등이 2억 원 이상인 체납자에 대하여는 원칙적으로 그 인적사항과 체납액 등을 공개할 수 있다. 여기에서 체납관세 등에 대하여 이의신청 · 심사청구 등 불복청구가 진행 중이거나 체납액의 일정금액 이상을 납부한 경우 등 예외적인 사유에 해당하는 경우에는 공개하는 것이 금지된다. 고액 · 상습체납자의 명단 공개는 관보에 게재하거나 관세청장이 지정하는 정보통신망 또는 관할 세관의 게시판에 게시하는 방법으로 하는데, 관세청장은 체납자의 인적사항과 체납액 등을 공개하려면 관세청에 두는 관세정보위원회의 심의를 거친 후 공개대상예정자에게 체납자 명단 공개대상예정자임을 통지하여 소명할 기회를 주어야 하고, 통지한 날부터 6개월이 지나면 관세정보위원회로 하여금 체납액의 납부이행 등을 고려하여 체납자의 명단 공개 여부를 재심의하게 한다(관세법 제116조의2제2항부터제5항까지).

### 2) 출국금지 · 정지 요청

관세청장은 정당한 사유 없이 5천만원 이상의 관세(세관장이 부과 · 징수하는 내국세 등을 포함한다)를 체납한 자 중 법정 규제대상자에 대하여 법무부장관에게 출입국관리법 제4조제3항 및 같은 법 제29조제2항에 따라 출국금지 또는 출국정지를 즉시 요청하여야 한다(관세법 제116조의5제1항).

한편, 관세청장은 앞서 설명한 출국금지 · 출국정지의 법정 규제대상자 요건에 해당되어 출국금지 또는 출국정지 중인 체납자가 다음과 같은 경우에 해당하는 경우에는 즉시 법무부장관에게 출국금지 또는 출국정지의 해제를 요청하여야 한다(관세법 제116조의5제3항, 관세령 제141조의9제1항): ① 체납자가 체납액을 전부 또는 일부 납부하여 체납된 관세가 5천만 원 미만으로 된 경우; ② 체납자 재산의 압류, 담보 제공 등으로 출국금지 사유가 해소된 경우; ③ 관세징수권의 소멸시효가 완성된 경우; ④ 체납액의 부과결정의 취소 등에 따라 체납된 관세(세관장이 부과 · 징수하는 내국세등을 포함한다)가 5천만 원 미만이 된 경우; ⑤ 법정 출국금지 요청의 요건을 충족하지 않게 된 경우.

### 3) 고액 · 상습체납자의 감치

법원은 다음과 같은 감치사유에 모두 해당하는 체납자에 대하여 검사의 청구[14]에 따라

14) 관세청장은 체납자가 감치사유에 모두 해당하는 경우에는 체납자의 주소 또는 거소를 관할하는 지방검찰

결정으로 30일의 범위에서 체납된 관세(세관장이 부과 · 징수하는 내국세등을 포함한다)가 납부될 때까지 그 체납자를 감치(監置)에 처할 수 있다(관세법 제116조의4제1항):[15)]

> ① 관세를 3회 이상 체납하고 있고, 체납발생일부터 각 1년이 경과하였으며, 체납금액의 합계가 2억원 이상인 경우;
> ② 체납된 관세의 납부능력이 있음에도 불구하고 정당한 사유 없이 체납한 경우;
> ③ 관세법 제116조의2 제2항에 따른 관세정보위원회의 의결에 따라 해당 체납자에 대한 감치 필요성이 인정되는 경우.

한편, 감치에 처하여진 체납자는 법원의 감치결정에 대하여는 즉시항고를 할 수 있으며, 동일한 체납사실로 인하여 재차 감치되지 아니하고, 감치에 처하는 재판을 받은 체납자가 그 감치의 집행 중에 체납된 관세를 납부한 경우에는 감치집행을 종료하여야 한다(관세법 제116조의4제4항·제5항·제6항).

## 4. 체납자에 대한 행정사업의 규제요구와 납세자의 납세증명의무

관세법 제326조의2 제1항에 따라 세관장은 납세자가 허가 · 인가 · 면허 및 등록 등을 받은 사업과 관련된 관세 또는 내국세등을 체납한 경우 해당 사업의 주무관청에 그 납세자에 대하여 허가등의 갱신과 그 허가등의 근거 법률에 따른 신규 허가등을 하지 아니할 것을 요구할 수 있다.[16)] 특히, 허가등을 받아 사업을 경영하는 자가 해당 사업과 관련된 관세, 내국세등을 3회 이상 체납하고 그 체납된 금액의 합계액이 500만원 이상인 경우 세관장은 해당 주무관청에 사업의 정지 또는 허가등의 취소를 요구할 수 있다(관세법 제326조의2제2항).[17)] 하지만 재난, 질병 또는 사업의 현저한 손실, 그 밖에 대통령령으로 정하는 사유가 있는 경우에는 전술한 요구를 할 수 없다. 또한, 세관장은 요구를 한 후 해당 관세 또는 내국세등을 징수한 경우 즉시 그 요구를 철회하여야 한다(관세법 제326조의2제3항).

---

청 또는 지청의 검사에게 체납자의 감치를 신청할 수 있다(관세법 제116조의4제2항). ▶관세청장은 체납자의 감치를 신청하기 전에 체납자에게 소명자료를 제출하거나 의견을 진술할 수 있는 기회를 주어야 한다(관세법 제116조의4제3항).

15) 감치집행시 세관공무원은 감치대상자에게 감치사유, 감치기간, 감치집행의 종료 등 감치결정에 대한 사항을 설명하고 그 밖의 감치집행에 필요한 절차에 협력하여야 한다(관세법 제116조의4제7항). 그리고 감치에 처하는 재판 절차 및 그 집행, 그 밖에 필요한 사항은 대법원규칙으로 정한다(관세법 제116조의4제7항).

16) 해당 주무관청은 세관장의 요구가 있는 경우 정당한 사유가 없으면 요구에 따라야 하며, 그 조치 결과를 즉시 관할 세관장에 알려야 한다(관세법 제326조의2제4항).

17) 해당 주무관청은 세관장의 요구가 있는 경우 정당한 사유가 없으면 요구에 따라야 하며, 그 조치 결과를 즉시 관할 세관장에 알려야 한다(관세법 제326조의2제4항).

한편, 관세법 제116조의3 제1항에 따라 납세자(미과세된 자를 포함한다)는 다음과 같은 경우에는 대통령령으로 정하는 바에 따라 납세증명서를 제출하여야 한다: ① 국가, 지방자치단체 또는 대통령령으로 정하는 정부관리기관으로부터 대금을 지급받을 경우; ② 외국인등록 또는 국내거소신고를 한 외국인이 체류기간 연장허가 등 대통령령으로 정하는 체류허가를 법무부장관에게 신청하는 경우; ③ 내국인이 해외이주 목적으로 외교부장관에게 해외이주신고를 하는 경우. 세관장은 납세자로부터 납세증명서의 발급신청을 받았을 때에는 그 사실을 확인하고 즉시 납세증명서를 발급하여야 한다(관세법 제116조의3제2항).

## Ⅱ. 신고납부세액의 사후심사와 관세의 강제징수

### 1. 신고납부세액의 사후심사

#### 1) 관세조사

관세법 제38조제1항 및 제2항에 따라 납세자로부터 수입신고와 함께 해당 수입물품에 대한 신고납부 방식의 납세신고를 받은 세관장은 신고한 세액에 대한 심사권을 원칙적으로 수입신고를 수리한 후에 행사하게 된다. 이러한 수입물품에 대한 관세심사권의 사후 행사는 실무적으로 세관공무원이 납세자를 방문하여 조사하거나 서면으로 조사하는 방법으로 이루어진다. 이에 따라 관세법은 관세심사권을 사후 행사하는 세관장에게 납세자를 상대로 서류의 제출 또는 보고 등의 명령을 할 수 있는 권한을 부여하고 있다. 즉, 관세법 제263조에 따라 관세청장이나 세관장은 관세법과 관세환급특례법 또는 이러한 법에 따른 명령을 집행하기 위하여 필요하다고 인정될 때에는 물품 · 운송수단 또는 그 밖에 필요한 사항을 명하거나 세관공무원으로 하여금 수출입자 · 판매자 또는 그 밖의 관계자에 대하여 관계자료를 조사하게 할 수 있는 권한을 갖는다. 아울러 세관공무원에게 관세법에 따른 직무를 집행하기 위하여 필요하다고 인정될 때에는 수출입업자 · 판매업자 또는 그 밖의 관계자에 대하여 질문하거나 문서화 · 전산화된 장부, 서류 등 관계 자료 또는 물품을 조사하거나, 그 제시 또는 제출을 요구할 수 있는 권한이 부여된다(관세법 제266조제1항).

그런데 관세심사권의 사후 행사와 관련하여 관세조사 대상자의 선정 방법은 정기적으로 신고의 적정성을 검증하기 위하여 대상을 선정하는 정기선정과 정기선정에 의한 조사 외의 선정 방법인 비정기선정으로 구분된다. 정기선정의 요건은 ① 관세청장이 수출입업자의 신고 내용에 대하여 정기적으로 성실도를 분석한 결과 불성실 혐의가 있다고 인정하는 경우나 ② 최근 4년 이상 조사를 받지 아니한 납세자에 대하여 업종, 규모 등을 고려하여 "장기 미조사자에 대한 관세조사기준"에 따라 신고 내용이 적정한지를 검증할 필요가 있는 경우, 또는 ③ 무작위추출 방식으로 표본조사를 하려는 경우가 해당되는데, 세관장은 그러한 경우에 객관적 기준에 따라 공정하게 그 대상을 선정하지 않으면 안 된다(관세법 제110조의3제1항). 그리고 비정기선정의 요건은 ⓐ 납세자가 관세법에서 정하는 신고 · 신청, 과세가격결정자료의 제출 등의 납세협력의무를 이행하지 아니한 경우나 ⓑ 수출입업자에 대한 구체적인 탈세제보 등이 있는 경우 또는 ⓒ 신고내용에 탈세나 오류의 혐의를 인정할 만한 자료가 있는 경우나 ⓓ 납세자가 세관공무원에게 직무와 관련하여 금품을 제공하거나 금품제공을 알선한 경우가 해당된다(관세법 제110조의3제2항). 하지만 정기선정요건이나 비정기선정요건에 해당하지 않는다고 하더라도 세관장은 부과고지를 하는 경우 과세표준과 세액을 결정하기 위한 조사를 할 수 있으며, 최근 2년 간 수출입신고 실적이 일정 금액 이하인 경우에 해당하는 "소규모 성실사업자 요건"을 충족하는 자에 대해서는 정기선정에 따른 관세조사를 면제할 수 있다(관세법 제110조의3제3항·제4항). 하지만 이러한 "소규모 성실사업자 요건"에 해당한다고 하더라도 그 사업자가 객관적인 증거자료에 의하여 과소 신고한 것이 명백한 경우에는 관세조사가 면제되지 아니한다.

그런데 관세기업조사는 주로 세관공무원이 조사대상 납세자의 사업장을 방문하여 조사하기 때문에 해당 납세자나 세관당국 모두에게 관세조사기간 동안 불가피한 업무가중의 부담을 초래하므로 관세법은 세관공무원이 예외적인 경우를 제외하고는 신고납부세액과 관세법 및 다른 법령에서 정하는 수출입 관련 의무이행과 관련하여 그 권한에 속하는 사항을 **통합하여 조사하는 것을 원칙**으로 정하고 있다(관세법 제110조의2). 여기에서 예외적인 경우는 특정한 분야만을 조사할 필요가 있는 경우로서 ㉮ 세금탈루 혐의, 수출입 관련 의무위반 혐의, 수출입업자 등의 업종 · 규모 등을 고려하여 특정 사안만을 조사할 필요가 있는 경우나, ㉯ 조세채권의 확보 등을 위하여 긴급히 조사할 필요가 있는 경우, 또는 ㉰ 그 밖에 조사의 효율성, 납세자의 편의 등을 고려하여 특정 분야만을 조사할 필요가 있는 경우로서 기재부령으로 정하는 경우가 해당된다(관세령 제135조의2).

한편, 상설영업장을 갖추고 외국에서 생산된 물품을 판매하는 자로서 기재부령으로 정하는 "자료를 갖춰 두어야 하는 영업장"에 해당하는 자에게 해당 물품에 관하여 세금계산서나 수입 사실 등을 증명하는 자료를 영업장에 갖춰 두어야 하는 의무가 발생하고, 관세청장이나 세관장은 관세법 또는 관세법에 따른 명령을 집행하기 위하여 필요하다고 인정될 때에는 상설영업장의 판매자나 그 밖의 관계인으로 하여금 영업에 관한 보고를 명하게 할 수 있는 권한을 갖는다(관세법 제266조제3항).

### 2) 유관기관에 대한 과세자료제출의 강제

관세법은 세관장이 수입물품에 대한 납세심사권을 효과적으로 행사할 수 있도록 관세행정관청이 국가기관과 지방자치단체 등 이른바 과세자료제출기관에게 과세자료를 요청할 수 있는 권한을 부여하고 있다. 이에 따라 관세청장은 과세자료제출기관에 대하여 관세의 부과 · 징수 및 통관에 관계되는 자료 또는 통계를 요청할 수 있다(관세법 제264조).[18] 그리고 관세청장 또는 세관장으로부터 법정과세자료의 제출을 요청받은 과세자료제출기관의 장[19]은 다른 법령에 특별한 제한이 있는 경우 등 정당한 사유가 없으면 이에 협조하여야 하며,[20] 관세청장 또는 세관장은 법정과세자료 외의 자료로서 관세의 부과 · 징수 및 통관을 위하여 필요한 경우에는 해당 자료를 보유하고 있는 과세자료제출기관의 장에게 그 자료의 수집에 협조하여 줄 것을 요청할 수 있다(관세법 제264조의5).[21] 관세청장의 요청에 따라 과세자료를 제출하여야 하는 기관은 다음과 같은 기관이 해당된다(관세법 제264조의2): ① 국가재정법 제6조에 따른 중앙관서와 그 하급행정기관 및 보조기관; ② 지방자치단체; ③ 공공기관, 정부의 출연 · 보조를 받는 기관이나 단체, 지방공기업법에 따른 지방공사 · 지방공단 및 지방자치단체의 출연 · 보조를 받는 기관이나 단체; ④ 민법 외의 다른 법률에 따라 설립되거나 국가 또는 지방자치단체의 지원을 받는 기관이나 단체로서 그 업무에 관하여 앞의 제① 또는 제②에 따른 기관으로부터 감독 또는 감사 · 검사를 받는 기관이나 단체, 그 밖에 공익 목적으로 설립된 기관이나 단체 중 대통령령으로 정하는 기관이나 단체; ⑤ 여신전문금융업법에 따른 신용카드업자와 여신전문금융업협회.

한편, 관세청 또는 세관 소속 공무원은 관세법의 규정에 따라 제출받은 과세자료를 타

---

18) 과세자료제출기관이 관세청장에게 제출하여야 하는 과세자료는 관세의 부과 · 징수와 통관에 직접적으로 필요한 자료로 한정된다(관세법 제264조의3).

19) 과세자료제출기관의 장은 그 소속 공무원이나 임직원이 관세법에 따른 과세자료의 제출의무를 성실하게 이행하는지를 수시로 점검하여야 하고, 관세청장은 과세자료제출기관 또는 그 소속 공무원이나 임직원이 관세법에 따른 과세자료의 제출의무를 이행하지 아니하는 경우 그 기관을 감독 또는 감사 · 검사하는 기관의 장에게 그 사실을 통보하여야 한다(관세법 제264조의7).

20) 과세자료제출기관의 장은 분기별로 분기만료일이 속하는 달의 다음 달 말일까지 관세청장이나 세관장에게 과세자료를 제출하여야 하는데, 과세자료의 발생빈도와 활용시기 등을 고려하여 그 과세자료의 제출시기를 달리 정할 수 있다(관세법 제264조의4제1항). 그리고 과세자료제출기관의 장이 과세자료를 제출하는 경우에는 그 기관이 접수하거나 작성한 자료의 목록을 함께 제출하여야 하고, 과세자료의 목록을 제출받은 관세청장이나 세관장은 이를 확인한 후 제출받은 과세자료에 누락이 있거나 보완이 필요한 경우 그 과세자료를 제출한 기관에 대하여 추가하거나 보완하여 제출할 것을 요청할 수 있다(관세법 제264조의4제2항 · 제3항).

21) 관세청장은 관세법에 따른 과세자료의 효율적인 관리와 활용을 위한 전산관리 체계를 구축하는 등 필요한 조치를 마련하여야 하며, 관세법에 따른 과세자료의 제출 · 관리 및 활용 상황을 수시로 점검하여야 한다(관세법 제264조의6).

인에게 제공 또는 누설하거나 목적 외의 용도로 사용하는 것이 금지되는데, 법정요건(관세법 제116조제1항단서·제2항)에 따라 제공하는 경우에는 예외적으로 허용된다(관세법 제264조의8 제1항·제2항). 또한, 관세청 또는 세관 소속 공무원은 비밀유지의무를 위반하는 과세자료의 제공을 요구받으면 이를 거부하여야 하며, 과세자료 비밀유지의무의 예외적 허용규정에 따라 과세자료를 제공받은 자는 이를 타인에게 제공 또는 누설하거나 목적 외의 용도로 사용하는 것은 금지된다(관세법 제264조의8제3항·제4항). 만일 과세자료 비밀유지의무를 위반하여 과세자료를 타인에게 제공 또는 누설하거나 목적 외의 용도로 사용하였다면 그 의무위반행위는 3년 이하의 징역 또는 1천만 원 이하의 벌금에 처하는 범죄에 해당되며, 이러한 범죄에 대한 처벌에서 징역과 벌금은 병과할 수 있다(관세법 제264조의9).

## 2. 관세의 강제징수

관세의 강제징수란 관세행정상 납세의무자가 그 납부기한까지 해당 관세를 납부하지 아니함에 따라 관세행정관청이 납세담보의 제공이 없거나 징수한 금액이 부족한 관세채무를 대상으로 관세체납처분을 하여 강제적으로 해당 납세의무자의 재산을 압류하거나 교부청구를 하고 금전 이외의 재산은 이를 환가하고 그 환가한 대금으로서 관세채권에 충당함으로써 납세의무가 이행된 것과 동일한 상태를 실현하는 관세행정상의 강제집행을 말한다.

관세의 강제징수와 관련하여 담보 제공이 없거나 징수한 금액이 부족한 관세의 징수에 관하여는 관세법에 규정된 것을 제외하고는 국기법과 국징법의 예에 따라 적용하도록 규정하고 있다(관세법 제26조제1항). 그리고 관세(세관장이 징수하는 내국세 등을 포함한다)의 체납정리에 관한 사항을 심의하기 위하여 세관에 관세체납정리위원회를 둘 수 있다(관세법 제45조제1항). 또한, 관세의 강제징수를 할 때에는 재산의 압류, 보관, 운반 및 공매에 드는 비용에 상당하는 강제징수비를 징수할 수 있다(관세법 제26조제2항). 수입물품에 대하여 세관장이 부과·징수하는 내국세 등의 체납이 발생하였을 때에는 징수의 효율성 등을 고려하여 필요하다고 인정되는 경우 납세의무자의 주소지를 관할하는 세무서장이 체납세액을 징수할 수 있다(관세법 제4조제2항).

한편, 세관장은 관세징수 또는 공익목적을 위하여 필요한 경우로서 법정 신용정보회사 또는 신용정보집중기관 등이 체납 발생일부터 1년이 지나고 체납액이 500만 원 이상인 자 또는 1년에 3회 이상 체납하고 체납액이 500만 원 이상인 자에 해당하는 체납자의 인적사항 및 체납액에 관한 자료인 소위 체납자료를 요구한 경우에는 이를 제공할 수 있는데, 만일 체납된 관세 및 내국세등과 관련하여 관세법에 따른 이의신청·심사청구 또는 심판청구와 행정소송이 계류 중인 경우나 그 밖의 제공거부사유에 해당한다면 체납자료를 제공하지 못한다(관세법 제44조제1항). 여기에서 체납자료를 제공받은 자는 이를 업무 목적 외의 목적으로 누설하거나 이용하는 것이 금지된다(관세법 제44조제3항).

관세법 제324조제2항에 따라 관세청장은 체납자의 은닉재산을 신고[22]한 사람에게 10억 원의 범위에서 포상금을 지급할 수 있다. 여기에서 은닉재산의 신고를 통하여 징수된 금액이 2천만 원 미만인 경우 또는 공무원이 그 직무와 관련하여 은닉재산을 신고한 경우에는 포상금을 지급하지 아니한다. “은닉재산”이란 체납자가 은닉한 현금·예금·주식이나 그 밖에 재산적 가치가 있는 유형·무형의 재산을 말하는데, 다음과 같은 재산은 제외된다: ㉮ 사해행위 취소소송(국징법 제25조)의 대상이 되어 있는 재산; ㉯ 세관공무원이 은닉 사실을 알고 조사를 시작하거나 강제징수절차를 진행하기 시작한 재산; ㉰ 그 밖에 체납자의 은닉재산을 신고받을 필요가 없다고 인정되는 재산으로서 체납자 본인의 명의로 등기된 국내소재 부동산.

### 1) 납부의 독촉

세관장은 납세자가 관세를 지정납부기한까지 완납하지 아니한 경우 지정납부기한이 지난 후 10일 이내에 체납된 관세에 대한 독촉장을 발급하여야 한다(국징법 제10조제1항). 여기에서 독촉장을 발급하는 경우 독촉을 하는 날부터 20일 이내의 범위에서 기한을 정하여 발급한다(국징법 제10조제2항). 납부독촉은 관세징수권의 소멸시효를 중단시키는 사유가 된다(관세법 제23조제1항). 그리고 일반적으로 납세자가 납부독촉에 의하여 지정된 납부기한까지 체납관세, 가산세 등을 납부하지 아니한 경우에는 관세행정상 강제력으로 체납자의 재산에 대하여 압류를 실행할 수 있기 때문에 납부독촉은 압류의 요건을 충족시킨다.

### 2) 압류·매각의 유예

세관장은 재산의 압류나 압류재산의 매각을 유예함으로써 사업을 정상적으로 운영할 수 있게 되어 체납액의 징수가 가능하다고 인정되는 경우에는 그 체납액에 대하여 강제징수에 의한 재산의 압류나 압류재산의 매각을 대통령령으로 정하는 바에 따라 유예할 수 있다(관세법 제43조의2제1항).[23] 하지만 압류 또는 매각의 유예를 받은 체납자가 다음에 해

---

22) 은닉재산의 신고는 신고자의 성명과 주소를 적고 서명하거나 날인한 문서로 하여야 한다(관세법 제324조제4항).

23) 세관장은 재산의 압류나 압류재산의 매각을 유예하는 경우에 필요하다고 인정하면 이미 압류한 재산의 압류를 해제할 수 있으며. 재산의 압류를 유예하거나 압류한 재산의 압류를 해제하는 경우에는 그에 상당하는 납세담보의 제공을 요구할 수 있다(관세법 제43조의2제2항·제3항).

당하는 경우에는 그 압류 또는 매각의 유예를 취소하고, 유예에 관계되는 체납액을 한꺼번에 징수할 수 있다(관세법 제43조의2제5항):

- 체납액을 분납계획에 따라 납부하지 아니한 경우;[24)]
- 담보의 변경이나 그 밖에 담보 보전에 필요한 세관장의 명령에 따르지 아니한 경우;
- 재산상황이나 그 밖의 사정의 변화로 유예할 필요가 없다고 인정될 경우;
- ㉮ 국세·지방세 또는 공과금의 체납으로 강제징수 또는 체납처분이 시작된 경우, ㉯ 민사집행법에 따른 강제집행·담보권 실행 등을 위한 경매가 시작된 경우, ㉰ 어음법 및 수표법에 따른 어음교환소에서 거래정지처분을 받은 경우, ㉱ 채무자회생법에 따른 파산선고를 받은 경우, ㉲ 법인이 해산된 경우, ㉳ 관세의 체납이 발생되거나 관세를 포탈하려는 행위가 있다고 인정되는 경우에 해당되어 그 유예한 기한까지 유예에 관계되는 체납액의 전액을 징수할 수 없다고 인정될 경우.

한편, 세관장은 압류 또는 매각을 유예하였거나 압류 또는 매각의 유예를 취소하였을 때에는 체납자에게 그 사실을 통지하여야 한다(관세법 제43조의2제6항). 그리고 세관장은 다음에 해당하는 경우에는 압류 또는 매각의 유예를 받은 체납액에 대하여 유예기간이 지난 후 다시 압류 또는 매각의 유예를 할 수 있다(관세법 제43조의2제7항): ① 정당한 사유가 있는 것으로 세관장이 인정됨에 따라 압류 또는 매각의 유예를 취소하지 아니한 경우; ② 재산상황이나 그 밖의 사정의 변화로 유예할 필요가 없다고 인정됨에 따라 압류 또는 매각의 유예를 취소한 경우.

## Ⅲ. 납세신고의무위반에 대한 형사제재

### 1. 관세포탈죄[25)]

관세포탈죄에 대한 형사제재는 3년 이하의 징역 또는 포탈한 관세액의 5배와 물품원가 중 높은 금액 이하에 상당하는 벌금이 처한다(관세법 제270조제1항). 본죄는 정상에 따라 징역형과 벌금형을 병과할 수 있으며(관세법 제275조), 양벌규정도 적용된다(관세법 제279조). 한편, 그 정을 알고 본죄에 따른 행위를 교사하거나 방조한 자와 본죄의 미수범은 정범(正犯)에 준하여 처벌한다(관세법 제271조제1항·제2항). 그리고 본죄를 범할 목적으로 그 예비를 한 자는

24) 다만, 정당한 사유가 있는 것으로 세관장이 인정하는 경우에는 압류 또는 매각의 유예를 취소하지 아니할 수 있다.

25) 형사법적으로 자세하게 설명한 내용은 김용태, 앞의 책, 345~350쪽을 참조.

본죄의 2분의 1을 감경하여 처벌한다(관세법 제271조제3항).

## 2. 관세부정환급죄[26)]

관세부정환급죄에 대한 형사제재는 3년 이하의 징역 또는 환급받은 세액의 5배 이하에 상당하는 벌금에 처한다. 본죄는 정상에 따라 징역형과 벌금형을 병과할 수 있으며(관세법 제275조; 관세환급특례법 제23조의3), 양벌규정도 적용된다(관세법 제279조; 관세환급특례법 제23조의5). 한편, 그 정을 알고 본죄에 따른 행위를 교사하거나 방조한 자와 본죄의 미수범은 정범(正犯)에 준하여 처벌한다(관세법 제271조제1항·제2항; 관세환급특례법 제23조의2제1항·제2항). 그리고 본죄를 범할 목적으로 그 예비를 한 자는 본죄의 2분의 1을 감경하여 처벌한다(관세법 제271조제3항; 관세환급특례법 제23조의2제3항).

## 3. 강제징수면탈 등[27)]

### 1) 강제징수면탈죄

체납처분면탈죄에 대한 형사제재는 3년 이하의 징역 또는 3천만 원 이하의 벌금에 처한다(관세법 제275조의2제1항·제2항). 그리고 체납처분면탈의 사정을 알고도 이를 방조하거나 거짓 계약을 승낙한 자는 2년 이하의 징역 또는 2천만 원 이하의 벌금에 처한다(법 제275조의2제1항).

### 2) 타인에 대한 명의대여죄

타인에 대한 명의대여죄에 대한 형사제재는 1년 이하의 징역 또는 1천만 원 이하의 벌금에 처한다(법 제275조의3). 체납처분면탈죄와 타인에 대한 명의대여죄는 양벌규정이 적용된다(법 제279조).

26) 형사법적으로 자세하게 설명한 내용은 김용태, 앞의 책, 378~381쪽을 참조.
27) 형사법적으로 자세하게 설명한 내용은 김용태, 앞의 책, 413~414쪽을 참조.

# 제3절 납세자의 권리보호

## Ⅰ. 관세행정상 납세자의 사전적·절차적 권익보호

### 1. 관세조사절차상 납세자의 권리보호

관세법 제110조에 따라 세관공무원은 수입물품에 대한 관세심사권의 사후 행사와 관련하여 납세자를 상대로 관세범칙사건조사와 관세행정조사를 수행하는 경우 납세자에게 관세청장이 제정·고시한 납세자권리헌장의 내용이 수록된 문서를 교부하여야 하고, 조사사유, 조사기간, 납세자보호위원회에 대한 심의 요청사항·절차 및 권리구제 절차 등을 설명하여야 한다. 관세범칙사건조사와 관세행정조사를 수행하는 경우의 적용범위는 다음과 같은 경우가 해당한다: ① 관세범(관세법 제283조; 관세환급특례법 제23조제1항에 따른 관세범을 포함한다)에 관한 조사하는 경우와 ② 관세의 과세표준과 세액의 결정 또는 경정을 위하여 납세자를 방문 또는 서면으로 조사(관세법 제110조의2에 따른 통합조사를 포함한다)하는 경우, 그리고 ③ 징수권의 확보를 위하여 압류를 하거나 보세판매장에 대한 조사를 하는 경우(관세령 제135조) 등이 해당된다. 하지만 납세자를 긴급히 체포·압수·수색하는 경우 또는 현행범인 납세자가 도주할 우려가 있는 등 조사목적을 달성할 수 없다고 인정되는 경우에는 납세자권리헌장의 내용이 수록된 문서를 내줄 필요가 없다(관세법 제110조제3항).

납세자권리헌장의 내용은 주로 관세행정조사절차에서 지켜져야 할 납세자의 권리보호에 관한 사항과 관세채권의 실효성 확보를 위한 간접적 행정강제수단의 하나인 고액·상습체납자의 명단공개에 관한 사항이 담겨져 있다. 따라서 세관공무원이 관세행정조사절차에서 납세자권리헌장의 내용을 거스르는 업무수행을 하였다면 관세법상 절차적 위법성의 문제가 제기될 수 있다. 납세자권리헌장에 담겨있는 관세행정조사절차상 납세자의 권리보호에 관한 주요사항은 다음과 같다.

#### 1) 관세조사권의 남용금지와 납세자의 성실성 추정원칙

관세법은 수입물품에 대한 관세심사권의 사후 행사와 관련하여 선량한 납세자를 보호하기 위하여 세관당국에게 관세조사권의 남용금지의무와 납세자의 성실성 추정의무를 부여하고 있다. 이에 따라 세관공무원은 적정하고 공평한 과세를 실현하고 통관의 적법성을 보장하기 위하여 필요한 최소한의 범위에서 관세조사를 하여야 하며 다른 목적

등을 위하여 조사권을 남용하여서는 아니 된다(관세법 제111조제1항). 또한, 세관공무원이 특별한 경우를 제외하고는 해당 사안에 대하여 이미 조사받은 자를 다시 조사하는 중복조사는 원칙적으로 금지된다(관세법 제111조제2항). 여기에서 예외적으로 중복조사가 허용되는 경우는 ① 관세포탈 등의 혐의를 인정할 만한 명백한 자료가 있는 경우, ② 이미 조사받은 자의 거래상대방을 조사할 필요가 있는 경우, ③ 관세법에 따른 과세전적부심사청구 · 이의신청 · 심사청구 또는 심판청구가 이유 있다고 인정되어 내려진 재조사 결정에 따라 조사(결정서 주문에 기재된 범위의 조사에 한정한다)하는 경우, ④ 납세자가 세관공무원에게 직무와 관련하여 금품을 제공하거나 금품제공을 알선한 경우, ⑤ 그 밖에 밀수출입, 부정 · 불공정무역 등 경제질서 교란 등을 통한 탈세혐의가 있는 자에 대하여 일제조사를 하는 경우가 해당된다.

그런데 관세법은 중복조사의 금지와 관련하여 "해당 사안"의 의미를 명시적으로 규율하고 있지 않아서 그 적용 · 해석에 어려움이 생긴다. 생각건대, 관세법상 관세조사의 의의(제110조제2항), 통합조사의 원칙(제110조의2), 관세조사 대상자의 선정목적(제110조의3) 등의 규정에서 추론해볼 때, "해당 사안"은 "조사사유와 조사기간이 동일한 신고납부세액"으로 해석하여야 할 것이다. 여기에서 '조사'는 관세법상 납세자권리헌장의 교부대상인 조사로 한정하여야 타당할 것이다.

한편, 세관공무원은 납세자의 성실성 추정원칙에 따라 납세자가 관세법에 따른 신고 등의 의무를 이행하지 아니한 경우 또는 납세자에게 구체적인 관세포탈 등의 혐의가 있는 경우 등 납세자의 성실성 추정 배제사유가 있는 경우를 제외하고는 납세자가 성실하며 납세자가 제출한 신고서 등을 진실한 것으로 추정하여야 한다(관세법 제113조제1항). 하지만 납세자의 성실성 추정원칙은 세관공무원이 납세자가 제출한 신고서 등의 내용에 관하여 질문을 하거나 신고한 물품에 대하여 확인을 하는 행위를 제한하지 아니하므로(관세법 제113조제2항) ㉮ 세액심사를 위한 질문이나 자료제출의 요구, ㉯ 물품의 검사, ㉰ 장부 또는 자료의 제출, ㉱ 그 밖의 법(관세환급특례법을 포함한다)에 따른 자료조사나 자료제출의 요구 등에 해당하는 행위는 납세자의 성실성 추정원칙에 반하는 것이 아니다(관세령 제138조제2항).

### 2) 관세조사의 사전통지와 조사기간의 연기

관세법 제114조제1항에 따라 세관공무원은 관세범칙사건조사 또는 관세행정조사를 위하여 해당 장부 · 서류 · 전산처리장치 기타 물품 등을 조사하는 경우에는 조사받을 납세자(그 위임을 받은 자를 포함한다)에게 조사 시작 15일 전에 조사대상과 조사사유 등을 통지하지 않으면 안 된다. 여기에서 범칙사건에 대하여 조사하는 경우 또는 사전에 통지하면 증거인멸 등으로 조사 목적을 달성할 수 없는 경우에는 예외적으로 사전통지는 생략된다. 그런데 만일 세관당국으로부터 관세조사의 사전통지를 받은 납세자가 천재지변의 사유나 법정 관세조사의 연기신청요건에 해당하여 조사를 받기 곤란한 때에는 해당 세관장에게 조사를 연기하여 줄 것을 신청할 수 있다(관세법 제114조제2항).

세관당국은 수입물품에 대한 관세심사권의 사후 행사와 관련하여 관세조사기간을 조사대상자의 수출입 규모, 조사 인원 · 방법 · 범위 및 난이도 등을 종합적으로 고려하여 최소한이 되도록 하되, 방문하여 조사하는 경우에 그 조사기간은 원칙적으로 20일 이내로 제한된다(관세령 제139조의2제1항). 그럼에도 불구하고 세관당국은 법정 조사기간 연장사유가 존재하는 경우 20일 이내의 범위에서 조사기간을 연장할 수 있다(관세령 제139조의2제2항). 세관당국이 조사기간을 2회 이상 연장하는 경우에는 관세청장의 승인을 받아 각각 20일 이내에서 연장할 수도 있으며, 조사기간 연장사유는 다음과 같은 경우에 해당하여야 허용된다: ㉮ 조사대상자가 장부 · 서류 등을 은닉하거나 그 제출을 지연 또는 거부하는 등 조사를 기피하는 행위가 명백한 경우; ㉯ 조사범위를 다른 품목이나 거래상대방 등으로 확대할 필요가 있는 경우; ㉰ 천재지변이나 노동쟁의로 조사가 중단되는 경우; ㉱ 앞의 ㉮부터 ㉯까지에 준하는 사유로 사실관계의 확인이나 증거 확보 등을 위하여 조사기간을 연장할 필요가 있는 경우. 그런데 관세조사가 이미 시작되어 관세조사기간이 종료되지 아니하였으나 납세자가 자료의 제출을 지연하는 등과 같은 조사진행 장애사유의 존재로 조사를 진행하기 어려운 경우에는 세관공무원은 해당 조사를 중지할 수 있다(관세령 제139조의2제3항). 그 중지기간은 당초에 정한 조사기간 및 조사연장기간에 산입하지 아니한다. 여기에서 관세채권의 확보 등 긴급히 조사를 재개하여야 할 필요가 있는 경우에는 그 중지사유가 소멸하기 전이라도 세관공무원은 관세조사를 재개할 수 있다. 지금까지 설명한 관세조사기간을 연장, 중지 또는 재개하는 경우에는 세관공무원은 그 사유, 기간 등을 문서로 통지하여야 한다(관세령 제139조제5항).

한편, 세관공무원은 관세조사의 목적으로 납세자의 장부 · 서류 또는 그 밖의 물건을 세관관서에 임의로 보관할 수 없으나, 관세조사 대상자의 비정기선정의 사유에 해당하는 경우에는 납세자, 소지자 또는 보관자 등 정당한 권한이 있는 자가 임의로 제출한 장부 등을 목적에 필요한 최소한의 범위에서 납세자의 동의를 얻어 세관관서에 일시 보관할 수 있다(관세법 제114조의2제1항 · 제2항). 이러한 경우에 해당하여 납세자의 장부 등을 세관관서에서 일시 보관하려면 세관공무원은 납세자로부터 일시보관 동의서를 받아야 하며, 일시보관증을 교부하여야 하고, 일시 보관한 장부 등에 대하여 납세자가 반환을 요청한 경우에는 세관공무원은 요청받은 날로부터 14일 이내에 이를 반드시 반환하여야 한다(관세법 제114조의2제3항·제4항). 여기에서 조사에 지장이 있는 경우로서 납세자가 동의하는 경우에는 1회에 한하여 보관기간을 14일 연장할 수 있다. 그리고 납세자에게 장부 등을 반환하는 경우 세관공무원은 장부 등의 사본을 보관할 수 있고, 그 사본이 원본과 다름 없다는 사실을 확인하는 납세자의 서명 또는 날인을 요구할 수 있다(관세법 제114조의2제5항).

### 3) 관세전문가의 조력을 받을 권리와 관세조사의 결과 통지

관세법 제112조에 따라 납세자는 관세범칙사건조사 또는 관세행정조사에 해당하여 세관공무원으로부터 조사를 받는 경우에 변호사·관세사로 하여금 조사에 입회하게 하거나 의견을 진술하게 할 수 있는 권리를 갖는다. 그리고 세관공무원은 관세법 제115조에 따라 관세범칙사건조사 또는 관세행정조사를 종료한 때에는 종료 후 20일 이내에 그 조사결과를 서면으로 납세자에게 통지하여야 하는 의무를 가진다. 이러한 통지의무는 ㉮ 납세자에게 통고처분을 하는 경우, ㉯ 범칙사건을 고발하는 경우, ㉰ 납세자가 폐업한 경우, ㉱ 납세자의 주소 및 거소가 불명하거나 그 밖의 사유로 통지를 하기 곤란하다고 인정되는 경우에는 면제된다.

### 4) 개인과세정보의 보호

관세법 제116조제1항에 따라 납세자의 개인과세정보를 보호하기 위하여 세관공무원에게 비밀유지의무를 부여하고 있다. 이에 따라 세관공무원은 납세자가 관세법이 정한 납세의무를 이행하기 위하여 제출한 자료나 관세의 부과·징수 또는 통관을 목적으로 업무상 취득한 자료 등과 같은 과세정보를 타인에게 제공 또는 누설하거나 사용목적 외의 용도로 사용하는 것이 금지된다. 하지만 ① 국가기관이 관세에 관한 쟁송 또는 관세범의 소추목적을 위하여 과세정보를 요구하는 경우, ② 법원의 제출명령 또는 법관이 발부한 영장에 의하여 과세정보를 요구하는 경우, ③ 세관공무원 상호간에 관세의 부과·징수·통관 또는 질문·검사상의 필요에 의하여 과세정보를 요구하는 경우, ④ 통계청장이 국가통계작성 목적으로 과세정보를 요구하는 경우와 ⑤ 국가행정기관, 지방자치단체, 공공기관운영법에 따른 공공기관 등 급부·지원 등의 업무를 수행하는 자로써 대통령령으로 정하는 자가 해당 자격의 확인·심사 등에 필요한 과세정보를 당사자의 동의를 받아 요구하는 경우, ⑥ 다른 법률의 규정에 의하여 과세정보를 요구하는 경우 등에는 그 사용목적에 맞는 범위 안에서 납세자의 과세정보를 제공할 수 있다.[28] 여기에서 앞의 제①과 제④ 및 제⑤에 따라 과세정보를 요구하는 자는 문서(전자문서를 포함한다)로 관세청장 또는 해당 세관장에게 요구하여야 한다(관세법 제116조제2항).[29] 그리고 비밀유지의무의 예외요건에 해당하지 아니한 과세정보의 제공을 문서가 아닌 방법으로 요구받은 세관공무원은 이를 거부하지 않으면 안 된다(관세법 제116조제3항). 아울러 세관공무원이 아닌 자도 과세정보를 알게 되었다면 세관공무원에게 적용되는 비밀유지의무가 발생된다(관세법 제116조제5항). 또한, 공무원이 아닌 자가 과세정보를 제공받아 알게 되었다면 형법이나 그 밖의 법률에 따른 벌칙을 적용할 때 공무원으로 간주된다(관세법 제116조제6항).[30]

### 5) 관세행정정보청구권

관세법 제117조에 따라 납세자는 관세행정정보청구권을 갖는다. 이에 따라 세관공무원은 납세자가 납세자의 권리 행사에 필요한 정보를 요구하는 경우 이를 신속하게 제공하지 않으면 안 된다. 아울러 세관공무원은 납세자가 요구한 정보와 관련되어 납세자가 반드시 알아야 된다고 판단되는 기타 정보도 함께 제공하여야 한다. 납세자의 권리행사에 필요한 정보란 해당 관세행정처분에 기초가 되는 정보를 의미한다. 일반적으로 '행정정보'란 공공기관이 직무상 작성 또는 취득하여 관리하고 있는 문서 · 도면 · 사진 · 필름 · 테이프 · 슬라이드 및 컴퓨터에 의하여 처리되는 매체 등에 기록된 사항을 말한다. 또한, 관세행정처분은 조세법정원칙과 조세평등원칙에 의하여 행하여질 것이 요구된다. 따라서 납세자의 권리행사에 필요한 정보란 과세가격의 결정에 사용된 방법 · 과세가격 및 그 산출근거 등을 의미한다고 할 수 있다. 그리고 정보를 제공한다는 것은 관세행정처분에 관한 정보를 열람하게 하거나 그 사본 또는 복제물을 교부하는 것으로 특히 정보청구권자가 서면으로 요구한 경우 해당 납세자에게 반드시 서면으로 통보하여야 한다. 따라서 납세자는 서면으로 요청하여 세관장으로부터 과세가격을 결정하는 데에 사용한 방법과 과세가격과 그 산출근거를 서면으로 통보받을 권리가 관세법상 보장된다(관세법 제36조).

---

28) 과세정보를 제공받은 자는 과세정보의 유출을 방지하기 위한 시스템의 구축 등 대통령령으로 정하는 바에 따라 과세정보의 안전성 확보를 위한 조치를 하여야 한다(관세법 제116조제7항).

29) 세관공무원은 본문 제⑤와 제⑥에 따른 과세정보를 요구받은 경우 관세통계 대행기관에게 사용 목적에 맞는 범위에서 요구받은 과세정보를 대신 제공하도록 요청할 수 있다(관세법 제116조제4항).

30) 관세청장은 비밀유지의무를 위반하여 과세정보를 타인에게 제공 또는 누설하거나 그 목적 외의 용도로 사용한 자에게 2천만원 이하의 과태료를 부과 · 징수하는데, 형법 등 다른 법률에 따라 형사처벌을 받은 경우에는 과태료를 부과하지 아니하고, 과태료를 부과한 후 형사처벌을 받은 경우에는 과태료 부과를 취소한다(관세법 제277조의3제1항).

### 6) 납세자 본인에 관한 과세정보의 전송 요구권

관세법 제116조의6 제1항에 따라 납세자는 관세청장에 대하여 본인에 관한 정보로서 비밀유지의 예외요건에 따라 제3자에게 제공한 과세정보를 본인이나 본인이 지정하는 자로서 본인정보를 이용하여 업무를 처리하려는 다음에 해당하는 자에게 전송하여 줄 것을 요구할 수 있다:[31)]

① 납세자 본인;
② 관세사법 제7조에 따라 등록한 관세사, 같은 법 제17조의2에 따라 등록한 관세법인 또는 같은 법 제19조에 따라 등록한 통관취급법인등;
③ 세무사법 제6조에 따라 등록한 세무사 또는 같은 법 제16조의4에 따라 등록한 세무법인;
④ 세무사법에 따라 세무대리를 할 수 있는 공인회계사 또는 변호사;
⑤ 전기통신사업법 제2조제8호에 따른 전기통신사업자로서 대통령령으로 정하는 자.

## 2. 과세전적부심사청구권

관세법 제118조제2항에 따라 납세의무자는 과세전적부심사청구권을 갖는다. 과세전적부심사는 세관장이 부족 징수한 세액을 추징하려는 경우 과세처분에 앞서 추징사유와 세액 등을 납세의무자에게 알리고 이에 대한 불복이 있는 경우 그 적법·타당성 여부를 심사함으로써 위법·부당한 과세처분으로부터 납세자의 권익침해를 사전에 예방하기 위한 제도이다. 이 제도는 납세자의 권익을 침해하는 과세처분이 이미 이루어진 뒤에 그 침해된 권익을 구제받을 수 있는 기회를 부여하는 나중에 설명하는 심사청구 등 관세행정상 사후적 권리구제제도의 취약점을 보완하는 기능을 갖는다. 이에 따라 세관장은 납부세액이나 납부하여야 하는 세액에 미치지 못한 금액을 징수하려는 경우에는 원칙

---

31) 관세청장은 납세자로부터 전송 요구를 받은 경우에는 대통령령으로 정하는 범위에서 해당 정보를 컴퓨터 등 정보처리장치를 이용하여 처리 가능한 형태로 전송하여야 하는데, 납세자의 본인 여부가 확인되지 아니하는 경우 등에는 그 전송 요구를 거절하거나 전송을 중단할 수 있다(관세법 제116조의6제2항·제4항). ▶전송 요구하는 납세자는 다음과 같은 사항을 모두 특정하여 전자문서나 그 밖에 안전성과 신뢰성이 확보된 방법으로 하여야 한다(관세법 제116조의6제5항): ㉮ 전송을 요구하는 본인의 과세정보; ㉯ 본인의 과세정보를 제공받는 자; ㉰ 정기적인 전송을 요구하는지 여부 및 요구하는 경우 그 주기; ㉱ 그 밖에 ㉮부터 ㉰까지에서 정한 사항과 유사한 사항으로서 관세청장이 정하는 사항. ▶관세청장은 과세정보의 전송 업무를 관세법 제322조제5항에 따른 대행기관에 대행하게 할 수 있는데, 이 경우 관세청장은 과세정보 전송 업무를 위하여 기초자료를 대행기관에 제공하여야 한다(관세법 제116조의6제8항). ▶과세정보를 전송 요구하려는 자는 기재부령으로 정하는 바에 따라 관세청장에게 수수료를 납부하여야 하는데, 대행기관이 업무를 대행하는 경우에는 대행기관이 정하는 수수료를 해당 대행기관에 납부하여야 한다(관세법 제116조의6제11항).

적으로 미리 납세의무자에게 그 내용을 서면으로 통지하여야 한다(관세법 제118조제1항). 하지만 세관장이 부족 징수한 세액을 추징하려는 경우가 ① 통지하려는 날부터 3개월 이내에 관세부과의 제척기간이 만료되는 경우, ② 납세의무자가 확정가격을 신고한 경우, ③ 수입신고수리전에 세액을 심사하는 경우로서 그 결과에 따라 부족세액을 징수하는 경우, ④ 감면된 관세를 징수하는 경우, ⑤ 관세포탈죄로 고발되어 포탈세액을 징수하는 경우, ⑥ 그 밖에 관세의 징수가 곤란하게 되는 등 사전통지가 부적당한 경우로서 과세전통지의 생략요건[32]에 해당한다면 세관장의 과세전통지의무는 면제된다. 그러므로 이러한 경우에는 상응하여 당연히 납세의무자에게 과세전적부심사청권이 부여되지 못한다.

한편, 납세의무자는 세관장으로부터 과세전통지를 받은 때에는 그 통지를 받은 날부터 30일 이내에 세관장에게 통지 내용이 적법한지에 대한 심사인 과세전적부심사를 청구할 수 있다. 여기에서 과세전적부심사의 청구대상이 법령에 대한 관세청장의 유권해석을 변경하여야 하거나 새로운 해석이 필요한 경우 등에 해당한다면 관세청장에게 이를 청구할 수 있다. 따라서 ⓐ 관세청장의 훈령 · 예규 · 고시 등과 관련하여 새로운 해석이 필요한 경우, ⓑ 관세청장의 업무감사결과 또는 업무지시에 따라 세액을 경정하거나 부족한 세액을 징수하는 경우, ⓒ 관세평가분류원장의 품목분류 및 유권해석에 따라 수출입물품에 적용할 세율이나 물품분류의 관세율표 번호가 변경되어 세액을 경정하거나 부족한 세액을 징수하는 경우, ⓓ 동일 납세의무자가 동일한 사안에 대하여 둘 이상의 세관장에게 과세전적부심사를 청구하여야 하는 경우, ⓔ 앞의 ⓐ부터 ⓓ까지의 규정에 해당하지 아니하는 경우로서 과세전적부심사 청구금액이 5억 원 이상인 것에 해당하는 과세전적부심사청구에 대한 결정권한은 관세청장에게 있다(관세령 제143조). 그리고 과세전적부심사를 청구받은 세관장이나 관세청장은 그 청구를 받은 날부터 30일 이내에 관세심사위원회의 심사를 거쳐 결정을 하고, 그 결과를 청구인에게 통지하여야 한다(관세법 제118조제3항). 아울러 과세전적부심사 청구에 대한 결정은 다음과 같은 세 가지 유형 중 하나로 채택된다(관세법 제118조제4항): ㉠ 청구가 이유 없다고 인정되는 경우에는 채택하지 아니한다는 결정; ㉡ 청구가 이유 있다고 인정되는 경우에는 청구의 전부 또는 일부를 채택하는 결정;[33] ㉢ 청구기간이 지났거나 보정기간 내에 보정하지 아니하는 경우 또는 적법

32) 과세전통지의 생략요건은 ㉮ 납부세액의 계산착오 등 명백한 오류에 의하여 부족하게 된 세액을 징수하는 경우, ㉯ 감사원법 제33조에 따른 감사원의 시정요구에 따라 징수하는 경우, ㉰ 납세의무자가 부도 · 휴업 · 폐업 또는 파산한 경우, ㉱ 관세품목분류위원회의 의결에 따라 결정한 품목분류에 의하여 수출입물품에 적용할 세율이나 품목분류의 세번이 변경되어 부족한 세액을 징수하는 경우 등이 해당한다(관세령 제142조).

33) 이 경우 구체적인 채택의 범위를 정하기 위하여 사실관계 확인 등 추가적으로 조사가 필요한 경우에는 과세전적부심사를 통지를 한 세관장으로 하여금 이를 재조사하여 그 결과에 따라 당초 통지 내용을 수정하여

하지 아니한 청구를 하는 경우에는 심사하지 아니한다는 결정. 그런데 납세의무자의 과세전적부심사청구권이 관세법상 보장됨에도 불구하고 세관장으로부터 과세전통지를 받은 납세의무자는 과세전적부심사를 청구하지 아니하고 통지를 한 세관장에게 통지받은 내용의 전부 또는 일부에 대하여 조기에 경정해 줄 것을 신청할 수도 있다(관세법 제118조제5항).

## Ⅱ. 수입신고(수리)된 물품에 대한 관세환급청구권

관세법상 납세자에게 부여된 관세환급청구권의 유형은 ① 과오납금(관세환급금)의 환급청구, ② 계약상위 수입물품의 환급청구, ③ 보세장치중 가치변동된 수입물품의 환급청구, ④ 수입한 상태 그대로 수출되는 자가사용물품에 대한 환급청구가 있다. 이러한 관세환급청구권은 그 권리를 행사할 수 있는 날부터 5년간 행사하지 아니하면 소멸시효가 완성된다(관세법 제22조제2항). 그리고 관세환급청구권의 소멸시효는 환급청구권의 행사로 중단되며, 관세환급청구권의 소멸시효에 관하여 관세법에서 규정한 것을 제외하고는 민법을 준용한다(관세법 제23조제5항). 여기에서 관세환급청구권을 행사할 수 있는 날은 다음과 같은 날로 한다(관세령 제7조제2항): ㉮ 경정으로 인한 환급의 경우에는 경정결정일; ㉯ 착오납부 또는 이중납부로 인한 환급의 경우에는 그 납부일; ㉰ 계약과 상이한 물품등에 대한 환급의 경우에는 당해 물품의 수출신고수리일 또는 보세공장반입신고일; ㉱ 폐기, 멸실, 변질, 또는 손상된 물품에 대한 환급의 경우에는 해당 물품이 폐기, 멸실, 변질 또는 손상된 날; ㉲ 종합보세구역에서 물품을 판매하는 자가 관련 규정(관세법 제199조의2; 관세령 제216조의5제2항)에 의하여 환급받고자 하는 경우에는 동 규정에 의한 환급에 필요한 서류의 제출일; ㉳ 수입신고 또는 입항전수입신고를 하고 관세를 납부한 후 신고가 취하 또는 각하된 경우에는 신고의 취하일 또는 각하일; ㉴ 적법하게 납부한 후 법률의 개정으로 인하여 환급하는 경우에는 그 법률의 시행일.

### 1. 과오납금(관세환급금)의 환급청구

관세법 제46조제1항에 따라 납세의무자는 수입신고(수리)된 물품에 대한 관세·가산세 또는 강제징수비의 과오납금 등 이른바 관세환급금의 환급청구권을 갖는다. 이에 따라 세관장은 납세의무자로부터 과오납금 또는 관세법에 따라 환급하여야 할 환급세액에 대한 환급의 청구를 받았을 경우 지체없이 이를 관세환급금으로 결정하고 30일 이내

통지하도록 하는 재조사 결정을 할 수 있다.

에 환급하지 않으면 안 된다. 여기에서 세관장이 스스로 확인한 관세환급금은 납세의무자가 환급을 청구하지 아니하더라도 환급하여야 한다. 그리고 납세의무자의 관세환급금에 관한 권리는 소정의 절차에 따라 제3자에게 양도할 수 있다(관세법 제46조제4항). 아울러 관세환급금의 환급은 국가재정법 제17조에도 불구하고 소정의 절차에 따라 한국은행법에 따른 한국은행의 해당 세관장의 소관 세입금에서 지급한다(관세법 제46조제5항). 또한, 세관장은 관세환급금을 환급할 때에는 원칙적으로 소정의 "관세환급가산금 기산일"부터 환급결정을 하는 날까지의 기간과 법정이율에 따라 계산한 금액을 관세환급금에 더하여야 한다(관세법 제48조).

한편, 세관장이 관세환급금을 환급하는 경우에 환급받을 자가 세관에 납부하여야 하는 관세와 그 밖의 세금, 가산세 또는 강제징수비가 있을 때에는 환급하여야 하는 금액에서 이를 충당할 수 있다(관세법 제46조제2항). 그리고 세관장은 납세의무자의 과오납금 환급청구에 따른 관세환급금의 환급에 있어서 그 환급액이 과다한 것을 알게 되었을 때에는 해당 관세환급금을 지급받은 자로부터 과다지급된 금액을 징수하여야 하는바, 세관장이 관세환급금의 과다환급액을 징수할 때에는 과다환급을 한 날의 다음 날부터 징수결정을 하는 날까지의 기간에 대하여 법정이율에 따라 계산한 금액을 과다환급액에 더하여야 한다(관세법 제47조제1항·제2항). 또한, 세관장은 관세환급금을 충당할 때에는 원칙적으로 소정의 관세환급가산금 기산일부터 충당결정을 하는 날까지의 기간과 법정이율에 따라 계산한 금액을 관세환급금에 더하여야 한다(관세법 제48조).

## 2. 계약상위 수입물품의 환급청구

관세법 제106조제1항에 따라 납세의무자는 계약 내용과 다른 수입물품에 대한 관세환급청구가 보장된다. 이에 따라 납세의무자는 수입신고가 수리된 물품이 계약 내용과 다르고 수입신고 당시의 성질이나 형태가 변경되지 아니한 경우를 전제하여 해당 물품이 수입신고 수리일부터 1년 이내에 다음과 같은 요건에 해당하면 그 관세의 환급을 청구할 수 있다. ① 외국으로부터 수입된 물품인 경우에는 보세구역에 이를 반입하였다가 다시 수출하였을 것(이 경우 수출은 수입신고 수리일부터 1년이 지난 후에도 할 수 있다); ② 보세공장에서 생산된 물품인 경우에는 보세공장에 이를 다시 반입하였을 것. 여기에서 위와 같은 환급청구요건의 갖춘 수입물품으로서 세관장이 환급세액을 산출하는 데에 지장이 없다고 인정하여 승인한 경우에는 그 수입물품의 일부를 수출하였을 때에도 그 관세를 환급할 수 있다(관세법 제106조제2항). 그리고 위와 같은 환급청구요건의 갖춘 수입물품의 수출을 갈음하여 이를 폐기하는 것이 부득이하다고 인정하여 그 물품을 수입신고수리일부터 1년 내에 보세구역에 반입하여 미리 세관장의 승인을 받아 폐기하였을 때에도 그 관세의 환급이 허용된다(관세법 제106조제3항). 위와 같은 계약상위 수입물품의 환급청구요건에 해당한다고 하더라도 만일 해당 수입물품에 대한 관세의 납부기한이 종료되기 전이거나 징수유예 중 또는 분할납부기간이 끝나지 아니하여 해당 물품에 대한 관세가 징수되지 아니한 경우에는 세관장은 해당 관세의 부과를 취소할 수 있다(관세법 제106조제5항).

### 3. 보세장치 중 가치변동된 수입물품의 환급청구

관세법 제106조제4항에 따라 수입신고가 수리된 물품이 수입신고수리후에도 지정보세구역에 계속 장치되어 있는 중에 재해로 멸실되거나 변질 또는 손상되어 그 가치가 떨어졌을 때에는 해당 물품의 납세의무자는 그 관세의 전부 또는 일부에 대한 환급을 청구할 수 있다. 여기에서 만일 해당 수입물품에 대한 관세의 납부기한이 종료되기 전이거나 징수유예 중 또는 분할납부기간이 끝나지 아니하여 해당 물품에 대한 관세가 징수되지 아니한 경우에는 세관장은 해당 관세의 부과를 취소할 수 있다(관세법 제106조제5항).

### 4. 수입한 상태 그대로 수출되는 자가사용물품에 대한 환급청구

관세법 제106조의2 제1항에 따라 수입신고가 수리된 개인의 자가사용물품이 수입한 상태 그대로 수출되는 경우로서 다음과 같은 요건에 해당하는 경우에는 수입할 때 납부한 관세를 환급한다:[34] ① 수입신고 수리일부터 6개월 이내에 보세구역 또는 자유무역지역법에 따른 자유무역지역 중 관세청장이 지정하는 장소에 반입하였다가 다시 수출하는 경우; ② 수입신고 수리일부터 6개월 이내에 관세청장이 정하는 바에 따라 세관장의 확인을 받고 다시 수출하는 경우; ③ 수출신고가 생략되는 탁송품 또는 우편물로서 기재부령으로 정하는 금액 이하인 물품을 수입신고 수리일부터 6개월 이내에 수출한 후 관세청장이 정하는 바에 따라 세관장의 확인을 받은 경우. 또한, 여행자가 보세판매장에서 구입한 물품으로서 자진신고한 물품이 보세판매장에 환불되는 경우에는 자진신고할 때 납부한 관세를 환급한다(관세법 제106조의2 제2항). 여기에서 수입한 상태 그대로 수출되는 경우의 기준은 해당 물품이 수입신고 당시의 성질 또는 형태가 변경되지 아니한 상태로 수출될 것과 해당 물품이 국내에서 사용된 사실이 없다고 세관장이 인정할 것 등이다(관세령 제124조의2제1항).

34) 관세환급의 청구방법과 환급액의 산정에 관하여는 관세령 제124조의2제2항·제3항을 참조. ▶관세환급의 절차에 관하여는 관세법 제46조, 제47조 및 제106조제2항·제5항을 준용한다(관세법 제106조의2제3항).

# Ⅲ. 관세행정구제

## 1. 불복청구 개설

### 1) 관세행정구제제도의 의의

관세행정청의 위법하거나 부당한 처분으로 인하여 관세행정상 권리나 이익을 침해받은 납세자는 제1차적으로 관세법에 의한 심사·심판청구를 통하여 그 구제를 청구하거나 감사원법에 의한 심사청구에 의하여 그 구제를 청구하고, 그 청구에 대한 결정에 만족하지 못하는 경우에 제2차적으로 행정소송을 제기하여 그 권익을 구제받을 수 있는 권리가 주어진다. 이러한 관세행정처분에 대한 구제제도는 사후구제수단으로서 앞서 설명한 사전구제수단인 과세전적부심청구와 구별된다.

관세법 제119조제1항에 따라 납세자는 침해받은 권익을 구제받기 위하여 관세청장에게 심사청구 또는 조세심판원장에게 심판청구를 선택적[35]으로 청구할 수 있다. 여기에서 납세자는 관세청장이 처분권자가 아닌 경우라면 심사·심판청구에 앞서 해당 처분권자인 세관장에게 이의신청[36]을 할 수 있는 권리가 주어진다.[37] 그리고 납세자는 감사원법 제43조제1항에 따라 관세행정상 권익침해에 대하여 감사원장에게 심사청구를 할 수 있는데,[38] 감사원법에 따라 심사청구를 한 처분이나 그 심사청구에 대한 처분은 관세법에 의한 심사·심판청구의 대상에서 제외하고 있다. 이에 따라 감사원법에 의한 심사청

---

35) 동일한 처분에 대하여 심사청구와 심판청구를 중복하여 제기하는 것은 허용되지 않는다(관세법 제119조제8항).

36) 이의신청은 불복의 사유를 갖추어 해당 처분을 하였거나 하였어야 할 세관장에게 하여야 하는데, 이 경우 관세법 제258조에 따른 결정사항 또는 제259조제1항에 따른 세액에 관한 이의신청은 해당 결정사항 또는 세액에 관한 통지를 직접 우송한 우체국의 장에게 이의신청서를 제출함으로써 할 수 있고, 우체국의 장이 이의신청서를 접수한 때에 세관장이 접수한 것으로 간주된다(관세법 제132조제1항). ▶이의신청을 받은 세관장은 관세심사위원회의 심의를 거쳐 결정하여야 하고, 이의신청을 받은 날부터 7일 이내에 이의신청의 대상이 된 처분에 대한 의견서를 이의신청인에게 송부하여야 라는데, 이 경우 의견서에는 처분의 근거·이유 및 처분의 이유가 된 사실 등이 구체적으로 기재되어야 한다(관세법 제132조제2항·제5항). 그리고 이의신청인은 세관장으로부터 송부받은 의견서에 대하여 반대되는 증거서류 또는 증거물을 세관장에게 제출할 수 있다(관세법 제132조제6항). 한편, 이의신청에 관하여는 관세법 제121조, 제122조제2항, 제123조, 제127조 및 제128조를 준용하되, 관세법 제128조제2항 중 "90일"은 "30일"로 적용한다(관세법 제132조제2항·제4항). ▶관세청장은 관세불복의 세부사항에 관하여 행정규칙으로 「관세불복청구및처리에관한고시」를 제정·시행하고 있다.

37) 하지만, 이의신청에 대한 처분과 관세법 제128조제1항제3호 후단(관세법 제132조제4항에서 준용하는 경우를 말한다)의 재조사 결정에 따른 처분청의 처분에 대해서는 이의신청을 할 수 없다(관세법 제119조제4항).

38) 심사청구는 그 처분을 한 것을 안 날(처분의 통지를 받았을 때에는 그 통지를 받은 날을 말한다)부터 90일 이내에 하여야 한다(관세법 제119조제3항).

구는 관세행정구제의 대체 수단으로서 관세법에 의한 불복절차를 거친 것으로 간주되어 곧바로 행정소송의 제기가 허용된다(관세법 제120조제4항).

그런데 관세행정상 권익을 침해받은 납세자는 행정소송법(이하 "행소법"이라 한다)의 규정에도 불구하고 관세법에 의한 심사 · 심판청구(감사원법에 의한 심사청구 포함)를 거치지 아니하면 행정소송의 제기가 허용되지 않는다.[39] 그리고 행정소송의 제기요건을 충족한 경우에 관세행정상 권익을 침해받은 납세자는 행소법의 규정에도 불구하고 심사청구나 심판청구에 대한 결정의 통지[40]를 받은 날부터 90일 이내에 제2차적 권리구제절차인 행정소송을 제기하는 것이 허용되는데, 결정기간(재조사의 경우에는 처분기간) 내에 결정을 통지받지 못한 경우에는 결정을 통지받기 전이라도 그 결정기간(재조사의 경우에는 처분기간)이 지난 날부터 행정소송을 제기할 수 있다(관세법 제120조제3항·제4항). 여기에서 행정소송의 제기기간은 불변기간이므로(관세법 제120조제6항), 심사청구나 심판청구에 대한 결정의 통지를 받은 날부터 90일이 지났다면 어떠한 경우라도 행정소송의 제기는 불가능하게 된다.

### 2) 불복청구의 대상과 청구의 당사자

불복의 대상은 관세법이나 그 밖의 관세에 관한 법률 또는 조약에 따른 처분으로서 위법한 처분 또는 부당한 처분과 필요한 처분이 해당된다(관세법 제119조제1항).[41] 여기에서 **위법한 처분**은 관세행정에 관한 법률 또는 조약의 규정을 위반한 처분을 말하고, **부당한 처분**은 관세행정상 과세의 형평에 어긋나거나 합목적성에 위배되어 공익 또는 행정목적에 반하거나 재량권을 그르친 처분을 말하며, 필요한 처분은 관세행정상 관세행정청이 일정한 처분을 하여야 할 의무가 있음에도 불구하고 이를 명시적으로 또는 묵시적으로 거부한 경우를 말한다. 그리고 수입물품에 부과하는 내국세 등의 부과 · 징수 · 감면 · 환급 등에 관한 세관장의 처분도 관세행정상 불복의 대상에 포함된다(관세법 제119조제8항). 하지만 이러한 처분에 해당된다고 하더라도 다음과 같은 처분은 **불복청구의 대상범위에서 배제**된다(관세법 제119조제1항단서·제3항): ① 관세법에 따른 통고처분; ② 감사원법에 따라 심사청구를 한 처분이나 그 심사청구에 대한 처분; ③ 관세법이나 그 밖의 관세에 관한 법률에 따

39) 다만, 심사청구 또는 심판청구에 대한 관세법 제128조제1항제3호 후단(관세법 제131조에서 국기법을 준용하는 경우를 포함한다)의 재조사 결정에 따른 처분청의 처분에 대한 행정소송은 예외로 한다.

40) 관세법 제128조제5항에 따른 재조사 후 행한 처분청의 처분의 결과통지를 포함한다.

41) 다만, 관세법 제128조제1항제3호후단(관세법 제131조에서 국기법을 준용하는 경우를 포함한다)의 재조사 결정에 따른 처분청의 처분에 대해서는 해당 재조사 결정을 한 재결청에 대하여 심사청구 또는 심판청구를 제기할 수 있다.

른 과태료 부과처분; ④ 관세법에 따른 심사청구 또는 심판청구에 대한 처분.[42]

한편, 불복청구의 청구당사자는 앞서 설명한 관세행정상 위법한 처분 또는 부당한 처분을 받거나 필요한 처분을 받지 못하여 권리나 이익을 침해당한 납세자가 해당된다. 그리고 관세법이나 그 밖의 관세에 관한 법률 또는 조약에 따른 처분으로 권리나 이익을 침해받게 되는 제2차 납세의무자 등의 이해관계인도 그 처분에 대하여 관세법의 규정에 따른 심사청구 또는 심판청구를 하여 그 처분의 취소 또는 변경이나 그 밖에 필요한 처분을 청구할 수 있다(관세법 제119조제8조). 그리고 불복청구의 당사자인 이의신청인 · 심사청구인 또는 심판청구인은 관세법 제126조제1항에 따라 변호사나 관세사를 대리인으로 선임할 수 있다.[43] 대리인의 권한은 서면으로 증명하여야 하고, 대리인은 본인을 위하여 청구에 관한 모든 행위를 할 수 있지만, 청구의 취하는 특별한 위임을 받은 경우에만 할 수 있으며, 대리인을 해임하였을 때에는 그 뜻을 서면으로 해당 재결청에 신고하여야 한다(관세법 제126조제3항부터제5항까지).

### 3) 불복청구의 절차적 효과

이의신청 · 심사청구 또는 심판청구는 법령에 특별한 규정이 있는 경우를 제외하고는 해당 처분의 집행에 효력을 미치지 아니하지만, 해당 재결청이 필요하다고 인정할 때에는 그 처분의 집행을 중지하게 하거나 중지할 수 있다(관세법 제125조). 그리고 이의신청인 · 심사청구인 · 심판청구인 또는 처분청(처분청의 경우 심판청구에 한정한다)은 그 청구와 관계되는 서류를 열람할 수 있으며 소정의 의견진술절차에 따라 해당 재결청에 의견을 진술할 수 있는 권리가 주어진다(관세법 제130조).

한편, 이의신청 · 심사청구 또는 심판청구의 재결청은 결정서에 다음과 같은 구분에 따른 사항을 함께 적지 않으면 안 된다(관세법 제129조제1항): ① 이의신청인 경우에는 결정서를 받은 날부터 90일 이내에 심사청구 또는 심판청구를 제기할 수 있다는 뜻; ② 심사청구 또는 심판청구인 경우에는 결정서를 받은 날부터 90일 이내에 행정소송을 제기할 수 있다는 뜻. 그리고 이의신청 · 심사청구 또는 심판청구의 재결청은 해당 신청 또는 청구에 대한 결정기간이 지날 때까지 결정을 하지 못한 경우에는 지체 없이 신청인이나 청구인에게 다음과 같은 사항을 서면으로 통지하여야 할 의무를 가진다(관세법 제129조제2항): ① 이

42) 당초 처분의 적법성에 관하여 재조사하여 그 결과에 따라 과세표준과 세액을 경정하거나 당초 처분을 유지하는 등의 처분을 하도록 하는 결정에 따른 처분을 포함하되, 이의신청에 대한 처분에 대하여 심사청구 또는 심판청구를 하는 경우는 제외한다.

43) 신청 또는 청구의 대상이 3천만원 미만인 경우에는 배우자, 4촌 이내의 혈족 또는 배우자의 4촌 이내 혈족을 대리인으로 선임할 수 있다(관세법 제126조제2항).

의신청인 경우에는 결정을 통지받기 전이라도 그 결정기간이 지난 날부터 심사청구 또는 심판청구를 제기할 수 있다는 뜻; ② 심사청구 또는 심판청구인 경우에는 결정을 통지받기 전이라도 그 결정기간이 지난 날부터 행정소송을 제기할 수 있다는 뜻. 여기에서 만일 재결청이 불복 방법의 통지에 있어서 불복청구를 할 기관을 잘못 통지하였거나 누락한 경우 그 통지된 기관 또는 해당 처분기관에 불복청구를 한 때에는 정당한 기관에 당해 청구를 한 것으로 간주하며, 청구를 받은 기관은 정당한 기관에 지체없이 이를 이송하고, 그 뜻을 그 청구인에게 통지하여야 한다(관세령 제152조).

## 2. 심사청구

### 1) 청구의 기간과 절차

심사청구의 기간은 해당 처분을 한 것을 안 날부터 90일 이내에 제기하여야 한다(관세법 제121조제1항). 여기에서 "해당 처분을 한 것을 안 날"이란 처분하였다는 통지를 받았을 때에는 통지를 받은 날을 말한다. 그리고 만일 이의신청을 거친 후 심사청구를 하려는 경우에는 이의신청에 대한 결정을 통지받은 날부터 90일 이내에 하여야 하는데, 30일 내에 결정을 통지받지 못한 경우에는 결정을 통지받기 전이라도 그 결정기간이 지난 날부터 심사청구를 할 수 있다(관세법 제121조제2항). 아울러 위의 기한 내에 우편으로 제출한 심사청구서가 청구기간이 지나 세관장 또는 관세청장에게 도달한 경우에는 그 기간의 만료일에 청구된 것으로 간주한다(관세법 제121조제3항). 또한, 심사청구인이 관세법 제10조에서 규정하는 사유로 법정 기간 내에 심사청구를 할 수 없을 때에는 그 사유가 소멸한 날부터 14일 이내에 심사청구를 할 수 있는데, 이 경우 심사청구인은 그 기간 내에 심사청구를 할 수 없었던 사유, 그 사유가 발생한 날과 소멸한 날, 그 밖에 필요한 사항을 적은 문서를 함께 제출하여야 한다(관세법 제121조제4항).

한편, 심사청구는 불복하는 사유를 심사청구서에 적어 해당 처분을 하였거나 하였어야 하는 세관장을 거쳐 관세청장에게 하여야 한다(관세법 제122조제1항). 그리고 심사청구기간을 계산할 때에는 해당 심사청구서가 관할세관장에게 제출된 때에 심사청구가 된 것으로 간주하며, 해당 심사청구서가 관할세관장 외의 세관장이나 관세청장에게 제출된 경우에도 또한 같다(관세법 제122조제2항). 아울러 해당 심사청구서를 제출받은 관할세관장은 이를 받은 날부터 7일 내에 그 심사청구서에 의견서를 첨부하여 관세청장에게 보내야 한다(관세법 제122조제3항). 그리고 관세청장은 송부받은 의견서의 부본을 지체없이 해당 심사청구인에게 교부하여야 하고, 그 심사청구인은 교부받은 의견서에 대하여 반대되는 증거서류 또는 증거물을 제출할 수 있다(관세법 제122조제4항·제5항). 그런데 관세청장은 심사청구의 내용이나 절차가 관세법상 심사와 심판에 관한 규정에 적합하지 아니하지만 보정할 수 있다고 인정되는 경우에는 20일 이내의 기간을 정하여 해당 사항을 보정할 것을 요구할 수 있는데, 보정할 사항이 경미한 경우에는 직권으로 보정할 수 있으며, 보정기간은 심사청구기간에 산입(算入)하지 아니한다(관세법 제123조).

### 2) 심사청구의 결정

심사청구가 있으면 관세청장은 원칙적으로 관세심사위원회의 의결에 따라 이를 결정하여야 하는데, 심사청구기간이 지난 후 심사청구가 제기된 경우 등 경미한 사항에 해당하는 경우에는 예외적으로 관세심사위원회의 심의를 생략한다(관세법 제127조제1항). 하지만 관세청장은 관세심사위원회의 의결이 법령에 명백히 위반된다고 판단하는 경우 구체적인 사유를 적어 서면으로 관세심사위원회에 한 차례에 한정하여 다시 심의할 것을 요청할 수 있다(관세법 제127조제2항). 관세심사위원회의 회의는 원칙적으로 공개하지 아니하지만, 관세심사위원회의 위원장이 필요하다고 인정할 때에는 공개할 수 있다(관세법 제127조제3항). 관세심사위원회는 세관 및 관세청에 각각 두는데, 관세심사위원회는 심사청구의 의결뿐 아니라 과세전적부심사와 이의신청도 심의한다(관세법 제124조).

한편, 심사청구에 대한 결정은 다음과 같은 구분에 따른다(관세법 제128조제1항): ① 심판청구를 제기한 후 심사청구를 제기(같은날 제기한 경우도 포함한다)한 경우(㉮), 심사청구가 법정 기간이 지난 후 제기된 경우(㉯), 심사청구를 제기한 후 관세청장이 요구한 보정기간 내에 필요한 보정을 하지 아니한 경우(㉰)에는 그 청구를 각하하는 결정; ② 심사청구가 이유 없다고 인정되는 경우, 적법하지 아니한 심사청구를 제기한 경우(㉱), 앞의 ㉮부터 ㉱까지에 따른 경우와 유사한 경우로서 대통령령으로 정하는 경우에는 그 청구를 기각하는 결정; ③ 심사청구가 이유 있다고 인정되는 경우에는 그 청구의 대상이 된 처분의 취소·경정 또는 필요한 처분의 결정.[44] 여기에서 심사청구의 결정은 원칙적으로 심사청구를 받은 날부터 90일 이내에 하여야 하지만, 부득이한 사유가 있을 때에는 예외적으로 90일을 초과할 수 있다(관세법 제128조제2항). 그리고 심사청구의 결정을 하였을 때에는 정해진 결정기간 내에 그 이유를 적은 결정서를 심사청구인에게 통지하여야 하는데, 보정기간은 결정기간에 산입하지 아니한다(관세법 제128조제3항·제4항).

---

44) 이 경우 취소·경정 또는 필요한 처분을 하기 위하여 사실관계 확인 등 추가적으로 조사가 필요한 경우에는 처분청으로 하여금 이를 재조사하여 그 결과에 따라 취소·경정하거나 필요한 처분을 하도록 하는 재조사 결정을 할 수 있다.

6

# 관세행정상 조세특례

# 제6장 관세행정상 조세특례

## 제1절 관세의 감면

관세법상 조세정책은 국제규범의 적용 또는 산업정책적이나 사회정책적 목적에서 일정한 요건을 갖추어 수입통관하는 물품에 대하여 관세의 전부 또는 일부를 면제하고 있다. 여기에서 관세의 납세의무를 특정의 경우에 조건 없이 면제하는 것을 공권[1]적(무조건) 면세라 하고, 일정 조건 하에서 일부 또는 전부를 면제하는 것을 조세정책적(조건부) 감면세[2]라고 한다. 그런데 관세의 감면을 적용하면서 유의할 점은 조세법률주의와 조세공평의 이념에서 비롯된 엄격해석의 원칙은 비과세 및 조세감면요건에 해당하는 경우에도 적용되므로, 납세자에게 유리하다고 하여 비과세요건이나 조세감면요건을 합리적 이유없이 확장해석하거나 유추해석하는 것이 허용되지 않는다는 것이다.[3]

1) '공권'이란 행정법관계에 있어서 법이 권리주체에게 부여한 "직접 자기를 위하여 일정한 이익을 주장할 수 있는 법적인 힘"을 말한다. 그와 함께 그 이익을 주장할 수 있는 의사력(소송상의 이행·확인·형성 등 청구권의 형태로 나타나는 힘)도 부여되어 있다.

2) 조세는 본래 국가의 재정수입을 확보하기 위한 것이지만 국가는 조세의 경감이나 중과세 등의 조세정책적 수단을 통해서 특정한 경제활동을 촉진하거나 억제하여 국민경제의 건전한 발전을 도모하고 있다. 일반적으로 국가가 경제에 관여하는 목적상 경제촉진은 촉진하고자 하는 경제활동분야를 경제적으로 직접 지원하는 것이므로 이는 주로 보조금이라는 방법으로 이루어진다. 이것은 국가 또는 기타의 행정주체가 공공이익을 증진하기 위하여 사인에게 반대급부없이 재산적 이익을 제공하는 것으로 관세행정에서는 관세를 경감하거나 환급해주는 방법을 통하여 국가의 특정 산업부문을 직접 지원하고 있다.

3) 대법원 2007. 07. 12. 선고 2005두15021 판결.

# Ⅰ. 공권적(무조건) 면세

## 1. 외교관용 물품 등의 면세

관세법 제88조제1항에 따라 외교관용 물품 등에 해당하는 수입물품은 그 관세가 면제된다. 여기에서 **외교관용 물품 등의 적용범위**는 다음과 같다: ① 우리나라에 있는 외국의 대사관·공사관 및 그 밖에 이에 준하는 기관의 업무용품; ② 우리나라에 주재하는 외국의 대사·공사 및 그 밖에 이에 준하는 사절과 그 가족이 사용하는 물품; ③ 우리나라에 있는 외국의 영사관 및 그 밖에 이에 준하는 기관의 업무용품; ④ 우리나라에 있는 외국의 대사관·공사관·영사관 및 그 밖에 이에 준하는 기관의 직원 중 대통령령으로 정하는 직원과 그 가족이 사용하는 물품; ⑤ 정부와 체결한 사업계약을 수행하기 위하여 외국계약자가 계약조건에 따라 수입하는 업무용품; ⑥ 국제기구 또는 외국 정부로부터 우리나라 정부에 파견된 고문관·기술단원 및 그 밖에 면세업무와 관련된 조약 등에 의하여 외교관에 준하는 대우를 받는 자로서 해당 업무를 관장하는 중앙행정기관의 장이 확인한 자가 사용하는 물품.

그런데 관세법상 외교관용 물품 등에 해당하여 관세를 면제받은 수입물품 중 ㉠ 자동차(삼륜자동차와 이륜자동차를 포함한다), ㉡ 선박, ㉢ 피아노, ㉣ 전자오르간 및 파이프오르간, ㉤ 엽총 등은 수입신고 수리일부터 3년의 범위에서 관세청장이 정하는 양수제한기간에 면세가 적용된 용도 외의 다른 용도로 사용하기 위하여 양수하는 것이 금지된다(관세법 제88조제2항). 만일 이러한 물품을 양수제한기간에 면세가 적용된 용도 외의 다른 용도로 사용하기 위하여 양수한 경우에는 그 양수자로부터 면제된 관세를 즉시 징수한다(관세법 제88조제3항).

## 2. 종교용품·자선용품·장애인용품 등의 면세

관세법 제91조에 따라 종교용품·자선용품·장애인용품에 해당하는 수입물품은 그 관세가 면제된다. 여기에서 **종교용품·자선용품·장애인용품의 적용범위**는 다음과 같다: ① 교회, 사원 등 종교단체의 의식(儀式)에 사용되는 물품으로서 외국으로부터 기증되는 물품; ② 자선 또는 구호의 목적으로 기증되는 물품 및 법정 자선시설·구호시설 또는 사회복지시설에 기증되는 물품으로서 해당 용도로 직접 사용하는 물품(다만, 특정한 물품은 제외한다); ③ 국제적십자사·외국적십자사 및 기재부령으로 정하는 국제기구가 국제평화봉사활동 또는 국제친선활동을 위하여 기증하는 물품; ④ 시각장애인, 청각장애인, 언어장애인, 지체장애인, 만성신부전증환자, 희귀난치성질환자 등을 위한 용도로 특수하게 제작되거나 제조된 물품 중 기재부령으로 정하는 물품; ⑤ 장애인복지시설 및 장애인의 재활의료를 목적으로 국가 · 지방자치단체 또는 사회복지법인이 운영하는 재활 병원 · 의원에서 장애인을 진단하고 치료하기 위하여 사용하는 의료용구.

## 3. 정부용품 등의 면세

관세법 제92조에 따라 정부용품 등에 해당하는 수입물품은 그 관세가 면제될 수 있다. 여기에서 **정부용품 등의 적용범위**는 다음과 같다: ① 국가기관이나 지방자치단체에 기증된 물품으로서 공용으로 사용하는 물품(다만, 특정한 물품은 제외한다); ② 정부가 외국으로부터 수입하는 군수품(정부의 위탁을 받아 정부 외의 자가 수입하는 경우를 포함한다) 및 국가원수의 경호용으로 사용하는 물품(다만, 특정한 물품은 제외한다); ③ 외국에 주둔하는 국군이나 재외공관으로부터 반환된 공용품; ④ 과학기술정보통신부장관이 국가의 안전보장을 위하여 긴요하다고 인정하여 수입하는 비상통신용 물품 및 전파관리용 물품; ⑤ 정부가 직접 수입하는 간행물, 음반, 녹음된 테이프, 녹화된 슬라이드, 촬영된 필름, 그 밖에 이와 유사한 물품 및 자료; ⑥ 국가나 지방자치단체가 환경오염(소음 및 진동을 포함한다)을 측정하거나 분석하기 위하여 수입하는 기계 · 기구 중 기재부령으로 정하는 물품; ⑦ 상수도 수질을 측정하거나 이를 보전 · 향상하기 위하여 국가나 지방자치단체가 수입하는 물품으로서 기재부령으로 정하는 물품; ⑧ 국가정보원장 또는 그 위임을 받은 자가 국가의 안전보장 목적의 수행상 긴요하다고 인정하여 수입하는 물품.

## 4. 특정용품의 면세

관세법 제93조에 따라 기재부장관이 정하는 특정물품에 해당하는 수입물품은 그 관세가 면제될 수 있다. **기재부장관이 정하는 특정물품**은 다음과 같은 물품이 해당된다: ① 동식물의 번식 · 양식 및 종자개량을 위한 물품 중 기재부령으로 정하는 물품; ② 박람회, 국제경기대회, 그 밖에 이에 준하는 행사 중 기재부령으로 정하는 행사에 사용하기 위하여 그 행사에 참가하는 자가 수입하는 물품 중 기재부령으로 정하는 물품; ③ 핵사고 또는 방사능 긴급사태 시 그 복구지원과 구호를 목적으로 외국으로부터 기증되는 물품으로서 기재부령으로 정하는 물품; ④ 우리나라 선박이 외국 정부의 허가를 받아 외국의 영해에서 채집하거나 포획한 수산물; ⑤ 우리나라 선박이 외국의 선박과 협력하여 기재부령으로 정하는 방법으로 채집하거나 포획한 수산물로서 해수부장관이 추천하는 것; ⑥ 해수부장관의 허가를 받은 자가 기재부령으로 정하는 요건에 적합하게 외국인과 합작하여 채집하거나 포획한 수산물 중 해수부장관이 기재부장관과 협의하여 추천하는 것; ⑦ 우리나라 선박 등이 채집하거나 포획한 수산물과 앞의 제⑤와 제⑥에 따른 수산물의 포장에 사용된 물품으로서 재사용이 불가능한 것 중 기재부령으로 정하는 물품; ⑧ 중소기업이 해외구매자의 주문에 따라 제작한 기계 · 기구가 해당 구매자가 요구한 규격 및 성능에 일치하는지를 확인하기 위하여 하는 시험생산에 필요한 원재료로서 기재부령으로 정하는 요건에 적합한 물품; ⑨ 우리나라를 방문하는 외국의 원수와 그 가족 및 수행원의 물품; ⑩ 우리나라의 선박이나 그 밖의 운송수단이 조난으로 인하여 해체된 경우 그 해체재(解體材) 및 장비; ⑪ 우리나라와 외국 간에 건설될 교량, 통신시설, 해저통로, 그 밖에 이에 준하는 시설의 건설 또는 수리에 필요한 물품; ⑫ 우리나라 수출물품의 품질, 규격, 안전도 등이 수입국의 권한 있는 기관이 정하는 조건에 적합한 것임을 표시하는 수출물품에 부착하는 증표로서 기재부령으로 정하는 물품; ⑬ 우리나라의 선박이나 항공기가 해외에서 사고로 발생한 피해를 복구하기 위하여 외국의 보험회사 또는 외국의 가해자의 부담으로 하는 수리부분에 해당하는 물품; ⑭ 우리나라의 선박이나 항공기가 매매계약상의 하자보수 보증기간 중에 외국에서 발생한 고장에 대하여 외국의 매도인의 부담으로 하는 수리 부분에 해당하는 물품; ⑮ 국제올림픽 · 장애인올림픽 · 농아인올림픽 및 아시아운동경기 · 장애인아시아운동경기 종목에 해당하는 운동용구(부분품을 포함한다)로서 기재부령으로 정하는 물품; ⑯ 국립묘지의 건설 · 유지 또는 장식을 위한 자재와 국립묘지에 안장되는 자의 관 · 유골함 및 장례용 물품; ⑰ 피상속인이 사망하여 국내에 주소를 둔 자에게 상속되는 피상속인의 신변용품.

## 5. 소액물품 등의 면세

관세법 제94조에 따라 소액물품 등에 해당하는 수입물품은 그 관세가 면제될 수 있다. 여기에서 **소액물품 등의 적용범위**는 다음과 같다: ① 우리나라의 거주자에게 수여된 훈장 · 기장(紀章) 또는 이에 준하는 표창장 및 상패; ② 기록문서 또는 그 밖의 서류; ③ 상용견본품 또는 광고용품으로서 기재부령으로 정하는 물품; ④ 우리나라 거주자가 받는 소액물품으로서 기재부령으로 정하는 물품.

## 6. 여행자 휴대품 및 이사물품 등의 면세

관세법 제96조제1항에 따라 여행자 휴대품 및 이사물품 등에 해당하는 수입물품은 그 관세가 면제될 수 있다. 여기에서 **여행자 휴대품 및 이사물품 등의 적용범위**는 다음과 같다: ① 여행자의 휴대품 또는 별송품으로서 여행자의 입국 사유, 체재기간, 직업, 그 밖의 사정을 고려하여 기재부령으로 정하는 기준에 따라 세관장이 타당하다고 인정하는 물품; ② 우리나라로 거주를 이전하기 위하여 입국하는 자가 입국할 때 수입하는 이사물품으로서 거주 이전의 사유, 거주기간, 직업, 가족 수, 그 밖의 사정을 고려하여 기재부령으로 정하는 기준에 따라 세관장이 타당하다고 인정하는 물품; ③ 국제무역선 또는 국제무역기의 승무원이 휴대하여 수입하는 물품으로서 항행일수, 체재기간, 그 밖의 사정을 고려하여 기재부령으로 정하는 기준에 따라 세관장이 타당하다고 인정하는 물품. 그리고 여행자가 휴대품 또는 별송품(앞의 제①에 해당하는 물품은 제외한다)을 기재부령으로 정하는 방법으로 자진신고하는 경우에는 20만 원을 넘지 아니하는 범위에서 해당 물품에 부과될 관세의 100분의 30에 상당하는 금액을 경감할 수 있다(관세법 제96조제1항).

앞의 제①에 따라 관세가 면제되는 물품은 원칙적으로 다음과 같은 요건에 충족되어야 한다(관세규칙 제48조제1항). 즉, ㉮ 여행자가 휴대하는 것이 통상적으로 필요하다고 인정하는 신변용품 및 신변장식품이거나 ㉯ 비거주자인 여행자가 반입하는 물품으로서 본인의 직업상 필요하다고 인정되는 직업용구 또는 ㉰ 세관장이 반출 확인한 물품으로서 재반입되는 물품이거나 ㉱ 물품의 성질·수량·가격·용도 등으로 보아 통상적으로 여행자의 휴대품 또는 별송품인 것으로 인정되는 물품에 해당되어야 한다. 그리고 관세의 면제 한도는 여행자 1명의 휴대품으로서 각 물품의 과세가격 합계 기준으로 미화 800 달러 이하에 해당하는 "기본면세 범위"이어야 하는데, 농림축산물 등 관세청장이 정하는 물품이 휴대품에 포함되어 있는 경우에는 기본면세 범위에서 해당 농림축산물 등에 대하여 관세청장이 따로 정한 면세한도를 적용할 수 있지만, 그럼에도 불구하고 술·담배·향수에 대해서는 기본면세 범위와 관계없이 다음의 도표에 따라 관세를 면제하되, 19세 미만인 사람이 반입하는 술·담배는 관세를 면제하지 아니한다(관세규칙 제48조제1항부터제3항까지). 이 경우 해당 물품이 아래 표의 면세한도를 초과하여 관세를 부과하는 경우에는 해당 물품의 가격을 과세가격으로 한다.

<table>
<tr><th>구분</th><th colspan="3">면세한도</th><th>비 고</th></tr>
<tr><td>술</td><td colspan="3">2리터(L) 이하이고, 미화 400 달러 이하인 것으로 한정한다.</td><td></td></tr>
<tr><td rowspan="6">담배</td><td colspan="2">궐련</td><td>200 개비</td><td rowspan="6">2 이상의 담배 종류를 반입하는 경우에는 한 종류로 한정한다.</td></tr>
<tr><td colspan="2">엽궐련</td><td>50 개비</td></tr>
<tr><td rowspan="3">전자<br>담배</td><td>궐연형</td><td>200 개비</td></tr>
<tr><td>니코틴용액</td><td>200 밀리리터(mL)</td></tr>
<tr><td>기타 유형</td><td>110 그램</td></tr>
<tr><td colspan="2">그 밖의 담배</td><td>250 그램</td></tr>
<tr><td>향수</td><td colspan="3">100밀리리터(㎖)</td><td></td></tr>
</table>

앞의 제②에 따라 관세가 면제되는 물품은 우리나라 국민(재외영주권자를 제외한다)으로서 외국에 주거를 설정하여 1년(가족을 동반한 경우에는 6개월) 이상 거주하였거나 외국인 또는 재외영주권자로서 우리나라에 주거를 설정하여 1년(가족을 동반한 경우에는 6개월) 이상 거주하려는 사람이 반입하는 다음과 같은 물품에 해당하는 것으로 하는데, 자동차, 선박, 항공기와 개당 과세가격이 200만 원 이상인 보석 · 진주 · 별갑 · 산호 · 호박 · 상아 및 이를 사용한 제품은 제외된다(관세규칙 제48조제4항). 즉, ㉮ 해당 물품의 성질 · 수량 · 용도 등으로 보아 통상적으로 가정용으로 인정되는 것으로서 우리나라에 입국하기 전에 3개월 이상 사용하였고 입국한 후에도 계속하여 사용할 것으로 인정되는 것이나 ㉯ 우리나라에 상주하여 취재하기 위하여 입국하는 외국국적의 기자가 최초로 입국할 때에 반입하는 취재용품으로서 문화체육관광부장관이 취재용임을 확인하는 물품일 것 또는 ㉰ 우리나라에서 수출된 물품이 반입된 경우로서 관세청장이 정하는 사용기준에 적합한 물품일 것이나 ㉱ 외국에 거주하던 우리나라 국민이 다른 외국으로 주거를 이전하면서 우리나라로 반입(송부를 포함한다)하는 것으로서 통상 가정용으로 3개월 이상 사용하던 것으로 인정되는 물품일 것에 해당되어야 하는데, 그럼에도 불구하고 사망이나 질병 등 관세청장이 정하는 사유가 발생하여 반입하는 이사물품에 대해서는 예외적으로 거주기간과 관계없이 관세를 면제할 수 있다.

## 7. 재수출면세

관세법 제97조제1항에 따라 수입신고수리일부터 일정한 기간 내에 다시 수출하는 물품에 대해서는 그 관세가 면제될 수 있다. 재수출면세의 **적용조건**은 ① 기재부령으로 정하는 물품의 경우에는 1년의 범위에서 세관장이 정하는 기간이나 ② 1년을 초과하여 수출하여야 할 부득이한 사유가 있는 물품으로서 기재부령으로 정하는 물품에는 세관장이 정하는 기간에 해당 물품이 반드시 다시 수출되어야 한다. 여기에서 관세를 면제받은 물품은 원칙적으로 재수출면세기간 동안에 허용되는 용도 외의 다른 용도로 사용되거나 양도될 수 없는데, 미리 세관장의 승인을 받았을 때에는 예외로 한다(관세법 제97조제2항). 그리고 관세를 면제받은 물품을 재수출면세기간 내에 수출하지 아니한 경우 또는 허용된 용도 외의 다른 용도로 사용하거나 해당 용도 외의 다른 용도로 사용하려는 자에게 양도한 경우에 해당한다면 수출하지 아니한 자, 용도 외로 사용한 자 또는 양도를 한 자로부터 면제된 관세를 즉시 징수하며, 양도인으로부터 해당 관세를 징수할 수 없을 때에는 양수인으로부터 면제된 관세를 즉시 징수하는바, 재해나 그 밖의 부득이한 사유로 멸실되었거나 미리 세관장의 승인을 받아 폐기하였을 때에는 예외로 한다(관세법 제97조제3항). 아울러 관세를 면제받은 물품 중 기재부령으로 정하는 물품이 재수출면세기간 내에 수출되지 아니한 경우에는 500만 원을 넘지 아니하는 범위에서 해당 물품에 부과될 관세의 100분의 20에 상당하는 금액을 가산세로 징수한다(관세법 제97조제4항).

한편, 세관장은 재수출면세기간을 정하고자 하는 때에는 다음과 같은 기간을 재수출면세기간으로 하는데, 이 경우 재수출면세물품이 행정당국에 의하여 압류된 경우에는 당해 압류기간은 재수출면세기간에 산입하지 아니한다(관세령 제115조제1항): ㉮ 일시 입국하는 자가 본인이 사용하고 재수출할 목적으로 직접 휴대하여 수입하거나 별도로 수입하는 신변용품 · 취재용품 및 이와 유사한 물품의 경우에는 입국 후 처음 출국하는 날까지의 기간; ㉯ 박람회 · 전시회 · 품평회 기타 이에 준하는 행사에 출품 또는 사용하기 위하여 수입하는 물품은 박람회 등의 행사기간종료일에 당해 물품을 재수출하는 데 필요한 기일을 더한 기간; ㉰ 가공 또는 수리를 위한 물품 및 그 재료는 가공 또는 수리에 소요되는 것으로 인정되는 기간; ㉱ 기타의 물품은 당해 물품의 반입계약에 관한 증빙서류에 의하여 확인되는 기간으로 하되, 반입계약에 관한 증빙서류에 의하여 확인할 수 없는 때에는 당해 물품의 성질 · 용도 · 수입자 · 내용연수 등을 고려하여 세관장이 정하는 기간.

## 8. 재수입면세

관세법 제99조에 따라 우리나라에서 수출된 후 일정한 기간 내에 다시 수입된 물품은 그 관세가 면제될 수 있다. 재수입면세의 **적용조건**은 그 수입물품이 다음과 같은 물품에 해당되어야 한다: ① 우리나라에서 수출(보세가공수출을 포함한다)된 물품으로서 해외에서 제조 · 가공 · 수리 또는 사용되지 아니하고 수출신고 수리일부터 2년 내에 다시 수입되는 물품;[4] ② 수출물품의 용기로서 다시 수입하는 물품; ③ 해외시험 및 연구를 목적으로 수출된 후 재수입되는 물품. 앞의 제①의 요건에서 "해외에서 제조 · 가공 · 수리 또는 사용"의 적용범위에서 "장기간에 걸쳐 사용할 수 있는 물품으로서 임대차계약 또는

4) 하지만 그 물품이 다음과 같은 경우에 해당한다면 그 관세가 면제될 수 없다: ㉮ 해당 물품 또는 원자재에 대하여 관세를 감면받은 경우; ㉯ 관세법 또는 관세환급특례법에 따른 환급을 받은 경우; ㉰ 관세법 또는 관세환급특례법에 따른 환급을 받을 수 있는 자 외의 자가 해당 물품을 재수입하는 경우(다만, 재수입하는 물품에 대하여 환급을 받을 수 있는 자가 환급받을 권리를 포기하였음을 증명하는 서류를 재수입하는 자가 세관장에게 제출하는 경우는 재수입면세의 적용이 가능하다); ㉱ 보세가공 또는 장치기간경과물품을 재수출조건으로 매각함에 따라 관세가 부과되지 아니한 경우.

도급계약 등에 따라 해외에서 일시적으로 사용하기 위하여 수출된 물품 중 기재부령으로 정하는 물품이 사용된 경우와 박람회, 전시회, 품평회, 그 밖에 이에 준하는 행사에 출품 또는 사용된 경우"는 제외된다.

# Ⅱ. 조세정책적(조건부) 감면세

## 1. 세율불균형물품의 감면세

관세법 제89조제1항에 따라 수입되는 세율불균형물품은 그 관세가 면제될 수 있다. 세율불균형물품의 **인정요건**은 중소기업(조특법 제5조제1항)이 세관장이 지정하는 공장에서 항공기(부분품을 포함한다) 또는 반도체 제조용 장비(부속기기를 포함한다)를 제조 또는 수리하기 위하여 사용하는 부분품과 원재료에 해당되어야 한다. 여기에서 다음과 같은 지정배제사유에 해당하는 자는 세관장으로부터 지정을 받을 수 없다(관세법 제89조제2항): ① 보세구역 운영인의 결격사유(관세법 제175조) 제1호부터 제5호까지 및 제7호의 어느 하나에 해당하는 자; ② 지정취소사유에 해당하여 지정이 취소된 날부터 2년이 지나지 아니한 자; ③ 앞의 제① 또는 제②에 해당하는 사람이 임원으로 재직하는 법인. 그리고 세관장은 세율불균형물품의 감면세의 적용대상으로 지정받은 자가 다음과 같은 지정취소사유에 해당하는 경우에는 그 지정을 취소할 수 있는데, 아래의 ⓐ 또는 ⓑ에 해당하는 경우에는 지정을 취소하여야 한다(관세법 제89조제4항): ⓐ 앞의 지정배제사유에 해당하는 경우; ⓑ 거짓이나 그 밖의 부정한 방법으로 지정을 받은 경우; ⓒ 1년 이상 휴업하여 세관장이 지정된 공장의 설치목적을 달성하기 곤란하다고 인정하는 경우. 한편, 세관장에 의한 제조·수리공장의 지정기간은 3년 이내로 제한하지만, 지정받은 자의 신청에 의하여 연장할 수 있다(관세법 제89조제3항).[5]

## 2. 학술연구용품의 감면세

관세법 제90조제1항에 따라 수입되는 학술연구용품은 그 관세가 감면될 수 있다. 학술연구용품의 **적용범위**는 다음과 같다: ① 국가기관, 지방자치단체 및 기재부령으로 정하는 기관에서 사용할 학술연구용품·교육용품 및 실험실습용품으로서 기재부령으로 정하는 물품; ② 학교, 공공의료기관, 공공직업훈련원, 박물관, 그 밖에 이에 준하는 기재

5) 지정된 공장에 대하여는 관세법 제179조, 제180조제2항, 제182조 및 제187조를 준용한다(관세법 제89조제5항).

부령으로 정하는 기관에서 학술연구용 · 교육용 · 훈련용 · 실험실습용 및 과학기술연구용으로 사용할 물품 중 기재부령으로 정하는 물품; ③ 앞의 제②의 기관에서 사용할 학술연구용품 · 교육용품 · 훈련용품 · 실험실습용품 및 과학기술연구용품으로서 외국으로부터 기증되는 물품(다만, 기재부령으로 정하는 물품은 제외한다); ④ 기재부령으로 정하는 자가 산업기술의 연구개발에 사용하기 위하여 수입하는 물품으로서 기재부령으로 정하는 물품.

## 3. 환경오염방지물품 등에 대한 감면세

관세법 제95조제1항에 따라 수입되는 환경오염방지물품으로서 국내에서 제작하기 곤란한 물품은 그 관세가 감면될 수 있다. 관세감면의 적용이 가능한 환경오염방지물품은 다음과 같은 물품이 해당된다: ① 오염물질(소음 및 신동을 포함한다)의 배출 방지 또는 처리를 위하여 사용하는 기계 · 기구 · 시설 · 장비로서 기재부령으로 정하는 것; ② 폐기물 처리(재활용을 포함한다)를 위하여 사용하는 기계 · 기구로서 기재부령으로 정하는 것; ③ 기계 · 전자기술 또는 정보처리기술을 응용한 공장 자동화 기계 · 기구 · 설비(그 구성기기를 포함한다) 및 그 핵심부분품으로서 기재부령으로 정하는 것.

## 4. 재수출감면세

관세법 제98조제1항에 따라 장기간에 걸쳐 사용할 수 있는 물품으로서 그 수입이 임대차계약에 의하거나 도급계약 또는 수출계약의 이행과 관련하여 국내에서 일시적으로 사용하기 위하여 수입하는 물품 중 기재부령으로 정하는 물품이 그 수입신고 수리일부터 2년[6] 이내에 재수출되는 것에 대하여는 다음과 같은 구분에 따라 그 관세가 경감될 수 있다: ① 재수출기간이 6개월 이내인 경우라면 해당 물품에 대한 관세액의 100분의 85; ② 재수출기간이 6개월 초과 1년 이내인 경우라면 해당 물품에 대한 관세액의 100분의 70; ③ 재수출기간이 1년 초과 2년 이내인 경우라면 해당 물품에 대한 관세액의 100분의 55; ④ 재수출기간이 2년 초과 3년 이내인 경우라면 해당 물품에 대한 관세액의 100분의 40; ⑤ 재수출기간이 3년 초과 4년 이내인 경우라면 해당 물품에 대한 관세액의 100분의 30.

---

6) 장기간의 사용이 부득이한 물품으로서 기재부령으로 정하는 것 중 수입하기 전에 세관장의 승인을 받은 것은 4년의 범위에서 세관장이 정하는 기간을 말한다.

## 5. 해외임가공물품 등의 감세

관세법 제101조제1항에 따라 수입되는 해외임가공물품 등은 그 관세가 경감될 수 있다. 관세의 경감이 적용이 될 수 있는 해외임가공물품 등은 다음과 같은 물품이 해당한다: ① 원재료 또는 부분품을 수출하여 기재부령으로 정하는 물품으로 제조하거나 가공한 물품; ② 가공 또는 수리할 목적으로 수출한 물품으로서 기재부령으로 정하는 기준에 적합한 물품. 여기에서 앞의 제①에 해당하는 물품이라고 하더라도 다음과 같은 경우라면 그 관세는 경감되지 아니한다(관세법 제101조제2항):

- 해당 물품 또는 원자재에 대하여 관세를 감면받은 경우(다만, 앞의 제②의 경우는 제외한다);
- 관세법 또는 관세환급특례법에 따른 환급을 받은 경우;
- 보세가공 또는 장치기간경과물품을 재수출조건으로 매각함에 따라 관세가 부과되지 아니한 경우.

## 6. 손상물품에 대한 감면

관세법 제100조제1항에 따라 수입신고한 물품이 수입신고가 수리되기 전에 변질되거나 손상되었을 때에는 그 관세가 경감될 수 있다. 그리고 관세법 제100조제2항에 따라 관세법이나 그 밖의 법률 또는 조약·협정 등에 따라 관세를 감면받은 물품에 대하여 관세를 추징하는 경우 그 물품이 변질 또는 손상되거나 사용되어 그 가치가 떨어졌을 때에는 그 관세가 경감될 수 있다.

## 7. FTA관세법상 일시수입물품 등에 대한 관세의 면제

FTA관세법 제30조제1항에 따라 체약상대국에서 수입되는 것으로서 다음에 해당하는 물품은 협정에서 정하는 범위에서 그 원산지에 관계없이 관세를 면제할 수 있다:

- 수입신고의 수리일부터 2년의 범위에서 대통령령으로 정하는 기간 이내에 다시 수출하기 위하여 일시적으로 수입하는 물품으로서 협정에서 정하는 바에 따라 기재부령으로 정하는 눌품;
- 수리 또는 개조 등을 할 목적으로 체약상대국으로 수출하였다가 다시 수입하는 물품으로서 기재부령으로 정하는 물품;
- 일정 금액 이하의 상용견품(商用見品)·광고용품 등 기재부령으로 정하는 물품.

하지만 관세법 또는 관세환급특례법에 따른 환급을 받은 경우나 보세가공물품 또는 장치기간(藏置期間) 경과물품을 재수출 조건으로 매각함에 따라 관세가 부과되지 아니한 경우에는 관세가 면제되지 않으며(FTA관세법 제30조제2항), 관세를 면제받은 물품에 대한 용도 외 사용의 제한 등에 관하여는 관세법 제97조제2항부터 제4항까지의 규정을 준용한다(FTA관세법 제30조제3항).

## Ⅲ. 관세감면의 신청과 관세감면물품의 사후관리

### 1. 관세감면신청의 (정형적) 방법

관세법 또는 그 밖의 관세에 관한 법률 또는 조약에 따라 관세를 감면받으려면 해당 물품의 수입신고수리 전에 소정의 신청서를 세관장에게 제출하여야 한다(관세령 제112조제1항). 이것은 납세의무자가 국가의 과세권을 행사하는 관세행정관청에 대하여 법령에서 정하고 있는 납세의무의 면제요건에 해당한다는 사실을 서면으로 입증하는 행위이다. 따라서 세관장에게 관세감면신청서를 제출하는 행위는 법률행위가 된다. 이러한 관세감면신청행위가 유효한 법률행위로 인정되기 위해서는 원칙적으로 납세의무자의 감면신청행위가 세관장이 해당 물품의 수입신고를 수리하기 이전에 행해지지 않으면 안 될 것이나, 예외적으로 특별한 사유가 존재하는 경우에는 관세감면신청서의 제출은 다음과 같은 구분에 따른 기한까지 허용된다(관세령 제112조제2항). 즉, 이미 징수한 금액이 부족한 것을 알게 된 세관장이 그 부족한 관세를 징수하는 경우라면 해당 납부고지를 받은 날부터 5일 이내 감면신청서의 제출이 허용되며, 그 밖에 수입신고수리 전까지 감면신청서를 제출하지 못한 경우에는 해당 수입신고수리일부터 15일 이내 감면신청서의 제출이 허용되지만 해당 물품이 보세구역에서 반출되지 아니한 경우로 한정된다. 그러므로 해당 수입신고일로부터 15일이 경과되지 아니하였다고 하더라도 해당 물품이 이미 보세구역에서 반출되었다면 관세감면신청서의 제출은 허용될 수 없다.

### 2. 관세감면물품의 사후관리

관세법 제102조제1항에 따라 관세감면물품은 수입신고수리일로부터 일정 기간 동안 사후관리의 대상이 된다. 따라서 사후관리기간 동안에 관세감면물품은 감면받은 용도 외의 다른 용도로 사용하거나 양도(임대를 포함한)하는 것이 금지된다. 하지만 사후관리면제 대상물품과 미리 세관장의 승인을 받은 물품은 그 예외가 인정된다. 이러한 **사후**

**관리의 대상범위**는 세율불균형물품 감면규정, 학술연구용품 감면세규정, 종교용품 · 자선용품 · 장애인용품 등 면세규정과 특정물품 면세규정 및 환경오염방지물품 감면세규정에 따라 관세를 감면받은 물품이 해당된다. 그리고 사후관리의 법정기간은 3년의 범위에서 감면물품의 용도 외 사용 등의 금지기간 기준에 따라 관세청장이 정하는 기간이 적용된다.

그런데 관세감면물품의 사후관리 법정기간 동안에 금지규정을 위반한 경우 세관장이 감면된 관세를 즉시 징수하는 사유가 된다(관세법 제102조제2항). 다시 말하면 관세를 감면받은 물품을 법정기간에 감면받은 용도 외의 다른 용도로 사용한 경우 또는 관세를 감면받은 물품을 법정기간에 감면받은 용도 외의 다른 용도로 사용하려는 자에게 양도한 경우가 감면관세의 즉시징수사유에 해당된다. 이에 따라 그 용도 외의 다른 용도로 사용한 자나 그 양도인(임대인을 포함한다)은 원칙적으로 감면된 관세의 납세의무자가 된다. 여기에서 양도인으로부터 해당 관세를 징수할 수 없을 때에는 양수인(임차인을 포함한다)이 감면된 관세의 납세의무자가 된다. 하지만 재해나 그 밖의 부득이한 사유로 멸실되었거나 미리 세관장의 승인을 받아 폐기하였을 때에는 예외적으로 감면된 관세의 납세의무는 발생하지 아니한다.

## 3. 용도 외 사용 관세감면물품의 감면세 신청

법령, 조약, 협정 등에 따라 관세를 감면받은 물품을 감면받은 용도 외의 다른 용도로 사용하거나 감면받은 용도 외의 다른 용도로 사용하려는 자에게 양도하는 경우에 앞서 설명한 바와 같이 감면관세의 즉시징수의 사유가 발생될 수 있다. 그럼에도 불구하고 관세법 제103조제1항에 따라 관세가 감면된 물품을 다른 용도로 사용하는 자나 그 물품을 다른 용도로 사용하기 위하여 양수하는 자가 감면관세의 즉시징수의 사유가 발생되는 물품을 다른 용도로 사용하기 위하여 수입하는 경우에는 그 물품에 대하여 법령 또는 조약, 협정 등에 따라 관세를 감면받을 수 있는 요건에 해당된다면 즉시 징수하여야 하는 관세의 감면이 허용된다. 여기에서 즉시 징수하여야 하는 관세는 용도세율 적용물품, 외교관용 면세물품, 재수출면세물품, 재수출감면세물품, 사후관리 대상물품 또는 다른 법령 감면물품의 용도 외 사용에 따라 징수되는 관세를 말한다. 그러므로 즉시 징수하여야 하는 관세가 관세법 외의 법령, 조약, 협정 등에 따라 징수하는 감면된 관세에 해당한다면 그 관세의 감면은 허용될 수 없다.

그런데 재수출감면세물품의 타용도 전용 금지규정과 관세감면물품의 사후관리기간 중 타용도 전용 금지규정에도 불구하고 학술연구용품 감면세, 특정물품 면세, 환경오염방지물품 감면세 또는 재수출감면세에 따라 관세를 감면받은 물품은 수탁 · 위탁거래의 관계에 있는 기업에 양도하는 것이 허용된다(관세법 제103조제2항). 여기에서 용도 외 사용에 따른 즉시징수절차(관세법 제98조제2항·제102조제2항)에 따라 징수할 관세를 감면할 수 있다. 하지만 징수할 관세가 관세법 외의 법령, 조약, 협정 등에 따라 징수하는 감면된 관세에 해당한다면 그 관세의 감면은 허용될 수 없다. 한편, 용도 외 사용 관세감면물품에 대한 감면세신청에 따라 관세를 감면받은 경우 그 사후관리기간은 당초의 수입신고수리일부터 계산한다.

### 4. 시설대여업자에 대한 감면 등

관세법 제105조제1항에 따라 여신전문금융업법상 시설대여업자가 관세법에 따라 관세가 감면되거나 분할납부되는 물품을 수입할 때에는 납세의무자에 관한 원칙규정(관세법 제19조)에도 불구하고 예외적으로 대여시설 이용자가 납세의무자로 지정되어 수입신고를 할 수 있다. 그리고 관세를 감면받거나 분할납부를 승인받은 물품에 대하여 관세를 징수하는 경우 납세의무자인 대여시설 이용자로부터 관세를 징수할 수 없을 때에는 시설대여업자로부터 징수한다(관세법 제105조제2항).

## Ⅳ. 부정감면에 대한 형사제재

관세부정감면죄에 대한 형사제재는 3년 이하의 징역 또는 감면받거나 면탈한 관세액의 5배 이하에 상당하는 벌금이 처한다(관세법 제270조제4항). 본죄는 정상에 따라 징역형과 벌금형을 병과할 수 있으며(관세법 제275조), 양벌규정도 적용된다(관세법 제279조). 한편, 그 정을 알고 본죄에 따른 행위를 교사하거나 방조한 자와 본죄의 미수범은 정범(正犯)에 준하여 처벌한다(관세법 제271조제1항·제2항). 그리고 본죄를 범할 목적으로 그 예비를 한 자는 본죄의 2분의 1을 감경하여 처벌한다(관세법 제271조제3항).

# 제2절 관세의 분할납부

## Ⅰ. 천재지변 등으로 인한 분할납부의 허용

관세의 납부기한이 15일의 법정기간임에도 불구하고 관세법 제107조제1항에 따라 천재지변 등의 불가피한 사정이 존재하는 경우 1년을 넘지 아니하는 기간으로 관세의 분할납부가 허용된다. 관세의 분할납부가 허용되려면 납세의무자가 천재지변이나 그 준용 사유로 관세법에 따른 신고, 신청, 청구, 그 밖의 서류의 제출, 통지, 납부 또는 징수를 정하여진 기한까지 할 수 없다고 인정되어야 한다.

## Ⅱ. 조세정책적 분할납부의 승인

### 1. 승인대상물품과 그 적용요건

관세의 분할납부는 관세법 제107조제2항에 따라 5년을 넘지 아니하는 기간을 정하여 조세정책적으로도 허용될 수 있다. 세관장이 조세정책적 관세의 분할납부를 승인할 수 있는 수입물품의 적용요건은 다음과 같은 물품이 해당된다:

① 시설기계류, 기초설비품, 건설용 재료 및 그 구조물과 공사용 장비로서 기재부장관이 고시하는 물품(다만, 기재부령에서 정하는 업종에 소요되는 물품은 제외한다);
② 정부나 지방자치단체가 수입하는 물품으로서 기재부령으로 정하는 물품;
③ 학교나 직업훈련원에서 수입하는 물품과 비영리법인이 공익사업을 위하여 수입하는 물품으로서 기재부령으로 정하는 물품;
④ 의료기관 등 기재부령으로 정하는 사회복지기관 및 사회복지시설에서 수입하는 물품으로서 기재부장관이 고시하는 물품;
⑤ 기재부령으로 정하는 기업부설연구소, 산업기술연구조합 및 비영리법인인 연구기관, 그 밖에 이와 유사한 연구기관에서 수입하는 기술개발연구용품 및 실험실습용품으로서 기재부장관이 고시하는 물품;
⑥ 기재부령으로 정하는 중소제조업체가 직접 사용하려고 수입하는 물품(다만, 기재부령으로 정하는 기준에 적합한 물품이어야 한다);
⑦ 기재부령으로 정하는 기업부설 직업훈련원에서 직업훈련에 직접 사용하려고 수입하는 교육용품 및 실험실습용품 중 국내에서 제작하기가 곤란한 물품으로서 기재부장관이 고시하는 물품.

## 2. 분할납부승인된 관세에 대한 납세의무의 확장·승계와 즉시징수요건

관세의 분할납부를 승인받은 자에게는 관세행정상 신고의무가 부여된다. 즉, 해당 물품의 용도를 변경하거나 그 물품을 양도하려는 경우에는 미리 세관장의 승인을 받아야 할 의무가 발생한다(관세법 제107조제3항). 그리고 관세의 분할납부를 승인받은 법인이 합병 · 분할 · 분할합병 또는 해산을 하거나 파산선고를 받은 경우 또는 관세의 분할납부를 승인받은 자가 파산선고를 받은 경우에는 그 관세의 납세의무자는 지체 없이 그 사유를 세관장에게 신고하지 않으면 안 된다(관세법 제107조제4항). 여기에서 관세의 분할납부를 승인받은 법인이 합병 · 분할 또는 분할합병된 경우에는 합병 · 분할 또는 분할합병 후에 존속하거나 합병 · 분할 또는 분할합병으로 설립된 법인이 연대납세의무자가 되며, 관세의 분할납부를 승인받은 자가 파산선고를 받은 경우에는 그 파산관재인에게 해당 관세의 납세의무가 승계되고, 관세의 분할납부를 승인받은 법인이 해산한 경우에는 그 청산인에게 해당 관세의 납세의무가 승계된다(관세법 제107조제6항부터제8항까지). 따라서 그 파산관재인이나 그 청산인은 해당 관세의 납세의무자가 된다. 아울러 관세의 분할납부를 승인받은 물품을 동일한 용도로 사용하려는 자에게 양도한 경우에는 그 양수인에게 해당 관세의 납세의무가 승계되고, 해당 용도 외의 다른 용도로 사용하려는 자에게 양도한 경우에는 여전히 그 양도인이 해당 관세의 납세의무자가 되지만, 만일 양도인으로부터 해당 관세를 징수할 수 없을 때에는 그 양수인에게 관세의 납세의무가 승계된다(관세법 제107조제5항).

한편, 관세의 분할납부가 승인된 물품에 대한 소유권의 변동 등은 납부하지 아니한 관세의 전액을 즉시 징수하는 요건이 되는바, 즉시징수요건은 다음과 같은 경우가 해당된다(관세법 제107조제9항): ① 관세의 분할납부를 승인받은 물품을 그 승인기간에 해당 용도 외의 다른 용도로 사용하거나 해당 용도 외의 다른 용도로 사용하려는 자에게 양도한 경우; ② 관세를 지정된 기한까지 납부하지 아니한 경우; ③ 파산선고를 받은 경우; ④ 법인이 해산한 경우.

7

# 관세형사제재법규

# 제7장

# 관세형사제재법규

## 제1절 관세형벌절차 서설

### I. 관세형벌절차의 의의

관세형벌법규는 관세범죄와 그 범죄에 대한 법률효과인 형벌을 규정하는 법규범이다. 따라서 관세형벌법규에 규정된 관세범죄가 발생되면 이에 상응하여 국가형벌권도 당연히 발생하게 된다. 그러나 관세형벌법규가 관세범죄와 법률효과를 규정하고 있다고 하여도 관세형벌법규를 적용·실현할 수 있는 법적 절차가 없다면 국가형벌권은 구체적 사건에 적용되고 실현될 수 없는 것이다. 왜냐하면 관세범죄를 조사하여 형벌을 과하고 선고된 형벌을 집행하기 위한 절차가 없으면 관세형벌법규는 적용될 수 없기 때문이다. 이러한 절차를 관세형벌절차라고 하는데, 관세형벌법규는 관세수사결과 관세범죄의 객관적 혐의가 인정되고 유죄의 판결을 받을 수 있다고 판단할 때 검사가 제기하는 공소절차, 그리고 공소가 제기되어 법원이 피고사건에 대하여 심리·재판하고 또 당사자가 변론을 행하는 공판절차까지 규정하고 있지 않는다. 이러한 절차는 형사소송법(이하 "형소법")에서 규정하고 있으므로 관세형벌절차는 관세수사 및 통고처분 또는 고발까지의 좁은 의미의 관세형벌절차만을 의미하게 된다. 따라서 관세범에 관한 형벌절차는 관세법 제12장 "조사와 처분"규정이 적용되고, 특별한 규정이 없는 경우에는 관세법 제319조에 따라 형사절차의 일반법인 형소법을 준용한다.

# Ⅱ. 관세수사기관

## 1. 관세청장과 세관장

관세청장과 세관장은 관세행정의 사법경찰기관이다. 따라서 다른 기관이 관세범에 관한 사건을 발견하거나 피의자를 체포한 때에는 즉시 관세청 또는 세관에 인계하여야 한다(관세법 제284조제2항). 또한, 관세범의 현행범인이 그 장소에 있는 때에는 누구든지 체포할 수 있지만(관세법 제298조제1항) 범인을 체포한 자는 지체없이 세관공무원에게 범인을 인도하지 않으면 안 된다(관세법 제298조제2항). 관세형벌절차에 있어서 관세청장과 세관장의 법적 지위는 관세조사 · 처분의 주재자이다. 물론 관세청장 또는 세관장은 직접 관세수사권은 갖지 않지만 관세수사에 있어서 세관공무원을 지휘 · 감독함으로써 형사소송절차상 검사의 권리와 의무에 준하는 권한과 의무를 갖는다. 그리하여 관세범죄에 대한 고발권은 원칙적으로 관세청장이나 세관장의 전속권한에 속한다(관세법 제284조제1항). 또한, 관세청장이나 세관장은 관세법 제311조제1항에 따라 관세범의 조사결과 범죄의 확증을 얻은 때에는 준사법적 행정처분으로서 통고처분의 권한을 갖는다. 그러나 관세청장 또는 세관장은 관세법 제312조에 따라 범죄의 정상이 징역형에 처하여질 것으로 인정되는 때에는 즉시 고발하지 않으면 안 된다. 관세청장과 세관장의 관계는 상명하복관계로 관세청장은 관세형벌절차에 관하여 세관장을 지휘 · 감독한다.

## 2. 세관공무원

관세법 제283조제2항에 따라 관세범에 관한 조사 · 처분은 세관공무원이 이를 행한다. 그리고 세관공무원은 관세범에 관하여 사법경찰직무법이 정하는 바에 따라 사법경찰관리의 직무를 수행한다(관세법 제295조).

관세형벌절차에서 세관공무원의 법적 지위는 관세행정의 사법경찰관리로서 형사소송절차에서 형소법의 규정에 의한 경찰공무원과 똑같은 권리와 의무를 갖는다. 따라서 세관공무원이 관세범(關稅犯)이 있다고 인정하는 때에는 범인 · 범죄사실 및 증거를 조사하여야 한다(관세법 제290조). 그리고 세관공무원이 관세범조사상 필요하다고 인정하는 때에는 피의자 · 증인 또는 참고인을 소환하거나(관세법 제294소제1항), 지정한 장소에 피의자 · 증인 또는 참고인의 출석 또는 동행을 명할 수 있으며, 피의자 · 증인 또는 참고인을 신문할 수 있다. 또한, 세관공무원은 관할지방검찰청 검사의 청구에 의하여 관할지방법원 판사의 영장을 받아 압수 · 수색 등 강제조사를 할 수 있으며, 관세법 제296조제2항에 따라 소유자 · 점유자 또는 보관자가 임의로 제출한 물품이나 남겨둔 물품은 영장없이 압수할 수 있을 뿐 아니라, 관세법 제300조에 따라 관세범 조사상 필요하다고 인정하는 때에는 선박 · 차량 · 항공기 · 창고 그 밖의 장소를 임검 또는 수색할 수 있으며, 관세법 제301조제1항에 따라 피의자가 범죄사실을 증명하기에 충분한 물품을 신변에 은닉하였다고 인정되는 때에는 신변을 수색할 수 있다. 세관공무원이 관세수사를 종료한 때에는 관세청장 또는 세관장에게 서면으로 그 결과를 보고하여야 한다(관세법 제310조제1항). 이 경우 관계서류를 함께 제출하여야 한다(관세법 제310조제2항).

## Ⅲ. 관세형사제재법규의 특수성

### 1. 형법적용의 예외와 범죄용품의 몰수

형법 제8조는 "본법 총칙은 타법령에 정한 죄에 적용한다. 단, 그 법령에 특별한 규정이 있는 때에는 예외로 한다"라고 규정하고 있다. 따라서 관세형벌법규에 형법총칙의 적용을 배제하는 규정이 없다면 관세범죄에 대하여 원칙적으로 형법총칙규정이 적용된다. 이에 따라 관세법에 따른 벌칙에 위반되는 행위를 한 자에게는 형법 제38조제1항제2호 중 벌금경합에 관한 제한가중규정을 적용하지 아니한다(관세법 제278조). 아울러 관세법 제269조부터 제271조까지 및 제274조의 죄를 범한 자는 정상(情狀)에 따라 징역과 벌금을 병과할 수 있는데(관세법 275조), 해당 범죄가 「특정범죄가중처벌등에관한법률」(이하 "특정범죄가중법")상 관세범죄에 해당되어 특정경제가중법을 적용하는 경우에는 징역과 벌금은 필요적으로 병과하여야 한다(특정범죄가중법 제6조제6항).

관세법 제272조에 따라 밀수 전용 운반기구는 필요적 몰수의 대상이다. 이에 따라 관세법 제269조의 죄에 전용(專用)되는 선박 · 자동차나 그 밖의 운반기구는 그 소유자가 범죄에 사용된다는 정황을 알고 있고, 다음과 같은 요건에 해당하는 경우에는 반드시 몰수하여야 한다: ① 범죄물품을 적재하거나 적재하려고 한 경우; ② 검거를 기피하기 위하여 권한 있는 공무원의 정지명령을 받고도 정지하지 아니하거나 적재된 범죄물품을 해상에서 투기 · 파괴 또는 훼손한 경우; ③ 범죄물품을 해상에서 인수 또는 취득하거나 인수 또는 취득하려고 한 경우; ④ 범죄물품을 운반한 경우. 한편, 관세법 제273조에서는 범죄에 사용된 물품의 몰수 등을 규정하고 있다. 이에 따라 관세법 제269조에 사용하기 위하여 특수한 가공을 한 물품은 누구의 소유이든지 몰수하거나 그 효용을 소멸시킨다. 그리고 관세법 제269조에 해당되는 물품이 다른 물품 중에 포함되어 있는 경우 그 물품이 법인의 소유일 때에는 그 다른 물품도 몰수할 수 있다.

## 2. 양벌규정

관세법 제279조제1항에 따라 법인의 대표자나 법인 또는 개인의 대리인, 사용인, 그 밖의 종업원이 그 법인 또는 개인의 업무에 관하여 관세법 제11장에서 규정한 벌칙(제277조의 과태료는 제외한다)에 해당하는 위반행위를 하면 그 행위자를 벌하는 외에 그 법인 또는 개인에게도 해당 조문의 벌금형을 과(科)한다. 여기에서 법인 또는 개인이 그 위반행위를 방지하기 위하여 해당 업무에 관하여 상당한 주의와 감독을 게을리하지 아니한 경우에는 처벌되지 아니한다. 그리고 '개인'의 적용범위는 다음과 같은 사람만 한정하여 해당된다(관세법 제279조제2항): ① 특허보세구역 또는 종합보세사업장의 운영인; ② 수출(관세환급특례법 제4조에 따른 수출 등을 포함한다) · 수입 또는 운송을 업으로 하는 사람; ③ 관세사; ④ 국제항 안에서 물품 및 용역의 공급을 업으로 하는 사람; ⑤ 관세법 제327조의3 제3항에 따른 전자문서중계사업자.

관세형벌법규상 양벌규정에 따라 법인의 임직원 또는 피용자의 범칙행위에 의하여 법인을 처벌하기 위하여는 먼저 범칙행위를 한 자가 법인의 임원, 직원, 사용인의 어느 하나에 해당되어야 하고, 나아가 그의 범칙행위가 "법인의 업무에 관하여"행한 것이어야 하는 것이다. 여기에서 법인의 임직원 또는 피용자의 범칙행위에 의하여 법인을 처벌하기 위한 요건으로서 "법인의 업무에 관하여" 행한 것으로 보기 위해서는 객관적으로 법인의 업무를 위하여 하는 것으로 인정할 수 있는 행위가 있어야 하고, 주관적으로는 피용자 등이 법인의 업무를 위하여 한다는 의사를 가지고 행위함을 요하며, 위 요건을 판단함에 있어서는 법인의 적법한 업무의 범위, 피용자 등의 직책이나 직위, 피용자 등의 범법행위와 법인의 적법한 업무 사이의 관련성, 피용자 등이 행한 범법행위의 동기와 사후처리, 피용자 등의 범법행위에 대한 법인의 인식 여부 또는 관여 정도, 피용자 등이 범법행위에 사용한 자금의 출처와 그로 인한 손익의 귀속 여하 등 여러 사정을 심리하여 결정하여야 할 것이다.[1)]

## 3. 몰수와 추징

관세법 제282조에 따라 관세범죄의 객체에 해당하는 물품은 필요적 몰수 · 추징이 적용된다. 몰수는 범죄반복의 방지나 범죄에 의한 이득의 금지를 목적으로 범죄행위와 관

1) 대법원 1997.02.14. 선고 96도2699 판결.

련된 재산을 박탈하는 것을 내용으로 하는 재산형이다. 몰수의 법적 성질은 형식적으로는 형벌의 일종이지만 실질적으로는 대물적 보안처분으로 해석하는 것이 통설이다. 몰수는 주형에 부가하여 과하여지는 것이 원칙이나 예외적으로 몰수만 과할 수 있고 몰수가 불능일 때에는 그 가액을 추징할 수 있다. 형법상 몰수는 임의적 몰수를 원칙으로 하지만 관세형벌법규상 몰수는 필요적 몰수이므로 몰수와 추징을 하지 아니하는 것은 위법이 된다.[2] 관세범죄물품에 대한 몰수의 대상은 관세법 제269조제1항에 적용되는 물품과 관세법 제269조제2항 · 제3항 또는 제274조제1항제1호에 적용되는 물품으로서 범인이 소유하거나 점유하는 물품이 해당된다. 하지만 관세법 제269조제2항의 경우로서 ① 관세법 제154조의 보세구역에 제157조에 따라 신고를 한 후 반입한 외국물품 또는 ② 관세법 제156조에 따라 세관장의 허가를 받아 보세구역이 아닌 장소에 장치한 외국물품은 몰수하지 아니할 수 있다. 여기에서 범인에는 공동정범 뿐 아니라 종범(방조범), 교사범도 포함되며, 관세법 제279조의 개인 및 법인도 범인으로 간주된다(관세법 제282조제4항).

그런데 위의 몰수규정에 따라 몰수할 물품의 전부 또는 일부를 몰수할 수 없을 때에는 그 몰수할 수 없는 물품의 범칙 당시의 국내도매가격에 상당한 금액을 범인으로부터 추징한다(관세법 제282조제3항). 여기에서 관세법 제274조제1항제1호 중 제269조제2항의 물품을 감정한 자는 제외한다. 그리고 '국내도매가격'이란 도매업자가 수입물품을 무역업자로부터 매수하여 국내도매시장에서 공정한 거래 방법에 의하여 공개적으로 판매하는 가격을 말한다(관세령 제266조). "몰수할 수 없는 때"라는 것은 범인이 이를 소비, 은닉, 훼손, 분실하는 등의 경우는 물론 그 소재장소로 말미암은 장애사유로 인하여 몰수할 수 없는 경우도 이에 해당한다.[3] 추징이란 몰수에 갈음하여 그 가액의 납부를 명하는 사법처분이나 몰수의 취지를 관철하기 위한 제도라는 점에서 부가형의 성질을 갖는다. 관세법상 몰수 · 추징은 관세법위반에 대한 제재로서 여러 범칙자에 대하여 추징을 명할 경우 각 범칙자에 대하여 그 가액 전부의 추징을 명하여야 한다.[4] 그리고 공범자 중 어떤 자가 그 가격의 전부를 납부한 때에는 다른 공범자에 대해서는 그 추징의 집행이 면제되지만 전액납부가 되지 못한 때에는 각 공범자는 그 추징의 집행에 복종하여야 한다.[5] 또한, 관세형벌법규상 추징은 일반형법에서의 추징과는 달리 징벌적 성격을 띠고 있어 여러 사람이 공모하여 관세를 포탈하거나 관세장물을 알선, 운반, 취득한 경우에는 범칙자의 1인

2) 대법원 1967.07.18. 선고 67도493 판결.
3) 대법원 1985.06.20. 선고 83도2575 판결.
4) 대법원 2002.12.06. 선고 2000도3581 판결.
5) 대법원 1981.03.24. 선고 81도74 판결.

이 그 물품을 소유하거나 점유하였다면 그 물품의 범칙 당시의 국내도매가격 상당의 가액 전액을 그 물품의 소유 또는 점유사실의 유무를 불문하고 범칙자 전원으로부터 각각 추징할 수 있는 것이다.[6)]

## Ⅳ. 관세질서위반행위에 대한 과태료제재

### 1. 개설

관세행정상 과태료가 부과되는 질서위반행위는 질서위반행위규제법(이하 '질서위반법') 제6조의 질서위반행위 법정주의에 따라 국회에서 입법한 법률에 따르지 아니하고는 성립될 수 없다. 따라서 시행령이나 시행규칙에 근거한 질서위반행위의 성립은 어떤 경우에도 절대로 인정될 수 없는 것이다. 그런데 질서위반행위규제법 제3조제1항은 국회에서 입법한 법률이라 하더라도 그 법률이 그 법률에서 규정하고 있는 어떤 질서위반행위가 실행되기 이전에 효력이 있어야만 질서위반행위의 성립을 긍정하고 있기 때문에 시간적으로 관세질서위반행위가 실행되기 이전에 유효한 관세법이 존재하지 아니하였다면 형벌법규상 행위시법주의와 마찬가지로 그 관세질서위반행위의 성립은 부정될 수 밖에 없는 것이다. 그리고 질서위반행위는 그 행위가 종료된 날부터 5년이 경과한 경우에는 해당 관세질서위반행위에 대하여 과태료를 부과할 수 없다(질서위반법 제18조제1항).

### 2. 과태료제재의 처분절차

관세행정상 질서위반행위에 대한 과태료의 부과권자는 세관장이다(관세법 제277조제6항). 세관장이 과태료를 부과하려면 해당 질서위반행위를 조사 · 확인한 후, 위반사실 · 과태료금액 · 이의방법 · 이의기간 등을 서면으로 명시하여 「과태료의 부과기준」에 따라 산출한 과태료를 납부할 것을 과태료처분대상자에게 통지하여야 한다(질서위반법 제16조). 여기에서 과태료의 부과권자는 10일 이상의 기간을 정하여 과태료처분대상자에게 구술 또는 서면에 의한 의견진술의 기회를 부여하여야 하며, 만일 지정된 기일까지 의견진술이 없는 경우에는 의견이 없는 것으로 간주한다. 세관장의 과태료처분에 불복이 있는 자는 그 처분의 고지를 받은 날부터 60일 이내에 이의를 제기할 수 있으며(질서위반법 제20조제1항), 이의를 제기받은 세관장은 이의제기를 받은 날부터 14일 이내에 관할법원에 그 사실을

6) 대법원 1983.05.24. 선고 83도639 판결.

통보하여야 하고(질서위반법 제21조제1항), 그 통보를 받은 관할법원은 비송사건절차법에 의한 과태료의 재판을 한다(질서위반법 제28조제1항). 만일 기간 내에 이의를 제기하지 아니하고 과태료를 납부하지 아니한 때에는 담보 등이 없는 경우의 관세징수절차가 준용된다.

## 제2절 관세수사의 방법과 실행

### Ⅰ. 개설

#### 1. 수사의 개시

세관공무원이 관세범이 있다고 인정할 때에는 범인·범죄사실 및 증거를 조사하여야 한다(관세법 제290조). 이와 같이 관세수사는 관세수사기관의 주관적 혐의에 의하여 개시되며, 관세수사개시의 원인을 수사의 단서라고 한다. 관세수사의 단서에는 관세수사기관 자신의 체험에 의한 경우와 타인의 체험의 청취에 의한 경우가 있다. 관세범의 체포·운송수단 등의 임검수색·신변수색·타사건수사 중의 범죄발견·기사·풍설 등이 전자에 속하며, 후자에는 밀수신고·자수·세관 내 비조사부서의 조사의뢰, 다른 수사기관의 관세범에 관한 사건이나 피의자의 인계 등이 해당된다. 수사의 단서가 있다고 하여 바로 관세수사가 개시되는 것은 아니고, 관세수사기관의 범죄인지가 있어야 비로소 관세수사가 개시되며, 그 이전에는 내사[7]단계에 불과하다. 범죄인지란 관세수사기관이 관세범죄의 혐의가 있다고 판단하여 수사를 개시하는 것을 말하며, 입건이라고도 한다.

#### 2. 관세범의 증거서류작성

관세수사에서 관세범에 관한 서류에는 연월일을 기재하고 서명·날인하여야 한다(관세법 제285조). 또한 관세범의 조사와 처분에 관한 서류에는 장마다 계인을 하여야 하며(관세법 제286조제1항), 문자를 추가하거나 삭제하는 때와 난의 바깥에 기입하는 때에는 날인하여야 하고

7) 수사기관이 범죄정보의 수집 등으로 수사의 단서를 입수하고 수사의 개시 여부(입건절차 실행여부)를 결정하기 위하여 수행하는 일련의 조사활동을 말한다.

(관세법 제286조제2항), 문자를 삭제하는 때에는 그 문자체를 존치하고 그 자수를 기재하여야 한다(관세법 제286조제3항). 그리고 관세범에 관한 서류에 서명 · 날인하는 경우 본인이 서명할 수 없는 때에는 다른 사람으로 하여금 대서하게 하고, 인장을 소지하지 아니하는 때에는 무인을 찍어야 하며(관세법 제287조제1항), 다른 사람으로 하여금 대리서명하게 한 때에는 대리서명자가 그 사유를 기재하고 서명 · 날인하여야 한다. 한편, 관세범에 관한 서류는 인편 또는 등기우편으로 송달하며(관세법 제288조), 서류를 송달한 때에는 수령증을 받아야 한다(관세법 제289조).

## Ⅱ. 임의수사

### 1. 피의자의 조사

사법경찰관리인 세관공무원이 관세범 조사에 필요하다고 인정하는 때에는 피의자를 조사할 수 있다(관세법 제291조). 피의자의 조사란 관세수사기관이 피의자를 신문하여 피의자로부터 진술을 듣는 것을 말한다. 피의자조사는 관세수사기관이 관세범죄의 혐의를 받고 있는 피의자의 진술을 통하여 직접 증거를 수집하는 절차일 뿐 아니라, 피의자가 자기에게 유리한 사실을 주장할 수 있는 기회를 제공하는 의미도 가지고 있다. 헌법 제12조제2항에 따라 형사피의자에게는 진술거부권이 보장되어 진술을 강제할 수 없기 때문에 피의자조사의 법적 성질은 피의자의 임의의 진술을 듣는 임의조사에 불과하다.

사법경찰관리인 세관공무원이 관세범 조사에 필요하다고 인정할 때에는 피의자의 출석을 요구할 수 있으며(관세법 제294조제1항), 출석요구를 하는 경우 출석요구서를 발급하여야 한다(관세법 제294조제3항). 또한, 사법경찰관리인 세관공무원이 관세범 조사에 필요하다고 인정할 때에는 지정한 장소에 피의자의 출석이나 동행을 명할 수 있다(관세법 제294조제2항). 사법경찰관리인 세관공무원이 피의자의 진술을 들을 때에는 형소법 제200조제2항에 따라 진술을 거부할 수 있음을 알려야 한다. 피의자가 거부할 수 있는 진술의 내용에는 제한이 없다. 하지만 신문 시마다 진술거부권을 고지해야 하는 것은 아니다. 진술거부권을 고지하지 않고 신문한 기술을 기재한 피의자신문조서는 증거능력이 없다.

피의자의 조사는 먼저 인정신문인 성명 · 연령 · 등록기준지 · 주거와 직업을 물어 피의자임에 틀림없음을 확인하여야 한다(형소법 제241조). 그리고 범죄사실과 정상에 관하여 필요한 사항을 신문하며, 피의자에 대하여 이익이 되는 사실을 진술할 기회도 주어야 한다(형소법 제242조). 사실을 발견함에 필요한 경우에는 피의자와 다른 피의자 또는 피의자가 아닌 자와 대질하게 할 수 있다(형소법 제245조). 사법경찰관인 세관공무원이 피의자를 신문함에는 조서기재의 정확성과 신문절차의 적법성을 보장하기 위하여 형소법 제243조에 따라 사법경찰관리인 세관공무원을 참여하게 하여야 하며, 사법경찰관리인 세관공무원이 피의자·증인 또는 참고인을 신문할 때에는 조서를 작성하여야 한다(관세법 제292조제1항). 조서는 세관공무원이 진술자에게 읽어 주거나 열람하게 하여 그 기재사실에 서로 다른 점이 있는지 물어보아야 하며(관세법 제292조제2항), 진술자가 조서 내용의 증감 변경을 청구한 경우에는 그 진술을 조서에 적어야 한다(관세법 제292조제3항). 그리고 조서에는 연월일과 장소를 적고 조사를 한 사람, 진술자와 참여자가 함께 서명·날인하여야 한다(관세법 제292조제4항).[8] 한편, 현행범인에 대한 조사로서 긴급히 처리할 필요가 있을 때에는 그 주요 내용을 적은 서면으로 조서를 대신할 수 있으며(관세법 제293조제1항), 그 서면에는 연월일시와 장소를 적고 조사를 한 사람과 피의자가 이에 서명·날인하여야 한다(관세법 제293조제2항).

## 2. 피의자 이외의 자의 조사

### 1) 참고인·증인조사

사법경철관리인 세관공무원이 관세범 조사에 필요하다고 인정하는 때에는 참고인·증인을 조사할 수 있다(관세법 제291조). 이에 따라 사법경찰관리인 세관공무원이 관세범 조사에 필요하다고 인정되는 경우에는 참고인·증인의 출석을 요구할 수 있으며(관세법 제294조제1항), 참고인·증인에게 출석 요구를 할 때에는 출석요구서를 발급하여야 한다(관세법 제294조제3항). 또한, 사법경찰관리인 세관공무원이 관세범 조사에 필요하다고 인정할 때에는 지정한 장소에 참고인·증인의 출석이나 동행을 명할 수 있다(관세법 제294조제2항). 참고인이란 피의자가 아닌 제3자를 말하며, 참고인은 제3자라는 점에서 넓은 의미에서는 증인의 범주에 포함된다고 할 수 있다. 그러나 증인이 법원 또는 법관에 대하여 실험한 사실을 진술하는 제3자를 의미함에 대하여 참고인은 수사기관에 대하여 진술하는 자라는 점에서 구별된다. 참고인은 증인과는 달리 강제로 소환당하거나 신문당하지 아니한다. 참고인에 대한 출석요구와 진술조서의 작성 방법은 피의자신문의 경우와 같다. 다만, 참고인에 대하여는 진술거부권을 고지할 필요가 없다. 그러나 참고인은 수사에 대한 협조자에 불과하므로 참고인의 출석과 진술을 강요할 수 없기 때문에 참고인이 진술하는가

8) 원진술자인 피고인이 그 조서에 간인과 서명·날인한 사실이 있음을 인정하는 검사작성의 피의자신문조서는 그 간인과 서명·날인이 형소법 제244조제2항, 제3항 소정의 절차를 거친바 없이 된 것이라고 볼 사정이 없는 한 원진술자의 진술내용대로 기재된 것이라고 추정된다(대법원 1986.03.25. 선고 86도218 판결).

의 여부는 참고인의 임의에 속한다.

### 2) 감정 · 통역 · 번역의 위촉

사법경찰관리인 세관공무원이 관세조사에 필요할 때에는 형소법 제221조에 따라 감정 · 통역 또는 번역을 위촉할 수 있다. 감정인 · 통역인 · 번역인은 비대체적인 것이 아니므로 다른 사람에게 위촉할 수 있기 때문에 위촉을 받은 자가 수락하는가의 여부는 자유이며, 출석을 거부하거나 출석 후 퇴거하는 것은 위촉받은 자의 자유이다. 감정서의 기재내용을 명백히 하기 위하여 감정인을 참고인으로 조사할 수 있다. 위촉을 받은 자가 작성한 감정서도 일정한 조건 아래에서 증거능력이 인정된다. 통역의 경우에는 통역인 진술조서를 작성하는 이외에 피의자신문조서 또는 참고인진술조서에 통역인이 진술자와 공동으로 서명할 것을 요한다.

# Ⅲ. 강제수사

## 1. 체포와 구속

### 1) 체포

체포란 죄를 범하였다고 의심할 만한 상당한 이유가 있는 피의자를 단시간 동안 수사관서 등 일정한 장소에 인치하는 제도이다. 체포에는 체포영장에 의한 이른바 통상체포, 긴급체포 및 현행범인의 체포가 있다. 체포의 요건은 범죄혐의의 상당한 이유와 출석요구에 대한 불응 또는 불응의 우려이다. 체포영장에 의한 체포는 검사의 청구에 의하여 지방법원 판사가 발부한 체포영장에 의한다. 체포영장의 청구에는 체포의 사유 및 필요를 인정할 수 있는 자료를 제출하여야 한다. 그리고 지방법원 판사는 상당하다고 인정할 때 체포영장을 발부한다.

### 2) 구속

구속이란 피의자 또는 피고인의 신체의 자유를 체포에 비하여 장기간에 걸쳐 제한하는 강제처분이다. 피의자의 구속이란 수사기관이 판사가 발부한 구속영장에 의하여 피의자를 구인 또는 구금하는 것이며, 반드시 체포된 피의자임을 요하지 않는다. 피고인의 구속이란 공소제기된 후에 법원이 구속영장에 의하여 피고인을 구인 또는 구금하는 것을 말한다. 구금이란 피고인 또는 피의자를 교도소 또는 구치소 등에 감금하는 강제처분이며, 구인은 피고인 또는 피의자를 법원 기타 장소에 인치하는 강제처분이다. 구인한 피고인 등을 인치한 경우에 구금할 필요가 없다고 인정한 때에는 인치한 날로부터 24시간 이내에 석방하여야 한다. 피의자에 대한 구인은 체포되지 아니한 피의자의 구속 전 피의자심문을 위한 수단으로 이용될 수 있다. 구인도 구속의 일종이므로 구속을 위한 구속영장이 발부되어야 하며, 구인을 위한 구속영장이 발부되기 위해서는 구속사유가 있어야 한다.

## 2. 압수와 수색

### 1) 의의와 절차

압수란 물건의 점유를 취득하는 강제처분을 말하며, 압류와 영치 및 제출명령의 세 가지를 내용으로 한다. 압류란 점유취득 과정 자체에 강제력이 가하여지는 경우를 말하고, 유류물과 임의제출물을 점유하는 경우를 영치라고 말하며, 일정한 물건의 제출을 명하는 처분을 제출명령이라고 한다. 하지만 수사기관에 의한 강제수사에는 제출명령이 포함되지 않는다. 수색이란 압수할 물건 또는 체포할 사람을 발견할 목적으로 주거 · 물건 · 사람의 신체 또는 기타 장소에 대하여 행하는 강제처분을 말한다. 수색은 실제로 압수와 함께 행하여지는 것이 통례이고, 실무상으로도 압수 · 수색영장이라는 단일영장이 발부되고 있다. 사법경찰관인 세관공무원은 관세범 조사에 의하여 발견한 물품이 범죄의 사실을 증명하기에 충분하거나 또는 몰수하여야 하는 것으로 인정되는 때에는 이를 압수할 수 있다. 수색 또는 압수를 하였을 때에는 조서를 작성하여야 하고,[9] 수색 또는 압수조서에 관하여는 관세법 제292조제2항 · 제3항을 준용하며, 현행범인에 대한 수색이나 압수로서 긴급한 경우의 조서작성에 관하여는 관세법 제293조를 준용한다(관세법 제305조). 수색 또는 압수는 해 진 후부터 해 뜨기 전까지는 허용될 수 없으나, 현행범인 경우에는 그 예외가 적용되며, 이미 시작한 수색 또는 압수는 그럼에도 불구하고 계속할 수 있다(관세법 제306조). 사법경찰관인 세관공무원은 피의자 · 증인 또는 참고인에 대한 조사 · 검증 · 수색 또는 압수 중에는 누구를 막론하고 그 장소에의 출입을 금할 수 있다(관세법 제307조). 한편, 사법경찰관인 세관공무원은 조사 · 검증 · 수색 또는 압수를 할 때에는 제복을 착용하거나 그 신분을 증명할 증표를 지니고 그 처분을 받을 자가 요구하면 이를 보여 주

9) 수색 또는 압수조서에는 다음과 같은 사항을 기재하여야 한다(관세령 제269조): ㉮ 해당 물품의 품명 및 수량; ㉯ 포장의 종류 · 기호 · 번호 및 개수; ㉰ 수색 또는 압수의 장소 및 일시; ㉱ 소유자 또는 소지자의 주소 또는 거소와 성명; ㉲ 보관장소.

어야 하고, 세관공무원이 제복을 착용하지 아니한 경우로서 그 신분을 증명하는 증표제시 요구에 응하지 아니하는 경우에는 처분을 받을 자는 그 처분을 거부할 수 있다(관세법 308조). 그리고 사법경찰관인 세관공무원은 조사 · 검증 · 수색 또는 압수를 할 때 필요하다고 인정하는 경우에는 국가경찰공무원의 원조를 요구할 수 있다(관세법 제309조). 물품을 압수한 때에는 물품의 성상에 따라 봉인이 필요 없거나 봉인이 곤란하다고 인정되는 때를 제외하고는 해당 물품에 봉인하여야 한다(관세령 제268조제1항).

### 2) 압수물품의 보관과 국고귀속

압수물품은 편의에 따라 소지자나 시 · 군 · 읍 · 면사무소에 보관시킬 수 있다(관세법 제303조제2항). 이때에는 수령증을 받고 그 요지를 압수 당시의 소유자에게 통지하여야 한다(관세령 제268조제2항). 압수물품이 ① 부패 또는 손상 그 밖에 사용할 수 있는 기간이 지날 우려가 있는 경우, ② 보관하기가 극히 불편하다고 인정되는 경우, ③ 처분이 지연되면 상품가치가 크게 떨어질 우려가 있는 경우, ④ 피의자나 관계인이 매각을 요청하는 경우에는 피의자나 관계인에게 통고(통고할 여유가 없는 때에는 매각한 후 통고하여야 한다) 한 후 매각하여 그 대금을 보관 또는 공탁할 수 있다(관세법 제303조제3항).[10] 그리고 압수물품 중 ㉮ 사람의 생명이나 재산을 해칠 우려가 있는 것, ㉯ 부패하거나 변질된 것, ㉰ 유효기간이 지난 것, ㉱ 상품가치가 없어진 것에 해당하는 것은 피의자나 관계인에게 통고(통고할 여유가 없는 때에는 폐기한 후 즉시 통고하여야 한다)한 후 폐기할 수 있다(관세법 제304조제1항).[11] 아울러 압수된 물품에 대하여 그 압수일로부터 6개월 이내에 해당 물품의 소유자 및 범인을 알 수 없는 경우에는 해당 물품을 유실물로 간주하여 유실물의 공고를 하여야 하고, 공고일로부터 1년이 지나도 소유자 및 범인을 알 수 없는 경우에는 해당 물품은 국고에 귀속된다(관세법 제299조).

10) 통고와 매각에 관하여 관세법 제160조제5항 및 제326조를 준용한다(관세법 제303조제4항).
11) 통고에 관하여는 관세법 제160조제5항을 준용한다(관세법 304조제5항).

# 제3절 관세수사의 종결

## Ⅰ. 통고처분

### 1. 의의와 법적 성질

통고처분이란 법원에 의하여 처해지는 자유형 또는 재산형의 과벌제도에 갈음하여 관세청장이나 세관장이 관세범인에게 벌금에 상당하는 금액 등 금전적 제재를 통고하고 기간 내에 이를 이행한 경우에는 해당 관세범죄에 대한 소추를 면하게 하는 제도를 말한다. 관세청장이나 세관장에 의한 통고처분은 관세법상 피처분권에게는 통고처분에 소정된 금원 등을 소정기간 내에 납부할 의무를, 국가에게는 이것을 영수할 권리를 발생·창설하는 준사법적 행정처분이다. 따라서 통고처분에 하자가 있을 경우 관세범인이 해당 통고처분을 이행하기 전에는 동 처분을 취소하거나 그 내용을 변경할 수 있다. 그러나 통고처분이 행정처분의 일종이지만 통고처분에 불복할 경우에는 관세청장 또는 세관장의 고발에 의하여 사법절차로 이행되기 때문에 통고처분에 대한 취소청구 등 행정심판이나 행정소송을 제기할 수 없다는 것이 판례[12]의 태도이며, 통설이다. 한편, 통고처분을 행정심판이나 행정소송의 대상에서 제외하고 있는 관세법 제38조제3항제2호(현행 관세법 제119조제1항제1호)가 재판청구권을 침해하였거나 적법절차에 위반되어 위헌인지 여부에 대하여 헌법재판소는 통고처분에 대하여 어떠한 불복절차도 인정하지 않는 것과 같이 그 내용이 현저하게 불합리하여 재판청구권을 침해하거나 적법절차에 위배되는 정도에 이르지 않는 한 헌법에 위반되지 않는다는 태도를 보이고 있다.[13]

### 2. 통고처분의 요건과 그 법적 효과

통고처분은 준사법적 행정처분으로 관세범죄의 조사결과 범죄의 확증을 얻어야 할 수 있다(관세법 제311조제1항). 범죄의 확증이란 범죄의 구성요건에 해당하는 사실인정의 근거가 되는 자료가 증명력을 갖게 되는 것을 말한다. 범죄사실의 인정은 증거에 의하여야 하고(형소법 제307조), 증거의 증명력은 법관의 자유판단에 의하는(형소법 제308조) 현 형사

---

12) 대법원 1956.08.14. 선고 4289행상77 판결; 1976.08.27. 선고 75누40 판결.
13) 헌법재판소 1998.05.28 결정 96헌바4 전원재판부.

소송에서와 같이 범죄의 확증은 통고처분권자의 자유로운 판단에 속한다. 그러나 범죄의 확증을 얻었다 하더라도 범죄의 정상이 징역형에 처하여질 것으로 인정되는 경우(관세법 제312조)이거나 관세범인이 통고를 이행할 수 있는 자금능력이 없다고 인정되는 경우 또는 관세범인의 주소 및 거소가 분명하지 아니하거나 그 밖의 사유로 통고를 하기 곤란하다고 인정되는 경우(관세법 제318조)에는 고발의 요건에 해당하므로 원칙적으로 통고처분의 대상이 될 수 없다. 관세형벌절차에서의 통고처분권자는 관세청장이나 세관장이다. 따라서 관세행정청의 보조기관(조사국장, 조사과장 등)이나 사법경찰관인 세관공무원이 행한 통고처분은 통고처분권이 없는 자가 행한 위법한 처분으로 무효이다.

통고처분은 ① 처분을 받을 자의 성명, 나이, 성별, 직업, 주소, ② 벌금에 상당한 금액, 몰수에 해당하는 물품 또는 추징금에 상당하는 금액, ③ 범죄사실, ④ 적용 법조문, ⑤ 이행장소, ⑥ 통고처분 연월일 등을 적고 처분권자가 서명날인한 통고서로 하여야 한다(관세법 제314조제2항). 통고처분을 하는 경우 관세청장이나 세관장은 관세범의 조사를 마친 날부터 10일 이내에 그 범칙행위자 및 양벌 규정이 적용되는 법인 또는 개인별로 통고서를 작성하여 통고해야 한다(관세령 제2702조의2제5항). 그리고 통고처분의 고지는 관세법 제315조에 따라 통고서의 송달에 의하여야 하는데, 그 송달 방법은 인편 또는 등기우편으로 하여야 하고(관세법 제288조), 송달하였을 때에는 수령증을 받아야 한다(관세법 제289조). 한편, 관세청장이나 세관장은 통고처분을 받은 자가 벌금이나 추징금에 상당하는 금액을 예납(豫納)하려는 경우에는 이를 예납시킬 수 있다(관세법 제311조제2항).

통고처분의 효력은 통고서가 피처분자인 관세범인에게 도달되므로서 발생하며, 도달은 피처분자가 현실적으로 그 내용을 요지할 것을 요하지 아니하고, 객관적으로 요지할 수 있는 상태에 놓임으로써 요지한 것으로 추정된다. 통고처분의 효력이 발생되면 관세징수권의 소멸시효는 중단되며(관세법 제23조), 관세범의 공소시효도 정지된다(관세법 제311조제3항). 관세범인이 통고서의 송달을 받았을 때에는 그 날부터 15일 이내에 이를 이행[14]하여야 하며, 이 기간 내에 이행하지 아니하였을 때에는 즉시 고발의 요건이 된다(관세법 제316조). 여기에서 15일이 지난 후 관세청장이나 세관장의 고발이 있기 전에 관세범인이 통고처분을 이행한 경우에는 통고처분 이행의 효력을 갖는다. 관세범인이 통고의 요지를 이행하였을 때에는 동일사건에 대하여 다시 처벌을 받지 아니하는 일사부재리의 원칙이 적용된다(관세법 제317조).

14) 통고처분을 받은 자는 납부하여야 할 금액을 법정 통고처분납부대행기관을 통하여 신용카드, 직불카드 등으로 납부할 수 있으며, 신용카드등으로 납부하는 경우에는 통고처분납부대행기관의 승인일을 납부일로 본다(관세법 제311조제6항·제7항).

# Ⅱ. 고발

## 1. 의의와 법적 성질

고발이란 관세청장이나 세관장이 검찰권을 행사하는 국가기관에게 관세범죄사실을 고지하여 형사소송절차에 의한 관세범의 수사와 소추를 구하는 의사표시를 말한다. 고발은 관세범의 처벌을 구하는 의사표시이므로 법률행위적 소송행위로서 성질을 갖는다. 관세범에 관한 사건은 관세청장 또는 세관장의 고발이 없는 한 검사는 공소를 제기할 수 없다(관세법 제284조). 따라서 세관장의 고발 없이 검사가 공소를 제기함은 형소법 제327조 제2호의 공소제기절차가 법률의 규정에 위반하여 무효인 때에 해당한다고 할 것이고, 공소제기 후에 세관장의 고발이 있다 하여도 동 공소절차의 무효는 이로써 치유되지 않는다.[15] 세관장이 통고처분을 하느냐 고발을 하느냐 하는 것은 그 재량에 속하는 것이므로 설령 벌금형이 선고될 것이 명백한 법인에 대하여 통고처분을 하지 않고 고발을 하여도 적법하다.[16]

## 2. 고발의 요건과 법적 효과

관세청장 또는 세관장은 범죄의 정상이 징역형에 처하여질 것으로 인정되는 때에는 즉시 고발하여야 한다(관세법 제312조). 또한 관세범인이 통고서의 송달을 받은 날부터 15일 이내에 이를 이행하지 아니하는 때에는 즉시 고발의 요건이 된다(관세법 제316조). 그러나 15일이 경과된 후라도 고발이 되기 전에 관세범인이 통고처분을 이행한 때에는 고발할 수 없다. 그리고 관세범인이 통고를 이행할 수 있는 자금능력이 없다고 인정되는 경우 또는 관세범인의 주소 및 거소가 분명하지 아니하거나 그 밖의 사유로 통고를 하기 곤란하다고 인정되는 경우에는 즉시 고발하여야 한다(관세법 제318조). 관세법상의 즉시고발의 특별요건 구비 여부는 법인 개개인에 대하여 개별적으로 따질 것이고 고소고발불가분의 원칙이 적용될 여지가 없다.[17] 관세형벌절차에서의 고발권자는 관세청장이나 세관장이다. 따라서 관세행정관청의 보조기관(조사국장, 조사과장 등)이나 특사경 세관공무원이 행한 고발은 고발권이 없는 자가 한 고발이므로 고발로서의 효력이 없다. 고발은 서면(고발서)으로 하여야 하고, 이 경우 압수물품이 있는 때에는 압수물품조서를 첨부

15) 대법원 1959.01.16. 선고 4291형상452 판결.
16) 대법원 1973.08.31. 선고 72도343 판결.
17) 대법원 1971.11.23. 선고 71도1106 판결.

하여 인계하여야 한다(관세령 제272조제1항).

관세청장 또는 세관장이 관세법 사건을 고발한 때에는 관세청이나 세관에서의 수사절차는 종결되고 동 사건은 검사에게 이관되어 형소법에 의한 소송절차가 진행된다. 그리고 동 사건에 대한 관세청장이나 세관장의 통고처분이 있었다면 그 효력은 상실되며, 관세징수권의 소멸시효는 중단된다(관세법 제23조).

## Ⅲ. 압수물품의 환부와 관세포상 및 몰수품 등의 처분

### 1. 압수물품의 환부

압수물품을 몰수하지 아니할 때에는 그 압수물품이나 그 물품의 환가대금(換價代金)을 반환하여야 하는데, 그 물품이나 그 환가대금을 반환받을 자의 주소 및 거소가 분명하지 아니하거나 그 밖의 사유로 반환할 수 없을 때에는 그 요지를 공고하여야 한다(관세법 제313조제1항·제2항). 하지만 공고를 한 날부터 6개월이 지날 때까지 반환의 청구가 없는 경우에는 그 물품이나 그 환가대금을 국고에 귀속시킬 수 있다(관세법 제313조제3항). 여기에서 반환하는 압수물품에 대하여 관세가 미납된 경우에는 반환받을 자로부터 해당 관세를 징수한 후 그 물품이나 그 환가대금을 반환하여야 한다(관세법 제313조제4항).

### 2. 관세포상

관세포상이란 관세법 제324조에 따라 ① 관세범을 세관이나 그 밖에 수사기관에 통보하거나 체포한 자로서 공로가 있는 사람이나 ② 관세범죄물품을 압수한 자로서 공로가 있는 사람 또는 ③ 관세법이나 다른 법률에 따라 세관장이 관세 및 내국세 등을 추가 징수하는 데에 공로가 있는 사람과 ④ 관세행정의 개선이나 발전에 특별히 공로가 있는 사람에게 포상장 또는 포상금을 수여하는 제도이다. 여기에서 공로자 중 관세범을 세관, 그 밖의 수사기관에 통보한 자와 체납자의 은닉재산을 신고한 자에 대하여는 관세청장이 정하는 바에 의하여 익명으로 포상할 수 있다(관세령 제277조제3항).

### 3. 몰수품 등의 처분

관세법 제326조제1항에 따라 세관장은 관세법에 따라 몰수되거나 국고에 귀속된 물품을 공매 또는 그 밖의 방법으로 처분할 수 있다. 여기에서 이러한 몰수품 등의 공매에 관하여는 관세법 제210조를 준용하되, 관세청장이 정하는 물품은 경쟁입찰에 의하지 아니하고 수의계약이나 위탁판매의 방법으로 매각할 수 있다(관세법 제326조제2항). 그리고 세관장은 관세청장이 정하는 기준에 해당하는 몰수품 등을 처분하려면 관세청장의 지시를 받아야 하고, 몰수품 등에 대하여 소정의 지급기준에 따라 몰수 또는 국고귀속 전에 발생한 보관료 및 관리비를 지급할 수 있다(관세법 제326조제3항·제4항). 아울러 몰수품 등이 농산물인 경우로서 국내시장의 수급조절과 가격안정을 도모하기 위하여 농림축산식품부장관이 요청할 때에는 대통령령으로 정하는 바에 따라 몰수품 등을 농림축산식품부장관에게 이관할 수 있다(관세법 제326조제6항).

# 부록 관세사 시험 기출문제

## ◆ 2024년도 41회

(30점)

**[문제 1] 관세법령상 보세판매장에 관한 내용이다. 다음 물음에 답하시오.**

**물음 1)** (1) 특허 갱신 신청 시 첨부하는 기획재정부령으로 정하는 서류 4가지와 (2) 특허심사 시 관세청장이 정하는 평가기준에 고려할 평가요소 6가지만 쓰시오. (10점)

**물음 2)** 특허심사위원회 (1) 회의의 위원 구성 방법, (2) 회의에 참여할 수 없는 사람 6가지를 쓰고, (3) 회의 개의와 의결 기준에 대하여 쓰시오. (10점)

**물음 3)** 보세판매장 특허수수료를 보세판매장 매장별 매출액을 기준으로 산정 시, 각 해당 연도 매출액과 그에 상응하는 특허수수료율을 각각 쓰시오. (10점)

(20점)

**[문제 2] 다음 물음에 답하시오.**

**물음 1)** 관세법상 관세의 분할납부에 관하여 5년을 넘지 아니하는 기간을 정하여 관세의 분할납부를 승인할 수 있는 물품 5가지만 쓰시오. (단, 관세법 시행규칙은 고려하지 않음) (10점)

**물음 2)** 수출용 원재료에 대한 관세 등 환급에 관한 특례법령상 (1) 과다 환급의 우려가 있는 경우로서 환급한 후에 심사하는 것이 부적당하다고 인정되어 환급 전 심사하는 경우 4가지를 쓰고, (2) 환급금 사후심사에 의한 환급금 결정사항 및 지급사항 보고에 대하여 설명하시오. (10점)

(30점)

**[문제 3] 관세법령상 덤핑방지관세에 관한 내용이다. 다음 물음에 답하시오.**

**물음 1)** (1) 덤핑방지관세를 부과하기 전의 잠정조치 요건, (2) 잠정조치의 적용시 및 기간에 대해 각각 설명하고, (3) 잠정조치 시 제공되는 담보 3가지만 쓰시오. (10점)

**물음 2)** 덤핑방지관세의 부과여부를 결정하기 위한 조사가 개시된 물품의 수출자가 기획재정부장관에게 약속을 제의하는 경우, 그 약속에 포함되어야 하는 사항 5가지만 쓰시오. (10점)

**물음 3)** 덤핑방지관세 및 약속의 재심사에 관하여 (1) 이해관계인이나 해당 산업을 관장하는 주무부장관의 재심사 요청 및 요청시기, (2) 재심사여부 결정 및 결정사항 통지, (3) 무역위원회 조사 및 조사종결에 대하여 각각 설명하시오. (10점)

(20점)

**[문제 4] 다음 물음에 답하시오.**

**물음 1)** 관세법령상 (1) 은닉재산의 정의, (2) 체납자의 재산이 은닉재산에서 제외되는 경우 3가지를 쓰고, (3) 포상금의 수여대상자가 공무원인 경우 수여 기준, (4) 체납자의 은닉재산을 신고한 자에 대해 포상금을 지급하는 경우, 은닉재산의 신고를 통하여 징수된 금액과 그에 상응하는 지급률을 각각 쓰시오. (10점)

**물음 2)** 관세법 제279조(양벌규정)에서 '개인'에 해당하는 사람 5가지만 쓰시오. (10점)

## ◆ 2023년도 40회

(30점)

**[문제 1] 관세법상 납세자의 권리 및 불복절차에 관한 내용이다. 다음 물음에 답하시오.**

**물음 1)** 관세법에 따른 처분에 불복하는 자가 심사청구를 제기하는 경우,
(1) 심사청구기간, (2) 심사청구절차, (3) 심사청구서의 보정, (4) 심사청구가 집행에 미치는 효력에 대해 각각 설명하시오. (단, 관세법에 규정된 것에 한함)(20점)

**물음 2)** 관세법상 세관 납세자보호위원회의 심의사항 5가지를 쓰시오. (10점)

(20점)

**[문제 2] 관세법령상 관세의 감면에 관한 내용이다. 다음 물음에 답하시오.**

**물음 1)** 관세법 제93조(특정물품의 면세 등) 제12호(우리나라 수출물품의 품질, 규격, 안전도 등이 수입국의 권한 있는 기관이 정하는 조건에 적합한 것임을 표시하는 수출물품에 붙이는 증표로서 기획재정부령으로 정하는 물품)에 따라 관세법 시행규칙 제43조(관세가 면제되는 특정물품)에서 규정하고 있는 관세가 면제되는 증표를 5가지만 쓰시오. (10점)

**물음 2)** 관세법 제91조(종교용품, 자선용품, 장애인용품 등의 면세)에 따라 관세가 면제되는 물품 5가지를 쓰시오. (단, 관세법 시행규칙은 고려하지 않음) (10점)

(30점)

**[문제 3]** 관세법령상 세관공무원의 관세범 조사와 관련한 물품 압수 및 관세범칙조사심의위원회에 관한 내용이다. 다음 물음에 답하시오.

**물음 1)** (1) 물품을 압수할 수 있는 경우와 (2) 압수 물품의 보관에 대해 쓰고, (3) 압수 물품을 매각하는 경우 그 절차와 사유에 대해 쓰시오. (10점)

**물음 2)** (1) 압수 물품의 반환과 (2) 소유자를 알 수 없는 압수 물품의 국고귀속에 대해 각각 설명하시오. (10점)

**물음 3)** (1) 관세범칙조사심의위원회 위원의 제척 사유를 5가지만 쓰고, (2) 위원의 해임 또는 해촉 사유를 5가지 쓰시오. (10점)

(20점)

**[문제 4]** 다음 물음에 답하시오.

**물음 1)** 관세법령상 운송수단의 물품 취급시간이 아닌 때에 물품을 취급하려는 자는 세관장에게 통보서를 제출해야 하는데, 통보서 제출을 생략할 수 있는 경우를 5가지만 쓰시오. (10점)

## ◆ 2022년도 39회

(30점)

**[문제 1]** 관세 환급에 관한 내용이다. 다음 물음에 답하시오.

**물음 1)** 관세법상 계약 내용이 달라 외국으로부터 수입된 물품을 다시 수출한 수입자가 관세를 환급받기 위한 요건을 쓰시오. (10점)

**물음 2)** 관세법령상 수입신고가 수리된 물품이 수입신고 수리 후에도 지정보세구역에 계속 장치되어 있는 중에 재해로 물품이 변질되어 그 가치가 떨어졌을 때, 수입자가 납부한 관세의 (1) 환급액과 (2) 환급기준을 각각 쓰시오. (20점)

(20점)

**[문제 2]** 관세법상 보세건설장에 관한 내용이다. 다음 물음에 답하시오.

**물음 1)** (1) 보세건설장에 반입한 외국물품의 수입신고, (2) 보세건설물품의 가동 제한, (3) 앞의 (1), (2)를 위반했을 때 부과하는 행정질서벌에 대한 내용을 각각 쓰시오. (10점)

**물음 2)** (1) 보세건설장에 반입한 물품의 과세물건 확정시기와 적용 법령에 대해 쓰고, (2) 보세건설장에서 건설된 시설로서 관세법 제248조에 따라 수입신고가 수리되기 전에 가동된 경우 관세의 부과 · 징수에 대하여 쓰시오. (10점)

(30점)

**[문제 3] 관세법령상 조사와 처분에 관한 내용이다. 다음 물음에 답하시오.**

**물음 1)** (1) 관세범의 정의와 관세범에 관한 조사·처분 주체를 쓰고, (2)피의자를 조사하였을 때 작성하는 조서에 서명날인이 되어야 할 사람 모두와, (3) 세관공무원이 수색을 할 때 참여시켜야 하는 사람(단, 참여시켜야 하는 사람이 모두 부재인 경우는 고려하지 않음) 모두를 각각 쓰시오. (10점)

**물음 2)** (1) 검증·수색 또는 압수조서 기재사항 5가지와, (2)통고처분을 할 때 통고서에 적어야 할 사항 5가지만 각각 쓰시오. (10점)

**물음 3)** 관세범칙조사심의위원회의 (1) 위원으로 세관장이 임명 또는 위촉할 수 있는 사람 모두와 (2) 심의사항 3가지를 각각 쓰시오. (10점)

(20점)

**[문제 4] 다음 물음에 답하시오.**

**물음 1)** (1) 관세법상 부당하게 재물이나 재산상 이득을 취득하거나 제3자로 하여금 이를 취득하게 할 목적으로 물품의 가격을 조작하여 신청 또는 신고한 경우 가격조작죄의 대상이 되는 신청 또는 신고 4가지와, (2) 관세법상 밀수출입죄에 전용(專用)되는 선박·자동차나 그 밖의 운반기구가 범죄에 사용된다는 정황을 소유자가 알고 있을 때, 그 밀수 전용 운반기구를 몰수하는 경우 4가지를 각각 쓰시오. (10점)

## ◆ 2021년도 38회

(50점)

**[문제 1] 관세법령상 통관 등에 관한 내용이다. 다음 물음에 답하시오.**

**물음 1)** 통관의 정의를 간략히 쓰고, 통관요건 3가지를 설명하시오. (10점)

**물음 2)** 원산지 확인 등과 관련하여 (1) 원산지 확인기준 2가지와 (2) 통관제한 사유 4가지를 쓰고, (3) 환적물품 등에 대한 유치 사유와 (4) 세관장의 후속 조치 5가지를 쓰시오. (15점)

**물음 3)** 관세법에서 규정하고 있는 통관의 제한에 의거하여 (1) 수출입의 금지물품 3가지, (2) 지식재산권 보호대상 6가지, (3) 통관의 보류 사유 6가지를 각각 쓰시오. (15점)

**물음 4)** 관세청장이나 세관장의 (1) 보세구역 반입명령 사유와 (2) 반입명령 대상물품 2가지를 쓰고, (3) 관계 당사자(반입의무자, 관세청장 또는 세관장)의 후속 조치 4가지를 쓰시오. (10점)

(10점)

**[문제 2]** 관세법상(제98조제1항) 재수출기간별 감면율 적용기준 5가지를 쓰시오.

(10점)

**[문제 3]** 관세법령상(영 제185조제1항) 보세사의 직무 5가지만 쓰시오.

(10점)

**[문제 4]** 관세법상(제111조제2항) 세관공무원이 해당 사안에 대하여 이미 조사받은 자를 다시 조사할 수 있는 경우 5가지를 쓰시오.

(10점)

**[문제 5]** 관세법상(제23조제1항) 관세징수권의 소멸시효 중단 사유 5가지만 쓰시오.

## ◆ 2020년도 37회

(50점)

**[문제 1]** 현행 관세법령은 관세채권 확보를 위하여 가산세제도, 담보제공제도, 기타 채권 확보를 위한 장치를 두고 있다. 이와 관련하여 다음 물음 에 답하시오.

**물음 1)** 가산세 부과사유 10가지, 관세법 제42조 가산세(율) 3가지, 가산세 감면사유 5가지를 각각 쓰시오. (20점)

**물음 2)** 담보제공 사유와 담보의 종류 5가지를 각각 쓰시오. (10점)

**물음 3)** 기타 채권 확보를 위한 제도적 장치 5가지를 설명하시오. (20점)

(10점)

**[문제 2]** 관세법령상 감면에 관한 다음 물음에 답하시오.

**물음 1)** 여행자 휴대품 및 이사물품 등의 수입물품에 관세를 면제하는 3가지 사유를 쓰시오. (3점)

**물음 2)** 관세법 제96조에 따른 별송품과 이사물품 중 별도로 수입하는 물품에 대한 관세 면제신청 방법(단서 조항 포함)을 쓰시오. (4점)

**물음 3)** 기획재정부령으로 정한 여행자 휴대품 등에 대한 자진신고의 경우 2가지를 쓰시오. (3점)

(10점)

**[문제 3] 관세법상 관세범의 조사에 관한 다음 물음에 답하시오.**

**물음 1)** 관세청장이나 세관장이 압수물품을 피의자나 관계인에게 통고한 후 매각 및 폐기할 수 있는 경우를 각각 4가지 쓰시오. (8점)

**물음 2)** 압수물품을 유실물로 공고하는 경우와, 이를 국고에 귀속시키는 경우를 각각 쓰시오. (2점)

(10점)

**[문제 4] 관세법령상 보세판매장에 관한 다음 물음에 답하시오.**

**물음 1)** 관세법 제196조제1항에 의거하여 보세판매장에서 판매할 수 없는 물품 3가지를 쓰시오. (3점)

**물음 2)** 보세판매장의 특허절차에서 보세판매장의 설치 · 운영에 관한 특허를 부여할 필요가 있는 경우에 공고해야 할 6가지 사항과, 공고주체를 쓰시오. (7점)

(10점)

**[문제 5] 관세법령상 통관절차 등의 국제협력에 관한 다음 물음에 답하시오.**

**물음 1)** 무역원활화 기본계획의 수립 · 시행에 포함되어야 하는 사항 7가지를 쓰시오. (7점)

**물음 2)** 무역원활화위원회의 심의사항 3가지를 쓰시오. (3점)

## ◆ 2019년도 36회

(50점)

**[문제 1] 관세법령상 종합보세구역의 판매물품에 대한 관세 등의 환급과 관련하여 다음 사항을 설명하시오.**

**물음 1)** (1) 종합보세구역의 의의, 지정, 설치 · 운영 (20점)

(2) 종합보세구역의 판매물품에 대한 관세환급의 의의와 외국인 관광객의 범위 (5점)

(3) 종합보세구역에서의 물품판매 (5점)

(4) 외국인 관광객에 대한 관세환급 (5점)

(5) 판매인에 대한 관세 등의 환급 (10점)

(6) 환급창구운영사업자 (5점)

(10점)

**[문제 2]** 관세법령상 세율적용의 우선순위와 조정관세의 부과사유에 있어, ① 세율적용의 우선순위, ② 조정관세의 의의, ③ 조정관세의 부과대상, ④ 조정관세의 적용세율에 대하여 각각 설명하시오.

(10점)

**[문제 3]** 관세법령상 재수입면세 대상물품의 판단기준을 해외임가공물품 등의 감세 대상물품과 비교하여 설명하시오.

(10점)

**[문제 4]** 관세법령상 수입신고수리전 반출제도를 수입신고전 물품 반출제도와 비교하여 설명하시오.

(10점)

**[문제 5]** 관세법령상 원산지허위표시물품 등의 통관제한과 관련하여, ① 원산지 확인기준, ② 원산지허위물품의 통관제한, ③ 환적물품에 대한 유치를 각각 설명하시오.

## ◆ 2018년도 35회

(50점)

**[문제 1]** 수입상 A는 수입신고를 할 때에 세관장에게 관세의 납부에 관한 신고를 했다. A의 세액 확정과 관련하여 관세법령에서 규정하고 있는 다음 사항을 기술하시오.

**물음 1)** (1) 세액심사와 자율심사 (10점)

(2) 세액의 정정, 보정, 수정신고, 경정(행위주체, 사유, 기한, 관세를 납부하는 경우 납부기한) (20점)

(3) ① 수입신고수리전 세액심사를 하는 대상물품과

② 수정신고를 한 경우 부족한 관세액을 징수할 때 부과하는 가산세 산정방법 (10점)

(4) 세액 확정 관련 다음 행위를 한 경우 관세법에서 규정하고 있는 벌칙 (10점)

① 관세의 회피 목적으로 타인에게 자신의 명의를 사용하여 납세신고를 할 것을 허락한 경우

② 부당하게 재물이나 재산상 이득을 취득하기 위해 보정신청과 수정신고를 한 경우

③ 보정신청 또는 수정신고를 할 때 관세법 제241조제1항에 따른 사항(물품의 품명 · 규격 · 수량 및 가격과 그 밖에 대통령령으로 정하는 사항)을 허위로 신청하거나 신고한 경우

④ 자율심사 결과를 거짓으로 작성하여 제출한 경우

(10점)

**[문제 2]** 관세법령상 통관과 관련된 우편물의 검사, 우편물 통관에 대한 결정, 수출입신고대상 우편물, 우편물 납세절차를 각각 설명하시오.

(10점)

**[문제 3]** 관세법상 통관 후 유통이력 신고와 유통이력 조사에 대하여 설명하시오.

(10점)

**[문제 4]** 관세법령상 외국무역선과 외국무역기의 입·출항절차를 설명하고, 외국무역선의 입항보고서의 기재사항, 선용품목록의 기재사항, 적하목록의 기재사항을 각각 기술하시오.

(10점)

**[문제 5]** 관세법상 관세청장이나 세관장에게 등록해야 하는 보세운송업자등의 대상과 등록 유효기간, 보세운송업자등의 등록요건을 각각 기술하시오.

## ◆ 2017년도 34회

(50점)

**[문제 1]** 관세법에서 규정하고 있는 납세자의 권리 및 불복절차에 의거하여, ①납세자의 권리, ② 심사와 심판, ③ 과세전적부심사에 관하여 논하시오.

(10점)

**[문제 2]** 관세법령상 보세구역 물품의 반입·반출 및 보수작업에 관하여 각각 설명하시오.

(10점)

**[문제 3]** 관세법령상 보세공장 및 보세공장원재료(범위, 제한, 소요량계산서 제출)에 관하여 각각 설명하시오.

(10점)

**[문제 4]** 관세법상 지식재산권 보호제도(보호대상, 지식재산권 신고, 통관보류 및 유치요청, 세관장 조치)에 관하여 설명하시오.

(10점)

**[문제 5]** 관세법령상 규정된 개항의 지정요건 및 관세통로에 관하여 각각 설명하시오.

### ◆ 2016년도 33회

(50점)

**[문제 1]** 특허보세구역제도 운영에 있어 보세판매장과 보세창고의 차이점을 ①운영인의 결격사유, ② 특허절차, ③ 특허의 취소사유, ④ 특허수수료의 부과, ⑤ 특허기간, ⑥ 과징금의 부과를 중심으로 설명하고, 특허보세구역의 성격과 보세판매장 제도의 운영 목적을 고려하여 현행 보세판매장제도의 문제점을 논하시오.

(10점)

**[문제 2]** 수입상 A가 관세율이 0인 물품을 수입함에 있어 부당하게 재산상 이득을 취하기 위해 관세사 B의 권유에 따라 실제 거래한 가격보다 높은 가격으로 수입통관을 하였다. 이 경우 A와 B가 관세법에 따라 처벌받을 수 있는 범죄의 구성요건과, 각각 어떤 처벌을 받을 수 있는지 설명하시오.

(10점)

**[문제 3]** 보세창고에 반입한 외국물품을 장치기간 경과(체화)로 매각하게 되었을 때 세관장이 적용할 수 있는 매각방법과, 매각이 진행되는 도중 물품의 화주가 해당 물품의 매각을 피하기 위해 조치할 수 있는 방안에 대하여 설명하시오.

(10점)

**[문제 4]** 과세전적부심사청구에 대한 결정내용 및 그 결정과 관련하여 청구인과 과세전 통지세관이 취할 수 있는 조치를 설명하고, 관세행정심판청구에 대한 결정내용 및 그 결정과 관련하여 청구인과 처분청이 취할 수 있는 조치에 대하여 설명하시오.

(10점)

**[문제 5]** 덤핑방지관세 부과 시 정상가격과 덤핑가격의 비교원칙 및 비교방법과, 정상가격과 덤핑가격을 비교할 때 가격에 영향을 미치는 요소(물리적 특성, 판매수량, 판매조건, 환율변동)가 존재하는 경우의 가격조정방법에 대하여 설명하시오.

## ◆ 2015년도 32회

(50점)

**[문제 1]** 관세법상 과세요건을 간략히 설명한 후, 납세의무자(의의, 원칙적 납세의무자, 특별납세의무자, 경합, 납세의무 확장 및 취지)에 대하여 논하시오.

(10점)

**[문제 2]** 관세법상 원산지증명서와 관련하여, 정의 및 확인, 확인요청 및 조사, 원산지 사전확인에 대하여 설명하시오.

(10점)

**[문제 3]** 관세법상 월별납부의 의의, 효과, 신청 및 승인, 담보제공, 승인취소 및 갱신에 대하여 설명하시오.

(10점)

**[문제 4]** 관세법상 수출입 안전관리 우수 공인업체의 의의와 안전관리 기준, 공인절차와 혜택부여에 대하여 설명하시오.

(10점)

**[문제 5]** 관세법상 여행자휴대품의 감면세와 관련하여, 여행자휴대품 관세면제의 의의, 여행자휴대품의 인정범위, 면제대상물품의 인정범위와 면제한도에 대하여 설명하시오.

제2편

# 대외무역법

# 8

# 대외무역법 서론

**제1절** | 대외무역행정의 임무와 적용범위

**제2절** | 권한의 위임 · 위탁

# 제8장 대외무역법 서론

## 제1절 대외무역행정의 임무와 적용범위

### Ⅰ. 대외무역행정의 임무

#### 1. 대외무역법의 입법목적

대외무역법은 제1조에서 "이 법은 대외 무역을 진흥하고 공정한 거래 질서를 확립하여 국제 수지의 균형과 통상의 확대를 도모함으로써 국민 경제를 발전시키는 데 이바지함을 목적으로 한다"고 그 입법목적을 밝히고 있다.

#### 2. 대외무역행정의 원칙

우리나라의 무역은 헌법에 따라 체결·공포된 무역에 관한 조약과 일반적으로 승인된 국제법규에서 정하는 바에 따라 자유롭고 공정한 무역을 조장함을 원칙으로 하고, 정부는 대외무역법이나 다른 법률 또는 헌법에 따라 체결·공포된 무역에 관한 조약과 일반적으로 승인된 국제 법규에 무역을 제한하는 규정이 있는 경우에는 그 제한하는 목적을 달성하기 위하여 필요한 최소한의 범위에서 이를 운영하여야 한다(대외무역법 제3조).

이에 따라 산업통상자원부장관(이하 "산업부장관")은 무역의 진흥을 위하여 필요하다고 인정되면 물품등의 수출과 수입을 지속적으로 증대하기 위한 조치를 할 수 있으며, 무역의 진흥을 위하여 필요하다고 인정되면 다음에 해당하는 자에게 필요한 지원을 할

수 있다(대외무역법 제4조):

> ㉮ 무역의 진흥을 위한 자문, 지도, 대외 홍보, 전시, 연수, 상담 알선 등을 업(業)으로 하는 자;
> ㉯ 무역전시장이나 무역연수원 등의 무역 관련 시설을 설치·운영하는 자;
> ㉰ 과학적인 무역업무 처리기반을 구축·운영하는 자.

아울러 산업부장관은 우리나라가 체결한 무역에 관한 조약의 이행을 위하여 필요한 때에는 관련 공공기관, 기업 및 단체 등으로부터 필요한 자료의 제출을 요구할 수 있는데, 무역에 관한 조약의 이행을 위하여 필요한 자료를 직무상 습득한 자는 자료 제공자의 동의 없이 그 습득한 자료 중 기업의 영업비밀 등 비밀유지가 필요하다고 인정되는 기업정보를 타인에게 제공 또는 누설(漏泄)하거나 사용 목적 외의 용도로 사용하여서는 것이 금지된다(대외무역법 제9조제1항). 여기에서 직무상 습득한 기업정보를 타인에게 제공 또는 누설하거나 사용 목적 외의 용도로 사용한 자는 3년 이하의 징역 또는 3천만원 이하의 벌금에 처한다(대외무역법 제54조). 이 경우 법인의 대표자나 법인 또는 개인의 대리인, 사용인, 그 밖의 종업원이 그 법인 또는 개인의 업무에 관하여 위반행위를 하면 그 행위자를 벌하는 외에 그 법인 또는 개인에게도 해당 조문의 벌금형을 과(科)하되, 법인 또는 개인이 그 위반행위를 방지하기 위하여 해당 업무에 관하여 상당한 주의와 감독을 게을리하지 아니한 경우에는 예외를 적용한다(대외무역법 제57조).

한편, 산업부장관은 다음에 해당하는 경우에는 물품 등의 수출과 수입을 제한하거나 금지할 수 있다(대외무역법 제5조):

> ① 우리나라 또는 우리나라의 무역 상대국(이하 "교역상대국")에 전쟁·사변 또는 천재지변이 있을 경우;
> ② 교역상대국이 조약과 일반적으로 승인된 국제법규에서 정한 우리나라의 권익을 인정하지 아니할 경우;
> ③ 교역상대국이 우리나라의 무역에 대하여 부당하거나 차별적인 부담 또는 제한을 가할 경우;
> ④ 헌법에 따라 체결·공포된 무역에 관한 조약과 일반적으로 승인된 국제법규에서 정한 국제평화와 안전유지 등의 의무를 이행하기 위하여 필요할 경우;
> ⑤ 국제평화와 안전유지를 위한 국제공조에 따른 교역여건의 급변으로 교역상대국과의 무역에 관한 중대한 차질이 생기거나 생길 우려가 있는 경우;
> ⑥ 인간의 생명·건강 및 안전, 동물과 식물의 생명 및 건강, 환경보전 또는 국내 자원보호를 위하여 필요할 경우.

여기에서 수출 또는 수입의 제한이나 금지조치를 위반한 자에게는 5년 이하의 징역 또는 수출·수입하는 물품등의 가격의 3배에 해당하는 금액 이하의 벌금에 처한다(대외무역법 제53조제2항).

## Ⅱ. 대외무역법의 적용범위

### 1. 대외무역행정의 기본적 규율범위

#### 1) 무역의 규율범위

대외무역행정에서 "무역"의 규율범위는 물품, 용역, 전자적 형태의 무체물(無體物)에 해당하는 것(이하 "물품등")의 수출과 수입을 말한다(대외무역법 제2조제1호). 여기에서 "용역"의 해당범위는 다음과 같은 용역을 말한다(대외무역령 제3조):

① 부가가치세법 시행령에 따른 용역(출판업과 영상·오디오 기록물 제작 및 배급업을 포함한다);
② 지식기반용역 등 수출유망산업으로서 산업부장관이 정하여 고시하는 업종[1]의 사업을 영위하는 자가 제공하는 용역;
③ 국내의 법령 또는 대한민국이 당사자인 조약에 따라 보호되는 특허권·실용신안권·디자인권·상표권·저작권·저작인접권·프로그램저작권·반도체집적회로의 배치설계권의 양도(讓渡), 전용실시권(專用實施權)의 설정 또는 통상실시권(通常實施權)의 허락.

한편, 대외무역행정에서 "**위탁가공무역**"이란 가공임을 지급하는 조건으로 외국에서 가공(제조, 조립, 재생, 개조를 포함한다)할 원료의 전부 또는 일부를 거래 상대방에게 수출하거나 외국에서 조달하여 이를 가공한 후 가공물품등을 수입하거나 외국으로 인도하는 수출입을 말하며(대외무역관리규정 제2조제6호), "**수탁가공무역**"이란 가득액을 영수(領收)하기 위하여 원자재의 전부 또는 일부를 거래 상대방의 위탁에 의하여 수입하여 이를 가공 한 후 위탁자 또는 그가 지정하는 자에게 가공물품등을 수출하는 수출입을 말하는데, 위탁자가 지정하는 자가 국내에 있음으로써 보세공장 및 자유무역지역에서 가공한 물품등을 외국으로 수출할 수 없는 경우 관세법에 따른 수탁자의 수출·반출

1) 대외무역관리규정 제3조제3항에서 규정하는 업종을 말한다.

과 위탁자가 지정한 자의 수입 · 반입 · 사용은 이를 대외무역법에 따른 수출 · 수입으로 간주한다(대외무역관리규정 제2조제7호). 그리고 대외무역행정에서 "**연계무역**"이란 물물교환(Barter Trade), 구상무역(Compensation trade), 대응구매(Counter purchase), 제품환매(Buy Back) 등의 형태에 의하여 수출 · 수입이 연계되어 이루어지는 수출입을 말하며(대외무역관리규정 제2조제10호), "**중계무역**"이란 수출할 것을 목적으로 물품등을 수입하여 관세법에 따른 보세구역 및 보세구역외 장치의 허가를 받은 장소 또는 자유무역지역법에 따른 자유무역지역 이외의 국내에 반입하지 아니하고 수출하는 수출입을 말한다(대외무역관리규정 제2조제11호).

### 2) 물품의 규율범위

대외무역행정에서 "물품"의 규율범위는 다음과 같은 것을 제외한 동산(動産)을 말한다(대외무역법 제2조제2호):

① 외국환거래법에서 정하는 지급수단;
② 외국환거래법에서 정하는 증권;
③ 외국환거래법에서 정하는 채권을 화체(化體)한 서류.

한편, "**전자적 형태의 무체물**"의 규범적 개념은 다음에 해당하는 것을 말한다(대외무역령 제4조):

① 소프트웨어 진흥법에 따른 소프트웨어;
② 부호 · 문자 · 음성 · 음향 · 이미지 · 영상 등을 디지털 방식으로 제작하거나 처리한 자료 또는 정보 등으로서 산업부장관이 정하여 고시하는 것;[2)]
③ 앞의 제①과 제②의 집합체와 그밖에 이와 유사한 전자적 형태의 무체물로서 산업부장관이 정하여 고시하는 것.

### 3) 무역거래자 등의 규율범위

대외무역행정에서 "무역거래자"의 규율범위는 수출 또는 수입을 하는 자, 외국의 수입자 또는 수출자에게서 위임을 받은 자 및 수출과 수입을 위임하는 자 등 물품등의 수출행위와 수입행위의 전부 또는 일부를 위임하거나 행하는 자를 말한다(대외무역법 제2조제3호). 그

2) 영상물(영화, 게임, 애니메이션, 만화, 캐릭터를 포함한다), 음향 · 음성물, 전자서적, 데이터베이스(대외무역관리규정 제4조).

리고 "국내"란 대한민국의 주권(主權)이 미치는 지역을 말하며(대외무역령 제2조제1호), "외국"이란 국내 이외의 지역을 말한다(대외무역령 제2조제2호).

### 4) 수출입의 규율범위

대외무역행정상 "수출"의 규율범위는 다음에 해당하는 것을 말한다(대외무역령 제2조제3호):

> ㉮ 매매, 교환, 임대차, 사용대차(使用貸借), 증여 등을 원인으로 국내에서 외국으로 물품이 이동하는 것[우리나라의 선박으로 외국에서 채취한 광물(鑛物) 또는 포획한 수산물을 외국에 매도(賣渡)하는 것을 포함한다];
> ㉯ 관세법에 따른 보세판매장에서 외국인에게 국내에서 생산(제조·가공·조립·수리·재생 또는 개조하는 것을 말한다)된 물품을 매도하는 것;
> ㉰ 유상(有償)으로 외국에서 외국으로 물품을 인도(引渡)하는 것으로서 산업부장관이 정하여 고시하는 기준에 해당하는 것;[3]
> ㉱ 외국환거래법에 따른 거주자(이하 "거주자")가 같은 법에 따른 비거주자(이하 "비거주자")에게 산업부장관이 정하여 고시하는 방법으로 용역[4]을 제공하는 것;
> ㉲ 거주자가 비거주자에게 정보통신망을 통한 전송과 그밖에 산업부장관이 정하여 고시하는 방법[5]으로 전자적 형태의 무체물(無體物)을 인도하는 것.

이에 따라 대외무역법상 "수출실적"의 규율범위는 산업부장관이 정하여 고시하는 기준[6]에 해당하는 수출통관액·입금액, 가득액(稼得額)과 수출에 제공되는 외화획득용 원료·기재의 국내공급액을 말한다(대외무역령 제2조제11호).[7] 그리고 대외무역행정에서 "**위탁판매수출**"이란 물품등을 무환으로 수출하여 해당 물품이 판매된 범위안에서 대금을 결제하는 계약에 의한 수출을 말한다(대외무역관리규정 제2조제4호). 아울러 대외무역행정에서 "**임대수출**"이란 임대(사용대차를 포함한다) 계약에 의하여 물품등을 수출하여 일정기간 후 다시 수입하거나 그 기간의 만료 전 또는 만료 후 해당 물품등의 소유권을 이전하는 수출을 말한다(외국환관리규정 제2조제8호).

한편, 대외무역행정상 "수입"의 개념범위는 다음에 해당하는 것을 말한다(대외무역령 제2조제4호):

---

3) 수출대금은 국내에서 영수하지만 국내에서 통관되지 아니한 수출 물품등을 외국으로 인도하거나 제공하는 "외국인도수출"을 말한다(대외무역관리규정 제2조제13호).

4) 대외무역관리규정 제3조제1항에서 규정하는 용역을 말한다.

5) 컴퓨터 등 정보처리능력을 가진 장치에 저장한 상태로 반출·반입한 후 인도·인수하는 것을 말한다(대외무역관리규정 제5조).

6) 수출실적의 인정범위는 대외무역관리규정 제25조제1항을 참조.

7) 수출실적의 인정금액은 대외무역관리규정 제26조제1항 내지 제4항을 참조. ▶수출실적의 인정시점은 대외무역관리규정 제27조제1항 내지 제3항을 참조.

㉮ 매매, 교환, 임대차, 사용·대차, 증여 등을 원인으로 외국으로부터 국내로 물품이 이동하는 것;
㉯ 유상으로 외국에서 외국으로 물품을 인수하는 것으로서 산업부장관이 정하여 고시하는 기준에 해당하는 것;[8)]
㉰ 비거주자가 거주자에게 산업부장관이 정하여 고시하는 방법으로 용역[9)]을 제공하는 것;
㉱ 비거주자가 거주자에게 정보통신망을 통한 전송과 그밖에 산업부장관이 정하여 고시하는 방법으로 전자적 형태의 무체물을 인도하는 것.

이에 따라 대외무역행정상 "수입실적"의 규율범위는 산업부장관이 정하여 고시하는 기준[10)]에 해당하는 수입통관액 및 지급액을 말한다(대외무역령 제2조제12호).[11)] 그리고 대외무역행정에서 "**수탁판매수입**"이란 물품등을 무환으로 수입하여 해당 물품이 판매된 범위안에서 대금을 결제하는 계약에 의한 수입을 말한다(대외무역관리규정 제2조제5호). 아울러 대외무역행정에서 "**임차수입**"이란 임차(사용·대차를 포함한다) 계약에 의하여 물품등을 수입하여 일정기간 후 다시 수출하거나 그 기간의 만료 전 또는 만료 후 해당 물품의 소유권을 이전받는 수입을 말한다(대외무역관리규정 제2조제9호).

## 2. 다른 법령과의 관계

무역에 관하여는 대외무역법에서 정하는 바에 따른다(대외무역법 제6조제1항). 그리고 관계 행정기관의 장은 물품등의 수출 또는 수입을 제한하는 법령이나 훈령·고시 등(이하 "수출·수입요령")을 제정하거나 개정하려면 미리 산업부장관과 협의하여야 하는데, 이 경우 산업부장관은 관계 행정기관의 장에게 그 수출·수입요령의 조정을 요청할 수 있다(대외무역법 제6조제2항).

한편, 산업부장관의 조정명령의 이행에 대하여는 공정거래법을 적용하지 아니하고, 산업부장관은 조정명령이 공정거래법에 따른 사업자 간의 국내 시장에서의 경쟁을 제한하는 것이면 공정거래위원회와 미리 협의하여야 한다(대외무역법 제50조). 그리고 대외무역법에 따른 물품등의 수출·수입행위에 대하여는 그 행위가 업무 수행상 정당하다고 인정되는 범위에서 국가보안법을 적용하지 아니한다(대외무역법 제51조).

---

8) 수입대금은 국내에서 지급되지만 수입 불품등은 외국에서 인수하거나 제공받는 "외국인수수입"을 말한다(대외무역관리규정 제2조제12호).
9) 대외무역관리규정 제3조제2항에서 규정하는 용역을 말한다.
10) 수입실적의 인정범위는 대외무역관리규정 제25조제2항을 참조.
11) 수입실적의 인정금액은 대외무역관리규정 제26조제5항을 참조. ▶수출실적의 인정시점은 대외무역관리규정 제27조제4항을 참조.

# Ⅲ. 통상의 진흥

## 1. 통상진흥 시책의 수립

대외무역법 제7조제1항에 따라 산업부장관은 무역과 통상을 진흥하기 위하여 매년 다음 연도의 통상진흥 시책을 세워야 하는데, 통상진흥 시책에는 다음과 같은 사항이 포함되어야 한다(대외무역법 제7조제2항; 대외무역령 제8조):

① 통상진흥 시책의 기본 방향;
② 국제통상 여건의 분석과 전망;
③ 무역·통상 협상 추진 방안과 기업의 해외 진출 지원 방안;
④ 통상진흥을 위한 자문, 지도, 대외 홍보, 전시, 상담 알선, 전문인력 양성 등 해외시장 개척 지원 방안;
⑤ 통상 관련 정보수집·분석 및 활용 방안;
⑥ 원자재의 원활한 수급을 위한 국내외 협력 추진 방안;
⑦ 주요 지역별, 경제권별 또는 업종별 통상진흥 시책;
⑧ 무역·통상의 진흥과 관련되는 기관 또는 단체의 통상활동 계획;
⑨ 그밖에 산업부장관이 무역·통상의 진흥과 관련하여 필요하다고 인정하는 통상진흥 시책.

## 2. 민간 협력 활동의 지원 등

대외무역법 제8조제1항에 따라 산업부장관은 무역·통상 관련 기관 또는 단체가 교역상대국의 정부, 지방정부, 기관 또는 단체와 통상, 산업, 기술, 에너지 등에서 협력활동을 추진하는 경우 필요한 지원을 할 수 있다. 그리고 산업부장관은 기업의 해외 진출을 지원하기 위하여 무역·통상 관련 기관 또는 단체로부터 정보를 체계적으로 수집하고 분석하여 지방자치단체와 기업에 필요한 정보를 제공할 수 있다. 또한, 산업부장관은 정보의 수집·분석 및 제공을 위하여 필요한 경(대외무역법 제8조제2항)우 관계 중앙행정기관의 장, 시·도지사, 무역·통상 및 기업의 해외 진출과 관련한 기관 또는 단체에 자료 및 통계의 제출을 요청할 수 있다(대외무역법 제8조제3항). 아울러 산업부장관은 기업의 해외 진출과 관련된 상담·안내·홍보·조사와 그 밖에 기업의 해외 진출에 대한 지원 업무를 종합적으로 수행하기 위하여 대한무역투자진흥공사에 해외진출지원센터를 둔다(대외무역법 제8조제4항).

한편, 산업부장관은 우리나라가 체결한 무역에 관한 조약의 이행을 위하여 필요한 때에는 관련 공공기관, 기업 및 단체 등으로부터 필요한 자료의 제출을 요구할 수 있다(대외무역법 제9조제1항). 여기에서 무역에 관한 조약의 이행을 위하여 필요한 자료를 직무상 습득한 자는 자료 제공자의 동의 없이 그 습득한 자료 중 기업의 영업비밀 등 비밀유지가 필요하다고 인정되는 기업정보를 타인에게 제공 또는 누설(漏泄)하거나 사용 목적 외의 용도로 사용하는 것은 금지된다(대외무역법 제9조제2항).

### 3. 전문무역상사의 지정 및 지원

대외무역법 제8조의2 제1항에 따라 산업부장관은 신시장 개척, 신제품 발굴 및 중소기업·중견기업의 수출확대를 위하여 수출실적 및 중소기업 제품 수출비중 등을 고려하여 무역거래자 중에서 전문무역상사를 지정하고 지원할 수 있다. 산업부장관은 지정을 받은 전문무역상사가 지정기준에 적합하지 아니하게 된 때에는 그 지정을 취소할 수 있는데, 거짓이나 그 밖에 부정한 방법으로 지정을 받은 경우에는 그 지정을 취소하여야 한다(대외무역법 제8조의2제3항). 여기에서 전문무역상사의 지정을 취소하는 처분을 하려면 청문을 하여야 한다(대외무역법 제47조).

전문무역상사로 지정받을 수 있는 자는 다음에 해당하는 자로서 신용등급이 산업부장관이 정하여 고시하는 기준을 충족하는 자로 한다(대외무역령 제12조의2제1항):

① 다음의 요건을 모두 갖춘 무역거래자:
- ㉮ 전년도 수출실적 또는 직전 3개 연도의 연평균 수출실적이 미화 100만달러 이상의 범위에서 산업부장관이 정하여 고시하는 금액 이상일 것;
- ㉯ 앞의 ㉮에 따른 수출실적 중 다른 중소기업(중소기업기본법에 따른 중소기업을 말한다)이나 중견기업(중견기업법에 따른 중견기업을 말한다)이 생산한 물품 등의 수출실적 비율이 100분의 20 이상의 범위에서 산업부장관이 정하여 고시하는 비율 이상일 것;

② 신시장의 개척, 신제품의 발굴 및 중소기업 또는 중견기업에 대한 효과적인 수출 지원 등을 위하여 산업부장관이 농업·어업·수산업 등 업종별 특성과 조합 등 법인의 조직 형태별 수출 특성을 고려하여 고시하는 기준을 갖춘 무역거래자.

# 제2절 권한의 위임 · 위탁

대외무역법 제52조제1조에 따라 대외무역법상 산업부장관의 권한은 그 일부를 소속기관의 장, 시 · 도지사에게 위임하거나 관계 행정기관의 장, 세관장, 한국은행총재, 한국수출입은행장, 외국환은행장, 그 밖에 법인 또는 단체에 위탁할 수 있다. 그리고 산업부장관은 위임하거나 위탁한 사무에 관하여 그 위임 또는 위탁을 받은 자를 지휘 · 감독하며, 위임하거나 위탁한 사무에 관하여 그 위임 또는 위탁을 받은 자에게 필요한 자료의 제출을 요청할 수 있다(대외무역법 제52조제2조·제3조).

## Ⅰ. 권한의 위임

### 1. 중앙행정기관의 장

다음과 같은 권한을 그 대상 물품등의 품목에 따라 그 물품등을 관장하는 중앙행정기관의 장에게 위탁하되, 산업부장관이 관장하는 물품등에 대한 권한은 제외한다(대외무역령 제91조제1항):

① 외화획득용 원료 · 기재의 수입 제한에 관한 권한;
② 외화획득용 원료 · 기재의 기준 소요량 결정에 관한 권한;
③ 외화획득 이행기간의 결정 및 그 연장에 관한 권한;
④ 외화획득용 원료 · 기재 또는 그 원료 · 기재로 제조된 물품등(산업부장관이 정하여 고시하는 품목만 해당한다)에 대한 다음의 권한:
　㉮ 외화획득 이행 여부의 사후 관리에 관한 권한;
　㉯ 사용목적 변경승인에 관한 권한;
　㉰ 양도 · 양수의 승인에 관한 권한;
⑤ 무역거래자에게 수출하는 물품등의 가격, 수량, 품질, 그 밖에 거래조건 또는 그 대상지역 등에 관하여 필요한 조정명령에 관한 권한;
⑥ 특별시장 · 광역시장 · 특별자치시장 · 도지사 또는 특별자치도지사(이하 "시 · 도지사")에게 위임된 사무에 대한 지휘 · 감독 및 자료의 제출 요청에 관한 권한.

## 2. 기술표준원장

산업부장관이 관장하는 품목의 물품등에 대한 다음과 같은 권한을 국가기술표준원장에게 위임하되, 제①의 권한 중 목재가구에 대한 권한은 국립산림과학원장에게 위탁한다(대외무역령 제91조제2항):

> ① 외화획득용 원료 · 기재의 기준 소요량 결정에 관한 권한;
> ② 외화획득 이행 여부의 사후 관리에 관한 권한;
> ③ 시 · 도지사에게 위임된 사무에 대한 지휘 · 감독 및 자료의 제출요청에 관한 권한;
> ④ 산업부장관이 지정 · 고시한 관계 행정기관 또는 단체에 위탁된 사무에 대한 지휘 · 감독 및 자료의 제출 요청에 관한 권한.

## 3. 시·도지사

산업부장관이 관장하는 물품등에 대한 다음과 같은 권한을 시 · 도지사에게 위임하되, 자유무역지역관리원의 관할구역의 입주업체에 대한 권한은 자유무역지역관리원장에게 위임한다(대외무역령 제91조제3항):

> ① 외화획득 이행기간의 연장에 관한 권한;
> ② 외화획득용 원료 · 기재 또는 그 원료 · 기재로 제조된 물품등의 사용목적 변경 승인에 관한 권한.

## 4. 세관장

다음과 같은 권한을 세관장에게 위탁하되, 제⑦의 권한 중 자유무역지역관리원의 관할구역의 입주업체에 대한 권한은 자유무역지역관리원장에게 위임한다(대외무역령 제91조제4항):

> ① 수출입 승인 면제의 확인에 관한 권한;
> ② 원산지 표시의 확인에 관한 권한;
> ③ 수입한 물품등과 관련 서류의 검사에 관한 권한;
> ④ 원산지의 표시 위반에 따른 시정조치 명령;
> ⑤ 원산지의 표시 위반에 따른 과징금 부과 및 과징금 납부기한의 연장, 분할납부 및 그 결정의 취소에 관한 권한;
> ⑥ 원산지증명서의 제출 명령에 관한 권한;
> ⑦ 원산지증명서 발급 업무 중 관세양허(關稅讓許)를 받기 위한 원산지증명서 발급 업무에 관한 권한;
> ⑧ 대외무역법을 위반한 자에 대한 과태료의 부과 · 징수에 관한 권한.

## Ⅱ. 권한의 위탁

### 1. 한국무역협회·한국해운협회·한국관광협회(중앙회·관광협회)·한국소프트웨어산업협회

다음과 같은 업무를 한국무역협회, 해양수산부장관의 허가를 받아 설립된 한국해운협회, 관광진흥법에 따른 한국관광협회중앙회(제⑥의 업무에만 해당한다) 및 업종별 관광협회(제⑥의 업무에만 해당한다) 및 소프트웨어진흥법에 따른 한국소프트웨어산업협회( 제⑦의 업무에만 해당한다)에 위탁한다(대외무역령 제91조제5항):

① 전문무역상사의 지정 및 지정의 취소;
② 무역업고유번호의 부여 및 관리 등 수출입통계 데이터베이스를 구축하기 위한 전산관리체제의 개발 · 운영;
③ 수출입거래에 관한 정보의 수집 · 분석;
④ 용역의 수출입 확인;
⑤ 용역 중 해운업의 수출입 확인;
⑥ 용역 중 관광사업의 수출입 확인;
⑦ 전자적 형태의 무체물의 수출입 확인.

### 2. 관세청장

다음과 같은 권한을 관세청장에게 위탁한다(대외무역령 제91조제6항):

① 산업부장관이 정하는 원산지 표시방법의 범위에서 그 표시방법에 관한 세부적인 사항을 정하는 권한;
② 원산지 표시방법의 확인 및 이의제기에 대한 처리 권한;
③ 원산지 표시의무 위반자의 공표에 관한 권한;
④ 원산지의 판정 및 이의제기의 처리에 관한 권한;
⑤ 세관장에게 위탁된 사무에 대한 지휘 · 감독 및 자료의 제출 요청에 관한 권한.

### 3. 산업부장관이 지정·고시하는 관계 행정기관 또는 단체의 장

수출입승인 대상물품등에 대한 다음과 같은 권한을 위탁한다(대외무역령 제91조제7항):

> ① 수출 또는 수입의 승인, 승인의 유효기간 설정 및 연장, 변경승인 및 변경사항 신고의 수리에 관한 권한;
> ② 외화획득용 원료·기재의 수입승인에 관한 권한;
> ③ 산업부장관이 관장하는 외화획득용 원료·기재의 사후 관리에 관한 권한.

## 4. 그밖의 기관

### 1) 한국기계산업진흥회

플랜트수출의 승인 및 변경승인에 관한 권한을 산업발전법에 따라 산업부장관의 인가를 받아 설립된 한국기계산업진흥회에 위탁하되, 연불금융(延拂金融) 지원의 경우에는 한국수출입은행법에 따른 한국수출입은행에 위탁한다(대외무역령 제91조제8항).

### 2) 상사중재원

다음과 같은 권한을 대한상사중재원에 위탁한다(대외무역령 제91조제9항):

> ① 무역분쟁에 대한 조정 또는 알선에 관한 권한;
> ② 분쟁조정, 조정비용 부담 등에 관한 권한.

### 3) 대한상공회의소

원산지증명서 발급 업무(관세양허를 받기 위한 원산지증명서 발급 업무를 포함한다)를 상공회의소법에 따라 설립된 대한상공회의소나 산업부장관이 지정하여 고시하는 법인에 위탁한다(대외무역령 제91조제10항).

### 4) 외국환은행장 및 산업부장관이 지정한 전자무역기반사업자

구매확인서의 발급 및 사후 관리에 관한 권한을 외국환은행장 및 산업부장관이 지정한 전자무역기반사업자에게 위탁한다(대외무역령 제91조제11항).

### 5) 무역안보관리원

전략물자의 판정 및 통보에 관한 권한을 무역안보관리원에 위탁한다(대외무역령 제91조제12항).

## Ⅲ. 권한의 위임·위탁 등에 따른 조정과 벌칙 적용 시의 공무원 의제

시·도지사 또는 세관장은 과징금이나 과태료를 부과하려면 각각 세관장이나 시·도지사와 미리 협의하여야 한다(대외무역령 제92조제1항). 그리고 산업부장관의 권한을 위임받거나 위탁받은 자는 위임받거나 위탁받은 업무의 처리 결과를 산업부장관에게 보고하여야 한다(대외무역령 제92조제2항). 또한, 산업부장관은 권한을 위임받거나 위탁받은 자가 대외무역법 또는 대외무역령을 위반하여 그 위임 또는 위탁받은 업무를 처리한 경우에는 시정조치 등 필요한 조치를 요구할 수 있는데, 시정조치 등을 요구받은 자는 지체 없이 그 업무를 시정하고 그 결과를 산업부장관에게 보고하여야 한다(대외무역령 제92조제3항·제4항).

한편, 산업부장관이 위탁한 사무에 종사하는 한국은행, 한국수출입은행, 외국환은행, 그밖에 특정 법인 또는 단체의 임직원[12)]은 형법 제129조부터 제132조까지의 벌칙을 적용할 때에는 공무원으로 간주한다(대외무역법 제58조).

12) 다음에 해당하는 기관 또는 단체를 말한다(대외무역령 제93조): ① 한국무역협회; ② 한국소프트웨어산업협회; ③ 한국해운협회; ④ 한국관광협회중앙회 및 업종별 관광협회; ⑤ 대외무역령 제91조제7항에 따라 지정된 단체; ⑥ 한국기계산업진흥회; ⑦ 대한상사중재원; ⑧ 대한상공회의소; ⑨ 대외무역령 제91조제10항에 따라 지정된 법인.

9

# 수출입거래

# 제9장

# 수출입거래

## 제1절 수출입거래의 일반원칙

대외무역법 제10조는 물품등의 수출입과 이에 따른 대금을 받거나 지급하는 것은 대외무역법의 목적의 범위에서 자유롭게 이루어져야 하고, 무역거래자는 대외신용도 확보 등 자유무역질서를 유지하기 위하여 자기 책임으로 그 거래를 성실히 이행하여야 한다는 무역자유화 원칙을 천명하고 있다.

### Ⅰ. 수출입의 승인

무역자유화 원칙에도 불구하고 입법자는 산업부장관에게 다음과 같은 사항에 해당하는 이행 등을 위하여 필요하다고 인정하여 지정 · 고시하는 물품등의 수출 또는 수입을 제한하거나 금지할 수 권한을 부여하고 있다(대외무역법 제11조제1항; 대외무역령 제16조):[1)]

① 헌법에 따라 체결·공포된 조약과 일반적으로 승인된 국제법규에 따른 의무의 이행;
② 생물자원의 보호;
③ 교역상대국과의 경제협력 증진;
④ 국방상 원활한 물자 수급;
⑤ 과학기술의 발전;
⑥ 항공 관련 품목의 안전관리에 관한 사항.

1) 산업부장관은 필요하다고 인정하면 승인 대상 물품등의 품목별 수량·금액·규격 및 수출 또는 수입지역 등을 한정할 수 있으며, 제한·금지, 승인, 승인의 유효기간 설정 및 연장, 신고, 한정 및 그 절차 등을 정한 경우에는 이를 공고하여야 한다(대외무역법 제11조제6항 . 제7항).

## 1. 승인의 절차

수출 또는 수입이 제한되는 물품등을 수출하거나 수입하려는 자는 원칙적으로 산업부장관의 승인을 받아야 한다(대외무역법 제11조제2항). 그리고 수출 또는 수입이 제한되는 물품등에 대한 승인을 받은 자가 승인을 받은 사항 중 ① 물품등의 수량·가격, ② 수출 또는 수입의 당사자에 관한 사항을 변경하려면 산업부장관의 변경승인을 받아야 하고, 그 밖의 경미한 사항을 변경하려면 산업부장관에게 신고하여야 한다(대외무역법 제11조제5항; 대외무역령 제18조제3항). 여기에서 대외무역법 제19조에 따라 전략물자 또는 같은 법 제32조에 따라 플랜트 수출허가를 받거나 수출승인을 받은 자도 위와 같은 승인절차에 따른 수출승인을 받은 것으로 간주된다(대외무역법 제11조제8항).

## 2. 승인의 유효기간

수출 또는 수입 승인의 유효기간은 1년으로 하는데, 산업부장관은 국내의 물가 안정, 수급 조정, 물품등의 인도 조건 및 거래의 특성을 고려하여 유효기간을 달리 정할 수 있다(대외무역법 제11조제3항).[2] 이에 따라 산업부장관은 다음과 같은 경우에는 해당 물품등의 수출 또는 수입 승인의 유효기간을 1년 미만으로 하거나 최장 2년의 범위에서 정할 수 있고, 다만 예외적으로 전략물자 허가의 유효기간(전략물자 수출허가의 유효기간만 해당한다)이 2년을 초과하는 경우에는 그 기간까지 수출 승인의 유효기간을 정할 수 있다(대외무역령 제18조제2항):

> ① 국내의 물가안정이나 수급 조정을 위하여 수출 또는 수입 승인의 유효기간을 1년 보다 단축할 필요가 있는 경우;
> ② 수출입계약 체결 후 물품등의 제조·가공 기간이 1년을 초과하는 경우;
> ③ 수출입계약 체결 후 물품등이 1년 이내에 선적되거나 도착하기 어려운 경우;
> ④ 앞의 제①부터 제③까지의 규정 외에 수출입 물품등의 인도 조건 및 거래의 특성을 고려하여 수출 또는 수입 승인의 유효기간을 1년보다 단축하거나 늘릴 필요가 있다고 인정되는 경우.

## 3. 위반행위에 대한 형사제재

수출 또는 수입이 제한되는 물품등을 승인 또는 변경승인을 받지 아니하고 수출 또는

2) 수출 또는 수입 승인의 유효기간은 1년을 초과하지 아니하는 범위에서 산업부장관의 승인을 받아 연장할 수 있다(대외무역법 제11조제3항).

수입 승인 대상 물품등을 수출하거나 수입한 자나 거짓이나 그밖의 부정한 방법으로 승인 또는 변경승인을 받거나 그 승인 또는 변경승인을 면제받고 물품등을 수출하거나 수입한 자는 3년 이하의 징역 또는 3천만원 이하의 벌금에 처한다(대외무역법 제54조). 법인의 대표자나 법인 또는 개인의 대리인, 사용인, 그 밖의 종업원이 그 법인 또는 개인의 업무에 관하여 위반행위를 하면 그 행위자를 벌하는 외에 그 법인 또는 개인에게도 해당 조문의 벌금형을 과(科)하는데, 법인 또는 개인이 그 위반행위를 방지하기 위하여 해당 업무에 관하여 상당한 주의와 감독을 게을리하지 아니한 경우에는 예외가 적용된다(대외무역법 제57조).

## Ⅱ. 수출입승인의 예외

### 1. 수출입승인의 면제

수출입승인의 원칙에도 불구하고 긴급히 처리하여야 하는 물품등과 그 밖에 수출 또는 수입 절차를 간소화하기 위한 물품등으로서 다음과 같은 기준에 해당하는 물품등의 수출 또는 수입은 예외적으로 수출입승인이 면제된다(대외무역법 제11조제2항단서; 대외무역령 제19조):

① 산업부장관이 정하여 고시하는 물품등으로서 외교관이나 그밖에 산업부장관이 정하는 자가 출국하거나 입국하는 경우에 휴대하거나 세관에 신고하고 송부하는 물품등;
② 다음 각 목의 어느 하나에 해당하는 물품등 중 산업부장관이 관계 행정기관의 장과의 협의를 거쳐 고시하는 물품등:
  ㉮ 긴급히 처리하여야 하는 물품등으로서 정상적인 수출·수입 절차를 밟아 수출·수입하기에 적합하지 아니한 물품등;
  ㉯ 무역거래를 원활하게 하기 위하여 주된 수출 또는 수입에 부수된 거래로서 수출·수입하는 물품등;
  ㉰ 주된 사업 목적을 달성하기 위하여 부수적으로 수출·수입하는 물품등;
  ㉱ 무상(無償)으로 수출·수입하여 무상으로 수입·수출하거나, 무상으로 수입·수출할 목적으로 수출·수입하는 것으로서 사업 목적을 달성하기 위하여 부득이하다고 인정되는 물품등;
  ㉲ 산업부장관이 정하여 고시하는 지역에 수출하거나 산업부장관이 정하여 고시하는 지역으로부터 수입하는 물품등;
  ㉳ 공공성을 가지는 물품등이거나 이에 준하는 용도로 사용하기 위한 물품등으로서 따로 수출·수입을 관리할 필요가 없는 물품등;
  ㉴ 그밖에 상행위 이외의 목적으로 수출·수입하는 물품등;
③ 외국환 거래 없이 수입하는 물품등으로서 산업부장관이 정하여 고시하는 기준에 해당하는 물품등;
④ 해외이주법에 따른 해외이주자가 해외이주를 위하여 반출하는 원자재, 시설재 및 장비로서 외교부장관이나 외교부장관이 지정하는 기관의 장이 인정하는 물품등.

## 2. 특정 거래 형태의 인정 등

대외무역법 제13조제1항에 따라 산업부장관은 물품등의 수출 또는 수입이 원활히 이루어질 수 있도록 특정 거래 형태의 수출입거래를 인정할 수 있다.[3] 여기에서 특정거래 형태는 해당 거래의 전부 또는 일부가 다음과 같은 거래에 해당하는 수출입 거래 형태로서 산업부장관이 정하여 고시하는 기준에 해당하는 거래를 말한다(대외무역령 제20조제1항):

> ① 대외무역법 제11조제1항에 따른 수출 또는 수입의 제한을 회피할 우려가 있는 거래;
> ② 산업 보호에 지장을 초래할 우려가 있는 거래;
> ③ 외국에서 외국으로 물품등의 이동이 있고, 그 대금의 지급이나 영수(領收)가 국내에서 이루어지는 거래로서 대금 결제 상황의 확인이 곤란하다고 인정되는 거래;
> ④ 대금 결제 없이 물품등의 이동만 이루어지는 거래.

## 3. 수출입거래의 진흥 등

### 1) 과학적 무역업무의 처리기반 구축

대외무역법 제15조제1항에 따라 산업부장관은 물품등의 수출입 거래가 질서 있고 효율적으로 이루어질 수 있도록 대외무역통계시스템 및 전자문서 교환체계 등 과학적 무역업무의 처리기반을 구축하기 위하여 노력하여야 한다. 그리고 산업부장관은 과학적 무역업무의 처리기반을 구축하기 위하여 필요하다고 인정되면 관계 행정기관의 장에게 대통령령으로 정하는 바에 따라 통관기록 등 물품등의 수출입 거래에 관한 정보를 제공하도록 요청할 수 있는데, 이 경우 관계 행정기관의 장은 이에 협조하여야 한다(대외무역법 제15조제2항).[4]

#### (1) 전산관리체제의 개발 · 운영

산업부장관은 수출입거래가 질서 있고 효율적으로 이루어질 수 있도록 대외무역법 제15조제1항에 따라 다음과 같은 전산관리체제를 개발 · 운영하여야 한다(대외무역령 제21조제1항):

---

3) 기재부장관이 외국환거래 관계 법령에 따라 무역대금 결제 방법을 정하려면 미리 산업부장관과 협의하여야 한다(대외무역법 제13조제2항).

4) 관계 행정기관의 장은 대외무역법의 목적의 범위에서 필요하다고 인정되면 산업부장관에게 구축된 물품등의 수출입 거래에 관한 정보를 제공하도록 요청할 수 있는데, 이 경우 산업부장관은 이에 협조하여야 한다(대외무역법 제15조제3항).

> ① 무역거래자별 고유번호(이하 "무역업고유번호")의 부여 및 관리 등 수출입통계 데이터베이스를 구축하기 위한 전산관리체제;
> ②「불공정무역행위 조사 및 산업피해구제에 관한 법률」 제4조에 따른 불공정무역행위를 방지하기 위한 전산관리체제;
> ③ 효율적인 수출입 거래를 위한 다음 각 목의 전산관리체제:
> ㉮ 부문별 무역전산관리체제를 유기적으로 연계하기 위한 전산관리체제;
> ㉯ 관계 행정기관의 장이 필요하다고 인정하여 산업부장관과 협의하여 정한 해당 기관 소관의 무역 관련 전산관리체제;
> ④ 그밖에 무역업계의 요청에 따라 산업부장관이 필요하다고 인정하는 전산관리체제.

(2) 수출입거래에 관한 정보의 수집 · 분석

대외무역령 제22조제1항에 따라 산업부장관은 진산관리체제를 개발 · 운영하는 데에 필요하면 관세청장에게 다음과 같은 정보를 요청할 수 있다:

> ①「관세법」 제241조에 따라 신고한 무역거래자의 상호, 성명 등 무역거래자에 관련된 정보;
> ②「관세법」 제241조에 따라 신고한 각 신고별 신고 수리일, 수출 또는 수입 물품의 품명 · 수량 · 금액, 거래 형태 등에 관련된 정보로서 산업부장관이 정하는 정보;

그리고 산업부장관은 전산관리체제를 개발 · 운영하기 위하여 위와 같은 절차, 대외무역령 제92조제2항 및 대외무역법 제48조제1항에 따라 수집된 관련 정보를 종합적으로 분석 · 관리하여야 한다(대외무역령 제22조제1항).

2) 용역이나 전자적 형태의 무체물의 수출입 확인

대외무역령 제23조제1항에 따라 산업부장관은 대외무역법상 용역이나 전자적 형태의 무체물을 수출입한 자가 수출입에 관한 지원을 받기 위하여 수출입 사실의 확인을 신청하면 수출입 확인을 할 수 있다.

## Ⅲ. 통합공고

대외무역법 제12조제1항에 따라 관계 행정기관의 장은 수출 · 수입요령을 제정하거나 개정하는 경우에는 그 수출 · 수입요령이 그 시행일 전에 소정의 절차 따라 공고될 수 있도록 이를 산업부장관에게 제출하여야 한다. 그리고 산업부장관은 소정의 절차에 따라 제출받은 수출 · 수입요령을 통합하여 공고하여야 한다(대외무역법 제12조제2항).

## 1. 적용법령

대외무역법 제12조에 따라 산업부장관이 고시하는 해당 물품의 수출입의 요건 및 절차 등을 규정하고 있는 다음과 같은 법령을 말한다(통합공고 제3조제1항): 약사법; 마약류관리법; 화장품법; 식품위생법; 화학물질관리법; 화학물질등록평가법; 양곡관리법; 비료관리법; 농약관리법; 가축전염병예방법; 식물방역법; 종자산업법; 축산법; 전기생활용품안전법; 계량에관한법률; 석유사업법; 원자력안전법; 전파법; 야생생물법; 폐기물국가간이동법; 대기환경보전법; 소음 · 진동관리법; 자동차관리법; 산업안전보건법; 오존층보호법; 건설기계관리법; 먹는물관리법; 자원재활용법; 생화학무기법; 축산물위생관리법; 건강기능식품법; 농수산물품질법; 방위사업법; 수산업법; 고압가스법; 영화비디오법; 게임산업법; 음악산업법; 하수도법; 주세법; 지방세법; 총포화약법; 의료기기법; 인체조직법; 수산생물질병법; 사료관리법; 생물다양성법; 폐기물관리법; 전자제품등자원순환법; 액화석유가스법; 목재이용법; 농수산생명자원법; 기타 특정물품의수출입절차 또는 요령을 정한 법률 및 국제협약; 수입식품법; 어린이제품법; 위생용품관리법; 에너지이용 합리화법; 잔류성물질법; 화학제품안전법; 친환경농어업법; 생활방사선법; 해양생명자원법: 체외진단의료기기법 등.

## 2. 요건확인품목의 수출입요령

### 1) 대상품목

"요건확인품목"이란 수출입요령에서 주무부처의 장 또는 관련단체의 장으로부터 허가, 추천, 신고, 검사, 검정, 시험방법, 형식승인 등을 받도록 한 물품을 말하며(통합공고 제2조제1호), 그 대상품목은 통합공고 제8조의 별도규정을 제외하고는 별표 1의 품목별 수출요령과 별표 2의 품목별 수입요령에서 정한다(통합공고 제4조제1항). 그리고 요건확인품목은 HS(Harmonized Commodity Description and Coding System)에 따라 분류하여 지정함을 원칙으로 하되, 무역정책 목적 및 해당법령의 목적 수행상 필요에 의해 세분류하여 표기할 수 있다(통합공고 제5조).

### 2) 품목별 수출입요령

통합공고의 별표 1, 2에서 요건확인품목으로 게기되지 아니한 물품 또는 대상품목의 지정이 용도기준으로 된 경우에 당해용도 이외의 물품은 통합공고 제8조에 별도로 정한 물품, 대외무역관리규정 및 수출입공고 등에서 다른 규정이 없는 한 요건확인의 절차를 거치지 아니하되, 요건확인 대상물품의 지정이 용도기준인지 여부가 불명확한 경우에는 산업부장관이 주무부처의 장 및 관세청장과 협의하여 결정한다(통합공고 제6조제1항). 그리고 통합공고 별표 1, 2의 품목별 수출입요령이 요건확인품목의 용도기준에 의한 분류 또는 물품의 소관에 따라 주무부처의 장의 확인을 받아 수입할 수 있도록 한 경우에 "주무부처 의 장"이라 함은 해당 수출입 물품을 사용 또는 수요하는 업체와 가장 관련이 있는 관계 행정기관으로 한다(통합공고 제6조제3항).

### 3) 수출입공고등과의 관계

통합공고에서 정한 요건확인의 내용과 대외무역법 제11조 규정에 의한 수출입공고등과 대외무역법 제19조의 규정에 의한 전략물자 수출입공고의 제한내용이 동시에 적용될 경우에는 통합공고에서 정한 요건확인의 내용과 수출입공고등의 제한내용이 모두 충족되어야만 수출 또는 수입할 수 있으며, 1개의 요건확인품목에 대해 2개 이상의 법령이 관련되어 통합공고 별표 1, 2의 수출입요령에서 2개 이상의 요건확인을 받을 것을 규정하고 있는 경우에는 당해 요건확인 품목에 대한 해당법령의 적용대상 물품이나 고시대상품목의 분류가 용도기준으로 된 물품이외에는 당해 물품에 부과된 2개 이상의 요건을 이 고시가 정한 요건확인기관에서 확인받아야 한다(통합공고 제7조).

## 제2절 외화획득용 원료 · 기재의 수입과 구매 등

## Ⅰ. 외화획득용 원료 · 기재의 수입 승인 등

대외무역법 제16조제1항에 따라 산업부장관은 원료, 시설, 기재(機材) 등 외화획득을 위하여 사용되는 물품등(이하 "원료 · 기재")의 수입에 대하여는 수입승인 대상 물품등의 품목별 수량 · 금액 · 규격 및 수출 또는 수입지역 등의 제한을 적용하지 아니할 수 있다. 이에 따라 수입승인을 받아야 하는 물품등을 외화획득용 원료 · 기재로 수입하려는 자는 산업부장관이 정하여 고시하는 기준에 따라 산업부장관의 승인을 받아야 한다(대외무역령 제24조제1항). 그리고 원료 · 기재를 수입한 자와 수입을 위탁한 자는 원칙적으로 그 수입에 대응하는 외화획득을 하여야 한다(대외무역법 제15조제3항). 여기에서 "외화"란 외국환거래법 시행령에 따른 대외지급수단을 말하고(대외무역관리규정 제2조제1호), "외화획득용 원료 · 기재"란 다음에 해당하는 것을 말한다(대외무역령 제2조제5호):

㉮ 외화획득용 원료는 외화획득에 제공되는 물품, 용역 및 전자적 형태의 무체물(이하 "물품등")을 생산하는 데에 필요한 원자재·부자재·부품 및 구성품;
㉯ 외화획득용 시설기재(施設機材): 외화획득에 제공되는 물품등을 생산하는 데에 사용되는 시설·기계·장치·부품 및 구성품[물품등의 하자(瑕疵)를 보수하거나 물품등을 유지·보수하는 데에 필요한 부품 및 구성품을 포함한다];
㉰ 외화획득용 제품은 수입 후 또는 국내 구매 후 생산과정을 거치지 않은 상태로 외화획득에 제공되는 물품등;
㉱ 외화획득용 용역은 외화획득에 제공되는 물품등을 생산하는 데에 필요한 용역;
㉲ 외화획득용 전자적 형태의 무체물: 외화획득에 제공되는 물품등을 생산하는 데에 필요한 전자적 형태의 무체물.

## 1. 원료·기재의 품목 및 수량과 외화획득의 범위

외화획득용 원료·기재의 수량은 외화획득을 위한 물품등의 1단위를 생산하기 위하여 제공되는 외화획득용 원료·기재의 기준 소요량을 말하고, 산업부장관은 외화획득용 원료·기재의 기준 소요량을 정하는 경우에는 해당 물품등을 생산하는 데에 필요한 실제 수량 외에 생산 공정에서 생기는 평균 손실량을 포함시킬 수 있다(대외무역령 제25조제1항·제2항). 그리고 외화획득의 범위는 다음에 해당하는 방법에 따라 외화를 획득하는 것으로 한다(대외무역령 제26조제1항). ① 수출; ② 주한 국제연합군이나 그 밖의 외국군 기관에 대한 물품등의 매도; ③ 관광; ④ 용역 및 건설의 해외 진출; ⑤ 국내에서 물품등을 매도하는 것으로서 산업부장관이 정하여 고시하는 기준에 해당하는 것. 여기에서 무역거래자가 외국의 수입업자로부터 수수료를 받고 행한 수출 알선은 외화획득행위에 준하는 행위로 간주한다(대외무역령 제26조제2항).

## 2. 외화획득 이행기간

외화획득의 이행기간은 다음과 같은 구분에 따른 기간의 범위에서 산업부장관이 정하여 고시하는 기간으로 한다(대외무역령 제27조제1항):

① 외화획득용 원료·기재를 수입한 자가 직접 외화획득의 이행을 하는 경우에는 수입통관일 또는 공급일부터 2년;
② 다른 사람으로부터 외화획득용 원료·기재 또는 그 원료·기재로 제조된 물품등을 양수한 자가 외화획득의 이행을 하는 경우에는 양수일부터 1년;
③ 외화획득을 위한 물품등을 생산하거나 비축하는 데에 2년 이상의 기간이 걸리는 경우에는 생산하거나 비축하는 데에 걸리는 기간에 상당하는 기간;
④ 수출이 완료된 기계류의 하자 및 유지 보수를 위한 외화획득용 원료·기재인 경우는 하자 및 유지 보수 완료일부터 2년.

여기에서 외화획득 이행의무자는 위와 같은 기간 내에 외화획득의 이행을 할 수 없다고 인정되면 소정의 서류를 갖추어 산업부장관에게 그 기간의 연장을 신청하여야 하고, 신청을 받은 산업부장관은 그 신청이 타당하다고 인정할 때에는 외화획득의 이행기간을 연장할 수 있다(대외무역령 제27조제2항·제3항).

### 3. 원료·기재의 사후 관리

산업부장관은 승인을 받아 수입한 외화획득용 원료 · 기재 및 그 원료 · 기재로 제조된 물품등에 대하여는 외화획득 이행의무자의 외화획득 이행 여부를 사후 관리하여야 하는데, 산업부장관이 정하여 고시한 요건을 갖춘 자가 수입승인을 받아 수입한 원료 · 기재에 대하여는 수입승인을 받은 자가 사후 관리하도록 할 수 있으며, 원료 · 기재를 양수한 사로서 산업부장관이 정하여 고시한 요건을 갖춘 자의 경우에도 또한 적용된다(대외무역령 제28조제1항·제2항). 그리고 사후관리는 외화획득 이행의무자별 및 품목별로 매 분기에 수입한 총량을 대상으로 행하되, 사후관리의 방법 등에 관하여 필요한 사항은 산업부장관이 정하여 고시한다(대외무역령 제28조제3항).

### 4. 원료·기재의 목적을 벗어난 사용 등

원료 · 기재를 수입한 자는 그 수입한 원료 · 기재 또는 그 원료 · 기재로 제조된 물품등을 부득이한 사유로 인하여 당초의 목적 외의 용도로 사용하려면 원칙적으로 소정의 절차에 따라 산업부장관의 승인을 받아야 한다(대외무역법 제17조제1항). 또한, 수입한 원료 · 기재 또는 그 원료 · 기재로 제조된 물품등을 당초의 목적과 같은 용도로 사용하거나 수출하려는 자에게 양도(讓渡)하려는 때에는 양도하려는 자와 양수(讓受)하려는 자가 함께 원칙적으로 산업부장관의 승인을 받아야 한다(대외무역법 제17조제2항).

한편, 위와 같은 승인규정에도 불구하고 물품등을 생산하는 데에 필요한 실제 수량 외에 생산 공정에서 생기는 평균 손실량에 해당하는 외화획득용 원료 · 기재 또는 그 원료 · 기재로 생산한 물품등과 산업부장관이 사후관리를 할 필요성이 없어진 것으로 인정하는 경우에 해당하는 외화획득용 원료 · 기재는 예외적으로 원료 · 기재의 목적을 벗어난 사용을 하더라도 산업부장관의 승인을 받을 필요가 없다(대외무역법 제17조제1항단서; 대외무역령 제30조제3항). 아울러 외화획득용 원료 · 기재의 사후 관리가 면제되는 원료 · 기재 또는 그 원료 · 기재로 제조된 물품등을 당초의 목적과 같은 용도로 사용하거나 수출하려는 자에게 양도(讓渡)하려는 때에도 산업부장관의 승인을 받을 필요가 없다(대외무역법 제17조제2항단서; 대외무역령 제30조제5항).

# Ⅱ. 구매확인서의 발급과 위반행위에 대한 형사제재

## 1. 구매확인서의 발급

대외무역법 제18조제1항에 따라 산업부장관은 외화획득용 원료·기재를 구매하려는 자가 부가가치세법 제24조에 따른 영(零)의 세율을 적용받기 위하여 확인을 신청하면 외화획득용 원료·기재를 구매하는 것임을 확인하는 서류(이하 "구매확인서")를 발급할 수 있다. 그리고 산업부장관은 구매확인서를 발급받은 자에 대하여는 외화획득용 원료·기재의 구매 여부를 사후관리하여야 한다(대외무역법 제18조제2항).

이에 따라 구매확인서를 발급받으려는 자는 구매확인신청서에 다음과 같은 서류를 첨부하여 산업부장관에게 제출하여야 한다(대외무역령 제31조제1항). ① 구매자·공급자에 관한 서류; ② 외화획득용 원료·기재의 가격·수량 등에 관한 서류; ③ 외화획득용 원료·기재라는 사실을 증명하는 서류로서 산업부장관이 정하여 고시하는 서류. 그리고 구매확인서 발급의 신청을 받은 산업부장관은 신청인이 구매하려는 원료·기재가 외화획득의 범위에 해당하는지를 확인하여 발급 여부를 결정한 후 구매확인서를 발급하여야 한다(대외무역령 제31조제2항).

## 2. 위반행위에 대한 형사제재

원료·기재를 수입한 자와 수입을 위탁한 자(원료·기재 또는 그 원료·기재로 제조된 물품등을 양수한 자)가 수입에 대응하는 외화획득을 하지 아니하거나 승인을 받지 아니하고 목적 외의 용도로 원료·기재 또는 그 원료·기재로 제조된 물품등을 사용한 자 또는 승인을 받지 아니하고 원료·기재 또는 그 원료·기재로 제조된 물품등을 양도한 자는 3년 이하의 징역 또는 3천만원 이하의 벌금에 처한다(대외무역법 제54조). 그리고 법인의 대표자나 법인 또는 개인의 대리인, 사용인, 그 밖의 종업원이 그 법인 또는 개인의 업무에 관하여 위반행위를 하면 그 행위자를 벌하는 외에 그 법인 또는 개인에게도 해당 조문의 벌금형을 과(科)하는데, 법인 또는 개인이 그 위반행위를 방지하기 위하여 해당 업무에 관하여 상당한 주의와 감독을 게을리하지 아니한 경우에는 예외가 적용된다(대외무역법 제57조).

# 제3절 전략물자의 수출입

## Ⅰ. 개설

### 1. 전략물자의 의의

대외무역법 제19조에 따라 산업부장관은 관계 행정기관의 장과 협의하여 국제수출통제체제의 원칙에 따라 국제평화 및 안전유지와 국가안보를 위하여 수출허가 등 제한이 필요한 물품등(이하 "전략물자")을 지정하여 고시하여야 한다.[5] 여기에서 "**국제수출통제체제**"란 다음을 말한다(대외무역령 제32조):

① 바세나르체제(WA);
② 핵공급국그룹(NSG);
③ 미사일기술통제체제(MTCR);
④ 오스트레일리아그룹(AG);
⑤ 화학무기의 개발·생산·비축·사용 금지 및 폐기에 관한 협약(CWC);
⑥ 세균무기(생물무기) 및 독소무기의 개발·생산·비축 금지 및 폐기에 관한 협약(BWC);
⑦ 무기거래조약(ATT).

그리고 "전략물자"에는 국제수출통제체제에서 정하는 물품의 제조·개발 또는 사용 등에 관한 기술로서 산업부장관이 관계 행정기관의 장과 협의하여 고시하는 기술을 포함하되, 다음에 해당하는 기술은 제외한다(대외무역령 제32조의2):

① 일반에 공개된 기술;
② 기초과학연구에 관한 기술;
③ 특허 출원에 필요한 최소한의 기술;
④ 대외무역법에 따라 수출허가를 받은 전략물자의 설치, 운용, 점검, 유지 및 보수에 필요한 최소한의 기술.

5) 이에 따라 산업부장관은 행정규칙으로 "전략물자 수출입고시"를 제정·시행하고 있다.

## 2. 전략물자의 수출허가

대외무역법 제19조의2에 따라 전략물자를 수출하려는 자 또는 수출신고(관세법 제241조 제1항에 따른 수출신고를 말한다)하려는 자는 대통령령으로 정하는 바에 따라 산업부장관이나 관계 행정기관의 장의 허가를 받아야 한다. 다만, 방위사업법 제57조제2항에 따라 허가를 받은 방위산업물자 및 국방과학기술이 전략물자에 해당하는 경우에는 예외로 한다. 여기에서 "전략물자의 수출"에는 전략물자에 해당하는 기술을 ① 국내에서 국외로의 이전하거나 ② 국내 또는 국외에서 대한민국 국민(국내법에 따라 설립된 법인을 포함한다)으로부터 외국인(외국의 법률에 따라 설립된 법인을 포함한다)에게로의 이전하는 경우가 포함된다. 그리고 기술이전의 경우에는 다음과 같은 방법으로 이전하는 경우도 포함된다(대외무역령 제32조의3): ㉮ 전화, 팩스, 이메일 등 정보통신망을 통한 이전; ㉯ 지시, 교육, 훈련, 실연(實演) 등 구두나 행위를 통한 이전; ㉰ 종이, 필름, 자기디스크, 광디스크, 반도체메모리 등 기록매체나 컴퓨터 등 정보처리장치를 통한 이전.

## 3. 상황허가의 대상

대외무역법 제19조의3에 따라 전략물자에는 해당되지 아니하나 대량파괴무기와 그 운반수단인 미사일 및 재래식무기(이하 "대량파괴무기등")의 제조 · 개발 · 사용 또는 보관 등의 용도로 전용될 가능성이 높은 물품등을 수출하려는 자는 그 물품등의 수입자나 최종 사용자가 그 물품등을 대량파괴무기등의 제조 · 개발 · 사용 또는 보관 등의 용도로 전용할 의도가 있음을 알았거나 그 수출이 다음에 해당되어 그러한 의도가 있다고 의심되면 대통령령으로 정하는 바에 따라 산업부장관이나 관계 행정기관의 장의 상황허가를 받아야 한다:

① 수입자가 해당 물품등의 최종 용도에 관하여 필요한 정보 제공을 기피하는 경우;
② 수출하려는 물품등이 최종 사용자의 사업 분야에 해당되지 아니하는 경우;
③ 수출하려는 물품등이 수입국가의 기술수준과 현저한 격차가 있는 경우;
④ 최종 사용자가 해당 물품등이 활용될 분야의 사업경력이 없는 경우;
⑤ 최종 사용자가 해당 물품등에 대한 전문적 지식이 없으면서도 그 물품등의 수출을 요구하는 경우;
⑥ 최종 사용자가 해당 물품등에 대한 설치 · 보수 또는 교육훈련 서비스를 거부하는 경우;
⑦ 해당 물품등의 최종 수하인(受荷人)이 운송업자인 경우;
⑧ 해당 물품등에 대한 가격 조건이나 지불 조건이 통상적인 범위를 벗어나는 경우;
⑨ 특별한 이유 없이 해당 물품등의 납기일이 통상적인 기간을 벗어난 경우;
⑩ 해당 물품등의 수송경로가 통상적인 경로를 벗어난 경우;
⑪ 해당 물품등의 수입국 내 사용 또는 재수출 여부가 명백하지 아니한 경우;
⑫ 해당 물품등에 대한 정보나 목적지 등에 대하여 통상적인 범위를 벗어나는 보안을 요구하는 경우;
⑬ 그밖에 국제정세의 변화 또는 국가안전보장을 해치는 사유의 발생 등으로 산업부장관이나 관계 행정기관의 장이 상황허가를 받도록 정하여 고시하는 경우.

### 4. 수출허가 및 상황허가의 기준

산업부장관이나 관계 행정기관의 장은 상황허가 신청을 받으면 허가기준에 따라 수출허가나 상황허가를 할 수 있는데, 수출허가 및 상황허가의 기준은 다음과 같다(대외무역법 제19조의6제1항; 대외무역령 제34조):

> ① 해당 물품등이 평화적 목적에 사용될 것;
> ② 해당 물품등의 수출이 국제평화 및 안전유지와 국가안보에 영향을 미치지 아니할 것;
> ③ 해당 물품등의 수입자와 최종 사용자 등이 거래에 적합한 자격을 가지고 있고 그 물품등의 사용 용도를 신뢰할 수 있을 것;
> ④ 그밖에 국제수출통제체제의 원칙 중 산업부장관이 정하여 고시하는 사항을 지킬 것.

하지만 산업부장관이나 관계 행정기관의 장은 수출허가, 상황허가, 경유 또는 환적허가 및 중개허가를 한 후 다음에 해당하는 경우에는 해당 허가를 취소할 수 있다(대외무역법 제19조의7): ① 거짓 또는 부정한 방법으로 허가를 받은 사실이 발견된 경우; ② 전쟁, 테러 등 국가 간 안보 또는 대량파괴무기등의 이동·확산 우려 등과 같은 국제정세의 변화가 있는 경우.

## Ⅱ. 전략물자등의 판정과 이동중지 명령 등

### 1. 전략물자등의 전문판정

대외무역법 제20조제1항에 따라 물품등을 수출, 수출신고, 경유, 환적 또는 중개하려는 자 또는 정보수사기관의 장 등은 해당 물품등이 전략물자인지 또는 상황허가 대상 물품등인지를 확인하기 위하여 산업부장관이나 관계 행정기관의 장에게 판정을 신청할 수 있다. 이에 따라 무역거래자가 전략물자 또는 상황허가 대상물품에 해당하는지 여부에 대하여 판정을 받으려면 다음의 서류를 첨부한 판정신청서를 산업부장관이나 관계 행정기관의 장에게 제출하여야 한다(대외무역령 제36조제1항):

> ① 물품등의 용도와 성능을 표시하는 서류;
> ② 물품등의 기술적 특성에 관한 서류;
> ③ 그 밖에 전략물자 또는 상황허가 대상인 물품등의 판정에 필요한 서류로서 산업부장관이 정하여 고시하는 서류.

무역거래자로부터 판정신청을 받은 산업부장관이나 관계 행정기관의 장은 15일 이내에 신청한 물품등이 전략물자 또는 상황허가 대상인 물품등에 해당하는지를 판정하여 신청인에게 알려야 하는데, 판정을 신청한 물품등에 대하여 별도의 기술 심사나 다른 관계 행정기관과의 협의가 필요한 경우 그 기술 심사나 협의를 하는 데에 필요한 기간은 본문에 따른 기간에 산입하지 아니하고, 판정의 유효기간은 2년으로 한다(대외무역령 제36조제2항·제3항). 여기에서 산업부장관이나 관계 행정기관의 장은 무역안보관리원장 또는 대통령령으로 정하는 관련 전문기관에 판정을 위임하거나 위탁할 수 있으며, 원자력안전위원회는 그 소관 물품등이 전략물자 또는 상황허가 대상인 물품등에 해당하는지에 대한 판정 및 통보 업무를 한국원자력통제기술원에 위탁한다(대외무역법 제20조제1항후단; 대외무역령 제37조).

## 2. 전략물자등의 자가판정

대외무역법 제20조의2 제1항에 따라 물품등의 무역거래자는 산업부장관이 고시하는 교육을 이수한 경우에는 다음에 해당하지 않는 물품등이 전략물자 또는 상황허가 대상인 물품등에 해당하는지에 대한 판정을 자체적으로 판단하는 자가판정으로 할 수 있는데, 이 경우 물품등의 무역거래자는 판정대상 물품의 성능과 용도 등 산업부장관이 고시하는 정보를 전략물자 수출입관리 정보시스템에 등록하여야 한다:

① 기술(제22조에 따른 자율준수무역거래자 중 산업부장관이 고시하는 무역거래자가 기술을 수출하는 경우는 제외한다);
② 그밖에 산업부장관이 자가판정 대상이 아닌 것으로 고시하는 물품등.

여기에서 "전략물자 수출입관리 정보시스템"은 산업부장관이 ㉮ 수출허가, 상황허가, 자가판정, 수입목적확인서의 발급 등에 관한 업무와 ㉯ 전략물자의 수출입통제에 필요한 정보의 수집 · 분석 및 관리 업무를 수행하기 위하여 관계 행정기관의 장 및 무역안보관리원과 공동으로 구축 · 운영하는 정보시스템을 말한다(대외무역법 제24조제1항). 그리고 교육을 이수하지 아니하고 자가판정을 한 자 또는 전략물자 수출입관리 정보시스템에 정보를 등록하지 아니한 자에게는 500만원 이하의 과태료를 부과한다(대외무역법 제59조제3항).

## 3. 수입목적확인서의 발급

대외무역법 제22조에 따라 전략물자를 수입하려는 자는 산업부장관이나 관계 행정기관의 장에게 수입목적 등의 확인을 내용으로 하는 수입목적확인서의 발급을 신청할 수 있다. 여기에서 전략물자 수입목적확인서를 발급받으려면 전략물자 수입목적확인서 발급신청서에 그 전략물자의 최종 사용자 및 사용 목적을 증명할 수 있는 서류 등 전략물자의 수입 목적을 확인하는 데에 필요한 서류로서 산업부장관이나 관계 행정기관의 장이 정하여 고시하는 서류를 첨부하여 산업부장관이나 관계 행정기관의 장에게 제출하여야 한다(대외무역령 제40조제1항). 그리고 신청을 받은 산업부장관이나 관계 행정기관의 장은 7일 이내에 전략물자 수입목적확인서를 발급하여야 하는데, 수입목적 확인을 신청한 물품등에 대하여 별도의 기술 심사나 관계 행정기관과의 협의가 필요한 경우 그 기술 심사나 협의를 하는 데에 필요한 기간은 본문에 따른 기간에 산입하지 아니하고, 발급한 전략물자 수입목적확인서의 유효기간은 1년으로 한다(대외무역령 제40조제2항·제3항).

## 4. 전략물자등에 대한 이동중지명령과 경유 또는 환적의 허가

### 1) 전략물자등에 대한 이동중지명령

대외무역법 제21조제1항에 따라 산업부장관과 관계 행정기관의 장은 전략물자나 상황허가 대상인 물품등(이하 "전략물자등")이 허가를 받지 아니하고 수출되거나 거짓이나 그 밖의 부정한 방법으로 허가를 받아 수출되는 것(이하 "무허가수출등")을 막기 위하여 필요하면 적법한 수출이라는 사실이 확인될 때까지 전략물자등의 이동중지명령을 할 수 있다. 또한, 전략물자등의 무허가수출등을 막기 위하여 긴급하게 그 이동을 제한할 필요가 있으면 그럼에도 불구하고 산업부장관과 관계 행정기관의 장은 적법한 수출이라는 사실이 확인될 때까지 직접 그 이동을 중지시킬 수도 있다(대외무역법 제21조제2항).

### 2) 전략물자등에 대한 경유 또는 환적의 허가

전략물자등을 국내 항만이나 공항을 경유하거나 국내에서 환적(換積)하려는 법정 대상자는 산업부장관이나 관계 행정기관의 장의 허가를 받아야 한다(대외무역법 제19조의4). 여기에서 환적하려는 법정 대상자는 다음에 해당하는 자를 말한다(대외무역령 제40조의2제1항):

① 대량파괴무기등의 제조·개발·사용 또는 보관 등의 용도로 전용되거나 전용될 가능성이 있다고 인정되는 전략물자나 상황허가 대상인 물품등을 경유하거나 환적하려는 자;
② 산업부장관 또는 관계 행정기관의 장으로부터 전략물자등의 경유 또는 환적 허가를 받아야 하는 것으로 통보받은 자.

그리고 전략물자등의 경유 또는 환적 허가를 받으려는 자는 산업부장관이 고시하는 경유 또는 환적 허가 신청서에 다음과 같은 서류를 첨부하여 산업부장관 또는 관계 행정기관의 장에게 제출하여야 한다(대외무역령 제40조의2제2항):

① 거래계약서 또는 이에 준하는 서류;
② 해당 경유 또는 환적에 관련된 수출자, 수입자, 최종 사용자 등에 관한 서류;
③ 그밖에 전략물자등의 경유 또는 환적 허가에 필요한 서류로서 산업부장관이 정하여 고시하는 서류.

### 3) 전략물자등의 경유 또는 환적 허가의 기준

전략물자등의 경유 또는 환적 허가를 받으려면 다음과 같은 요건을 충족하여야 한다(대외무역령 제40조의3):

① 해당 전략물자등이 평화적 목적에 사용될 것;
② 해당 전략물자등의 경유 또는 환적이 국제평화 및 안전유지와 국가안보에 영향을 미치지 아니할 것;
③ 해당 전략물자등의 수출자, 수입자, 최종 사용자 등이 거래에 적합한 자격을 가지고 있고 그 전략물자등의 사용 용도를 신뢰할 수 있을 것;
④ 그밖에 국제수출통제체제의 원칙 중 산업부장관이 정하여 고시하는 사항을 지킬 것.

### 4) 행정준칙

산업부장관 또는 관계 행정기관의 장은 전략물자등에 대한 이동중지조치나 경유 또는 환적의 허가를 하기가 적절하지 아니하면 다른 행정기관에 협조를 요청할 수 있는데, 이 경우 협조를 요청받은 행정기관은 국내 또는 외국의 전략물자등의 국가 간 무허가수출등을 막을 수 있도록 협조하여야 한다(대외무역법 제21조제3항). 그리고 이동중지조치를 하는 공무원은 그 권한을 표시하는 증표를 지니고 이를 관계인에게 내보여야 한다(대외무역법 제21조제4항). 한편, 전략물자등에 대한 이동중지명령 및 이동중지조치의 기간과 방법은 전략물자등의 국가 간 무허가수출등을 막기 위하여 필요한 최소한도에 그쳐야 한다(대외무역법 제21조제5항).

## 5. 전략물자등에 대한 중개의 허가

대외무역법 제19조의5에 따라 전략물자등을 제3국에서 다른 제3국으로 이전하거나 매매를 위하여 중개하려는 자는 원칙적으로 산업부장관이나 관계 행정기관의 장의 허가를 받아야 한다. 다만, 방위사업법 제57조제2항에 따라 허가를 받은 방위산업물자 및 국방과학기술이 전략물자등에 해당하는 경우에는 예외로 한다. 여기에서 전략물자등의 중개허가를 신청하려면 전략물자등 중개허가신청서에 다음과 같은 서류를 첨부하여 산업부장관이나 관계 행정기관의 장에게 제출하여야 한다(대외무역령 제41조제1항):6)

① 거래계약서, 거래가계약서(去來假契約書) 또는 이에 준하는 서류;
② 해당 중개에 관련된 수출자, 수입자, 중개자 등에 관한 서류;
③ 중개하는 전략물자등의 용도와 성능을 표시하는 서류;
④ 중개하는 전략물자등의 기술적 특성에 관한 서류;
⑤ 중개하는 전략물자등의 용도 등에 관한 최종 사용자의 서약서;
⑥ 그밖에 전략물자등의 중개허가에 필요한 서류로서 산업부장관이 정하여 고시하는 서류.

그러나 예외적으로 다음과 같은 때에는 전략물자등에 대한 중개허가의 면제대상에 해당한다(대외무역령 제41조의2):

① 국제수출통제체제의 원칙에 따라 수출국으로부터 수출허가를 받은 때;
② 산업부장관이 고시하는 지역에서 중개에 따른 수출이나 수입이 이루어지는 때.

그리고 전략물자등에 대한 중개허가는 다음과 같은 기준이 적용된다(대외무역령 제42조):

① 해당 물품등이 평화적 목적에 사용될 것;
② 해당 물품등의 중개가 국제평화 및 안전유지와 국가안보에 영향을 미치지 아니할 것;
③ 해당 물품등의 수출자, 수입자, 최종 사용자 등이 거래에 적합한 자격을 가지고 있고 그 물품등의 사용 용도를 신뢰할 수 있을 것;
④ 그밖에 국제수출통제체제의 원칙 중 산업부장관이 정하여 고시하는 사항을 지킬 것.

6) 중개허가 신청을 받은 산업부장관이나 관계 행정기관의 장은 15일 이내에 중개허가 여부를 결정하고 그 결과를 신청인에게 알려야 하는데, 중개허가를 신청한 물품등에 대하여 별도의 기술 심사, 국내·국제 관계기관과의 협의 또는 현지조사가 필요한 경우 이를 위하여 걸리는 기간은 본문에 따른 기간에 산입하지 아니한다(대외무역령 제41조제2항).

# Ⅲ. 전략물자 관리의 실효성 확보

## 1. 행정의무와 수출입의 제한조치

### 1) 행정의무

#### (1) 전략물자 관련서류의 보관의무

무역거래자는 다음과 같은 서류를 5년간 보관하여야 한다(대외무역법 제28조):

① 전략물자 판정을 신청한 경우에는 그 판정에 관한 서류;
② 전략물자등을 수출·경유·환적·중개한 자의 경우 그 수출허가, 상황허가, 경유 또는 환적 허가, 중개허가에 관한 서류;
③ 그밖에 산업부장관이나 관계 행정기관의 장이 정하여 고시하는 서류.

여기에서 서류 보관의무를 위반한 자에게는 1천만원 이하의 과태료를 부과한다(대외무역법 제59조제2항).

#### (2) 비밀 준수 의무

전략물자의 수출입통제업무와 관련된 공무원, 무역안보관리원의 임직원과 판정 업무와 관련된 자는 전략물자 수출입통제업무의 수행과정에서 알게 된 영업상 비밀을 그 업체의 동의 없이 외부에 누설금지의무가 부여된다(대외무역법 제29조). 이에 따라 비밀준수의무를 위반한 자는 3년 이하의 징역 또는 3천만원 이하의 벌금에 처한다(대외무역법 제54조). 법인의 대표자나 법인 또는 개인의 대리인, 사용인, 그 밖의 종업원이 그 법인 또는 개인의 업무에 관하여 위반행위를 하면 그 행위자를 벌하는 외에 그 법인 또는 개인에게도 해당 조문의 벌금형을 과(科)하는데, 법인 또는 개인이 그 위반행위를 방지하기 위하여 해당 업무에 관하여 상당한 주의와 감독을 게을리하지 아니한 경우에는 예외가 적용된다(대외무역법 제57).

### 2) 수출입 등의 제한조치

#### (1) 수출허가 등의 취소

산업부장관 또는 관계 행정기관의 장은 수출허가 또는 상황허가, 경유 또는 환적 허가, 중개허가를 한 후 다음에 해당하는 경우에는 해당 허가를 취소할 수 있다(대외무역법 제19조의7):

① 거짓 또는 부정한 방법으로 허가를 받은 사실이 발견된 경우;
② 전쟁, 테러 등 국가 간 안보 또는 대량파괴무기등의 이동·확산 우려 등과 같은 국제정세의 변화가 있는 경우.

만일 산업원부장관 또는 관계 행정기관의 장은 수출허가, 상황허가, 경유 또는 환적허가, 중개허가의 취소에 해당하는 처분을 하려면 청문을 하여야 한다(대외무역법 제47조).

(2) 전략물자등의 수출입 제한

대외무역법 제30조제1항에 따라 산업부장관 또는 관계 행정기관의 장은 다음에 해당하는 자에게 3년 이내의 범위에서 일정 기간 동안 전략물자등의 전부 또는 일부의 수출이나 수입을 제한할 수 있다:[7)]

① 수출허가를 받지 아니하고 전략물자를 수출하거나 관세법에 따른 수출신고를 한 자;
② 상황허가를 받지 아니하고 상황허가 대상인 물품등을 수출하거나 관세법에 따른 수출신고한 자;
③ 경유 또는 환적허가를 받지 아니하고 전략물자등을 경유 또는 환적한 자;
④ 중개허가를 받지 아니하고 전략물자등을 중개한 자;
⑤ 거짓이나 그 밖의 부정한 방법으로 수출허가, 상황허가, 경유 또는 환적허가 및 중개허가를 받은 자;
⑥ 수출허가, 상황허가, 경유 또는 환적허가 및 중개허가를 받았으나 대외무역법에 따라 산업부장관이나 관계 행정기관의 장이 정한 조건을 이행하지 아니한 자;
⑦ 대외무역법에 따른 이동중지명령을 위반하거나 이동중지조치를 방해한 자.

## 2. 자율준수무역거래자의 지정

### 1) 자율준수무역거래자의 지정과 등급 조정 및 지정취소

#### (1) 자율준수무역거래자의 지정

대외무역법 제22조제1항에 따라 산업부장관은 기업 또는 법정 대학 및 연구기관의 자율적인 전략물자 관리능력을 높이기 위하여 전략물자 여부에 대한 판정능력, 수입자 및 최종 사용자에 대한 분석능력 등 특정 능력을 갖춘 무역거래자를 자율준수무역거래자

7) 산업부장관 또는 관계 행정기관의 장은 전략물자등의 수출입을 제한한 자와 외국 정부가 자국의 법령에 따라 전략물자등의 수출입을 제한한 자의 명단과 제한 내용을 공고할 수 있다(대외무역법 제30조제3항).

로 지정할 수 있다. 이에 따라 자율준수무역거래자는 전략물자에 대한 수출통제업무의 일부를 자율적으로 관리하게 할 수 있다(대외무역법 제22조제2항). 그리고 자율준수무역거래자는 자율적으로 관리하는 전략물자의 수출실적 등을 산업부장관에게 보고하여야 한다(대외무역법 제22조제3항):

> ① 고등교육법에 따른 대학, 산업대학, 전문대학 및 기술대학;
> ② 과기출연기관법에 따라 설립된 과학기술분야 정부출연연구기관;
> ③ 기초연구법에 따라 인정받은 기업부설연구소;
> ④ 산업기술연구조합법에 따른 산업기술연구조합;
> ⑤ 국·공립 연구기관;
> ⑥ 특정연구기관법에 따른 특정연구기관;
> ⑦ 산업기술혁신법에 따른 전문생산기술연구소.

그리고 "특정 능력"은 다음과 같은 능력을 말한다(대외무역령 제43조제2항):

> ㉮ 전략물자 해당 여부에 대한 판정능력;
> ㉯ 수입자 및 최종 사용자에 대한 분석능력;
> ㉰ 자율관리조직의 구축 및 운용 능력.

### (2) 자율준수무역거래자의 등급 조정 및 지정취소

대외무역법 제22조의2 제1항에 따라 산업부장관은 자율준수무역거래자를 지정하는 경우 대통령령으로 정하는 능력을 갖춘 정도에 따라 자율준수무역거래자의 등급을 달리 정할 수 있다. 한편, 산업부장관은 다음에 해당하는 경우에는 자율준수무역거래자의 지정을 취소할 수 있다(대외무역법 제22조의2제2항):

> ① 전술한 특정 능력을 유지하지 못하는 경우;
> ② 고의나 중대한 과실로 수출허가를 받지 아니하고 전략물자를 수출한 경우;
> ③ 고의나 중대한 과실로 상황허가를 받지 아니하고 상황허가 대상인 물품등을 수출한 경우;
> ④ 고의나 중대한 과실로 전략물자의 관련서류 보관의무를 이행하지 아니한 경우;
> ⑤ 고의나 중대한 과실로 중개허가를 받지 아니하고 전략물자를 중개한 경우;
> ⑥ 자율적으로 관리하는 전략물자의 수출실적 등의 보고의무를 이행하지 아니한 경우.

### 2) 자율준수무역거래자의 지정신청과 자율관리 업무의 범위

#### (1) 자율준수무역거래자의 지정신청

자율준수무역거래자로 지정받으려는 자는 자율준수무역거래자지정신청서에 다음과 같은 서류를 첨부하여 산업부장관에게 제출하여야 한다(대외무역령 제43조제3항):

> ① 전술한 특정 능력을 갖추었음을 증명하는 서류;
> ② 자율적인 수출통제 업무 관리를 위한 업무규정 및 조직도;
> ③ 그밖에 자율준수무역거래자의 지정에 필요한 서류로서 산업부장관이 정하여 고시하는 서류.

#### (2) 자율준수무역거래자의 자율관리 업무의 범위

산업부장관은 자율준수무역거래자에게 전략물자의 수출허가에 관하여 다음과 같은 수출통제업무를 자율적으로 관리하게 할 수 있다(대외무역령 제44조제1항):

> ① 수출허가를 받은 물품등의 최종 사용자에 관한 관리 업무;
> ② 수출허가를 받은 물품등의 최종 용도에 관한 관리 업무;
> ③ 그밖에 전략물자 수출허가 제도를 효율적으로 운용하기 위하여 산업부장관이 정하여 고시하는 업무.

## 3. 전략물자 수출입통제 협의회

대외무역법 제26조제1항에 따라 산업부장관과 관계 행정기관의 장은 전략물자등의 수출입통제와 관련된 부처간 협의를 위하여 공동으로 전략물자 수출입통제 협의회(협의회")를 구성할 수 있다. 협의회의 회의는 관계 행정기관의 소관 업무별로 그 소관 관계 행정기관의 장이 주재하고, 협의회의 구성원인 각 행정기관의 장은 전략물자등의 수출입통제에 필요하면 대통령령으로 정하는 정보수사기관의 장 또는 관세청장에게 조사 · 지원을 요청할 수 있으며, 정보수사기관의 장 또는 관세청장은 전략물자등의 무허가수출등 행위를 인지한 경우에는 협의회의 각 행정기관의 장에게 통보하는 등 필요한 조치를 취할 수 있다(대외무역법 제26조제2항내지제4항). 여기에서 "정보수사기관"은 국가정보원, 검찰청, 경찰청, 해양경찰청, 국군방첩사령부 등을 말한다(대외무역령 제47조제5항).

## 4. 실효성 확보를 위한 행정조치

### 1) 보고 및 자료제출의 명령과 검사

대외무역법 제48조제1항에 따라 산업부장관 또는 관계 행정기관의 장은 수출이 제한되거나 금지된 물품등, 전략물자등에 대한 수출허가나 상황허가를 받은 자 또는 수출허가나 상황허가를 받지 아니하고 수출하거나 수출하려고 한 자에게 다음과 같은 사항에 관한 보고 또는 자료의 제출을 명할 수 있다: ① 수입국; ② 수입자 · 최종사용자 또는 그의 위임을 받은 자 및 그 소재지, 사업 분야, 주요 거래자 및 사용 목적; ③ 수입자와 최종사용자 또는 그의 위임을 받은 자를 확인하기 위한 수입국의 권한 있는 기관이 발급한 납세증명서 등 관련 자료 또는 대외 공표자료; ④ 그밖에 운송 수단, 환적국(換積國), 대금결제방법 등 산업부장관이 정하여 고시하는 사항. 아울러 산업부장관 또는 관계 행정기관의 장은 전문판정 신청 정보 점검이나 자가판정 결과 점검을 위하여 전문판정을 신청한 자 또는 자가판정을 한 자에게 물품등의 성능, 용도 및 기술적 특성을 표시하는 상품안내서, 사양서 등 자료의 제출을 명할 수 있다(대외무역법 제48조제2항). 한편, 대외무역법 제48조제3항에 따라 산업부장관 또는 관계 행정기관의 장은 필요하다고 인정하면 그 소속 공무원에게 앞의 보고 또는 자료의 제출을 명한 대상자의 사무소, 영업소, 공장 또는 창고 등에서 장부 · 서류나 그 밖의 물건을 검사하게 할 수 있다. 여기에서 검사를 하는 공무원은 그 권한을 표시하는 증표를 지니고, 이를 관계인에게 내보여야 한다(대외무역법 제48조제4항).

### 2) 교육명령

대외무역법 제49조에 따라 산업부장관 또는 관계 행정기관의 장은 다음에 해당하는 자에게 대통령령으로 정하는 바에 따라 교육명령을 부과할 수 있다: ① 수출허가 또는 상황허가를 받지 아니하고 수출하거나 수출신고한 자; ② 거짓이나 그 밖의 부정한 방법으로 수출허가 또는 상황허가를 받은 자; ③ 경유 또는 환적 허가 및 중개허가를 받지 아니하고 경유 · 환적 · 중개한 자; ④ 거짓이나 그 밖의 부정한 방법으로 경유 또는 환적 허가 및 중개허가를 받은 자; ⑤ 수출허가, 상황허가, 경유 또는 환적허가 및 중개허가를 받았으나 산업부장관이나 관계 행정기관의 장이 정한 조건을 이행하지 아니한 자; ⑥ 대외무역법에 따른 허가 면제 사유를 입증하기 위한 서류를 제출하지 아니한 자; ⑦ 대외무역법에 따른 이동중지명령을 위반하거나 이동중지조치를 방해한 자.

### 3) 위반행위에 대한 과태료 부과

산업부장관 또는 관계 행정기관의 장이 요구하는 보고 또는 자료의 제출을 하지 아니하거나 거짓으로 보고 또는 자료를 제출한 자와 산업부장관 또는 관계 행정기관의 장의 검사를 거부, 방해 또는 기피한 자에게는 2천만원 이하의 과태료를 부과한다(대외무역법 제59조제1항). 그리고 산업부장관 또는 관계 행정기관의 장의 교육명령을 이행하지 아니한 자에게는 1천만원 이하의 과태료를 부과한다(대외역법 제59조제2항).

## 5. 실효성 확보를 위한 형사제재

대외무역법 제53조제1항에 따라 전략물자등의 국제적 확산을 꾀할 목적으로 다음에 해당하는 위반행위를 한 자는 7년 이하의 징역 또는 수출 · 경유 · 환적 · 중개하는 물품등의 가격의 5배에 해당하는 금액 이하의 벌금에 처한다:

① 수출허가를 받지 아니하고 전략물자를 수출한 자;
② 상황허가를 받지 아니하고 상황허가 대상인 물품등을 수출한 자;
③ 경유 또는 환적 허가를 받지 아니하고 전략물자등을 경유 또는 환적한 자;
④ 중개허가를 받지 아니하고 전략물자등을 중개한 자.

여기에서 미수범도 처벌하고(대외무역법 제55조), 법인의 대표자나 법인 또는 개인의 대리인, 사용인, 그 밖의 종업원이 그 법인 또는 개인의 업무에 관하여 제① 내지 제④에 해당하는 위반행위를 하면 그 행위자를 벌하는 외에 그 법인 또는 개인에게도 해당 조문의 벌금형을 과(科)하는데, 법인 또는 개인이 그 위반행위를 방지하기 위하여 해당 업무에 관하여 상당한 주의와 감독을 게을리하지 아니한 경우에는 예외로 하는 양벌규정이 적용된다(대외무역법 제57조).

또한, 다음에 해당하는 자는 5년 이하의 징역 또는 수출 · 수입 · 경유 · 환적 · 중개하는 물품등의 가격의 3배에 해당하는 금액 이하의 벌금에 처한다(대외무역법 제53조제2항):

① 수출허가를 받지 아니하고 전략물자를 수출한 자;
② 거짓이나 그 밖의 부정한 방법으로 전략물자 수출허가를 받은 자;
③ 상황허가를 받지 아니하고 상황허가 대상인 물품등을 수출한 자;
④ 거짓이나 그 밖의 부정한 방법으로 상황허가를 받은 자;
⑤ 경유 또는 환적 허가를 받지 아니하고 전략물자등을 경유 또는 환적한 자;
⑥ 거짓이나 그 밖의 부정한 방법으로 전략물자등의 경유 또는 환적 허가를 받은 자;
⑦ 중개허가를 받지 아니하고 전략물자등을 중개한 자;
⑧ 거짓이나 그 밖의 부정한 방법으로 전략물자등의 중개허가를 받은 자.

여기에서 제②와 제④ 및 제⑦의 미수범도 처벌하며(대외무역법 제55조), 앞에서 설명한 양벌규정도 적용된다(대외무역법 제57조).

한편, 이동중지명령을 위반한 자에 대하여는 5년 이하의 징역 또는 1억원 이하의 벌금에 처한다. 이 경우 징역과 벌금은 병과(倂科)할 수 있고(제53조의2), 앞에서 설명한 양벌규정도 적용되며(대외무역법 제57조), 정부의 전략물자 관리정책에 따른 업무를 수행하는 전략물자관리원의 임직원은 형법 제129조부터 제132조까지의 벌칙을 적용할 때에는 공무원으로 간주한다(대외무역법 제58조).

## 제4절 플랜트수출과 정부간 수출계약

### Ⅰ. 플랜트수출

#### 1. 플랜트수출의 적용대상

플랜트수출의 대상은 다음과 같은 수출을 말한다(대외무역법 제32조제1항):

① 농업·임업·어업·광업·제조업, 전기·가스·수도사업, 운송·창고업 및 방송·통신업을 경영하기 위하여 설치하는 기재·장치 및 특정 설비 중 산업부장관이 정하는 일정 규모 이상의 산업설비의 수출;[8]
② 산업설비·기술용역 및 시공을 포괄적으로 행하는 수출(이하 "일괄수주방식에 의한 수출").

여기에서 "특정 설비"는 다음과 같은 설비를 말하되, 해외건설공사와 함께 일괄수주방식에 의하여 수출하는 설비는 제외한다(대외무역령 제51조): ㉮ 발전설비; ㉯ 담수 설비 및 용수처리설비; ㉰ 해양설비 및 수상구조설비; ㉱ 석유 처리설비 및 석유화학설비; ㉲ 정유설비 및 송유설비; ㉳ 저장탱크 및 저장기지설비; ㉴ 냉동 및 냉장설비; ㉵ 제철·제강설비 및 철강재구조설비; ㉶ 공해방지설비; ㉷ 공기조화설비; ㉸ 신에너지 및 재생에너지설비; ㉹ 정치식(定置式) 운반하역설비 및 정치식 건설용설비; ㉺ 시험연구설비; ㉻ 그밖에 산업 활동을 위하여 필요한 설비.

---

8) FOB가격으로 미화 50만 달러 상당액 이상인 산업설비를 말한다(대외무역관리규정 제70조).

그리고 "시공"이란 다음과 같은 공사를 수행하는 것을 말한다(대외무역령 제52조제1항): ㉠ 토목공사; ㉡ 건축공사; ㉢ 플랜트 설치공사(다만, 플랜트수출자나 수출용 기자재를 설계·제작하는 자가 제작한 기계 및 장치를 직접 설치하는 공사는 제외한다.)

## 2. 플랜트수출의 승인

산업부장관은 플랜트수출을 승인 또는 변경승인을 하기 위하여 필요하면 플랜트수출의 타당성에 관하여 관계 행정기관의 장의 의견을 들어야 하고, 이 경우 의견을 제시할 것을 요구받은 관계 행정기관의 장은 정당한 사유가 없으면 지체 없이 산업부장관에게 의견을 제시하여야 한다(대외무역법 제32조제2항). 또한, 산업부장관이 일괄수주방식에 의한 수출에 대하여 승인 또는 변경승인하려는 때에는 미리 국토교통부장관의 동의를 받아야 한다(대외무역법 제32조제3항). 그리고 산업부장관은 일괄수주방식에 의한 수출로서 건설용역 및 시공부문의 수출에 관하여는 해외건설촉진법에 따른 해외건설사업자에 대하여만 승인 또는 변경승인할 수 있다(대외무역법 제32조제4항). 아울러 산업부장관은 플랜트수출을 촉진하기 위하여 그에 관한 제도개선, 시장조사, 정보교류, 수주 지원, 수주질서 유지, 전문인력의 양성, 금융지원, 우수기업의 육성 및 협동화사업을 추진할 수 있는데, 이 경우 산업부장관은 플랜트수출 관련 기관 또는 단체[9]를 지정하여 이들 사업을 수행하게 할 수 있다(대외무역법 제32조제6항).

## 3. 위반행위에 대한 형사제재

거짓이나 그밖의 부정한 방법으로 승인 또는 변경 승인을 받은 자는 3년 이하의 징역 또는 3천만원 이하의 벌금에 처한다(대외무역법 제54조). 그리고 법인의 대표자나 법인 또는 개인의 대리인, 사용인, 그 밖의 종업원이 그 법인 또는 개인의 업무에 관하여 위반행위를 하면 그 행위자를 벌하는 외에 그 법인 또는 개인에게도 해당 조문의 벌금형을 과(科)하는데, 법인 또는 개인이 그 위반행위를 방지하기 위하여 해당 업무에 관하여 상당한 주의와 감독을 게을리하지 아니한 경우에는 예외가 적용된다(대외무역법 제57조).

9) 이러한 기관 또는 단체를 이른바 플랜트수출촉진기관이라 하는데 그 자세한 사항은 대외무역령 제54조를 참조.

# Ⅱ. 정부간 수출계약

## 1. 정부간 수출계약의 보증 및 원칙

대외무역법 제32조의2 제1항에 따라 정부는 국내 기업의 원활한 정부간 수출계약을 지원하기 위하여 특정 보증·보험기관으로 하여금 국내 기업의 외국 정부에 대한 정부간 수출계약 이행 등을 위한 보증사업을 하게 할 수 있다. 그리고 정부는 정부간 수출계약과 관련하여 어떠한 경우에도 경제적 이익을 갖지 아니하고, 보증채무 등 경제적 책임 및 손실을 부담하지 아니한다(대외무역법 제32조의2제2항). 여기에서 “정부간 수출계약”이란 외국 정부의 요청이 있을 경우, 정부간 수출계약 전담기관인 대한무역진흥공사가 소정의 절차에 따라 국내 기업을 대신하여 또는 국내 기업과 함께 계약의 당사자가 되어 외국 정부에 물품등(방위산업발전법 제2조제1항제1호에 따른 방위산업물자등은 제외한다)을 유상(有償)으로 수출하기 위하여 외국 정부와 체결하는 수출계약을 말한다(대외무역법 제2조제4호). 그리고 “특정 보증·보험기관”은 국내에서 수출·수입 등 대외거래에 대한 보증 또는 보험 업무를 10년 이상 영위하고 있는 자 중 산업부장관이 다음과 같은 사항을 평가하여 지정하는 기관을 말한다(대외무역령 제54조의2): ① 보증사업의 수행에 필요한 재정능력; ② 수출·수입 등 대외거래의 당사자에 대한 신용정보의 수집·분석 및 평가에 관한 능력; ③ 수출·수입 등 대외거래에서 발생한 채권에 대한 관리체계.

## 2. 정부간 수출계약 심의위원회

대외무역법 제32조의4 제1항에 따라 정부간 수출계약의 체결, 변경, 해지 등 대통령령으로 정하는 사항을 심의·의결하기 위하여 전담기관에 정부간 수출계약 심의위원회를 두는데, 이 위원회는 위원장 1명을 포함한 7명 이상 15명 이내의 위원으로 구성하고, 위원장은 대한무역투자진흥공사 사장이 된다(대외무역법 제32조의4제2항):

① 외국 정부와 체결하려는 정부간 수출계약의 수용 여부, 국내 기업의 이행능력 평가, 국내 기업으로 하여금 조치하도록 할 계약 이행 보증 내용의 적정성 등에 관한 사항;
② 계약기간 · 계약금액 등 정부간 수출계약의 변경에 관한 사항;
③ 국내 기업이 조치를 한 계약 이행 보증 세부 사항의 적정성에 관한 사항;
④ 국내 기업의 정부간 수출계약에 따른 물품등의 공급 의무 불이행, 인가 · 허가 · 면허 등의 취소 · 정지 등으로 인한 계약 이행능력의 상실, 부정한 방법에 의한 계약의 체결, 그밖의 원인으로 인한 정부간 수출계약의 해지 또는 해제에 관한 사항;
⑤ 그밖에 위원회의 위원장이 정부간 수출계약과 관련하여 위원회의 심의 · 의결에 부치는 사항.

한편, 대외무역법 제32조의5 제1항에 따라 국내 기업은 정부간 수출계약이 체결된 경우 그 계약 내용을 성실히 이행하여야 한다. 그리고 국내 기업은 보증 · 보험의 제공 등 법정 계약 이행 보증 조치를 취하여야 한다(대외무역법 제32조의5제2항).[10] 또한 국내 기업은 정부간 수출계약 전담기관인 대한무역투자진흥공사 또는 정부간 수출계약 심의위원회의 자료제출 요구가 있을 경우 특별한 사정이 없으면 이에 따라야 한다(대외무역법 제32조의5제3항). 여기에서 "법정 계약 이행 보증 조치"는 다음과 같은 조치를 말한다(대외무역령 제54조의7; 제54조의3):

① 정부간 수출계약의 내용에 따른 선수금의 반환, 계약 내용의 이행, 하자의 보수 등에 대하여 금융실명법에 따른 금융회사등으로부터 보증을 받아 제공하는 것;
② 외국 정부에 대한 정부간 수출계약 이행 등에 대하여 보증 · 보험기관으로부터 보증을 받아 제공하는 것.

10) 국내 기업이 계약 이행 보증 조치의무나 자료제출의무를 위반할 경우 전담기관은 그 사실을 외국 정부에 통보할 수 있고, 위원회는 해당 기업의 정부간 수출계약에 대한 심의를 거부할 수 있다(대외무역법 제32조의5제4항).

10

# 수출입물품의 원산지관리와 수출입의 질서유지

# 제10장 수출입물품의 원산지관리와 수출입의 질서유지

## 제1절 수출입물품의 원산지관리

### Ⅰ. 원산지 표시의무와 실효성 확보

#### 1. 원산지 표시의무

대외무역법 제33조제1항에 따라 산업부장관이 공정한 거래 질서의 확립과 생산자 및 소비자 보호를 위하여 공고한 원산지표시대상물품을 수출하거나 수입하려면 그 물품등에 대하여 원산지를 표시하여야 한다. 그리고 수입된 원산지표시대상물품에 대하여 단순한 가공활동을 거침으로써 해당 물품등의 원산지 표시를 손상하거나 변형한 자[1]는 그 단순 가공한 물품등에 당초의 원산지를 표시하여야 하는데, 이 경우 다른 법령에서 단순한 가공활동을 거친 수입 물품등에 대하여 다른 기준을 규정하고 있으면 그 기준에 따른다(대외무역법 제33조제2항).

이에 따라, 무역거래자 또는 물품등의 판매업자는 수출 또는 수입 물품등 및 수입원료를 사용한 국내생산물품등에 대하여 다음과 같은 행위는 금지된다(대외무역법 제33조제4항): ① 원산지를 거짓으로 표시하거나 원산지를 오인(誤認)하게 하는 표시를 하는 행위; ② 원산지의 표시를 손상하거나 변경하는 행위(수입 물품등에 한정한다); ③ 원산지표시대상물품에 대하여 원산지 표시를 하지 아니하는 행위(수입 물품등에 한정한다); ④ 앞의 제

1) 무역거래자 또는 물품등의 판매업자에 대하여 뒤에서 설명하는 본문 제④가 적용되는 경우는 제외한다.

①부터 제③까지의 규정에 위반되는 원산지표시대상물품을 국내에서 거래하는 행위. 그리고 ⑤ 원산지증명서를 위조 또는 변조하거나 거짓된 내용으로 원산지증명서를 발급받거나 물품등에 원산지를 거짓으로 표시하는 등의 방법으로 외국에서 생산된 물품등(외국에서 생산되어 국내에서 단순한 가공활동을 거친 물품등을 포함한다)의 원산지가 우리나라인 것처럼 가장(假裝)하여 그 물품등을 수출하거나 외국에서 판매하는 행위는 금지된다(대외무역법 제38조). 여기에서 "단순한 가공활동"이란 대외무역령 제61조제2항에 따라 산업부장관이 고시한 단순한 가공활동의 기준에 따른 활동을 말한다(대외무역령 제67조).

특히, 원산지 오인이 우려되는 물품은 원산지표시대상물품으로서 ㉮ 주문자 상표부착(OEM)방식에 의해 생산된 수입 물품의 원산지와 주문자가 위치한 국명이 상이하여 최종구매자가 해당 물품의 원산지를 오인할 우려가 있는 물품, ㉯ 물품 또는 포장 · 용기에 현저하게 표시되어 있는 상호 · 상표 · 지역 · 국가 또는 언어명이 수입 물품의 원산지와 상이하여 최종구매자가 해당 물품의 원산지를 오인할 우려가 있는 물품을 말한다(대외무역관리규정 제77조제1항). 이러한 수입 물품은 해당 물품 또는 포장 · 용기의 전면에 뒤에서 설명하는 원산지표시의 일반원칙에 따라 원산지를 표시하여야 하며, 물품의 특성상 전후면의 구별이 어렵거나 전면에 표시하기 어려운 경우 등에는 원산지 오인을 초래하는 표시와 가까운 곳에 표시하여야 하는데, 해당물품에 원산지가 적합하게 표시되어 있고, 최종판매단계에서 진열된 물품 등을 통하여 최종구매자가 원산지 확인이 가능하며, 국제 상거래 관행상 통용되는 방법으로 원산지를 표시하는 경우 세관장은 산업부장관과 협의하여 포장 · 용기에 표시된 원산지가 원산지 오인을 초래하는 표시와 가깝지 않은 곳에 있어도 원산지 오인이 없는 것으로 볼 수 있다(대외무역관리규정 제77조제2항). 또한, 이러한 수입 물품을 판매하는 자는 판매 또는 진열시 소비자가 알아볼 수 있도록 상품에 표시된 원산지와는 별도로 스티커, 푯말 등을 이용하여 원산지를 표시하여야 한다(대외무역관리규정 제77조제3항).

## 2. 원산지 표시의 실효성 확보수단

대외무역법 제33조제5항에 따라 산업부장관 또는 시 · 도지사는 원산지 표시의무에 관한 규정을 위반하였는지 확인하기 위하여 필요하다고 인정하면 수입한 물품등(제35조제3항에서 준용하는 경우 "국내생산물품등"으로 간주한다)과 관련 자료에 대하여 관계된 자를 방문이나 서면으로 조사할 수 있다. 여기에서 "관련 자료"는 다음에 해당하는 자료를 말한다(대외무역령 제57조의2): ㉠ 수입한 물품등의 무역거래자 및 판매업자의 정보에 관한 자료; ㉡ 수입한 물품등의 가격, 수량, 품질 및 제조 또는 가공 공정에 관한 자료; ㉢ 그 밖에 원산지의 표시에 대한 위반 여부를 확인하기 위하여 산업부장관이 필요하다고 인정하는 자료. 검사를 거부, 방해 또는 기피한 자에게는 1천만원 이하의 과태료를 부과한다(대외무역법 제59조제2항).

### 1) 원산지의 표시 위반에 대한 시정명령 등

대외무역법 제33조의2 제1항에 따라 산업부장관 또는 시·도지사는 원산지표시의무 규정을 위반한 자에게 판매중지, 원상복구, 원산지 표시 등 대통령령으로 정하는 시정조치를 명할 수 있는데, 앞에서 설명한 제①부터 제③까지의 원산지 표시의 금지의무를 위반한 자에게 3억원 이하의 과징금을 부과할 수 있다(대외무역법 제33조의2제2항). 여기에서 산업부장관 또는 시·도지사는 과징금을 내야 하는 자가 납부기한까지 내지 아니하면 국세 강제징수의 예 또는 지방행정제재부과금법에 따라 징수한다(대외무역법 제33조의2제4항). 그리고 산업부장관 또는 시·도지사는 과징금 부과처분이 확정된 자에 대해서는 대통령령으로 정하는 바에 따라 그 위반자 및 위반자의 소재지와 물품등의 명칭, 품목, 위반내용 등 처분과 관련된 사항을 공표할 수 있다(대외무역법 제33조의2제5항).

### 2) 원산지 표시의무 위반에 대한 형사제재

앞에서 설명한 원산지 표시의 금지의무를 위반하여 원산지표시대상물품에 대하여 원산지 표시를 하지 아니한 무역거래자(앞의 제① 내지 제④에 해당하는 자) 또는 물품등의 판매업자(앞의 제⑤)와 원산지의 표시 위반에 대한 시정명령 조치를 위반한 자는 5년 이하의 징역 또는 1억원 이하의 벌금에 처하는데, 이 경우 징역과 벌금은 병과(倂科)할 수 있다(대외무역법 제53조의2). 그리고 앞의 제① 내지 제⑤의 위반행위자는 미수범도 처벌되고(대외무역법 제55조), 중대한 과실로 앞의 제① 내지 제④에 해당하는 위반행위자는 2천만원 이하의 벌금에 처한다(대외무역법 제56조). 아울러 법인의 대표자나 법인 또는 개인의 대리인, 사용인, 그 밖의 종업원이 그 법인 또는 개인의 업무에 관하여 앞의 제① 내지 제⑤에 해당하는 위반행위를 하면 그 행위자를 벌하는 외에 그 법인 또는 개인에게도 해당 조문의 벌금형을 과(科)하되, 법인 또는 개인이 그 위반행위를 방지하기 위하여 해당 업무에 관하여 상당한 주의와 감독을 게을리하지 아니한 경우에는 예외가 적용된다(제57조).

# Ⅱ. 원산지의 판정기준과 확인 등

## 1. 원산지의 판정기준

원산지 표시와 관련하여 수입물품에 대한 원산지 판정은 다음과 같은 기준에 따라야 한다(대외무역법 제34조제2항; 대외무역령 제61조제1항). ① 수입물품의 전부가 하나의 국가에서 채취되거나 생산된 물품(이하 "완전생산물품")인 경우에는 그 국가를 그 물품의 원산지로 할 것; ② 수입물품의 생산·제조·가공 과정에 둘 이상의 국가가 관련된 경우에는 최종적으로 실질적 변형을 가하여 그 물품에 본질적 특성을 부여하는 활동(이하 "실질적 변형")을 한 국가를 그 물품의 원산지로 할 것; ③ 수입 물품의 생산·제조·가공 과정에 둘 이상의 국가가 관련된 경우 단순한 가공활동을 하는 국가를 원산지로 하지 아니할 것. 여기에서 수출물품에 대한 원산지 판정은 위와 같은 기준을 준용하여 판정하되, 그 물품에 대한 원산지 판정기준이 수입국의 원산지 판정기준과 다른 경우에는 수입국의 원산지 판정기준에 따라 원산지를 판정할 수 있다(대외무역령 제61조제3항). 그리고 산업부장관은 공정한 거래질서의 확립과 생산자 및 소비자 보호를 위하여 필요하다고 인정하면 수입원료를 사용하여 국내에서 생산되어 국내에서 유통되거나 판매되는 물품등(이하 "국내생산물품등")에 대한 원산지판정에 관한 기준을 관계 중앙행정기관의 장과 협의하여 정할 수 있는데, 다른 법령에서 국내생산물품등에 대하여 다른 기준을 규정하고 있는 경우에는 예외로 한다(대외무역법 제35조제1항).[2)]

## 2. 원산지의 확인 등

### 1) 원산지의 판정절차

무역거래자 또는 물품등의 판매업자 등은 수출 또는 수입 물품등의 원산지 판정을 산업장관에게 요청할 수 있는데, 요청을 받은 산업부장관은 해당 물품등의 원산지 판정을 하여서 요청한 사람에게 알려야 하고, 이러한 통보를 받은 자가 원산지 판정에 불복하는 경우에는 통보를 받은 날부터 30일 이내에 산업부장관에게 이의를 제기할 수 있으며, 이의를 제기받은 산업부장관은 이의 제기를 받은 날부터 150일 이내에 이의 제기에 대한 결정을 알려야 한다(대외무역법 제34조제3항 내지 제6항). 여기에서 원산지 판정의 요청 방법은 수출 또는 수입 물품의 원산지 판정을 받으려는 자가 대상 물품의 관세·통계통합품목분류표상의 품목번호·품목명(모델명을 포함 한다), 요청 사유, 요청자가 주장하는 원산지 등을 명시한 요청서에 견본 1개와 그 밖에 원산지 판정에 필요한 자료를 첨부하여 산업부장관에게 제출하여야 한다(대외무역령 제62조제1항). 그리고 원산지 판정의 요청을 받은 산

2) 산업원부장관은 국내생산물품등에 대한 원산지 판정에 관한 기준을 정하면 이를 공고하여야 하고, 국내생산물품등의 판매자에 대해서는 대외무역법 제33조제4항제1호 및 제4호를 준용하되, 이 경우 "제1호부터 제3호"는 "제1호"로, "원산지표시대상물품"은 "국내생산물품등"으로 간주한다(대외무역법 제35조제2항·제3항).

업부장관은 60일 이내에 원산지 판정을 하여 그 결과를 요청한 사람에게 문서로 알려야 하는데, 그 판정과 관련된 자료수집 등을 위하여 필요한 기간은 이에 산입하지 아니하며, 원산지 판정의 결과가 요청인의 주장과 다른 경우에는 판정의 근거 등을 적어야 한다(대외무역령 제62조제3항·제4항).

### 2) 수입 물품등의 원산지증명서의 제출과 원산지증명서의 발급

#### (1) 수입 물품등의 원산지증명서의 제출

대외무역법 제36조제1항에 따라 산업부장관은 원산지를 확인하기 위하여 필요하다고 인정하면 물품등을 수입하려는 자에게 그 물품등의 원산지 국가 또는 물품등을 선적(船積)한 국가의 정부 등이 발행하는 원산지증명서를 제출하도록 할 수 있다.

#### (2) 원산지증명서의 발급

수출물품 또는 국내생산물품등의 원산지증명서를 발급받으려는 자는 산업부장관에게 원산지증명서의 발급을 신청하여야 하는데, 이 경우 수수료를 내야 한다(대외무역법 제37조제1항). 여기에서 수출물품 또는 국내생산물품등의 원산지증명서의 발급기준은 다음과 같다(대외무역령 제66조제1항): ① 헌법에 따라 체결·공포된 조약이나 협정에서 정한 기준; ② 상대 수입국에서 정한 기준; ③ 산업부장관이 정하여 공고하는 기준. 그리고 수출물품 또는 국내생산물품등의 원산지증명서를 발급받으려는 자는 수출물품 또는 국내생산물품등의 원산지증명서발급신청서에 다음과 같은 서류를 첨부하여 산업부장관에게 제출하여야 한다(대외무역령 제66조제2항): ㉮ 구매자·공급자에 관한 서류; ㉯ 가격·수량 등에 관한 서류; ㉰ 그밖에 수출 물품 또는 국내생산물품등의 원산지를 증명하는 데에 필요한 서류로서 산업부장관이 정하여 공고하는 서류.

## Ⅲ. 원산지 표시방법

### 1. 기본준칙

원산지표시대상물품을 수입하려면 다음과 같은 방법에 따라 해당 물품에 원산지를 표시하여야 한다(대외무역령 제56조제1항). ① 한글·한문 또는 영문으로 표시할 것; ② 최종 구매자가 쉽게 판독할 수 있는 활자체로 표시할 것; ③ 식별하기 쉬운 위치에 표시할 것; ④ 표시된 원산지가 쉽게 지워지거나 떨어지지 아니하는 방법으로 표시할 것. 하지만 해당 물품에 원산지를 표시하는 것이 곤란하거나 원산지를 표시할 필요가 없다고 인정하여 산업부장관이 정하여 고시하는 기준에 해당하는 경우에는 산업부장관이 정하여 고시하는 바에 따라 원산지를 표시하거나 원산지 표시를 생략할 수 있다(대외무역령 제56조제1항). 그리고 수출물품에 대하여 원산지를 표시하는 경우에는 앞의 제①부터 제④까지에서 정한 방법에 따라 원산지를 표시하되, 그 물품에 대한 수입국의 원산지 표시규정이 이와 다르게 표시하도록 되어 있으면 그 규정에 따라 원산지를 표시할 수 있다(대외무역령 제56조제5항).[3)]

## 2. 원산지 표시의 방식

### 1) 수입 물품 원산지 표시의 일반원칙

수입 물품의 원산지는 다음과 같은 방식으로 한글, 한자 또는 영문으로 표시할 수 있다(대외무역관리규정 제76조제1항):[4)]

① "원산지: 국명" 또는 "국명 산(産)";
② "Made in 국명" 또는 "Product of 국명";
③ "Made by 물품 제조자의 회사명, 주소, 국명";
④ "Country of Origin: 국명";
⑤ 앞에서 설명한 원산지판정기준과 동일한 경우에 해당하면서 국제상거래관행상 타당한 것으로 관세청장이 인정하는 방식.

수입 물품의 원산지는 최종구매자가 해당 물품의 원산지를 용이하게 판독할 수 있는 크기의 활자체로 표시하여야 하고, 최종구매자가 정상적인 물품구매과정에서 원산지표시를 발견할 수 있도록 식별하기 용이한 곳에 표시하여야 하며, 표시된 원산지는 쉽게 지워지지 않으며 물품(또는 포장·용기)에서 쉽게 떨어지지 않아야 한다(대외무역관리규정

3) 다만, 수입한 물품에 대하여 국내에서 단순한 가공활동을 거쳐 수출하는 경우에는 우리나라를 원산지로 표시하여서는 아니 된다.

4) 최종구매자가 수입 물품의 원산지를 오인할 우려가 없는 경우에는 다음과 같이 통상적으로 널리 사용되고 있는 국가명이나 지역명 등을 사용하여 원산지를 표시할 수 있다(대외무역관리규정 제76조제6항): ① United States of America를 USA로; ② Switzerland를 Swiss로; ③ Netherlands를 Holland로; ④ United Kingdom of Great Britain and Northern Ireland를 UK 또는 GB로; ⑤ UK의 England, Scotland, Wales, Northern Ireland; ⑥ 특정국가의 식민지, 속령 또는 보호령 지역에서 생산된 경우 관세청 무역통계부호에 규정된 국가별 분류기준에 따른 국가명; ⑦ 기타 관세청장이 산업부장관과 협의하여 타당하다고 인정하는 국가나 지역명. 그리고 「전기용품및생활용품안전관리법」, 식품위생법 등 다른 법령에서 물품에 대한 표시방식 등을 정하고 있는 경우에는 이를 적용하여 원산지를 표시할 수 있다(대외무역관리규정 제76조제7항).

제76조제2항부터제4항). 그리고 수입 물품의 원산지는 제조단계에서 인쇄(printing), 등사(stenciling), 낙인(branding), 주조(molding), 식각(etching), 박음질(stitching) 또는 이와 유사한 방식으로 원산지를 표시하는 것을 원칙으로 하는데, 물품의 특성상 위와 같은 방식으로 표시하는 것이 부적합 또는 곤란하거나 물품을 훼손할 우려가 있는 경우에는 날인(stamping), 라벨(label), 스티커(sticker), 꼬리표(tag)를 사용하여 표시할 수 있다(대외무역관리규정 제76조제2항부터제5항).

하지만 수입 물품의 크기가 작아 앞서 설명한 제①부터 제④까지의 방식으로 해당 물품의 원산지를 표시할 수 없을 경우에는 국명만을 표시할 수 있다(대외무역관리규정 제76조의2제1항). 그리고 최종구매자가 수입물품의 원산지를 오인할 우려가 없도록 표시하는 전제하에 앞서 설명한 제①부터 제④까지의 원산지표시와 병기하여 물품별 제조공정상의 다양한 특성을 반영할 수 있도록, "Designed in 국명", "Fashioned in 국명", "Moded in 국명", "Stlyed in 국명" , "Licensed by 국명", "Finished in 국명" 등과 이와 준하여 관세청장이 타당하다고 인정한 보조표시 방식에 따라 보조표시를 할 수 있다(대외무역관리규정 제76조의2제2항). 아울러 수출국에서의 주요 부분품의 단순 결합물품, 원재료의 단순 혼합물품, 중고물품으로 원산지를 특정하기 어려운 물품은 다음과 같이 원산지를 표시할 수 있다(대외무역관리규정 제76조의2제3항): ① 단순 조립물품: "Organized in 국명(부분품별 원산지 나열)"; ② 단순 혼합물품: "Mixed in 국명(원재료별 원산지 나열)"; ③ 중고물품: "Imported from 국명"

한편, 수입 세트물품의 경우 해당 세트물품을 구성하는 개별 물품들의 원산지가 동일하고 최종 구매자에게 세트물품으로 판매되는 경우에는 개별 물품에 원산지를 표시하지 아니하고 그 물품의 포장·용기에 원산지를 표시할 수 있다(대외무역관리규정 제79조제1항). 그리고 수입세트물품을 구성하는 개별 물품들의 원산지가 2개국 이상인 경우에는 개별 물품에 각각의 원산지를 표시하고, 해당 세트물품의 포장·용기에는 개별 물품들의 원산지를 모두 나열·표시(예: Made in China, Taiwan, …)하여야 한다(대외무역관리규정 제79조제2항). 아울러 관세율표에 따라 용기로 별도 분류되어 수입되는 물품의 경우에는 용기에 "(용기명)의 원산지: (국명)"에 상응하는 표시를 하여야 하는데(예: "Bottle made in 국명"), 1회 사용으로 폐기되는 용기의 경우에는 최소 판매단위의 포장에 용기의 원산지를 표시할 수 있으며, 실수요자가 이들 물품을 수입하는 경우에는 용기의 원산지를 표시하지 않아도 무방하다(대외무역관리규정 제80조제1항·제2항).

### 2) 수입물품 원산지 표시의 면제

물품 또는 포장·용기에 원산지를 표시하여야 하는 수입 물품이 다음과 같은 경우에

는 원산지를 표시하지 아니할 수 있다(대외무역관리규정 제82조제1항):

① 외화획득용 원료 및 시설기재로 수입되는 물품(대외무역령 제2조제6호 · 제7호);
② 개인에게 무상 송부된 탁송품, 별송품 또는 여행자 휴대품;
③ 수입 후 실질적 변형을 일으키는 제조공정에 투입되는 부품 및 원재료로서 실수요자가 직접 수입하는 경우;
④ 판매 또는 임대목적에 제공되지 않는 물품으로서 실수요자가 직접 수입하는 경우;
⑤ 연구개발용품으로서 실수요자가 수입하는 경우;
⑥ 견본품(진열 · 판매용이 아닌 것에 한함) 및 수입된 물품의 하자보수용 물품;
⑦ 보세운송, 환적 등에 의하여 우리나라를 단순히 경유하는 통과 화물;
⑧ 재수출조건부 면세 대상 물품 등 일시 수입 물품;
⑨ 우리나라에서 수출된 후 재수입되는 물품;
⑩ 외교관 면세 대상 물품;
⑪ 개인이 자가소비용으로 수입하는 물품으로서 세관장이 타당하다고 인정하는 물품;
⑫ 그 밖에 관세청장이 산업부장관과 협의하여 타당하다고 인정하는 물품.

### 3) 수입물품의 원산지표시대상물품

원산지표시대상물품은 대외무역관리규정 별표 8에 게기된 수입 물품이고, 해당 물품에 원산지를 표시하여야 한다(대외무역관리규정 제75조). 하지만 원산지표시대상물품이 다음과 같은 경우에는 해당 물품에 원산지를 표시하지 않고 해당 물품의 최소포장, 용기 등에 수입 물품의 원산지를 표시할 수 있다: ① 해당 물품에 원산지를 표시하는 것이 불가능한 경우; ② 원산지 표시로 인하여 해당 물품이 크게 훼손되는 경우(예: 당구공, 콘택즈렌즈, 포장하지 않은 집적회로 등); ③ 원산지 표시로 인하여 해당 물품의 가치가 실질적으로 저하되는 경우; ④ 원산지 표시의 비용이 해당 물품의 수입을 막을 정도로 과도한 경우(예: 물품값보다 표시비용이 더 많이 드는 경우 등); ⑤ 상거래 관행상 최종구매자에게 포장, 용기에 봉인되어 판매되는 물품 또는 봉인되지는 않았으나 포장, 용기를 뜯지 않고 판매되는 물품(예: 비누, 칫솔, VIDEO TAPE 등); ⑥ 실질적 변형을 일으키는 제조공정에 투입되는 부품 및 원재료를 수입 후 실수요자에게 직접 공급하는 경우; ⑦ 물품의 외관상 원산지의 오인 가능성이 적은 경우(예: 두리안, 오렌지, 바나나와 같은 과일 · 채소 등); ⑧ 관세청장이 산업부장관과 협의하여 타당하다고 인정하는 물품.

# 제2절 국내산업의 보호와 수출입질서의 유지

## Ⅰ. 국내산업의 보호조치

### 1. 수입수량 제한조치

대외무역법 제39조제1항에 따라 산업부장관은 특정 물품의 수입 증가로 인하여 같은 종류의 물품 또는 직접적인 경쟁 관계에 있는 물품을 생산하는 국내산업이 심각한 피해를 입고 있거나 입을 우려가 있음이 무역위원회의 조사를 통하여 확인되고 심각한 피해 등을 구제하기 위한 조치가 건의된 경우로서 그 국내산업을 보호할 필요가 있다고 인정되면 그 물품의 국내산업에 대한 심각한 피해등을 방지하거나 치유하고 조정을 촉진하기 위하여 필요한 범위에서 물품의 수입수량을 제한하는 조치를 시행할 수 있다.[5] 여기에서 산업부장관이 수입수량을 제한하는 경우 그 제한수량은 최근의 대표적인 3년 간의 수입량을 연평균수입량으로 환산한 수량(이하 "기준 수량") 이상으로 하여야 하는데, 이 경우 최근의 대표적인 연도를 정할 때에는 통상적인 수입량과 비교하여 수입량이 급증하거나 급감한 연도는 제외한다(대외무역령 제68조제1항). 하지만 기준수량 이상으로 수입수량 제한조치를 하는 경우 해당 산업의 심각한 피해를 방지하거나 구제하기 어렵다고 명백하게 인정되는 경우에는 기준수량 미만으로 수입수량을 제한할 수 있다(대외무역령 제68조제2항).

실제로 수입수량 제한조치를 시행하려면 정부는 이해 당사국과 수입수량 제한조치의 부정적 효과에 대한 적절한 무역보상에 관하여 협의할 수 있고, 수입수량 제한조치는 조치 시행일 이후 수입되는 물품에만 적용하며, 수입수량 제한조치의 적용 기간은 4년을 넘어서는 아니 되고, 산업부장관은 수입수량 제한조치의 대상 물품, 수량, 적용기간 등을 공고하여야 한다(대외무역법 제39조제2항 내지 제6항).

한편, 산업부장관은 수입수량 제한조치의 대상이었거나 관세법 제65조에 따른 긴급관세(이하 "긴급관세") 또는 같은 법 제66조에 따른 잠정 긴급관세(이하 "잠정긴급관세")의 대상이었던 물품에 대하여는 그 수입수량 제한조치의 적용기간, 긴급관세의 부과기

5) 산업부장관은 무역위원회의 건의, 해당 국내산업 보호의 필요성, 국제통상 관계, 수입수량 제한조치의 시행에 따른 보상수준 및 국민경제에 미치는 영향 등을 검토하여 수입수량 제한조치의 시행 여부와 내용을 결정하는데, 수입수량 제한조치의 시행 여부를 결정하기 위하여 필요하다고 인정하면 관계 행정기관의 장 및 이해관계인 등에게 관련 자료의 제출 등 필요한 협조를 요청할 수 있다(대외무역법 제39조제2항 · 제7항).

간 또는 잠정긴급관세의 부과기간이 끝난 날부터 그 적용 기간 또는 부과기간에 해당하는 기간(적용기간 또는 부과기간이 2년 미만인 경우에는 2년)이 지나기 전까지는 다시 수입수량 제한조치를 시행할 수 없지만, 다음과 같은 요건을 모두 충족하는 경우에는 180일 이내의 수입수량 제한조치를 시행할 수 있다(대외무역법 제39조제8항):

① 해당 물품에 대한 수입수량 제한조치가 시행되거나 긴급관세 또는 잠정긴급관세가 부과된 후 1년이 지날 것;
② 수입수량 제한조치를 다시 시행하는 날부터 소급하여 5년 안에 그 물품에 대한 수입수량 제한조치의 시행 또는 긴급관세의 부과가 2회 이내일 것.

### 2. 수입수량 제한조치에 대한 연장 등

대외무역법 제40조제1항에 따라 산업원부장관은 무역위원회의 건의가 있고 필요하다고 인정하면 수입수량 제한조치의 내용을 변경하거나 적용기간을 연장할 수 있는데, 이 경우 변경되는 조치 내용 및 연장되는 적용기간 이내에 변경되는 조치 내용은 최초의 조치 내용보다 완화되어야 한다. 그리고 수입수량 제한조치의 적용기간을 연장하는 때에는 수입수량 제한조치의 적용기간과 긴급관세 또는 잠정긴급관세의 부과기간 및 그 연장기간을 전부 합산한 기간이 8년을 넘어서는 아니 된다(대외무역법 제40조제2항).

## Ⅱ. 수출입의 질서유지

### 1. 수출입 물품등의 가격 조작 금지

무역거래자는 외화도피의 목적으로 물품등의 수출 또는 수입 가격을 조작(造作)하여서는 아니 된다(대외무역법 제43조). 이에 따라 물품등의 수출과 수입의 가격을 조작한 자는 5년 이하의 징역 또는 수출·수입하는 물품등의 가격의 3배에 해당하는 금액 이하의 벌금에 처한다(대외무역법 제53조제2항).

### 2. 무역거래자간 무역분쟁의 신속한 해결

#### 1) 무역분쟁해결의 원칙

무역거래자는 그 상호 간이나 교역상대국의 무역거래자와 물품등의 수출·수입과 관련하여 분쟁이 발생한 경우에는 정당한 사유 없이 그 분쟁의 해결을 지연시켜서는 아니 되고, 분쟁이 발생한 경우 산업부장관은 무역거래자에게 분쟁의 해결에 관한 의견을 진술하게 하거나 그 분쟁과 관련되는 서류의 제출을 요구할 수 있으며, 산업부장관은 서류를 제출받거나 의견을 들은 후에 필요하다고 인정하면 그 분쟁에 관하여 사실 조사를 할 수 있고, 산업부장관은 분쟁을 신속하고 공정하게 처리하는 것이 필요하다고 인정하거나 무역분쟁 당사자의 신청을 받으면 분쟁을 조정하거나 분쟁의 해결을 위한 중재(仲裁) 계약의 체결을 권고할 수 있다(대외무역법 제44조).

### 2) 선적 전 검사와 관련한 분쟁 조정 등

수입국 정부와의 계약 체결 또는 수입국 정부의 위임을 받아 기업이 수출하는 물품등에 대하여 국내에서 선적 전에 검사를 실시하는 기관(이하 "선적전검사기관")은 「세계무역기구 선적 전 검사에 관한 협정」을 지켜야 하는데, 이 경우 선적전검사기관은 선적 전 검사가 기업의 수출에 대한 무역장벽으로 작용하도록 하여서는 아니 된다(대외무역법 제45조제1항). 그리고 산업부장관은 선적 전 검사와 관련하여 수출자와 선적전검사기관 간에 분쟁이 발생하였을 경우에는 그 해결을 위하여 필요한 조정(調整)을 할 수 있다(대외무역법 제45조제1항). 여기에서 분쟁에 관한 중재(仲裁)를 담당할 수 있도록 독립적인 중재기관을 설치할 수 있는데(대외무역법 제45조제3항), 선적전검사중재기관은 대한상사중재원으로 하고, 중재에 대하여는 중재법을 적용한다(대외무역령 제85조). 그리고 선적전검사기관이 선적 전 검사를 하면서 「세계무역기구 선적 전 검사에 관한 협정」 제2조를 위반하여 수출 이행에 장애를 초래하였을 때에 그 선적 전 검사는 무역장벽으로 작용한 것으로 간주한다(대외무역령 제76조). 하지만 선적 전 검사와 관련한 분쟁의 해결절차는 세계무역기구협정상의 분쟁 해결절차를 방해하지 아니한다(대외무역령 제86조).

### 3) 조정명령

대외무역법 제46조제1항에 따라 산업부장관은 다음에 같은 경우에는 무역거래자에게 수출하는 물품등의 가격, 수량, 품질, 그 밖에 거래조건 또는 그 대상지역 등에 관하여 필요한 조정(調整)을 명할 수 있는데, 조정을 명하는 경우 산업부장관은 기업의 영업비밀 보호를 침해할 우려 등의 특별한 사유가 없으면 조정을 명하는 이유, 대상, 내용 등을 공고하여야 한다(대외무역령 제88조제2항):

① 헌법에 따라 체결·공포된 조약과 일반적으로 승인된 국제법규에 따른 의무 이행을 위하여 필요한 경우;
② 우리나라 또는 교역상대국의 관련 법령에 위반되는 경우;
③ 그 밖에 물품등의 수출의 공정한 경쟁을 교란할 우려가 있거나 대외 신용을 손상하는 행위를 방지하기 위한 것으로서 다음 각 목의 어느 하나에 해당하는 경우:
㉮ 물품등의 수출과 관련하여 부당하게 다른 무역거래자를 제외하는 경우;
㉯ 물품등의 수출과 관련하여 부당하게 다른 무역거래자의 상대방에 대하여 다른 무역거래자와 거래하지 아니하도록 유인하거나 강제하는 경우;
㉰ 물품등의 수출과 관련하여 부당하게 다른 무역거래자의 해외에서의 사업활동을 방해하는 경우.

여기에서 산업부장관 조정명령을 하려면 청문을 하여야 한다(대외무역법 제47조).

## 3. 위반행위에 대한 과태료 부과

다음에 해당하는 자에게는 2천만원 이하의 과태료를 부과한다(대외무역법 제59조제1항):

① 산업부장관이 무역거래자에게 분쟁과 관련되는 서류의 제출을 요구 명령을 위반하여 관련되는 서류를 제출하지 아니한 자;
② 산업부장관이 서류를 제출받거나 의견을 들은 후에 필요하다고 인정하여 그 분쟁에 관하여 수행하는 사실 조사를 거부, 방해 또는 기피한 자.

# 부록 관세사 시험 기출문제

◆ 2024년도 41회

(10점)

**[문제 1]** 다음 물음에 답하시오.

**물음 1)** 대외무역법령상 수입수량 제한조치(세이프가드조치)와 관련하여 (1) 수입수량 제한조치의 시행대상물품 등의 공고에서 적용 시기, 적용 기간, 공고 대상에 대해 쓰고, (2) 수입수량 제한조치 시행의 제한에 대하여 쓰시오. (10점)

◆ 2023년도 40회

(10점)

**[문제 1]** 다음 물음에 답하시오.

**물음 1)** 대외무역법령상 원산지의 표시 등과 관련하여 (1) 수출입 물품의 원산지 표시방법(시행령 제56조제1항) 4가지를 쓰고, (2) 수입된 원산지표시대상물품에 대하여 "대통령령으로 정하는 단순한 가공활동(시행령 제55조제2항)"이란 무엇인지 쓰시오. (10점)

◆ 2022년도 39회

(20점)

**[문제 1]** 다음 물음에 답하시오.

**물음 1)** 대외무역법령상 전략물자의 수출입과 관련하여 (1) 대통령령으로 정하는 국제수출통제체제(시행령 제32조) 7가지와 (2) 자율준수무역거래자로 지정받기 위해 갖춰야할 대통령령으로 정하는 능력(시행령 제43조제2항) 3가지를 각각 쓰시오. (10점)

◆ 2021년도 38회

(10점)

**[문제 1]** 대외무역법령상 수출입승인의 유효기간을 달리 정할 수 있는 사유 4가지를 쓰시오

### ◆ 2020년도 37회

(10점)

**[문제 1]** 대외무역법령상 권한의 위임과 위탁에 관한 다음 물음에 답하시오.

**물음 1)** 관세청장에 위탁된 권한 4개를 쓰시오. (4점)

**물음 2)** 세관장에게 위탁된 권한 6개를 쓰시오. (6점)

### ◆ 2019년도 36회

(10점)

**[문제 1]** 대외무역법령 및 관리규정상의 수출입승인의 요건과 전략물자 수출허가의 기준을 각각 설명하시오.

### ◆ 2018년도 35회

(10점)

**[문제 1]** 대외무역법령상 '수출'과 관세법상 '수출'의 개념과 차이점에 대하여 설명하시오.

### ◆ 2017년도 34회

(10점)

**[문제 1]** 대외무역법 제5조에 따른 물품등의 수출입의 제한 또는 금지사유를 설명하시오

### ◆ 2016년도 33회

(10점)

**[문제 1]** 대외무역법령상 구매확인서의 정의와 발급절차, 구매확인서와 내국신용장의 차이점, 구매확인서의 전자발급 의무화에 대하여 설명하시오.

### ◆ 2015년도 32회

(10점)

**[문제 1]** 대외무역법령상 특정거래 형태의 수출입의 종류와 내용을 설명하시오.

제3편

# 외국환거래법

# 11

# 외국환거래법 서론

# 제11장 외국환거래법 서론

## 제1절 외국환거래법규의 기초이론

### Ⅰ. 외국환행정의 임무 및 영역과 외국환정책

#### 1. 외국환행정의 임무

외국환거래법(이하 '외환법'이라 한다)은 제1조에서 "이 법은 외국환거래 기타 대외거래의 자유를 보장하고 시장기능을 활성화하여 대외거래의 원활화 및 국제수지의 균형과 통화가치의 안정을 도모함으로써 국민경제의 건전한 발전에 이바지함에 있다."라고 그 입법목적을 밝히고 있다.

"외국환거래 기타 대외거래의 자유를 보장하고 시장기능을 활성화하여"라는 법문의 의미는 외국환거래 및 기타 대외거래에 대한 국가의 간섭, 즉 외국환행정의 수단적 원칙을 천명하는 것으로 해석할 수 있다. 이것은 1999. 3. 31. 이전까지 시행되었던 외국환관리법이 그 입법목적으로 "이 법은 외국환과 그 거래 기타 대외거래를 합리적으로 조정 또는 관리함으로써……"라고 규정하였던 조문의 연혁을 고려해 볼 때 보다 명확해진다.

"대외거래의 원활화 및 국제수지의 균형과 통화가치의 안정을 도모"한다는 의미는 외국환거래 및 기타 대외거래에서 시장기능의 자율성을 보장하되 시장기능이 실패할 경우 국가가 국제수지의 균형과 통화가치의 안정을 유지할 목적으로 외국환거래 및 기타 대외거래를 간섭한다는 규제행정의 목적으로 기능하는 준거가 된다. 이와 같은 입법목적은 "천재지변 · 전시 · 사변, 국내외 경제사정의 중대하고도 급격한 변동 기타 이에 준하는 사태의 발생으로 인하여 부득이하다고 인정되는 경우"에 기획재정부장관(이하 '기재부장관'이라 한다)에게 외국환거래의 정지등 조치권한을 부여하고 있는 외환법 제6조의 맥락에서 해석하면 그 의미가 보다 더 분명해진다.

## 2. **외국환거래법의 적용범위**

외국환거래에서 시장기능의 자율성을 보장하고 국제수지의 균형과 통화가치의 안정을 도모하기 위한 규제행정의 준거로서 외환법은 그 입법목적을 달성하기 위하여 다음과 같은 거래 · 행위를 규율대상으로 하고 있다(외환법 제2조; 외환령 제2조):

① 대한민국에서의 외국환과 대한민국에서 하는 외국환거래, 그리고 이에 따른 거래 · 지급 또는 수령과 이와 직접 관련하여 행하여지는 지급수단 · 귀금속 · 증권 등의 취득 · 보유 · 송금 · 추심 · 수출 · 수입 등;
② 대한민국과 외국 간의 거래 또는 지급 · 수령, 그리고 이에 따른 거래 · 지급 또는 수령과 이와 직접 관련하여 행하여지는 지급수단 · 귀금속 · 증권 등의 취득 · 보유 · 송금 · 추심 · 수출 · 수입 등(외국에서 하는 행위로서 대한민국에서 그 효과가 발생하는 것을 포함한다);
③ 외국에 주소 또는 거소를 둔 개인과 외국에 주된 사무소를 둔 법인이 행하는 거래로서 대한민국 통화(通貨)로 표시되거나 지급받을 수 있는 거래와 이에 따른 거래 · 지급 또는 수령과 이와 직접 관련하여 행하여지는 지급수단 · 귀금속 · 증권 등의 취득 · 보유 · 송금 · 추심 · 수출 · 수입 등;
④ 대한민국에 주소 또는 거소를 둔 개인 또는 그 대리인, 사용인, 그 밖의 종업원이 외국에서 그 개인의 재산 또는 업무에 관하여 한 행위;
⑤ 대한민국에 주된 사무소를 둔 법인의 대표자, 대리인, 사용인, 그 밖의 종업원이 외국에서 그 법인의 재산 또는 업무에 관하여 한 행위.

외환법의 규율대상과 관련하여 '**추심**'의 개념은 무역매매 당사자 간의 계약에 의거하여 수출업자가 상품을 선적한 후 거래은행을 통하여 관련서류를 첨부한 화환어음을 수입업자에게 제시하면 수입업자가 그 어음에 대한 지급 또는 인수를 하여 무역대금을 결제하는 방법을 말한다. 그리고 **'수입'과 '수출'의 개념은 관세법상의 개념이 아니라 대외무역법상의 개념을 차용**하고 있다(외환규정 제1-2조). 이에 따라 외환법상 수입의 규율범위는 관세법상 수입의 규율범위보다 넓게 적용되고, 외환법상 수출의 규율범위도 마찬가지로 관세법상 수출의 규율범위보다 넓게 적용된다.

외환법과 다른 법률과의 적용관계와 관련하여 지급수단 · 귀금속 또는 증권의 수출입 절차에 대한 규율이 관세법의 그것과 상충되는 경우에는 '특별법우선의 원리'에 의하여 관세법의 적용이 배제된다. 그리고 외환법 제20조(보고 · 검사), 제23조(위임 · 위탁 등), 제24조(전자문서에 의한 허가 등) 및 제25조(사무처리 등) 제2항의 규정은 「금융거래실명및비밀보장에관한법률」(이하 '금융실명법') 제4조(금융거래의 비밀보장)의 규정에 우선하여 적용된다(외환법 제26조).

한편, 외환법의 내용적 법규체계는 외국환의 지급 · 수령의 원인행위법규와 그 지급 · 수령의 방법 및 절차법규로 구성되어 있는데, 경상거래(재화와 용역의 수출입거래)와 관련된 외국환의 지급 · 수령의 원인행위에 대한 규율은 대외무역법이 실체법적 지위를 갖게 된다. 따라서 외환법은 경상거래에 있어서 단지 그 외국환의 지급 · 수령의 방법 및 절차에 한해서만 실정법의 위치에 서게 된다. 또한, 외국인의 국내 직접투자와 관련된 외국환거래, 즉 국내 증권의 취득과 국내 기업에 대한 장기차관의 공여 등에 관한 사항은 외국인투자촉진법(이하 '외투법'이라 한다)의 특정한 규정이 우선 적용되므로 외투법이 외환법에 대한 특별법적 지위를 갖게 된다.

## 3. 통화가치의 안정에 관한 외국환정책

### 1) 외국환거래의 원활화에 대한 촉진과 제한

#### (1) 외국환거래환율의 지정

외환법 제5조제1항에 따라 기재부장관에게는 외국환거래에 관한 기준환율, 외국환의 매도율 · 매입률 및 재정환율을 지정할 수 있는 권한이 부여되는데, 이러한 환율지정권한의 행사는 외국환거래의 원활화와 외국환거래질서의 확립을 위하여 필요한 경우로 제한된다. 외국환행정상 환율지정제도는 경제행정법상 직접적으로 경제생활에 국가가 규제적인 영향력을 행사하기 위하여 개입하는 경제지도의 수단이 된다. 그리하여 기재부장관이 외국환거래의 원활화와 외국환거래질서의 확립에 대한 필요성을 이유로 기준환율 등을 지정하였다면 외국환행정의 객체인 거주자와 비거주자는 그 지정환율에 따라 외국환거래를 하지 않으면 안 된다(외환법 제5조제2항).

#### (2) 외국환거래 및 자본거래에 대한 비상조치

외국환행정상 외국환거래와 자본거래에 대한 비상조치는 경제행정법상 경제지도의 수단으로서 그 허용이 가능하지만 외국환행정의 목적과 그 목적을 실현하기 위한 수단

(조치)은 합리적인 비례관계를 유지하여야 하기 때문에 동 비상조치권을 행사하는 경우에는 비례의 원칙 또는 과잉금지의 원칙이 준수되어야 할 것이다. 외환법 제6조제1항에 따라 기재부장관에게 외국환거래에 대한 비상조치권한이 부여되는데, 그 발동요건은 천재지변, 전시 · 사변, 국내외 경제사정의 중대하고도 급격한 변동, 그 밖에 이에 준하는 사태가 발생하여 부득이 하다고 인정되는 경우로 제한된다. 그리고 비상조치권한의 내용은 ⓐ 외환법을 적용받는 지급 또는 수령, 거래의 전부 또는 일부에 대한 일시 정지, ⓑ 지급수단 또는 귀금속을 한국은행 · 정부기관 · 외국환평형기금 · 금융기관에 보관 · 예치 또는 매각하도록 하는 의무의 부과 등이다.

그런데 이러한 비상조치권한의 행사나 변경은 다음과 같은 방법에 따라 취하여야 한다. 앞서 설명한 ⓐ의 조치를 하는 경우에는 그 대상이 되는 지급 또는 수령, 거래의 범위 및 정지기간을 고시하여야 하고, 앞서 설명한 ⓑ의 조치를 하는 경우에는 그 대상 · 범위 및 기간을 고시하여야 한다(외환령 제11조제1항제1호 · 제2호). 만일 고시를 할 여유가 없는 긴급한 사유가 있는 경우에는 기재부장관은 비상조치를 즉시 시행할 수는 있으나 조치내용을 지체 없이 고시할 의무를 가지며, 비상조치를 해제하려는 경우에도 고시할 의무를 가진다. 비상조치권한의 행사는 특별한 사유가 없으면 6개월의 범위로 그 발동기간이 제한되며, 그 조치 사유가 소멸된 경우에는 그 조치를 즉시 해제하여야 하고, 외투법에 따른 외국인투자에 대하여는 그 적용이 배제된다(외환법 제6조제3항 · 제4항).

외환법 제6조제2항에 따라 기재부장관에게 역시 자본거래에 대한 비상조치권한이 부여되는데, 그 발동요건은 국제수지 및 국제금융상 심각한 어려움에 처하거나 처할 우려가 있는 경우 또는 대한민국과 외국간의 자본 이동으로 통화정책, 환율정책, 그 밖의 거시경제정책을 수행하는 데에 심각한 지장을 주거나 줄 우려가 있는 경우로 제한된다. 그리고 비상조치권한의 내용은 자본거래를 하려는 자에게 ㉮ 허가를 받도록 하는 의무를 부과하거나, ㉯ 그 거래와 관련하여 취득하는 지급수단의 일부를 한국은행 · 외국환평형기금 또는 금융기관에 예치하도록 하는 의무를 부과하는 것이다. 이러한 비상조치권한의 행사나 변경은 다음과 같은 방법에 따라 취하여야 한다. 앞서 설명한 ㉮의 조치를 하는 경우에는 허가를 받아야 하는 자본거래의 종류 · 범위 · 기간 및 허가절차를 고시하여야 하고, 앞서 설명한 ㉯의 조치를 하는 경우에는 예치대상 · 예치비율 · 예치금리 · 예치기간 및 예치기관을 고시하여야 한다(외환령 제11조제1항제3호 · 제4호). 만일 고시를 할 여유가 없는 긴급한 사유가 있는 경우에는 기재부장관은 비상조치를 즉시 시행할 수는 있으나 조치내용을 지체 없이 고시할 의무를 가지며, 비상조치를 해제하려는 경우에도 고시할 의무를 가진다(외환령 제11조제3항 · 제4항). 비상조치권한의 행사는 특별한 사유가 없으면 6개월의 범위로 그 발동기간이 제한되며, 그 조치 사유가 소멸된 경우에는 그 조치를 즉시 해제해야 하고, 외투법에 따른 외국인투자에 대하여는 그 적용이 배제된다(외환법 제6조제3항·제4항).

### 2) 외국환평형기금의 조성과 운용

외환법 제13조제1항에 따라 설치하는 외국환평형기금의 목적은 외국환거래의 원활화에 있으며, 그 설치의 법적 근거는 국가재정법 제5조이다. 그리고 외국환평형기금의 조성과 운용은 내국지급수단 또는 대외지급수단으로 할 수 있다(외환법 제13조제5항).

#### (1) 외국환평형기금의 조성

외국환평형기금은 다음과 같은 조성재원으로 마련된다(외환법 제13조제2항): ① 정부로부터의 출연금 및 예수금, ② 외국환평형기금 채권의 발행에 의하여 조성된 자금, ③ 외국정부, 외국중앙은행, 그 밖의 거주자 또는 비거주자로부터의 예수금 또는 일시차입금, ④ 외환법에 따른 예수금, ⑤ 외환법에 따른 외환건전성부담금 및 가산금, ⑥ 외국환평형기금의 운용으로 발생하는 이자 등의 수입.

외국환평형기금 채권은 국채에 속하고 그 종류는 통화관리용 국채로 분류된다. 국채의 법적개념은 넓은 의미로는 국가가 시장경제주체에 대하여 부담하는 금전적 채무를 지칭하는 것으로 국고의 자금조달을 위하여 행하여지는 채무부담은 모두 포함된다. 좁은 의미의 개념은 국채법에서 규정한 국채를 말하는 것으로 기재부장관이 국가의 회계·기금 또는 특별계정의 부담으로 발행하는 것으로서 유가증권의 형태를 가진 채무를 말하고, 증권의 형태를 가지지 아니하는 차입금은 이에 포함되지 아니한다. 외국환평형기금 채권의 발행권한은 기재부장관에게 부여되며(외환법 제13조제7항), 그 발행방법은 모집·매출 또는 입찰에 의한다(외환령 제26조제1항). 그리고 외국환평형기금 채권의 원활한 발행을 위하여 필요하다고 인정되는 경우에 한하여 기재부장관은 한국은행, 외국환업무취급기관, 자본시장법에 따른 투자매매(중개)업자·집합투자업자·신탁업자 및 증권금융회사, 보험업법에 따른 보험회사 등으로 하여금 그 채권을 인수하게 할 수 있는 권한을 갖는다(외환령 제26조제2항).

외국환평형기금 채권의 발행으로 인한 원리금은 국가재정법에 정하는 절차에 의하여 일반회계 세계잉여금으로 이를 상환할 수 있으며, 그것으로 상환할 수 있는 금액은 외국환평형기금 채권의 이자에 그 이자 외의 외국환평형기금 운용손익을 더하거나 뺀 금액으로 한다(외환법 제14조).

#### (2) 외국환평형기금의 운용과 관리

외국환평형기금에 대한 운용과 관리의 주체는 기재부장관이 되며, 그 운용은 다음과 같은 방법으로 행한다(외환법 제13조제3항; 외환령 제25조제2항): ① 외국환의 매매, ① 한국은행·외국은행·외국중앙은행 또는 국내외 금융회사 등에의 예치·예탁 또는 대여, ③ 외국환업무취급기관의 외화채무로서 국가가 보증한 채무의 상환을 위하여 국가가 예비비 또는 추가경정예산에 의하여 지급하기 전까지 국가를 대신하여 일시적으로 하는 지급, ④ 한국은행·외국환업무취급기관 또는 외국금융기관의 외국환거래에 따른 채무의 보증이나 파생상품에 대한 거래 또는 외국환업무취급기관 등에 대한 위탁을 통한 방법.

### 3) 의무위반에 대한 형사제재

#### (1) 불법외국환거래죄

외환법이 정하는 기준환율 등에 따르지 아니하고 거래하는 경우에는 불법외국환거래죄가 성립하는데, 불법외국환거래죄에 대한 형벌제재는 5년 이하의 징역 또는 5억원 이하의 벌금에 처하되, 위반행위의 목적물의 가액의 3배가 5억원을 초과한다면 그 벌금을 목적물 가액의 3배 이하로 한다(외환법 제27조제1항). 본죄는 징역과 벌금을 병과할 수 있으며(외환법 제27조제2항), 몰수 및 추징과 양벌규정도 적용된다(외환법 제30조·제31조). 그러나 미수행위에 대한 가벌성은 없다.

#### (2) 외국환거래 하명의무위반죄

기재부장관이 조치를 취한 지급 또는 수령, 거래의 전부 또는 일부에 대한 일시 정지 명령을 위반하여 지급 또는 수령이나 거래를 하는 경우와 기재부장관이 부과한 지급수단 또는 귀금속의 한국은행·정부기관·외국환평형기금·금융기관에 보관·예치 또는 매각의무를 위반하는 경우, 그리고 기재부장관이 허가를 받도록 하는 의무를 부과한 자본거래를 허가를 받지 아니하거나 거짓이나 그 밖의 부정한 방법으로 허가를 받고 자본거래를 하는 경우에는 외국환거래 하명의무위반죄가 성립하는데, 외국환거래의 하명의무위반죄에 대한 형벌제재는 5년 이하의 징역 또는 5억원 이하의 벌금에 처하되, 위반행위의 목적물의 가액의 3배가 5억원을 초과한다면 그 벌금을 목적물 가액의 3배 이하로 한다(외환법 제27조제1항). 본죄는 징역과 벌금을 병과할 수 있으며(외환법 제27조제2항), 몰수 및 추징과 양벌규정도 적용된다(외환법 제30조·제31조). 그러나 미수행위에 대한 가벌성은 없다.

### 4. 외국환거래의 비밀보장의무와 의무위반행위에 대한 형사제재

#### 1) 외국환거래의 비밀보장의무

외환법 제22조에 따라 외환법에 따른 허가 · 인가 · 등록 · 신고 · 보고 · 통보 · 중개(仲介) · 중계(中繼) · 집중(集中) · 교환 등의 업무에 종사하는 사람은 그 업무와 관련하여 알게 된 정보를 금융실명법 제4조에서 정하는 경우를 제외하고는 외환법에서 정하는 용도가 아닌 용도로 사용하거나 다른 사람에게 누설하는 것을 금지하는 비밀보장의무를 진다.

#### 2) 의무위반에 대한 형사제재

외국환거래의 비밀보장의무위반죄에 대한 형벌제재는 2년 이하의 징역 또는 2억원 이하의 벌금에 처한다(외환법 제28조제1항). 본죄는 징역과 벌금을 병과할 수 있으며(외환법 제28조제2항), 양벌규정도 적용된다(외환법 제31조). 그리고 본죄의 공소시효는 5년이다(형소법 제249조제1항).

## Ⅱ. 외국환의 법적개념과 외국환거래의 행위주체

### 1. 외국환의 법적개념

자금이 부족한 경제주체(자금수요자)와 자금의 여유가 있는 경제주체(자금공급자) 간의 자금거래가 국경을 넘어서 이루어지는 것을 의미하는 국제금융에서 주요한 거래 목적물은 우리나라의 입장에서 보면 '외국환'(foreign exchange)이 된다. 외국환은 외국환행정상 물적 규율대상으로서 그 적용범위는 대외지급수단, 외화증권, 외화파생상품 및 외화채권이 해당된다(외환법 제3조제1항제13호).

#### 1) 대외지급수단

대외지급수단의 규율범위는 외국통화, 외국통화로 표시된 지급수단, 그 밖에 표시통화에 관계없이 외국에서 사용할 수 있는 지급수단이 해당한다(외환법 제3조제1항). 통화(通貨)가 어느 한 나라 안에서 실제로 통용되고 있는 모든 화폐를 뜻하고 우리나라의 통화가 아닌 통화는 응당 외국통화가 되는 것이므로 외국통화의 의미는 대한민국의 법정통화인 원화(貨)를 제외한 다른 나라의 법정통화이다. 그리고 지급수단의 법적 개념은 ⓐ 정부지폐 · 은행권 · 주화 · 수표 · 우편환 · 신용장과 ⓑ 환어음 · 약속어음 · 여행자카드[1] · 상품권

---

1) '여행자카드'란 해외여행경비 지급을 위한 수단으로 외국환은행이 대금을 미리 받고 미화 1만 달러 범위 내

기타 지급받을 수 있는 내용이 표시된 우편 또는 전신에 의한 지급지시 등을 말한다. 그러나 금화라고 하더라도 액면가격을 초과하여 매매된다면 그 금화는 더 이상 화폐의 기능을 상실하는 것이므로 주화에서 제외되면서 지급수단의 규율범위를 벗어나게 된다.

#### 2) 외화증권

외화증권이란 외국통화로 표시된 증권 또는 외국에서 지급받을 수 있는 증권을 말한다. 증권의 법적 개념은 내국인 또는 외국인이 발행한 금융투자상품으로서 투자자가 취득과 동시에 지급한 금전 등 외에 어떠한 명목으로든지 추가로 지급의무(투자자가 기초자산에 대한 매매를 성립시킬 수 있는 권리를 행사하게 됨으로써 부담하는 지급의무를 제외한다)를 부담하지 아니하는 것과 무기명양도성예금증서, 그 밖에 재산적 가치가 있는 권리가 표시된 증권 또는 증서로서 투자의 대상으로 유통될 수 있는 것을 의미한다(외환법 제3조제1항제7호).

#### 3) 외화파생상품 및 외화채권

외화파생상품이란 외국통화로 표시된 파생상품 또는 외국에서 지급받을 수 있는 파생상품을 말하고, 외화채권이란 외국통화로 표시된 채권 또는 외국에서 지급받을 수 있는 채권을 말한다. 파생상품의 법적 개념은 ⓐ 기초자산이나 기초자산의 가격 · 이자율 · 지표 · 단위 또는 이를 기초로 하는 지수 등에 의하여 산출된 금전 등을 장래의 특정 시점에 인도할 것을 약정하는 계약, ⓑ 당사자 어느 한쪽의 의사표시에 의하여 기초자산이나 기초자산의 가격 · 이자율 · 지표 · 단위 또는 이를 기초로 하는 지수 등에 의하여 산출된 금전 등을 수수하는 거래를 성립시킬 수 있는 권리를 부여하는 것을 약정하는 계약, ⓒ 장래의 일정기간 동안 미리 정한 가격으로 기초자산이나 기초자산의 가격 · 이자율 · 지표 · 단위 또는 이를 기초로 하는 지수 등에 의하여 산출된 금전 등을 교환할 것을 약정하는 계약 등과 상품의 구성이 복잡하고 향후 수익을 예측하기 어려워 대규모 외환유출입을 야기할 우려가 있는 금융상품으로서 기재부장관이 고시하는 것을 말한다(외환법 제3조제1항제9호).

## 2. 외국환거래의 행위주체

#### 1) 거주자와 비거주자의 구분원칙

외국환거래는 한 국가와 그 상대편 국가 사이에 이루어지는 경제적 거래의 당사자가

---

에서 이에 상당하는 외화금액을 기록(전자 또는 자기적 방법에 의하여 개별카드 또는 중앙전산처리장치에서의 기록을 말한다)하여 발행 또는 판매하는 증표로서 여행자카드 매입자가 그 기록된 범위 내에서 현금을 인출하거나 물품 또는 용역을 제공받을 수 있게 한 증표를 말한다.

금융기관을 중개자로 하여 양국화폐간 통화의 교환을 통하여 행하는 국제간 결제를 의미한다. 외국환거래의 당사자는 그 거래의 객체인 외국환에 대한 권리능력을 가지므로 외국환거래의 주체가 된다. 외환법상 외국환거래의 주체는 우리나라 당사자인 거주자와 상대국가 당사자인 비거주자로 구분하고 있는데, "거주자 및 비거주자"의 개념은 외환법 전반에 걸쳐 사용되고 있는 외국환행정의 기본적인 개념이 된다. 다시 말하면 외국환행정의 기본적 원리는 거주자와 비거주자간의 채권·채무 관계를 규제하는 것인바, 거주자와 비거주자를 구분하는 거주성(居住性) 개념은 국적과는 관계없이 일정 기간을 거주하고 있거나 거주할 의사를 가지고 있고 경제적으로 밀착되어 있는 지역을 기준으로 한다.[2] 따라서 외국 국적을 가진 사람이 대한민국에 경제이익의 중심을 두고 있는 경우에는 비록 외국인이라고 하여도 거주자로 취급되는 것이므로 거주성의 개념이 국적과 논리 필연적인 관계에 있는 것은 아니다.

**거주자의 적용범위**는 대한민국에 주소[3] 또는 거소[4]를 둔 개인과 대한민국에 주된 사무소를 둔 법인이다(외환법 제3조제1항제14호). 따라서 거주자가 아닌 개인 및 법인은 비거주자로 적용되는 것이 논리상 당연하지만 외환법은 예외적으로 비거주자의 대한민국에 있는 지점, 출장소, 그 밖의 사무소도 법률상 대리권의 유무에 상관없이 거주자로 간주하고 있다(외환법 제3조제1항제15호). 거주자가 아닌 개인 및 법인이 비거주자의 적용범위에 속하는 것이 논리적인 귀결이므로 대한민국이 아닌 외국에 주소 또는 거소를 둔 개인과 대한민국이 아닌 외국에 주된 사무소를 둔 법인은 비거주자가 된다.

### 2) 구분이 명백하지 아니한 경우에 거주성의 구별준칙

외환법상 거주자와 비거주자의 구분법칙에 비추어 "거주자와 비거주자의 구분이 명백하지 아니한 경우"가 발생한다면 거주자의 간주규정 또는 비거주자의 간주규정을 적용하여 그 거주성여부를 구별할 수 있다(외환법 제3조제2항). 그리고 거주자 또는 비거주자에 의하여 주로 생계를 유지하는 동거가족은 해당 거주자 또는 비거주자의 준별에 따라 거주자 또는 비거주자로 구분된다(외환령 제10조제3항).

그런데 "거주자와 비거주자의 구분이 명백하지 아니한 경우"의 의미는 거주성의 존재

---

2) 헌법재판소 2005.06.30. 선고 2003헌바114 결정.

3) 민법상 주소는 "생활의 근거가 되는 곳"을 의미하여 두 곳 이상의 주소를 인정하지만, 행정법상 주소는 주민등록법상에 의한 주민등록지를 뜻하므로 한 곳만 허용된다.

4) 생활의 본거지는 아니지만 얼마 동안 계속 거처하는 곳으로 민법은 주소를 알 수 없는 경우 거소를 주소로 간주한다.

여부나 비거주성의 존재여부가 불분명한 경우 뿐 아니라 거주자와 비거주자의 적용범위를 동시에 충족하는 경우도 포함되는 것으로 해석된다. "거주자와 비거주자의 구분이 명백하지 아니한 경우"의 거주성 판단과 관련하여 판례[5]는 외환법상 거주자와 비거주자의 판단기준을 외국환거래 당사자의 경제적 생활근거지에 두고 있는 입장을 취하고 있다. 거주자와 비거주자의 구분이 명백하지 아니한 경우에 아래의 〈표 11-1〉과 같은 외국환거래당사자의 (비)거주자 간주기준에 따라 거주자 또는 비거주자로 적용된다(외환령 제10조제1항·제2항).

〈표 11-1〉 **외국환거래당사자의 (비)거주자 간주기준**

| 거래당사자 | | 간주대상 |
|---|---|---|
| 내국인 | 거주자 간주 | ① 대한민국 재외공관에서 근무할 목적으로 외국에 파견되어 체재하고 있는 대한민국국민, ② 비거주자이었던 자로서 입국하여 국내에 3개월 이상 체재하고 있거나 그 밖에 영업 양태, 주요 체재지 등을 고려하여 거주자로 판단할 필요성이 인정되는 자로서 기획재정부장관이 정하는 대한민국 국민 |
| | 비거주자 간주 | ① 외국에서 영업활동에 종사하고 있거나 외국에 있는 국제기구에서 근무하고 있는 대한민국 국민, ② 2년 이상 외국에 체재하고 있거나(이 경우 일시 귀국의 목적으로 귀국하여 3개월 이내의 기간 동안 체재한 경우 그 체재기간은 2년에 포함되는 것으로 봄) 그 밖에 영업 양태, 주요 체재지 등을 고려하여 비거주자로 판단할 필요성이 인정되는 자로서 기획재정부장관이 정하는 대한민국 국민 |
| 외국인 | 거주자 간주 | 국내에서 영업활동에 종사하고 있거나 6개월 이상 국내에서 체재하고 있는 외국인 |
| | 비거주자 간주 | ① 외국인으로서 국내에 있는 외국정부의 공관 또는 국제기구에서 근무하는 외교관·영사 또는 그 수행원이나 사용인, ② 외국정부 또는 국제기구의 공무로 입국하는 외국인이나 거주자였던 외국인으로서 출국하여 외국에서 3개월 이상 체재 중인 외국인 |
| 법인·단체 등 | 거주자 간주 | ① 대한민국 재외공관, ② 국내에 주된 사무소가 있는 단체·기관, 그 밖에 이에 준하는 조직체 |
| | 비거주자 간주 | ① 국내에 있는 외국정부의 공관과 국제기구, ② 「대한민국과아메리카합중국간의상호방위조약제4조에의한시설과구역및대한민국에서의합중국군대의지위에관한협정」(이하 '한·미SOFA'라 함)에 따른 미합중국군대 및 이에 준하는 연합군(이하 'SOFA군대등'이라 함), SOFA군대등의 구성원·군속·초청계약자와 SOFA군대등의 비세출자금기관·군사우편국 및 군용은행시설, ③ 외국에 있는 국내법인 등의 영업소 및 그 밖의 사무소, ④ 외국에 있는 주된 사무소가 있는 단체·기관, 그 밖에 이에 준하는 조직체 |

5) 대법원 1980.05.27. 선고 80도884 판결.

한편, 거주자와 비거주자의 구분이 명백하지 아니한 경우에 거주성을 판단하는 실무적 방법인 외국환거래 당사자에 대한 국내체류신분의 확인은 그 당사자의 여권상 국적 및 비자(VISA), 외국인등록증, 외국국적동포 국내거소신고증이나 재외국민 국내거소신고증 등을 근거한 그 당사자의 국내외 체류목적과 체류기간을 기준으로 판단하면 될 것이다.

## Ⅲ. 외국환행정기관

### 1. 기획재정부장관

#### 1) 법적 지위

기재부장관은 외국환행정에 관한 국가의사를 결정하여 이를 대외적으로 표시할 수 있는 권한을 가진 행정관청으로서 행정각부의 지위를 갖는다(정부조직법 제23조제1항). 그러므로 기재부장관은 외국환에 관한 사무를 관장하는 국가행정기관으로서 외국환에 관한 행정권을 행사하고, 법률이나 대통령의 위임 또는 직권으로 외국환에 관한 부령을 발할 수 있다(헌법 제95조).

#### 2) 직무권한의 범위

기재부장관이 정부조직법상 수행하는 외국환행정에 관한 직무범위는 다음과 같다(「기획재정부와그소속기관직제」[대통령령] 제3조·제21조):

- 외환 및 국제금융에 관한 정책의 총괄;
- 외국환거래에 관한 법령 및 제도의 입안·기획;
- 원화의 국제화에 관한 정책의 입안;
- 국제수지 및 외환수급에 관한 정책의 수립;
- 환율 및 외환시장에 관한 정책의 수립;
- 국제신용평가 및 국제금융관련 외국투자자 관리에 관한 업무;
- 국제금융시장의 동향분석 및 적기 정책대응에 관한 업무;
- 외환시장 및 외화자금 시장의 동향분석;
- 금융·자본시장 및 파생금융상품시장이 외환시장에 미치는 영향 분석;
- 외채 및 대외채권 관리정책의 총괄;
- 기업 및 금융기관등의 외화자금조달정책의 수립;

- 해외부동산 투자, 역외금융 및 현지금융제도에 관한 사항;
- 외국환평형기금의 관리 · 운용;
- 국부펀드 및 외환보유액의 관리 · 운용;
- 한국투자공사의 업무에 관한 사항;
- 정부의 대외지급보증 및 외화국채의 발행 · 관리에 관한 협의;
- 외국금융기관의 국내진출 및 국내금융기관의 해외진출 관련 외환에 관한 사항에 대한 총괄 · 조정;
- 대외부문 조기경보체제의 운영에 관한 업무;
- 외화결제시스템에 관한 업무;
- 금융국제화 관련 외환 및 국제금융에 관한 사항;
- 양자간 및 지역간 금융협력업무에 관한 사항;
- 외환 및 국제금융 관련 금융협상에 관한 사항;
- 국제금융기구에 관한 정책의 기획 · 입안 및 총괄 · 조정;
- 국제금융기구와의 협의 · 회의 · 출자 및 출연업무의 총괄;
- 국제금융기구와의 금융 및 외환 관련 협력 업무;
- 그밖에 외환 및 국제금융에 관한 사항.

## 2. 관세청장과 세관장

### 1) 관세청장

#### (1) 법적 지위

관세청장은 외환법령에 따라 기재부장관 권한의 일부를 수임하여 외국환행정권을 행사할 수 있는 수임행정관청이 된다. 또한, 관세청장은 외환법령에 의거 외국환업무취급기관 등이나 그 밖에 외환법을 적용받는 거래 당사자 또는 관계인에 대한 기재부장관의 외환검사권을 수임하여 그 권한을 행사할 수 있다.

#### (2) 수임직무의 범위

관세청장이 기재부장관으로부터 위임받은 외국환행정권의 직무범위는 다음과 같다(외환령 제37조제1항): ① 환전업무의 등록과 등록사항 변경 및 폐지의 신고; ② 환전영업자에 대한 감독 및 감독상 필요한 명령; ③ 환전영업자에 대한 환전업무기준을 설정하는 경우에는 외국통화의 매도에 대한 제한; ④ 환전영업자의 등록취소 · 업무제한 · 업무정지 또는 경고; ⑤ 지급수단 등의 수출 또는 수입 신고; ⑥ 외환법에 따른 경고 및 거래정지 등의 행정처분; ⑦ 외환법에 따른 과태료의 부과 · 징수. 이러한 수임직무의 범위에도 불구하고 동일한 당사자가 외환법을 두 가지 이상 위반함에 따라 경고·거래정지 또는 과태료 처분을 관세청장과 금융위원회가 각각 하게 될 경우에는 기재부장관이 정하는 기관이 일괄하여 처분할 수 있다(외환령 제37조제6항).

한편, 관세청장이 기재부장관으로부터 위임받아 소속 공무원으로 하여금 행사하게 할 수 있는 외환검사권의 대상범위는 환전영업자와 그 거래 당사자 및 관계인, 수출입거래·용역거래·자본거래의 당사자 및 관계인이며, 용역거래·자본거래의 경우에는 수출입거래와 관련된 거래 또는 대체송금을 목적으로 외환법 제16조제3호 및 제4호의 방법으로 지급 또는 수령하는 경우에만 한정된다(외환령 제35조제4항제3호).

#### 2) 세관장

세관장은 관세청장의 소속기관으로서 외환법에 따라 관세청장이 수임한 기재부장관의 권한을 재위임받아 외국환행정권의 실제 집행기관이 된다. 그리고 세관공무원은 관세청장 및 그 소속기관인 세관장의 명령에 의거 외국환업무취급기관 등이나 그 밖에 외환법을 적용받는 거래 당사자 또는 관계인의 업무에 관하여 외환검사를 수행하며, 사법경찰직무법에 의거 사법경찰관리로 지명된 세관공무원은 소속세관 관할 구역 안에서 발생하는 외환법에 규정된 지급수단·증권의 수출입에 관한 범죄, 외환법에 규정된 수출입거래에 관한 범죄, 수출입거래와 관련되거나 대체송금을 목적으로 외환법 제16조제3호·제4호의 방법으로 지급 또는 수령하는 경우의 용역거래·자본거래에 관하여 외환법에 규정된 범죄, 외환법을 위반한 범죄, 외환법 제8조제3항제1호의 외국환업무를 한 자와 그 거래 당사자·관계인에 관하여 외환법에 규정된 범죄에 대하여 검사의 지휘를 받아 수사를 행하는 형소법상 수사기관이 된다.

### 3. 외국환행정수탁기관

#### 1) 금융위원회와 금융감독원장

##### (1) 법적 지위

금융위원회와 금융감독원장은 외환법령에 따라 기재부장관으로부터 그 권한의 일부를 위임받거나 기재부장관의 승인에 따라 재위탁받아 그 한도 내에서 외국환행정권을 행사할 수 있는 공무수탁 행정기관이 된다. 그리고 금융감독원장은 외환법 에 따라 외국환업무취급기관 등이나 그 밖에 외환법을 적용받는 거래 당사자 또는 관계인에 대한 기재부장관의 외환검사권을 수탁하여 그 권한을 행사할 수 있다. 아울러 기재부장관으로부터 위탁받거나 기재부장관의 승인에 따라 재위탁받은 업무를 담당하는 금융감독원 소속 임원 및 직원(공무원 및 다른 법률에서 공무원으로 보도록 하는 사람은 제외한다)은 형법이나 그밖의 법률에 따른 벌칙을 적용할 때에는 공무원으로 간주된다(외환법 제23조제2항).

#### (2) 수탁직무의 범위

금융위원회와 금융감독원장이 기재부장관으로부터 위임(재위탁)받은 외국환행정권의 직무범위는 다음과 같다(외환령 제37조제2항): ① 외국환업무취급기관에 대한 감독 및 감독상 필요한 명령; ② 외국환업무취급기관등의 외국통화 자산·부채비율을 정하는 등 외국통화의 조달·운용에 필요한 제한; ③ 외국환업무취급기관의 업무제한·업무정지 또는 경고; ④ 외환법에 따른 과징금의 부과; ⑤ 외환법에 따른 자본거래의 신고(기재부장관이 고시한 사항으로 한정한다); ⑥ 외환법경고 및 거래정지 등 행정처분; ⑦ 외환법에 따른 보고 및 자료 또는 정보 제출의 요구; ⑧ 외환법 에 따른 과태료의 부과·징수. 이러한 수탁직무의 범위에도 불구하고 동일한 당사자가 외환법을 두 가지 이상 위반함에 따라 외환법에 따른 경고·거래정지 또는 과태료 처분을 관세청장과 금융위원회가 각각 하게 될 경우에는 수탁직무의 범위에도 불구하고 기재부장관이 정하는 기관이 일괄하여 처분할 수 있다(외환령 제37조제6항).

한편, 금융감독원장이 기재부장관으로부터 금융위원회의 재위탁을 통하여 위탁받아 소속 직원으로 하여금 행사하게 할 수 있는 외환검사권의 대상범위는 외국환업무취급기관과 그 거래당사자 및 관계인에 대한 업무로써 관세청장 또는 한국은행총재가 행사할 수 있는 외환검사권의 대상범위에 해당하지 아니하는 자가 된다(외환령 제35조제3항제2호).

### 2) 한국은행총재

#### (1) 법적 지위

한국은행총재는 외환법령에 따라 기재부장관으로부터 그 권한의 일부를 위탁받아 그 한도 내에서 외국환행정권을 행사할 수 있는 공무수탁 행정기관이 된다. 그리고 한국은행총재는 외환법에 따라 외국환업무취급기관 등이나 그 밖에 외국환거래법을 적용받는 거래 당사자 또는 관계인에 대한 기재부장관의 외환검사권을 수탁하여 그 권한을 행사할 수 있다.

한편, 기재부장관으로부터 위탁받은 업무를 담당하는 한국은행총재와 그 소속 임원 및 직원(공무원 및 다른 법률에서 공무원으로 보도록 하는 사람은 제외한다)은 형법이나 그 밖의 법률에 따른 벌칙을 적용할 때에는 공무원으로 간주된다(외환법 제23조제2항).

### (2) 수탁직무의 범위

한국은행총재가 기재부장관으로부터 위탁받은 주요 외국환행정권의 직무범위는 다음과 같다(외환령 제37조제3항): ① 외국환중개회사에 대한 감독 및 감독상 필요한 명령; ② 외환법에 대한 제한; ③ 외환법에 따른 외국환중개회사의 업무제한 · 업무정지 또는 경고; ④ 외환법에 따른 외국환평형기금의 운용 및 관리에 관한 사무; ⑤ 외환법에 따른 지급 또는 수령의 허가; ⑥ 외환법에 따른 지급 또는 수령방법의 신고; ⑦ 외환법에 따른 자본거래의 신고(기재부장관이 고시한 사항에 한정한다); ⑧ 외환법에 따른 경고 및 거래정지 등의 행정처분; ⑨ 외환법에 따른 보고 및 자료 또는 정보 제출의 요구(위탁받은 사무를 처리하기 위한 경우와 외환통계의 작성에 필요한 경우로 한정한다); ⑩ 외환법에 따른 채권회수대상의 제외와 채권회수기한의 연장.

한편, 한국은행총재가 기재부상관으로부터 수탁받아 소속 직원으로 하여금 행사하게 할 수 있는 외환검사권의 대상범위는 다음과 같다(외환령 제35조제3항제1호): ㉮ 외국환중개회사와 그 거래 당사자 및 관계인; ㉯ 외환령에 따라 한국은행총재가 위탁받아 수행하는 업무의 대상인 외국환업무취급기관 중 한국은행법에 따른 금융기관; ㉰ 외환령에 따라 한국은행총재가 위탁받아 수행하는 업무에 관련되는 보고 대상자; ㉱ 외환령에 따라 한국은행총재가 위탁받아 수행하는 업무의 대상인 부담금납부의무자. 여기에서 ㉯에 해당하는 자에 대해서는 금융감독원장에게 검사를 요구하거나 금융감독원장이 수행하는 검사에 공동으로 참여하는 방법으로 하여야 하고, ㉱에 해당하는 자에 대해서는 금융감독원장에게 검사를 요구하거나 금융감독원장이 수행하는 검사에 공동으로 참여하는 방법으로도 할 수 있다.

### 3) 외국환업무취급기관의 장

외국환업무취급기관의 장은 외환법에 따라 기재부장관으로부터 그 권한의 일부를 위탁받아 그 한도 내에서 외국환행정권을 행사할 수 있는 공무수탁 행정기관이 된다. 외국환업무취급기관장이 기재부장관으로부터 위탁받은 외국환행정권의 직무범위는 다음과 같다(외환령 제37조제5항): ① 외환법 제16조제1호 또는 제3호에 따른 방법의 신고(기재부장관이 고시한 사항에 한정한다); ② 외환법에 따른 자본거래의 신고(기재부장관이 고시하는 것에 한정한다); ③ 외환법에 따른 경고나 관련 외국환거래 또는 지급 또는 수령의 정지 또는 제한(여신전문금융업법에 따른 신용카드업자가 카드회원에 대하여 행하는 경우에 한정한다); ④ 외환법에 따른 보고의 요구(위탁받은 사무를 처리하기 위한 경우에 한정한다).

# 제2절 외국환행정의 실효성 확보수단

## Ⅰ. 외국환행정상 경제감독과 외환검사

### 1. 외국환행정의 경제감독

#### 1) 외국통화의 조달 및 운용에 대한 제한조치

##### (1) 법적 근거

기재부장관은 외환법에 따라 외환시장의 안정과 외국환업무취급기관의 건전성을 유지하기 위하여 그 필요성이 인정되는 경우에는 외국환업무취급기관에 대한 업무감독권 및 감독상 필요한 명령권 그리고 외국환업무취급기관의 외국통화 자산·부채비율을 정하는 등 외국통화의 조달·운용에 필요한 제한조치를 취할 수 있는 권한을 갖는다. 여기에서 "외국환업무취급기관"의 적용범위에는 전문외국환업무취급업자 및 외국환중개회사도 포함된다. 그리고 외국환업무취급기관 또는 영업체(자)의 외국에 있는 영업소도 그 적용범위에 포함된다.

##### (2) 제한조치의 법적 기준

외국환업무취급기관의 업무에 대한 필요한 제한조치의 법적 기준은 다음과 같다(외환령 제21조): ① 특정 외화부채에 대한 지급준비금의 최저한도를 설정하는 경우에는 외화부채의 범위, 지급준비금의 대상통화·적립시기 및 최저한도를 정할 것; ② 외국환매입초과액과 매각초과액의 한도를 설정하는 경우에는 외국환의 매입초과액과 매각초과액의 구분 및 한도, 그 산정기준이 되는 자산 및 부채의 범위, 산정방법, 시기 및 기간을 정할 것; ③ 외화자금의 조달 및 운용방법을 지정하는 경우에는 조달·운용항목과 항목별 조달·운용방법을 정할 것; ④ 외화자산 및 외화부채의 비율을 설정하는 경우에는 만기별 자금의 조달 및 운용방법과 자산 및 부채의 범위 및 기준을 정할 것; ⑤ 비거주자로부터 자금을 조달하여 비거주자를 대상으로 운용하는 계정을 설정하게 하는 경우에는 설치대상 외국환업무취급기관의 범위, 자금의 조달·운용방법과 계리방법의 기준을 정할 것; ⑥ 외국환업무취급기관의 외국환계정의 회계처리기준을 정하는 경우에는 계정과목과 회계처리방법을 정할 것; ⑦ 외국환업무에 따른 위험관리기준을 설정하는 경우에는 대상 업무 및 기준을 정할 것; ⑧ 외국환중개업무에 대한 기준을 설정하는 경우에는 대상 업무 및 운용방법을 정할 것; ⑨ 환전영업자에 대한 환전업무기준을 설정하는 경우에는 외국통화의 매도에 대한 제한 대상 및 기준을 정할 것.

#### 2) 행정제재

기재부장관은 외환법 제12조제1항에 따라 외국환업무취급기관 등이 법규상 또는 행정처분상 부과되는 작위의무나 일정한 행위의 제한(금지)조치에 대하여 위반하는 경우에는 외환법에 따른 등록 또는 인가를 취소하거나 6개월 이내의 기간을 정하여 외국환업무취급기관 등의 업무를 제한하거나 업무의 전부 또는 일부를 정지할 수 있는데, 이러한 행정제재는 간접적으로 의무자에게 심리적 압박을 가하여 외환법의 실효성을 확보하려는 것이다. 여기에서 등록 또는 인가를 취소하려는 경우에는 반드시 청문을 실시하여야 한다(외환법 제12조제3항).

#### 3) 질서위반행위에 대한 과태료제재

다음과 같은 위반행위는 1천만원 이하의 과태료 부과대상 질서위반행위에 해당한다(외환법 제32조제2항): ① 외환법에 따른 기재부장관의 경고를 받고 2년 이내에 동일한 경고사유에 해당하는 위반행위; ② 외환법에 따른 기재부장관에게 보고 또는 자료 제출을 하지 아니하거나 거짓으로 보고 또는 자료 제출을 하는 행위.

## 2. 외환검사

### 1) 개설

#### (1) 외환검사의 의의

외환검사란 외국환행정기관이 외국환행정의 실효성을 확보하기 위하여 수범자인 사인(私人)로부터 행정상 필요한 자료를 수집하는 권력적 · 강제적 작용을 의미하고, 그 법적 성격은 행정조사이다. 외환검사권에 관한 권한은 원칙적으로 기재부장관에 귀속되지만, 외환법에 따라 그 권한이 위임되거나 위탁되어 관세청장 또는 한국은행총재 및 금융감독원장이 그 권한을 행사할 수 있다. 외환검사의 실시시기는 외환법의 시행을 위하여 필요하다고 인정되는 경우이며, 그 대상자는 외국환업무취급기관 등이나 그 밖에 외환법의 적용을 받는 거래 당사자 또는 관계인이 된다. 여기에서 외환검사를 수행하는 사람은 그 권한을 표시하는 증표를 지니고 이를 관계인에게 보여야 한다(외환법 제20조제7항).

### (2) 외환검사의 수행방법

외환검사의 수행방법은 서면검사 또는 실지검사로 구분된다. 서면검사는 검사대상자로부터 필요한 서류나 장부를 제출 받아 외환검사기관에서 필요한 사항을 검사하는 것이다. 실지검사는 검사대상자의 사업장이나 거주지를 직접 방문하여 회계장부나 서류를 검사하거나 필요한 사항에 대하여 질문하는 것이다. 한편, 기재부장관은 효율적인 외환검사를 위하여 필요하다고 인정되는 경우에는 외국환업무취급기관 등이나 그밖에 외환법을 적용받는 거래 당사자 또는 관계인의 업무와 재산에 관한 자료의 제출을 요구할 수 있다(외환법 제20조제4항). 외환검사와 관련하여 다음과 같은 위반행위는 3천만원 이하의 과태료 부과대상 외환질서위반행위에 해당한다(외환법 제32조제3항): ① 외환검사에 응하지 아니하거나 외환검사를 거부·방해 또는 기피하는 행위; ② 외환검사에 따른 자료를 제출하지 아니하거나 거짓으로 자료 제출을 하는 행위; ③ 외환검사에 따른 시정명령을 따르지 아니하는 행위.

## 2) 외환검사결과에 따른 제재처분

기재부장관으로부터 외환검사권을 위임받거나 위탁받아 외환검사권을 수행한 관세청장 또는 한국은행총재 및 금융감독원장은 외환법에 따라 외환검사결과, 위법한 사실을 발견하였을 때에는 그 시정을 명하거나 그 밖에 필요한 조치를 할 수 있다. 그리고 외환검사업무를 수행하는 자는 검사결과 발견된 위규사항이 외환정책, 금융정책과 관련된 중요사항이라고 판단될 경우 그 내용을 기재부장관, 한국은행총재 등 관계기관에 통보하여야 한다(외환규정 제10-8조제2항). 아울러 외환검사업무를 수행하는 자는 검사를 수행함에 따른 제재 등의 조치를 한 경우에는 그 내용을 상호간에 통보해야 한다(외환규정 제10-8조제4항). 여기에서 외환검사결과에 따른 제재처분의 기준과 절차는 다음과 같다.

### (1) 경고처분

기재부장관은 외환법을 적용받는 자가 다음과 같은 거래 또는 행위를 행한 경우에는 경고 처분을 할 수 있다(외환법 제19조제1항; 외환령 제33조제1항): ① 외환법에 따라 허가를 받거나 신고를 한 경우 허가사항 또는 신고사항에 정하여진 기한이 지난 후에 거래 또는 행위를 한 경우; ② 일정한 금액(외환법 제15조부터 제17조까지 위반은 미화 1만 달러, 제18조 위반은 미화 5만 달러) 이하의 거래 또는 행위로서 외환법에 따른 절차 준수, 허가 또는 신고의 의무를 위반하여 거래 또는 행위를 한 경우.

#### (2) 외국환거래 또는 행위의 정지·제한 또는 허가취소

기재부장관은 최근 2년 이내에 외환법을 적용받는 자의 거래 또는 행위가 외환법에 따른 절차 준수, 허가 또는 신고의 의무를 2회 이상 위반한 경우에는 1년 이내의 범위에서 관련 외국환거래 또는 행위를 정지·제한하거나 허가를 취소할 수 있다(외환법 제19조제2항).

#### (3) 처분절차

외국환거래 또는 행위를 정지·제한하거나 허가를 취소하는 처분을 하려는 경우에는 청문을 실시하여야 하고, 그 처분절차에 관하여는 행정절차법에서 정하는 바에 따른다(외환법 제19조제3항·제4항; 외환령 제33조제2항).

### 3) 의무위반에 대한 형사제재

외국환거래 또는 행위의 정지·제한 또는 허가취소의 처분을 위반하여 해당 행정처분의 대상되는 거래 또는 행위를 실행하는 경우에는 행정처분위반죄가 성립하는데(외환법 제29조제1항제8호), 행정처분위반죄에 대한 형벌제재는 1년 이하의 징역 또는 1억원 이하의 벌금에 처하되, 위반행위의 목적물 가액의 3배가 1억원을 초과한다면 그 벌금을 목적물의 가액의 3배 이하로 한다(외환법 제29조제1항). 본죄는 징역과 벌금을 병과할 수 있으며(외환법 제29조제3항), 몰수 및 추징과 양벌규정도 적용된다(외환법 제30조·제31조). 그러나 미수행위에 대한 가벌성은 없다.

## Ⅱ. 외국환질서위반행위에 대한 과태료제재

### 1. 과태료의 부과·징수절차

외환질서위반행위에 대한 부과·징수권은 외환법에 따라 기재부장관에게 있고, 기재부장관은 외환법령에 따라 관세청장(세관장에게 재위임)이나 한국은행총재 또는 금융위원회에게 권한을 위임·위탁하고 있다.

과태료를 부과하려면 의견진술 안내문을 미리 당사자에게 통지하고, 15일간의 의견진술 기간을 부여하여야 한다. 그런데 안내문을 통지받은 날로부터 15일 이내에 당사자의 의견진술이 없는 경우에는 의견이 없는 것으로 보아 해당 위반행위의 동기와 그 결과 등을 참작하여 과태료 금액을 정하여 부과하되, 과태료 처분대상자가 의견진술 기간 이내에 과태료를 자진 납부하고자 하는 경우에는 부과될 과태료의 100분의 20을 감경한다

(질서위반법시행령 제5조).

과태료의 부과권자는 별칙 또는 과태료 처분을 받고 2년 이내에 과태료 사유에 해당하는 위반행위를 한 경우에는 해당 과태료 금액의 100분의 40 범위에서 가중할 수 있다. 다만, 가중하는 경우에도 외환법에서 정한 최고액을 넘을 수 없다. 아울러 과태료의 부과권자는 위반행위자가 다음에 해당하는 경우 해당 과태료 금액의 100분의 50 범위에서 감경할 수 있다. 이 경우 감경 사유를 여러 개 적용하는 경우에도 총감경액은 그 과태료 금액의 100분의 75를 넘을 수 없다: ① 위반행위를 사전에 자진 신고한 경우; ② 질서위반법령상 과태료 감경사유에 해당하는 경우; ③ 중기법상 중소기업의 경우; ④ 외환법에 따른 신고 또는 허가를 받을 의무가 있는 자가 과실로 잘못된 기관에 해당 절차를 이행한 경우; ⑤ 외환법에 따른 자본거래 신고의무를 위반하였으나 해당 거래에 따른 지급·수령이 이루어지지 않은 경우; ⑥ 그 밖에 경미한 과실로 인한 위반행위로서 위반행위자의 위반정도와 경제적 사정 등에 비추어 감경이 필요하다고 인정되는 경우.

## 2. 과태료 부과에 대한 불복절차

과태료 부과에 불복하는 당사자는 과태료 부과 통지를 받은 날부터 60일 이내에 세관장(또는 금융위원회 위원장)에게 서면으로 이의를 제기할 수 있는데(질서위반법 제20조), 이의제기가 있는 경우 과태료 부과처분은 그 효력을 상실하고, 이의제기를 받은 날로부터 14일 이내에 세관장(또는 금융위원회 위원장)은 과태료 처분대상자의 주소지를 관할하는 지방법원에 이를 통보하여야 한다.

한편, 위와 같은 통보를 받은 관할 법원은 비송사건절차법에 의한 과태료 재판을 하게 되는데, 비송사건절차법에 의하면 행정청이 과태료 재판에 참여할 길이 없으나 질서위반법에서는 행정청이 비록 당사자는 아니지만 필요한 경우에 법원의 허가를 얻어 심문에 참여할 수 있는 길을 열어두었다. 과태료 재판은 이유를 붙인 결정으로써 하고, 그 주문은 실무상 처벌 결정, 불처벌 결정, 이의제기 각하 결정으로 구분되며, 민사소송에서의 결정과 마찬가지로 고지함으로써 효력이 생긴다. 당사자와 검사는 재판의 고지가 있는 날부터 1주일 이내에 즉시항고를 할 수 있는데(질서위반법 제38조제1항·제40조), 항고는 집행정지의 효력이 있어서 즉시항고가 제기되면 항고법원의 재판이 확정될 때까지 원재판에 기한 집행을 할 수 없다. 항고법원의 재판도 결정으로써 하고 재항고도 가능하다(질서위반법 제40조).

### 3. 과태료처분재위반죄

외환법에 따른 과태료 처분을 받은 자가 해당 처분을 받은 날부터 2년 이내에 다시 같은 항에 따른 위반행위를 한 경우에는 과태료처분재위반죄가 성립하는데, 과태료처분재위반죄에 대한 형벌제재는 1년 이하의 징역 또는 1억원 이하의 벌금에 처하되, 위반행위의 목적물 가액의 3배가 1억원을 초과한다면 그 벌금을 목적물의 가액의 3배 이하로 한다(외환법 제29조제1항). 본죄는 징역과 벌금을 병과할 수 있으며(외환법 제29조제3항), 몰수 및 추징과 양벌규정도 적용된다(외환법 제30조·제31조). 그러나 미수행위에 대한 가벌성은 없다.

## 제3절 외국환업무의 영위

외환법은 외국환업무 등록의 전제조건으로 '외국환업무를 하는 데에 충분한 자본 · 시설 및 전문인력을 갖출 것'을 요구하면서 외국환에 관한 영리활동의 권한을 부여하는 이른바 외국환업무취급기관의 자격부여대상을 금융회사등으로만 한정하고, 외국환업무의 취급범위도 그 금융회사등의 업무와 직접 관련되는 범위로 제한하고 있다. 따라서 외국환업무의 영위는 미리 기재부장관에게 등록하지 아니하였다면 원칙적으로 허용될 수 없다(외환법 제8조제1항). 외환법상 "**금융회사등**"**의 적용범위**는 다음과 같다(외환법 제3조제1항제17호; 외환령 제7조): ① 금융위원회법에 따른 기관;[6] ② 한국산업은행; ③ 한국수출입은행; ④ 중소기업은행; ⑤ 과학기술정보통신부(이하 "과기정통부"라 한다)장관이 지정하는 체신관서;[7] ⑥ 새마을금고 및 중앙회; ⑦ 한국해양진흥공사.

---

6) 금융감독원의 검사를 받는 기관으로 다음과 같은 기관을 말한다: ① 은행법에 따른 인가를 받아 설립된 은행; ② 자본시장법에 따른 금융투자업자, 증권금융회사, 종합금융회사 및 명의개서대행회사(名義改書代行會社); ③ 보험업법에 따른 보험회사; ④ 상호저축은행법에 따른 상호저축은행과 그 중앙회; ⑤ 신용협동조합법에 따른 신용협동조합 및 그 중앙회; ⑥ 여신전문금융업법에 따른 여신전문금융회사 및 겸영여신업자(兼營與信業者); ⑦ 농업협동조합법에 따른 농협은행; ⑧ 수산업협동조합법에 따른 수협은행.

7) 과기정통부장관이 지정하는 체신관서는 기재부장관이 업무의 내용을 고려하여 외국환업무의 등록이 필요하지 않다고 인정하고 있기 때문에 기재부장관에게 등록을 하지 아니하고 외국환업무를 취급할 수 있다(외환법 제8조제1항단서).

# Ⅰ. 외국환업무의 등록의무

## 1. 외국환업무의 규율범위

기재부장관에게 외국환업무의 등록을 필한 금융회사등, 즉 외국환업무취급기관이 수행할 수 있는 외국환업무의 규율범위는 다음과 같다(외환법 제3조제1항제16호; 외환령 제6조):

① 외국환의 발행 또는 매매와 이러한 업무에 딸린 업무;
② 대한민국과 외국 간의 지급·추심(推尋) 및 수령과 이러한 업무에 딸린 업무;
③ 외국통화로 표시되거나 지급되는 거주자와의 예금, 금전의 대차 또는 보증과 이러한 업무에 딸린 업무;
④ 비거주자와의 예금, 금전의 대차 또는 보증과 이러한 업무에 딸린 업무;
⑤ 비거주자와의 내국통화로 표시되거나 지급되는 증권 또는 채권의 매매와 그러한 업무에 딸린 업무;
⑥ 외국환에 관련된 거주자 상호간의 신탁·보험 및 파생상품거래와 그러한 업무에 딸린 업무;
⑦ 거주자와 비거주자 간의 신탁·보험 및 파생상품거래와 그러한 업무에 딸린 업무;
⑧ 외국통화로 표시된 시설대여와 그러한 업무에 딸린 업무.

여기에서 '**내국통화**'란 대한민국의 법정통화인 원화(貨)를 말하고, **외국통화**란 내국통화 이외의 통화를 말한다(외환법 제3조제1항제1호·제2호). 그리고 '시설대여'란 법정 물건을 새로 취득하거나 대여받아 거래상대방에게 법정 기간 이상 사용하게 하고, 그 사용 기간 동안 일정한 대가를 정기적으로 나누어 지급받으며, 그 사용 기간이 끝난 후의 물건의 처분에 관하여는 당사자 간의 약정(約定)으로 정하는 방식의 금융을 말한다(여신전문금융업법 제2조제10호). 외환법상 '미화'란 미합중국통화를 말하며, 따로 정하는 경우를 제외하고는 미화표시금액은 그 상당액의 다른 통화표시금액을 포함하는 것으로 한다(외환규정 제1-2조).

## 2. 외국환업무의 등록요건

외국환업무의 등록이란 기재부장관으로부터 외환법상 외국환업무를 영위할 수 있는 요건을 갖추었다고 인정하는 등록증을 발급받음으로써 외국환업무취급기관의 자격을 부여받는 것을 의미한다. 이에 따라 등록신청이 다음의 등록요건을 갖추었다고 인정되는 경우에는 해당 신청인은 기재부장관으로부터 그 등록증을 발급받을 수 있다(외환령 제13조제2항·제7항·제8항):

① 해당 금융회사등에 대하여 금융위원회(새마을금고 및 중앙회는 행안부장관, 해양진흥공사는 해수부장관을 말한다)가 정하는 재무건전성 기준에 비추어 자본 규모와 재무구조가 적정할 것;
② 외환법에 따라 외국환거래, 지급 또는 수령에 관한 자료를 중계·집중·교환하는 기관으로 지정된 기관과 전산망이 연결되어 있을 것;
③ 외국환업무 및 그에 따른 사후관리를 원활하게 수행할 수 있는 전산설비를 갖출 것;
④ 외국환업무에 2년 이상 종사한 경력이 있는 자 또는 기재부장관이 정하는 교육을 이수한 자를 영업소별로 2명 이상 확보할 것.

## 3. 금융회사별 외국환업무의 취급범위

기재부장관에게 등록된 금융기관(외국환업무취급기관)의 외국환업무 취급범위는 다음과 같은 구분에 따라 차별적으로 허용된다(외환령 제14조).

### 1) 외국환은행

모든 외국환업무를 영위할 수 있는 금융회사의 국내영업소를 외국환은행이라고 하는데, 그 적용범위는 다음과 같다(외환령 제14조제1호): ① 은행법에 따른 은행; ② 농업협동조합법에 따른 농협은행; ③ 수산업협동조합법에 따른 수협은행; ④ 한국산업은행법에 따른 한국산업은행; ⑤ 한국수출입은행법에 따른 한국수출입은행; ⑥ 중소기업은행법에 따른 중소기업은행.

### 2) 종합금융회사

자본시장법에 따른 종합금융회사는 종합금융회사의 업무와 직접 관련된 외국환업무를 영위할 수 있는데, 외국통화로 표시되거나 지급되는 거주자와의 예금, 금전의 대차 보증업무의 경우 다른 외국환업무취급기관과의 외국통화로 표시되거나 지급되는 예금업무에 한정하여 그 취급이 허용되고, 비거주자와의 예금, 금전의 대차 또는 보증업무 중 예금업무는 외국금융기관과의 외국통화로 표시되거나 지급되는 예금업무에 한정하여 그 취급이 허용된다(외환령 제14조제2호).

### 3) 체신관서

우정사업법에 따른 체신관서의 업무와 직접 관련된 외국환업무를 취급할 수 있다(외환령 제14조제3호).

# Ⅱ. 환전영업의 특례

## 1. 환전업무의 등록의무

환전업무의 등록이란 관세청장(세관장)[8]으로부터 외환법상 환전업무를 영위할 수 있는 등록요건을 갖추었다고 인정하는 등록증을 발급받음으로써 외환법상 환전영업자의 자격을 부여받는 것을 말한다. 여기에서 법정 등록요건은 ① 환전업무를 하는 데에 필요한 영업장과 ② 환전업무 및 그에 따른 사후관리를 원활하게 수행하기 위하여 기재부장관이 정하여 고시하는 전산설비를 갖추어야 한다(외환령 제15조제2항).

환전업무를 영위할 수 있는 등록증을 발급받기 위해서는 서면으로 관세청장(세관장)에게 등록신청을 하여야 한다. 등록신청의 방법은 법정 등록요건을 충족하였음을 입증하는 건물등기부등본 등의 증빙서류를 첨부한 환전업무등록신청서를 제출하는 것이다(외환령 제15조제1항; 외환규정 제2-28조제1항). 하지만 등록을 신청한 자가 등록의 결격사유, 즉 ① 법정 영업장 요건 및 전산설비 요건을 갖추지 못한 경우, ② 제출받은 서류에 흠이 있다고 인정되는 경우, ③ 등록을 신청한 자(등록을 신청한 자가 법인인 경우 그 임원을 포함한다)가 외환법에 따라 등록할 수 없는 자에 해당하는 경우, ④ 그밖에 외환법 또는 다른 법령에 따른 제한에 위반되는 경우라면 해당 신청인의 등록은 허용되지 않는다(외환령 제15조제3항).

한편, 환전업무의 등록내용을 변경하거나 환전업무를 폐지하려는 경우에는 외환법상 신고의무가 발생하는데, 명칭 및 소재지를 변경하려는 환전영업자는 환전영업자 등록필증과 변경사항을 증명하는 서류를 첨부한 환전업무등록내용변경신고서를, 그리고 환전업무를 폐지하려는 환전영업자는 ㉮ 환전영업자 등록필증, ㉯ 보유 외국환잔액(외화예금을 포함한다)의 지정거래외국환은행에의 매각증명서, ㉰ 미사용환전증명서(외국환매각신청서와 외국환매입증명서를 말한다) 및 폐기환전증명서에 대한 지정거래외국환은행에의 반납확인서, ㉱ 환전영업 중 매 반기별로 다음 달 10일까지 환전장부(전자문서를 포함한다)의 사본을 세관장에게 제출하지 않은 경우에는 해당 환전장부 사본을 첨부한 환전업무폐지신고서를 변경 또는 폐지하려는 날의 7일 전까지 세관장에게 각각 제출하여야 한다(외환령 제16조제1항·제2항; 외환규정 제2-28조제3항).

---

8) 외환법 제23조제1항 및 외환령 제37조제1항에 따라 기재부장관의 권한이 관세청장에게 위임되고, 관세청장은 기재부장관의 승인을 받아 세관장에게 재위임함.

## 2. 환전영업자의 업무범위

환전영업자의 업무범위에는 ① 외국통화 및 여행자수표의 매입업무와 ② 재환전업무가 허용되는데, 그 매입절차와 허용요건 및 절차는 다음과 같다(외환규정 제2-29조제2항). 환전영업자는 거주자 또는 비거주자로부터 내국지급수단을 대가로 외국통화 및 여행자수표를 매입하는 경우에는 해당 (비)거주자로부터 외국환매각신청서를 제출받아 주민등록증, 여권, 사업자등록증, 납세번호증 등 실명확인증표에 의하여 인적사항을 확인하여야 한다. 그리고 그 (비)거주자의 외국통화 및 여행자 수표의 취득이 신고등의 대상인지 여부를 확인(동일자, 동일인 기준 미화 2만 달러를 초과하는 경우에 한한다)하고, 외국환매각신청서 사본을 익월 10일 이내에 국세청장 및 관세청장(세관장)에게 통보하여야 한다. 아울러 외국인거주자 또는 비거주자로부터 외국통화 및 여행자수표를 매입하는 경우에는 1회에 한하여 외국환매입증명서를 발행 · 교부하여야 한다.

한편, 환전영업자는 다음과 같은 경우에 한하여 재환전할 수 있다(외환규정 제2-29조제3항): ① 비거주자가 최근 입국일 이후 당해 체류기간 중 외국환업무취급기관 또는 환전영업자에게 내국지급수단을 대가로 대외지급수단을 매각한 실적범위 내에서 재환전하는 경우; ② 비거주자 및 외국인거주자가 당해 환전영업자의 카지노에서 획득한 금액 또는 미사용한 금액에 대하여 재환전하는 경우.

재환전업무의 절차에서 비거주자 및 외국인거주자로부터 재환전신청을 받은 환전영업자는 재환전신청서, 외국환매입증명서 및 여권을 제출받아야 한다(외환규정 제2-29조제4항). 여기에서 SOFA신분자, 국내에 있는 외국정부의 공관 또는 국제기구에서 근무하는 외교관 · 영사 또는 그 수행원이나 사용인, 외국정부 또는 국제 기구의 공무로 입국한 자에 해당하는 비거주자 및 외국인거주자로부터 재환전 신청을 받은 경우에는 여권 이외에 신분증, 외국인등록증 등의 실명확인증표에 의하여 인적사항을 확인할 수 있다.

앞서 설명한 외국통화 및 여행자수표의 매입절차 또는 재환전업무의 허용요건 및 절차에도 불구하고 환전영업자는 동일자 · 동일인 기준 미화 2천 달러(단, 환전영업고시에 따른 환전장부 전산관리업자의 경우 미화 4천 달러) 이하의 외국통화 및 여행자수표를 외국환매각신청서 및 외국환매입증명서 없이 매입하거나 매각할 수 있다(외환규정 제2-29조제5항).

## 3. 등록의무위반에 대한 과태료 제재

전문외국환업무를 등록한 환전영업자가 해당 전문외국환업무를 폐지하였음에도 불구하고 폐지하는 날의 7일 전까지 그 사실을 세관장에게 신고하지 아니한 행위는 1천만 원 이하의 과태료 부과대상 외환질서위반행위에 해당된다(외환법 제32조제4항제1호). 그리고 환전영업자가 그 등록요건에 해당하는 사항에 대한 변경신고를 하지 아니하거나 거짓으로 변경신고를 하고 전문외국환영업을 행하는 허위변경신고 전문외국환영업행위는 1억원 원 이하의 과태료 부과대상 외환질서위반행위에 해당된다(외환법 제32조제1항).

## Ⅲ. 전문외국환업무취급의 특례

### 1. 소액해외송금업무의 등록의무

소액해외송금업의 등록이란 기재부장관으로부터 외환법상 소액해외송금업무를 영위할 수 있는 요건을 갖추었다고 인정하는 등록증을 발급받음으로써 외환법상 소액해외송금업자의 자격을 부여받는 것을 말한다. 소액해외송금업을 영위할 수 있는 등록증을 발급받기 위해서는 서면으로 금융감독원장을 경유하여 기재부장관에게 등록신청을 하여야 한다. 등록신청의 방법은 ① 정관, ② 법인 등기부등본, ③ 소액해외송금업무 취급 범위 및 수행 방식에 대한 설명 자료, ④ 소액해외송금업무에 사용할 계좌의 통장 사본, ⑤ 외국 협력업자의 본국 정부가 발행한 설립인가서 사본 등 외국 협력업자가 본국에서 합법적으로 해당 업무를 영위할 수 있음을 입증하는 서류(한글 번역본 포함), ⑥ 소액해외송금업무 수행에 필요한 자기자본, 재무건전성 기준, 전산시설 및 전문인력 요건을 충족하였음을 입증하는 서류, ⑦ 임원의 이력서, ⑧ 약관 등을 첨부한 소액해외송금업무등록신청서를 제출하는 것이다(외환령 제15조의2제1항; 외환규정 제3-3조제1항). 하지만 외환법령의 규정에 따른 등록요건을 갖추지 못한 경우나 제출받은 서류에 흠이 있다고 인정되는 경우 또는 등록을 신청한 자(등록을 신청한 자의 임원을 포함한다)가 외환법령의 규정에 따라 등록할 수 없는 자에 해당하는 경우나 그밖에 외환법 또는 다른 법령에 따른 제한에 해당하는 경우라면 해당 신청인의 등록은 허용되지 않는다(외환령 제15조의2제4항).

소액해외송금업무의 등록내용을 변경하거나 소액해외송금업무를 폐지하려는 경우에는 외환법상 신고의무가 발생하는데(외환법 제8조제4항), 등록내용을 변경하려는 소액해외송금업자는 소액해외송금업무 등록필증과 변경사항을 증명하는 서류(자기자본 요건을 충족하였음을 입증하는 서류를 포함한다)를 첨부한 해외송금업무등록내용변경신고서를, 그리고 소액해외송금업무를 폐지하려는 자는 소액해외송금업무 등록필증과 소액해외송금업무와 관련하여 고객에게 부담하는 채무의 이행을 완료하였음을 입증하는 서류를 첨부한 해외송금업무폐지신고서를 변경 또는 폐지하려는 날의 7일 전까지 각각 금융감독원장에게 제출하여야 한다(외환령 제16조제2항; 외환규정 제2-30조제6항). 여기에서 변경신고의 대상은 ㉠ 명칭, ㉡ 본점 및 영업소의 소재지, ㉢ 소액해외송금업무 대상국가 및 취급통화 등을 포함한 취급 범위에 관한 사항, ㉣ 소액해외송금업무의 수행 방식에 관한 사항, ㉤ 소액해외송금업무에 사용할 계좌(소액해외송금업무의 등록을 하려는 자의 명의로 금융회사등에 개설된 계좌로 한정한다)의 정보, ㉥ 소액해외송금업무 과정에서 관여하는 외국 협력업자에 관한 사항, ㉦ 다른 업무를 겸영하지 아니하고 소액해외송금업무만을 영위하려는 자로서 분기별 지급 및 수령 금액 총액을 기재부장관이 정하는 기준 이하로 운영하려는 자에 해당하는지 여부에 관한 사항이 해당된다(외환령 제16조제1항).

한편, 환전업무, 소액해외송금업무 또는 기타전문외국환업무를 겸영하려면 업무별로 각각 등록하여야 한다(외환령 제15조의6). 그리고 전문외국환업무를 등록한 소액해외송금업자가 해당 전문외국환업무를 폐지하였음에도 불구하고 폐지하는 날의 7일 전까지 그 사실을 금융감독원장에게 신고하지 아니한 행위는 1천만 원 이하의 과태료 부과대상 외환질서위반행위에 해당된다(외환법 제32조제4항제1호). 또한, 소액해외송금업자가 그 등록요건에 해당하는 사항에 대한 변경신고를 하지 아니하거나 거짓으로 변경신고를 하고 전문외국환영업을 행하는 허위변경신고 전문외국환영업행위는 1억원 원 이하의 과태료 부과대상 외환질서위반행위에 해당된다(외환법 제32조제1항).

## 2. 소액해외송금업자의 업무범위

소액해외송금업자가 취급할 수 있는 건당 지급 및 수령 한도는 각각 건당 미화 5천 달러로 하며, 동일인당 연간 지급 및 수령 누계 한도는 각각 미화 5만 달러로 한다(외환령 제15조의3제1항; 외환규정 제2-31조제1항). 이에 따라 소액해외송금업자는 취급이 허용된 업무를 수행하기 위해 외국환은행을 상대로 외국통화를 매입 또는 매도할 수 있다(외환령 제2-31조제2항). 그리고 취급이 허용된 업무의 수행에서 고객에게 자금을 지급하거나 고객으로부터 자금을 수령하려면 등록신청 시 제출한 소액해외송금업무에 사용할 계좌를 통해서만 수행하여야 한다(외환령 제15조의3제2항). 여기에서 만일 계좌를 통한 거래에 준하는 수준의 투명성 확보가 담보되는 것으로 기재부장관이 인정하는 방식으로 자금을 지급 또는 수령하는 경우라면 그 예외가 허용될 수 있다. 그리고 소액해외송금업자는 등록신청 시 제출한 소액해외송금업무에 사용할 계좌는 고객에게 자금을 지급하거나 고객으로부터 자금을 수령하는 용도 이외의 목적으로는 사용이 금지되며, 동 계좌의 자산을 다른 자산과 구분하여 회계처리하여야 한다(외환령 제15조의3제3항·제4항).

## 3. 소액해외송금업무의 안전성 확보기준 등

소액해외송금업자는 소액해외송금업무의 안전성과 신뢰성을 확보할 수 있도록 전자적 전송이나 처리를 위한 인력, 시설, 전자적 장치, 소요경비 등의 정보기술부문 및 인증방법에 관하여 기재부장관이 정하는 기준을 준수하여야 한다(외환령 제15조의4제1항). 그리고 소액해외송금업자는 기재부장관이 정하는 자격요건을 갖춘 사람을 소액해외송금업무의 기반이 되는 정보기술부문 보안을 총괄하여 책임질 정보보호최고책임자로 지정하여야 한다(외환령 제15조의4제2항). 또한, 소액해외송금업자는 소액해외송금업무의 수행과 관련하여 약관을 정하거나 변경하려는 경우 미리 기재부장관에게 신고하여야 한다(외환령 제15조의4제3항).

여기에서 기재부장관은 건전한 외환거래 질서를 유지하기 위하여 필요한 경우 소액해외송금업자에게 약관의 변경을 권고할 수 있다(외환령 제15조의4제4항). 그리고 소액해외송금업자는 약관을 정하거나 변경한 경우 인터넷 홈페이지 등을 통하여 공시하여야 하며, 고객과 소액해외송금업무와 관련한 계약을 체결할 때 약관을 명시하여야 한다(외환령 제15조의4제5항).

한편, 소액해외송금업자는 업무와 관련하여 고객이 제기하는 정당한 의견이나 불만을 반영하고 고객이 소액해외송금업무와 관련하여 입은 손해를 배상하기 위한 절차를 마련하여야 한다(외환령 제15조의4제6항). 또한, 소액해외송금업자는 기재부장관이 정하여 고시하는 소액해외송금업무와 관련된 주요 정보를 고객에게 제공하여야 한다(외환령 제15조의4제7항).

## 4. 이행보증금의 예탁과 지급절차 및 반환절차

외환법 제8조제7항에 따라 기재부장관은 외국환업무의 성실한 이행을 위하여 외환법령상 전문외국환업무를 등록한 자에게 기재부장관이 지정한 이행보증금예탁기관인 금융감독원에 보증금을 예탁하게 하거나 보험 또는 공제에 가입하게 하는 등 필요한 조치를 할 수 있다. 이에 따라 소액해외송금업자는 이행보증금예탁기관에 이행보증금을 현금으로 예탁하고 등록기간 동안 이를 유지하여야 하는데, 기재부장관이 인정하는 보증보험에 가입하는 경우에는 보장금액에 해당하는 범위에서 이행보증금의 일부 또는 전부를 예탁하지 아니할 수 있다(외환령 제17조의2제2항). 여기에서 소액해외송금업자가 예탁하여야 하는 이행보증금은 영업개시일로부터 그 다음 월의 말일까지는 3억 원이상으로 하고, 그 기간이 지난 후부터는 다음의 계산식에 따라 산정한 금액 이상으로 하는데, 다음의 계산식에 따라 산정한 금액이 3억 원보다 작은 경우에는 최소이행보증금의 기준금액을 3억 원으로 한다(외환령 제17조의2제1항; 외환규정 제2-35조제2항).

$$\text{최소이행보증금} = \frac{\text{직전월 고객에게 지급을 요청받은 총액}}{\text{직전월의 전체일수}} \times 3$$

그리고 소액해외송금업자는 예탁하거나 보장되는 금액이 최소이행보증금의 기준금액에 미치지 못할 경우 매월 7일 이내에 그 부족한 금액을 다시 예탁하여야 한다(외환령 제17조의2 제3항; 외환규정 제2-35조제4항). 아울러 소액해외송금업자는 이행보증금의 산정, 예탁 근거 및 내역을 기록하고 기재부장관(금융감독원장)에게 보고하여야 한다(외환령 제17조의2제4항).

한편, 소액해외송금업자에게 대한민국에서 외국으로 지급을 요청한 고객은 소액해외송금업자의 파산, 업무정지, 등록취소 또는 이에 준하는 사유로 고객의 지급 요청을 수행하지 못하는 경우든지 아니면 소액해외송금업자가 고객의 지급 요청을 수행하지 아니하였거나 수행하는 과정에서 고객에게 손해가 발생한 경우(손해배상합의, 화해, 법원의 확정 판결, 그 밖에 이에 준하는 효력의 결정이 있는 경우로 한정한다)에 해당하는 사유가 발생한 경우 그 소액해외송금업자의 이행보증금의 한도에서 이행보증금예탁기관에 이행보증금의 지급을 신청할 수 있다(외환령 제17조의3제1항). 그리고 이러한 신청을 받은 이행보증금예탁기관장은 기재부장관이 정하는 절차에 따라 고객에게 소액해외송금업자의 이행보증금의 전부 또는 일부를 지급할 수 있다(외환령 제17조의3제2항). 아울러 이행보증금예탁기관의 장은 다음과 같은 사유에 해당하는 경우 이행보증금의 전부 또는 일부를 소액해외송금업자에게 반환하여야 한다(외환령 제17조의4): ① 소액해외송금업자가 소액해외송금업무를 폐지한 경우; ② 소액해외송금업자인 법인이 파산 또는 해산하거나 합병으로 소멸한 경우; ③ 외환법 제12조에 따라 소액해외송금업자의 등록이 취소된 경우; ④ 3개월 연속 동안 소액해외송금업자가 이미 예탁한 이행보증금이 최소이행보증금의 기준금액(외환령 제17조의2 제1항에 따라 예탁하여야 할 이행보증금)을 초과한 경우.

## 5. 기타전문외국환업무의 등록의무

외환령에 따라 기타전문외국환업무를 등록할 수 있는 자는 전자금융거래법에 의거 전자화폐의 발행·관리업무를 허가받은 자, 선불전자지급수단의 발행·관리업무를 등록한 자 또는 전자지급결제대행에 관한 업무를 등록한 자로 한정한다. 기타전문외국환업무의 범위는 ① 전자금융거래법에 따른 전자지급결제대행에 관한 업무와 직접 관련된 외국환업무로서 기재부장관이 정하여 고시하는 업무로서 전자금융거래법에 따른 전자지급결제대행 업무 과정에서의 대한민국과 외국 간의 지급·추심 및 수령과 ② 앞의

①의 업무와 관련한 외화채권의 매매가 해당된다(외환규정 제2-39조제1항).

### 6. 등록의무위반에 대한 과태료 제재

기타전문외국환영업자가 그 등록요건에 해당하는 사항에 대한 변경신고를 하지 아니하거나 거짓으로 변경신고를 하고 전문외국환영업을 행하는 허위변경신고 전문외국환영업행위는 1억원 원 이하의 과태료 부과대상 외환질서위반행위에 해당된다(외환법 제32조제1항). 그리고 전문외국환업무를 등록한 기타전문외국환영업자가 해당 전문외국환업무를 폐지하였음에도 불구하고 폐지하는 날의 7일 전까지 그 사실을 금융감독원장에게 신고하지 아니한 행위는 1천만 원 이하의 과태료 부과대상 외환질서위반행위에 해당된다(외환법 제32조제4항제1호).

## Ⅳ. 외국환중계업무의 인가

외국환업무 가운데 외국통화의 매매·교환·대여의 중개, 외국통화를 기초자산으로 하는 파생상품거래의 중개 그리고 이러한 업무와 관련된 업무인 이른바 '외국환중개업무'는 외국환 중개업무에 필요한 자본·시설 및 전문인력을 갖추어 기재부장관의 인가를 받은 외국환중개회사에게만 허용된다(외환법 제9조제1항).

### 1. 외국환중개업무의 인가신청절차

외국환중개업무를 영위하기 위해서는 서면으로 기재부장관에게 인가신청을 하여야 한다. 인가신청의 방법은 기재부장관이 정하여 고시하는 서류를 첨부한 외국환중개업무인가신청서나 외국환중개업무예비인가신청서 또는 외국환중개회사합병(영업양도·양수)인가신청서 및 외국에서의 외국환중개업무인가신청서 또는 외국에서의 외국환중개업무내용변경인가신청서를 제출하는 것이다(외환령 제18조제1항·제5항). 여기에서 외국환중개업무의 예비인가신청자는 예비인가를 통지받은 날부터 6월 이내에 본인가를 신청하여야 한다.

한편, (예비)인가신청을 받은 기재부장관은 신청일부터 30일 이내에 (인가)예비인가 여부를 결정하고 이를 신청인에게 통지하여야 한다(외환령 제18조제6항; 외환규정 제2-40조제6항). 하지만 기재부장관은 신청에 흠결이 있을 경우 보완을 요구할 수 있는데, 보완에 소요되는 기간은 인가여부 결정 및 통지기간에 포함되지 않는다. 기재부장관으로부터 외국환중개업무의 인가를 받기 위해서는 일정한 전제요건을 갖추어야 한다(외환령 제18조제2항). 여기에서 일정한 전제요건은 ① 납입자본금이 40억 원 이상일 것(외국통화의 매매[선물환은 제외한다]의 중계 및 그와 관련된 업무를 수행하려면 50억 원 이상이어야 한다); ② 외국환중개업무 및 이에 관한 보고 등을 수행할 수 있는 전산시설을 갖출 것; ③ 외국환중개업무에 대한 지식 · 경험 등 업무수행에 필요한 능력을 가진 전문인력을 갖출 것 등이다.

외국환중개회사는 인가를 받은 후 자본금이 전제요건상 납입자본금 기준의 100분의 70에 미달하지 아니하도록 운용하여야 하며, 이를 충족하지 못하는 경우 기재부장관은 다음 회계연도 말일까지 자본금을 확충하도록 요구할 수 있는데, 자본금 기준은 매 회계연도 말일을 기준으로 적용한다(외환령 제18조제3항). 아울러 기재부장관은 외국환중개업무의 성실한 이행을 담보하기 위하여 외국환중개회사로 하여금 납입자본금의 100분의 20의 범위에서 기재부장관이 정하여 고시하는 비율에 해당하는 금액을 기재부장관이 지정하는 금융회사등에 예탁하게 할 수 있는데, 예탁된 보증금은 외국환중개회사가 외국환중개업무를 폐지한 경우 또는 인가가 취소되어 그 잔무를 종결한 경우에는 신청에 의하여 반환된다(외환법 제9조제4항; 외환령 제18조제8항·제9항).

## 2. 외국환중개업무 인가서의 교부와 인가의 내용변경·폐지절차

외국환중개업무인가의 신청인은 원칙적으로 인가신청일로부터 20일 이내 인가서를 교부받을 권리가 있으며 처리기간의 계산에 있어서 초일은 산입하되 공휴일과 보완에 소요되는 기간은 산입하지 아니한다(외환규정 제1-4조제1항). 그리고 등록의 사무처리에 대해 외환규정(권한을 위탁받은 자가 정하는 규정 등을 포함한다)에서 별도로 정한 사항이 없는 경우에는 민원사무처리에 관한 법령 및 행정절차 법령의 규정이 준용된다(외환규정 제1-4조제3항).

외국환중개회사가 ① 합병 또는 해산, ② 영업의 전부 또는 일부의 폐지 · 양도 · 양수에 해당하는 행위를 하려면 기재부장관의 인가를 받거나 기재부장관에게 신고할 의무가 발생한다(외환법 제9조제3항). 이러한 경우 당해 해산 · 폐지 또는 변경예정일 7일전까지 각각 외국환중개회사해산(영업폐지)신고서와 외국환중개업무인가내용변경신고서를 기재부장관에게 제출하여야 한다(외환령 제18조제7항; 외환규정 제2-40조제4항).

한편, 외국환중개업무를 인가받은 외국환중개회사가 그 영업의 전부나 일부를 폐지하였음에도 불구하고 폐지하는 날의 7일 전까지 그 사실을 기재부장관에게 신고하지 아니한 행위는 1천만 원 이하의 과태료 부과대상 외환질서위반행위에 해당된다(외환법 제32조제4항제1호). 그리고 기재부장관으로부터 외국환중개업무의 인가를 받은 외국환중개업자가 그 인가사항 중 명칭, 영업소의 소재지 및 자본 · 시설 및 전문인력에 관한 사항에 대한 변경신고를 하지 아니하거나 거짓으로 변경신고를 하고 외국환중개영업을 행하는 허위변경신고 외국환중개영업행위는 1억원 원 이하의 과태료 부과대상 외환질서위반 행위에 해당된다(외환법 제32조제1항).

### 3. 외국환중개회사의 업무수행방법과 업무감독

외국환중개회사가 외국환중개업무를 할 수 있는 거래의 상대방은 외국환거래 관련 전문성을 갖춘 다음과 같은 기관이나 정부로 제한된다(외환법 제9조제2항; 외환령 제18조제4항): ① 한국은행; ② 정부(외국환평형기금을 운용 · 관리하는 경우에 한정한다); ③ 외국환은행과 종합금융회사; ④ 자본시장법에 따른 투자매매(중개)업자; ⑤ 보험업법에 따른 보험회사; ⑥ 외국 금융기관(내국지급수단과 대외지급수단의 매매에 대한 중개는 제외한다). 그리고 외국환중개회사가 외국에서 외국환중개업무를 영위하려면, 지점 및 사무소를 설치하는 방법이나 외국환중개업무를 하는 외국법인의 주식 또는 출자지분을 취득하여 해당 법인의 경영에 참가하는 방법 또는 해당 외국환중개회사가 사실상 경영권을 지배하고 있는 외국법인으로 하여금 외국환중개업무를 하는 다른 외국법인의 주식 또는 출자지분을 취득하게 하여 그 경영에 참가하는 방법으로 행한다(외환령 제19조제2항).

## Ⅴ. 무등록외국환업무영위행위(죄)에 대한 형사제재

무등록외국환업무영위행위(죄)[9]에 대한 형벌제재는 3년 이하의 징역 또는 3억원 이하의 벌금에 처하되, 위반행위의 목적물 가액의 3배가 3억원을 초과한다면 그 벌금을 목적물의 가액의 3배 이하로 한다(외환법 제27조외2제1항). 본죄는 징역과 벌금을 병과할 수 있으며(외환법 제27조의2제2항), 몰수 및 추징과 양벌규정도 적용된다(외환법 제30조·제31조). 그러나 미수행위에 대한 가벌성은 없다.

9) 형사법적으로 자세하게 설명한 내용은 김용태, 외국환거래법 with 외환형사법, 91~105쪽을 참조.

# 제4절 외국환업무의 수행준칙

외국환업무취급기관, 전문외국환업무취급업자 및 외국환중개회사는 그 고객과 외환법을 적용받는 거래를 할 때에는 고객의 거래나 지급 또는 수령이 이 법에 따른 허가를 받았거나 신고를 한 것인지를 확인하여야 하는데, 외국환수급 안정과 대외거래 원활화를 위하여 기재부장관이 정하여 고시하는 경우에는 예외로 한다. 그리고 외국환업무취급기관 등은 외국환업무와 관련하여 부당한 이익을 얻거나 제3자에게 부당한 이익을 얻게 할 목적으로 ① 외국환의 시세를 변동 또는 고정시키는 행위 또는 ② 앞의 ①의 행위와 유사한 행위로서 대통령령으로 정하는 건전한 거래질서를 해치는 행위는 금지된다. 또한, 외국환입무취급기관은 급격한 국제금융시장의 불안정 및 외환시장의 변동성 확대로 인하여 국민경제에 심각한 지장을 초래할 우려가 있어 외환의 유입 및 유출에 대한 자세한 주의가 필요한 경우로서 기재부장관이 인정하는 경우에는 외환법의 적용을 받는 업무에 관하여 외국금융기관과 계약을 체결할 때 기재부장관의 인가를 받아야 한다.

아울러 외국환업무취급기관과 전문외국환업무취급업자는 다음과 같은 기준에 따라 외국환업무를 수행하여야 한다: ① 외국환업무취급기관 및 전문외국환업무취급업자는 거래 내용을 기록하고 관련 서류를 보존할 것; ② 외국환업무취급기관 및 전문외국환업무취급업자는 외국환업무와 그 밖의 업무를 겸영하는 경우에는 해당 외국환업무와 다른 업무를 구분하여 관리(회계처리를 포함한다)할 것; ③ 외국환업무취급기관은 외국환업무취급 관련위험을 효율적으로 관리하기 위하여 종합적인 위험관리 체제를 구축·운용할 것; ④ 그밖에 외국환업무의 원활한 수행과 안정성 확보를 위하여 기재부장관이 정하여 고시하는 기준을 따를 것. 한편, 외국환업무취급기관은 실무적으로 다음과 같은 외국환업무의 취급방법으로 수행하여야 한다.[10)]

## Ⅰ. 지급과 수령

### 1. 취급방법

거주자 또는 비거주자로부터 지급이나 수령을 요청받은 외국환은행은 외환규정상 지

10) 그밖의 외국환업무 취급방법에 관한 자세한 설명 내용은 김용태, 앞의 책, 83~91쪽을 참조.

급 · 수령의 절차규정에 따라 그 거래를 행하여야 하고, 그 지급 · 수령의 절차규정에 의하여 제출받은 지급 · 수령의 증빙서류 및 취득경위 입증서류에 일자, 금액 및 은행명을 표시한 후 해당 거주자 또는 비거주자에게 반환하여야 한다(외환규정 제2-1조의2제1항·제4항).

### 2. 외국환은행장의 확인의무

외국환은행장은 건당 미화 5천 달러를 초과하는 지급 및 수령에 대해서는 당해 지급 또는 수령이 외환법 · 령 · 규정에 의한 신고 등의 대상인지 확인하여야 하며, 지급신청서 및 동일자 · 동일인 기준 미화 2만 달러를 초과하는 수령의 경우 서면에 의하여 확인절차를 이행하였음을 입증하는 서류를 5년간 보관하여야 하는데, 만일 수령하고자 하는 자의 소재불명으로 인하여 수령사유를 확인할 수 없는 경우에는 서면에 의한 확인의무가 면제된다(외환규정 제2-1조의2제2항·제3항).

## Ⅱ. 외국환의 매입

외국인거주자 또는 비거주자로부터 외국환을 매입하는 외국환은행은 1회에 한하여 외국환매입증명서 · 영수증 · 계산서 등 외국환의 매입을 증명할 수 있는 서류를 발행 · 교부하여야 한다(외환규정 제2-2조제4항). 그리고 외국환은행이 외국인거주자 또는 비거주자로부터 취득경위를 입증하는 서류를 제출하지 않는 대외지급수단을 매입하는 경우에는 그 매각을 요청하는 자가 대외지급수단매매신고서에 의하여 한국은행총재에게 신고하여야 한다(외환규정 제2-2조제3항).

앞서 설명한 외국환의 매입에 대한 거래방법은 외국환은행이 한국은행, 외국환평형기금, 외국환업무취급기관인 종합금융회사 · 투자매매(중개)업자 · 보험사업자, 외국에 있는 금융기관(내국지급수단을 대가로 한 대외지급수단의 매매는 제외한다) 및 다른 외국환은행과 외국환을 매매 할 경우에는 적용하지 않지만, 예외적으로 증권금융회사에 대해서는 현재의 계약환율에 따라 서로 다른 통화를 교환하고 일정 기간 후 최초 계약시점에서 정한 환율에 따라 재교환하는 거래를 하는 경우에는 위 거래방법을 적용한다(외환규정 제2-4조제1항). 그리고 외국환업무취급기관인 투자매매(중개)업자가 다른 투자매매(중개)업자, 증권금융회사 및 외국에 있는 금융기관(내국지급수단을 대가로 한 대외지급수단의 매매는 제외한다)과 외국환을 매매하는 경우에도 마찬가지로 앞서 설명한 외국환의 매입에 대한 거래방법을 적용하지 않는다(외환규정 제2-4조제2항).

# Ⅲ. 외국환의 매각

## 1. 매각의 거래요건 및 방법

외국환은행이 거주자에게 내국지급수단을 대가로 외국환을 매각할 수 있는 거래요건은 다음과 같다(외환규정 제2-3조제1항제1호):

① 거주자가 인정된 거래 또는 지급에 사용하기 위하여 외국환을 매입하는 경우;
② 외국인거주자가 최근 입국일 이후 미화 1만 달러 이내 또는 외환규정상 '비거주자 또는 외국인거주자의 지급' 규정에서 허용된 금액범위 내 외국환을 매입하는 경우;
③ 내국인거주자가 외국통화, 여행자수표 및 여행자카드를 소지할 목적으로 외국환을 매입하는 경우;
④ 거주자가 외환규정에 따라 거주자계정 및 거주자외화신탁계정에 예치하기 위하여 외국환을 매입하는 경우;
⑤ 거주자가 다른 외국환은행으로 이체하기 위하여 외국환을 매각하는 경우(다만, 대외계정 및 비거주자외화신탁계정으로 이체하는 경우에는 인정된 거래에 따른 지급에 한한다);
⑥ 거주자가 외환규정에 따라 소액해외송금업자에게 외국통화를 매각하는 경우;
⑦ 거주자가 외환규정에 따라 환전영업자에게 외국통화를 매각하는 경우.

외국환은행이 비거주자에게 내각지급수단을 대가로 외국환을 매각할 수 있는 거래요건은 다음과 같다(외환규정 제2-3조제1항제2호):

① 비거주자가 최근 입국일 이후 당해 체류기간 중 외국환업무취급기관 또는 환전영업자에게 내국통화 및 원화표시여행자수표를 대가로 외국환을 매각한 실적범위 내;
② 비거주자가 외국환은행해외지점, 현지법인금융기관과 외국금융기관에 내국통화 및 원화표시여행자수표를 대가로 외국환을 매각한 실적범위 내;
③ 외국에서 발행된 신용카드 또는 직불카드를 소지한 비거주자가 국내에서 원화 현금서비스를 받거나 직불카드로 원화를 인출한 경우에는 그 금액범위 내;
④ 앞서 설명한 거래요건의 매각실적 등이 없는 비거주자의 경우에는 미화 1만 달러 이내;
⑤ 인정된 거래에 따른 대외지급을 위한 경우;
⑥ 외환규정상 '비거주자 또는 외국인거주자의 지급'규정에서 허용된 금액범위 내.

그런데 외국환매각의 거래요건에도 불구하고 다음에 해당하는 지급을 위하여 매각하는 경우에는 당해 매입하는 자가 대외지급수단매매신고서에 의하여 한국은행총재에게

신고해야 한다(외환규정 제2-3조제1항제3호):

① 외환규정에 의한 국내원화예금 · 신탁계정관련 원리금의 지급;
② 외국인거주자의 국내부동산 매각대금의 지급;
③ 교포등에 대한 여신과 관련하여 담보제공 또는 보증에 따른 대지급의 경우 및 비거주자간의 거래와 관련하여 비거주자가 담보 · 보증 제공 후 국내재산 처분대금의 지급;
④ 외환규정에 의하여 비거주자가 취득한 원화자금의 대외지급;
⑤ 외국환은행이 내국지급수단을 대가로 외국환을 매각할 수 있는 거래요건에서 허용하는 범위를 초과하여 내국지급수단을 대가로 지급하는 경우.

한편, 외국환은행은 거주자 또는 비거주자에게 취득 또는 보유가 인정된 외국환을 대가로 다른 외국통화표시 외국환을 매각할 수 있는데, 외국환은행이 외국인거주자 또는 비거주자에게 취득경위를 입증하는 서류를 제출하지 않는 외국환을 대가로 다른 외국통화표시 외국환을 매각하는 경우에는 그 매각을 하는 외국인거주자 또는 비거주자가 대외지급수단매매신고서에 의하여 한국은행총재에게 신고해야 한다(외환규정 제2-3조제3항). 또한, 외국환은행은 국내거주기간이 5년 미만인 외국인거주자 또는 비거주자에게 매각하는 경우에는 매각실적 등을 증빙하는 서류를 제출받아 당해 외국환의 매각일자 · 금액 기타 필요한 사항을 기재하여야 하지만 앞서 설명한 이른바 외교적 지위에 있는 외국인비거주자에 대하여는 본인의 확인서로 증빙서류를 갈음할 수 있다(외환규정 제2-3조제4항).

앞서 설명한 외국환의 매각에 대한 거래요건 및 방법은 외국환은행이 한국은행, 외국환평형기금, 외국환업무취급기관인 종합금융회사 · 투자매매(중개)업자 · 보험사업자, 외국에 있는 금융기관(내국지급수단을 대가로 한 대외지급수단의 매매는 제외한다) 및 다른 외국환은행과 외국환을 매매할 경우에는 적용하지 아니한다(외환규정 제2-4조제1항). 그리고 외국환업무취급기관인 투자매매(중개)업자가 다른 투자매매(중개)업자 및 외국에 있는 금융기관(내국지급수단을 대가로 한 대외지급수단의 매매는 제외한다)과 외국환을 매매하는 경우에도 마찬가지로 방금 설명한 외국환의 매각에 대한 거래요건 및 방법을 적용하지 않는다(외환규정 제2-4조제2항).

## Ⅳ. 외국환업무수행상 의무위반행위(죄)에 대한 형사제재

외국환업무수행상 의무위반행위(죄)[11]는 외국환업무취급기관과 전문외국환영업자

11) 형사법적으로 자세하게 설명한 내용은 김용태, 앞의 책, 105~107쪽을 참조.

및 외국환중개회사가 외국환업무수행에 있어서 부과되는 소정의 의무를 이행하지 아니하거나 소정의 금지의무를 위반하는 행위이다. 외환법은 외국환업무의 등록을 한 금융회사등이 특정 업무에 관하여 외국금융기관과 계약을 체결할 때 기획재정부장관의 인가를 받도록 하고 있으므로 인가를 받지 아니하거나 또는 거짓이나 그 밖의 부정한 방법으로 인가를 받고 이러한 계약을 체결하는 행위도 본죄의 적용범위에 포함된다.

본죄의 행위태양은 확인의무위반행위, 금지의무위반행위, 무인가계약체결행위로 구분되는데, 금지의무위반행위에 대한 형벌제재는 5년 이하의 징역 또는 5억원 이하의 벌금에 처하되, 위반행위의 목적물 가액의 3배가 5억원을 초과한다면 그 벌금을 목적물의 가액의 3배 이하로 한다(외환법 제27조제1항). 본죄는 징역과 벌금을 병과할 수 있으며(외환법 제27조제2항), 몰수 및 추징과 양벌규정도 적용된다(외환법 제30조·제31조). 그러나 미수행위에 대한 가벌성은 없다. 하지만 확인의무위반행위와 무인가계약체결행위에 대한 형벌제재는 1년 이하의 징역 또는 1억원 이하의 벌금에 처하되, 위반행위의 목적물 가액의 3배가 1억원을 초과한다면 그 벌금을 목적물의 가액의 3배 이하로 한다(외환법 제29조제1항). 본죄는 징역과 벌금을 병과할 수 있으며(외환법 제29조제3항), 몰수 및 추징과 양벌규정도 적용된다(외환법 제30조·제31조).

# 12

# 외국환의 지급·수령방법과 수출입에 대한 신고

# 제12장 외국환의 지급 · 수령방법과 수출입에 대한 신고

## 제1절 외국환의 지급과 수령

### Ⅰ. 지급과 수령의 일반적 절차

외국환의 지급은 채무를 변제하기 위하여 외국환을 채권자에게 주거나 외국환을 정하여진 몫만큼 상대방에게 내주는 것을 말하고 외국환의 수령은 채무자나 상대방으로부터 외국환을 받아들이는 것을 말한다. 이와 같은 외국환의 지급이나 수령은 다음의 두 가지 기본조건을 전제요건으로 허용될 수 있다.

하나는 지급·수령의 원인행위는 우리나라가 체결한 조약 및 일반적으로 승인된 국제법규와 국내법령에 반하는 거래행위와 관련성이 없어야 한다(외환규정 제4-1조제1항). 따라서 우리나라가 체결한 조약 및 일반적으로 승인된 국제법규와 국내법령에 반하는 거래행위를 그 원인으로 하는 지급·수령은 금지되는 것이 외환법상 준칙이다. 다른 하나는 외국환의 지급·수령에 필요한 선행조건의 충족이다(외환규정 제4-2조제2항). 지급·수령에 필요한 선행조건이란 해당 지급이나 수령 또는 그 지급·수령의 원인이 되는 거래행위가 외환법령과 타 법령 등에 의하여 허가·신고수리·신고·확인·인정 또는 보고의 대상에 해당된다면 해당 허가·신고수리·신고·확인·인정 또는 보고의 실행이 그 지급이나 수령에 앞서 미리 완료되어야 한다는 것을 말한다. 그러므로 지급·수령의 원인행위에 대하여 외환법령상 허가·신고수리·신고·확인·인정의 절차적 이행의무가 있음에도 불구하고 그 절차적 의무이행을 아직 실행하지 아니하였다면 그 지급 · 수령은 허용될 수 없는 것이 외환법상 준칙이다.

그런데 만일 지급 · 수령에 필요한 선행조건을 이행하지 아니한 사안이 외환법령의 위반사실에 해당하여 형벌제재 또는 과태료 제재 등 행정제재의 적용대상이라면 그 위반사실을 제재기관의 장에게 보고되어야 하고, 이에 따라 제재조치가 취해진 연후 필요한 신고절차가 사후적으로 완료되어야만 그 지급 · 수령은 허용될 수 있다(외환규정 제4-2조제3항). 여기에서 수령의 경우라면 외국환은행을 경유하여 그 위반사실을 제재기관의 장에게 보고된 이후에 그 수령은 허용될 수 있다.

한편, 외국환업무취급기관을 통하여 위반사실을 보고받은 제재기관의 장은 외환법령을 위반한 당사자가 외환법에 따른 경고 및 거래정지 등 행정제재를 받을 우려가 있거나 기타 행정제재의 실효성 확보를 위하여 필요하다고 인정되는 경우에는 제재처분 확정 시까지 해당 지급이나 수령을 중단시킬 수 있다(외환규정 제4-2조제4항). 그리고 외환규정에 따라 거래외국환은행을 지정한 경우의 지급 또는 수령은 반드시 해당 지정거래 외국환은행을 통하여 지급하거나 수령하지 않으면 안 된다(외환규정 제4-2조제5항). 여기에서 휴대수출입을 위한 환전도 지정거래 외국환은행을 통한 지급 · 수령의무의 적용범위에 포함된다.

## Ⅱ. 지급절차의 특례

### 1. 비거주자와 외국인거주자의 지급

비거주자와 외국인거주자가 소위 '취득경위 입증서류 제출대상 자금'을 지급하려면 앞서 설명한 외환규정상 지급 · 수령의 일반적 절차규정에도 불구하고 원칙적으로 해당 자금의 취득경위를 입증하는 서류를 제출하여 외국환은행장의 확인을 받은 경우에 한하여 그 지급이 허용될 수 있다(외환규정 제4-4조제1항).[1] '취득경위 입증서류 제출대상 자금'은 대체로 비거주자와 외국인거주자가 우리나라에 입국하면서 반입한 외국환으로 외국환은행에서 매입한 내국지급수단이 해당되는데, 구체적으로 다음과 같은 자금이 해당된다.

첫째, 비거주자 또는 외국인거주자가 외국으로부터 외환규정에서 정한 바에 따라 수령하였거나 휴대수입한 대외지급수단 범위 이내의 자금이다. 여기에서 비거주자의 경우에는 해당 비거주자의 최근 입국일 이후 수령하였거나 휴대수입한 대외지급수단에 한정

1) 예외적인 허용기준에 대하여는 김용태, 앞의 책, 116쪽을 참조.

하고, 외국인거주자의 경우에는 해당 외국인거주자의 배우자와 직계존비속을 포함한다.

둘째, 외환규정에 따라 내국지급수단으로 외국환은행에서 외국환을 매입하면서 한국은행총재에게 신고한 범위 이내의 자금이다.

셋째, 국내에서의 고용이나 근무에 따라 취득한 국내보수 또는 자유업 영위에 따른 소득과 국내로부터 지급받는 사회보험 및 보장급부 또는 연금 기타 이와 유사한 소득범위 이내에서 지정거래외국환은행을 통해 지급하려는 자금이다.

넷째, 주한 외교기관이 징수한 영사수입과 기타 수수료이다.

다섯째, 외환규정에 따라 주한외교기관(소속) 비거주자와 한·미SOFA 관련 특수신분 비거주자가 외국환은행에게 외국환을 매각한 실적 범위 내의 자금이다. 여기에서 주한외교기관(소속) 비거주자란 외환령에 해당하는 비거주자를 말하고, 한·미SOFA 관련 특수신분 비거주자란 외환령에 해당하는 비거주자를 말한다.

여섯째, 외환규정에 따라 국내거주기간이 5년 미만인 주한외교기관(소속) 비거주자가 외국환은행에서 매입한 외국환이다.

마지막으로, 외환법상 자본거래에 따라 대외지급이 인정된 자금의 지급이다.

## 2. 해외여행경비의 지급

'해외여행경비'란 해외여행자가 지급할 수 있는 해외여행에 필요한 경비를 말한다. 여기에서 해외여행자는 해외체재자와 해외유학생 및 일반해외여행자로 구분되는데 각각의 적용범위는 아래의 〈표 12-1〉과 같다.

〈표 12-1〉 **해외여행자의 적용범위**

| 여행자 구분 | 적용 범위 |
|---|---|
| 해외 체재자 | ① 상용, 문화, 공무, 기술훈련, 국외연수(6월 미만의 경우에 한한다)를 목적으로 체재기간이 30일을 초과하여 외국에 체재하는 자(국내거주기간이 5년 미만인 외국인거주자는 제외한다)<br>② 국내기업 및 연구기관 등에 근무하는 자로서 그 근무기관의 업무를 위하여 체재기간이 30일을 초과하여 외국에 체재하는 국내거주기간 5년 미만인 외국인거주자와 외국의 영주권이나 장기체류자격을 취득한 재외국민 |
| 해외 유학생 | ① 외국의 교육기관·연구기관 또는 연수기관에서 6월 이상의 기간에 걸쳐 수학하거나 학문·기술을 연구 또는 연수할 목적으로 외국에 체재하는 자로서 영주권자가 아닌 국민 또는 국내 거주기간 5년 이상인 외국인<br>② 앞의 ①에 해당되지 않은 자로서 유학경비를 지급하는 부모가 영주권자가 아닌 국민인 거주자인 경우 |
| 일반 해외여행자 | 해외체재자와 해외유학생에 해당하지 아니하는 거주자인 해외여행자 |

해외여행경비의 지급방법으로 ① 외국환은행을 통한 지급방법, ② 외국환은행을 통하지 아니한 휴대수출 지급방법, 그리고 ③ 신용카드등에 의한 지급방법이 있다(외환규정 제4-5조제1항·제6항).[2] 여기에서 신용카드는 신용카드업자가 발행한 것을 말하고, 그 적용범위에는 여신전문금융업법에 의한 신용카드, 직불카드, 선불카드 또는 외국환은행이 발급한 현금인출기능이 포함된 카드가 해당되며, 여행자카드도 포함된다.

## 3. 해외이주비의 지급

'해외이주비'란 해외이주법 등 관련법령에 의하여 해외이주가 인정된 해외이주자[3]가 지급할 수 있는 경비를 말한다. 그러므로 해외이주비의 지급은 해외이주자가 그 재산을 이주대상국가로 반출하는 것을 의미한다.

해외이주비의 지급방법은 지정거래외국환은행을 통한 지급방법과 외국환은행을 통하지 아니한 휴대수출 지급방법이 있다.[4] 해외이주예정자가 영주권등을 취득하기 위한 자금을 지급하는 방법도 해외이주비의 지급방법과 같다. 해외이주비의 지급은 무한정으로 허용되는 것은 아니고 그 지급기한이 해외이주자의 유형에 따라 〈표 12-2〉와 같이 제한된다(외환규정 제4-6조제1항). 여기에서 이주자가 이주기간이 지연되는 상황에 대해 소명한 후 대외송금 기한은 연장이 가능하다.

〈표 12-2〉 **해외이주비의 지급기한**

| 구분 | 해외이주비의 지급기한 |
|---|---|
| 해외이주자 | 외교부로부터 해외이주신고확인서를 발급받은 날부터 3년 이내 |
| 해외이주 예정자 | 외환규정 제4-6조제2항에 따라 거래외국환은행을 지정한 날부터 3년 이내 |

## 4. 재외동포의 국내재산 반출절차

재외동포가 본인 명의로 보유하고 있는 국내재산은 지정거래외국환은행을 통한 지급방법이나 외국환은행을 통하지 아니한 휴대수출 지급방법으로 국외 반출이 허용된다.[5]

2) 지급조건에 관한 자세한 설명 내용은 김용태, 앞의 책, 118~119쪽을 참조.

3) 해외이주자는 종사하기 위하여 외국에 이주하는 사람과 그 가족(민법 제779조에 따른 관계에 있는 사람을 말한다) 또는 외국인과의 혼인(외국에서 영주권을 취득한 대한민국 국민과 혼인하는 경우를 포함한다)과 연고(緣故) 관계로 인하여 이주하는 사람을 말한다(해외이주법 제2조).

4) 지급조건에 관한 자세한 설명 내용은 김용태, 앞의 책, 121쪽을 참조.

5) 지급조건에 관한 자세한 설명 내용은 김용태, 앞의 책, 121~123쪽을 참조.

재외동포의 국내재산 반출[6]은 외국국적을 취득한 해외이주자 또는 외국의 영주권이나 이에 준하는 자격을 취득한 내국민이 국내에서 자신명의로 소유하고 있던 재산을 국외의 이주지나 영주지로 반출하는 것이 된다. 그리고 국외로 반출할 수 있는 국내재산의 적용범위에는 다음과 같은 자금이 해당되고, 여기에는 재외동포의 자격을 취득한 후 형성된 재산도 포함된다(외환규정 제4-7조제1항). 첫째, 부동산 처분대금이다. 여기에서 부동산을 매각하여 금융자산으로 보유하고 있는 경우가 포함된다. 둘째, 국내예금·신탁계정 관련 원리금과 증권매각대금이다. 셋째, 본인명의 예금 또는 부동산을 담보로 하여 외국환업무취급기관으로부터 취득한 원화대출금이다. 마지막으로, 본인명의 부동산의 임대보증금이다.

## 5. 허가가 필요한 지급·수령[7]

외환법에 따라 기재부장관은 국제사회의 일원으로 우리나라가 체결한 조약과 일반적으로 승인된 국제법규의 성실한 이행 그리고 국제평화와 안전유지를 위한 국제적 노력에 기여할 필요가 있는 경우 국내로부터 외국에 지급하려는 거주자·비거주자 그리고 비거주자에게 지급하거나 비거주자로부터 수령하려는 거주자에게 그 지급 또는 수령에 대한 허가를 받도록 할 수 있다. 이것은 국제사회의 테러행위 등을 규제하기 위해 금융제재대상자에 대한 지급·수령 또는 이란관련 개인 및 단체에 대한 지급과 수령을 제한하는 것으로 국제평화에 기여하기 위한 것이다.

## 6. 지급절차 위반행위에 대한 과태료 제재 및 형사제재

### 1) 질서위반행위에 대한 과태료제재

외환법을 적용받는 지급 또는 수령과 관련하여 환전절차, 송금절차, 재산반출절차 등을 위반하여 지급·수령을 하거나 자금을 이동시키는 행위는 5천만 원 이하의 과태료 부과대상 외환질서위반행위에 해당된다(외환법 제32조제2항).

### 2) 불법지급·수령에 대한 형사제재

거주자 또는 비거주자가 금융제재대상자에 대한 지급·수령 또는 이란관련 개인 및 단

6) 재산반출의 주체인 재외동포의 적용범위는 해외이주법에 의한 해외이주자로서 외국 국적을 취득한 자 또는 대한민국 국민으로서 외국의 영주권 또는 이에 준하는 자격을 취득한 자이다.

7) 자세한 설명 내용은 김용태, 앞의 책, 123~125쪽을 참조.

체에 대한 지급 · 수령에 해당함에도 불구하고 한국은행총재의 허가를 받지 아니하거나 거짓 또는 그 밖의 부정한 방법으로 허가를 받은 채 외국환을 지급 · 수령하는 경우에는 불법지급 · 수령죄가 성립한다. 불법지급 · 수령죄를 범한 자에 대한 형벌제재는 3년 이하의 징역 또는 3억 원 이하의 벌금에 처하되, 위반행위의 목적물 가액의 3배가 3억 원을 초과한다면 그 벌금을 목적물의 가액의 3배 이하로 한다(외환법 제27조의2제1항). 본죄는 징역과 벌금을 병과할 수 있으며(외환법 제27조의2제2항), 몰수 · 추징 및 양벌규정의 적용대상이 된다(외환법 제30조 · 제31조). 그러나 미수행위에 대한 가벌성은 없다.

## 제2절 외국환의 지급 · 수령방법에 대한 신고의무

### Ⅰ. 개설

#### 1. 신고의무의 부과요건

외환법은 대외거래나 행위에 따른 채권 · 채무의 결제가 비정형적인 지급 · 수령방법으로 이루어지는 경우에 해당 거래의 당사자인 거주자에게 그 비정형적 지급 · 수령방법에 대한 신고의무(또는 신고의무를 갈음하여 사후 보고의무)를 부과하고 있다. 이러한 신고의무의 부과는 외국환당국이 거주자 상호간이나 비거주자와 거주자간 또는 비거주자 상호간의 경상거래나 자본거래 또는 그 행위에 따른 채권 · 채무의 결제가 경제질서에 맞게 이루어지도록 외국환거래를 감독함으로써 우리나라의 국제수지 균형에 대한 위험을 예방하고 국민경제이익을 도모하려는 외국환행정작용의 기능을 갖게 된다. 여기에서 비정형적인 지급 · 수령방법은 외국환당국의 모니터링, 즉 외국환거래의 감독 또는 외국환행정상의 위험방지를 벗어나는 지급방법이나 수령방법을 뜻한다.

신고의무가 부과되는 비정형적 지급 · 수령방법의 적용범위는 거주자 상호간, 거주자와 비거주자 간 또는 비거주자 상호간의 외국환거래나 행위에 따른 채권 · 채무의 결제를 위하여 거주자가 행하는 지급이나 수령이 다음과 같은 네 가지 거래유형에 해당하는 경우이다(외환법 제16조):

① 상계 등의 방법으로 채권·채무를 소멸시키거나 상쇄시키는 방법으로 결제하는 경우;
② 기재부장관이 정하는 기간을 넘겨 결제하는 경우;
③ 거주자가 해당 거래의 당사자가 아닌 자와의 지급 또는 수령을 하거나 해당 거래의 당사자가 아닌 거주자가 그 거래의 당사자인 비거주자와 지급 또는 수령을 하는 경우;
④ 외국환업무취급기관을 통하지 아니하고 지급 또는 수령을 하는 경우.

## 2. 신고의무의 일반적 면제요건

앞서 설명한 비정형적 지급·수령방법에 의한 결제는 그 지급이나 수령의 방법에 대하여 신고기관에 미리 서면으로 신고하지 않았다면 원칙적으로 외환법상 그 지급 또는 수령은 허용될 수 없다. 하지만 비정형적 지급·수령방법에 의한 결제에 해당한다고 하더라도 외국환수급 안정과 대외거래 원활화를 위하여 예외적 경우에는 사후에 보고하거나 신고의무의 부과대상에서 제외될 수 있다(외환법 제16조단서). 이에 따라 외국환거래나 행위에 따른 채권·채무의 결제를 위한 지급·수령방법이 앞서 설명한 비정형적 지급·수령의 적용범위에 포함됨에도 불구하고 그 지급이나 수령이 다음과 같은 경우에 해당한다면 외환법상 지급·수령방법에 대한 신고의무는 일반적으로 발생하지 않는다(외환규정 제5-2조):

① 외환규정에 의하여 자본거래의 신고를 한 자가 신고내용에 포함된 지급·수령하는 경우;
② 한국은행, 외국환은행, 기타 외국환업무취급기관, 소액해외송금업자, 기타전문외국환업무를 등록한자 및 종합금융회사가 외국환업무와 관련하여 지급·수령하는 경우;
③ 조약 또는 일반적으로 승인된 국제법규에서 정하는 지급·수령의 방법으로 지급하거나 수령하는 경우;
④ 거래 당사자의 일방이 신고한 경우;
⑤ 정부 또는 지방자치단체가 지급 또는 수령하는 경우;
⑥ 공공차관법에 의한 차관자금으로 수입대금을 지급하는 경우;
⑦ 대외무역관리규정 별표3(수출승인의 면제) 및 별표4(수입승인의 면제)에서 정한 물품의 수출입대금을 지급 또는 수령하는 경우.

## 3. 신고의무의 이행방법

지급·수령방법에 대한 신고의무를 이행하는 절차는 기재부장관이 정하여 고시하는 신고서류를 기재부장관에게 제출하는 것이다(외환령 제30조제1항)[8]. 이에 따라 실무적으로는 '지급 · 수령의 방법(변경)신고(보고)서'에 소정의 관계서류를 첨부하여 미리 해당 신고기관에 제출(전자적 방법을 통해 실명확인을 받고 제출할 수 있다)하는 것인데, 신고내용을 변경하려는 경우에도 또한 같다(외환규정 제5-3조).

### 4. 질서위반행위에 대한 과태료제재

#### (1) 비정형적 지급 · 수령방법 미신고행위

외환법상 지급 · 수령방법에 대한 신고를 하지 아니하거나 거짓으로 신고를 하고 지급 또는 수령을 하는 행위로서 그 신고의무를 위반한 금액이 한화 25억 원 이하 상당액에 해당하는 행위에 대해서는 1억 원 이하의 과태료 부과대상 외환질서위반행위에 해당된다(외환법 제32조제1항).

#### (2) 비정형적 지급 · 수령방법 사후보고 불이행행위

외환법상 지급 · 수령방법의 신고를 갈음하여 사후 보고를 하지 아니하거나 거짓으로 사후보고를 한 경우에는 3천만 원 이하의 과태료 부과대상 외환질서위반행위에 해당된다(외환법 제32조제3항).

## Ⅱ. 상계와 상호계산방법에 의한 결제

### 1. 상계방법에 의한 결제

#### 1) 신고의무의 발생

외환법 제16조제1호에 따라 상계의 방법, 즉 거주자가 수출입 · 용역거래, 자본거래 등 대외거래를 함에 있어서 계정의 대기 또는 차기에 의하여 결제하는 등의 방법으로 비거주자에 대한 채권 또는 채무를 비거주자에 대한 채무 또는 채권으로 상계를 하는 경우에는 그 지급 · 수령방법에 대한 신고의무가 발생하는데, 그 대상거래가 다자 간 상계거래 및 다국적기업의 상계센터를 통한 상계를 제외한 상계거래는 2019. 5. 3.부터 상계처리 후 30일 이내 사후 보고제로 개정되었다. 여기에서 '상계의 방법'이란 수출입거래, 용역거래, 자본거래와 같은 대외거래의 상대방인 비거주자에 대한 채권을 취득한 거주자가

8) 여기에서 기재부장관의 권한이 한국은행총재와 (지정거래)외국환은행장에게 위탁됨에 따라 해당 신고기관은 외국환행정수탁기관인 한국은행총재 또는 (지정거래)외국환은행장이 된다.

그 채권을 기업회계상 계정의 대기(credit) 또는 차기(debit)에 의한 결제를 통하여 그 비거주자와 또 다른 거래에서 자신이 지게 된 그 비거주자에 대한 채무와 법률적으로 상쇄시키는 것을 의미한다. 외환법상 상계의 적용범위에서는 양자 간 상계뿐만 아니라 다국적 기업의 상계센터를 통하여 상계하거나 다수의 당사자의 채권 또는 채무를 상계하는 다자간 상계의 경우도 해당된다. 해당 신고기관은 상계의 유형에 따라 구별되는데, 양자간 상계거래의 경우에는 외국환은행장이 되며(외환규정 제5-4조제2항), 다자간 상계거래와 다국적기업의 상계센터를 통한 상계의 경우라면 한국은행총재가 된다(외환규정 제5-4조제3항).

#### 2) 신고의무의 면제

거주자와 비거주자가 상계의 방법으로 결제를 할 때 기재부장관이 정하여 고시하는 방법으로 일정한 외국환은행을 통하여 주기적으로 결제하는 경우 또는 그 밖에 기재부장관이 고시하는 경우에는 신고하지 아니할 수 있는 적용범위에 해당된다(외환령 제30조제2항제1호). 이에 따라 외환규정상 신고의 예외거래에 해당한다면 외환법상 지급·수령방법에 대한 신고의무가 면제된다(외환규정 제5-4조제1항).[9]

### 2. 상호계산방법에 의한 결제

외환법 제16조제1호에 따라 상대방과의 거래가 빈번하여 상호계산방법으로 지급·수령을 하는 경우에는 그 지급·수령방법에 대한 신고의무가 발생한다. 여기에서 외환법상 상호계산계정을 통하여 대기 또는 차기할 수 있는 항목은 상호계산상대방과의 채권 또는 채무로 하는데, 외환법·령·규정에 의하여 지급, 지급방법 및 자본거래에 대한 신고가 요구되는 경우에도 역시 그 지급·수령방법에 대한 신고의무가 발생한다(외환규정 제5-6조제1항). 그리고 이미 개설한 상호계산계정을 폐쇄하는 경우에도 마찬가지로 외환법상 신고의무가 발생한다(외환규정 제5-5조제1항). 해당 신고기관은 지정거래외국환은행장이 된다(외환규정 제5-5조제1항).

## Ⅲ. 수출입대금의 법정기간을 넘기는 결제

### 1. 신고의무의 발생

거주자가 수출입대금을 지급하거나 수령하는 경우에는 원칙적으로 외환법상 신고의

9) 신고면제요건에 대한 자세한 내용은 김용태, 앞의 책, 132~134쪽을 참조.

무가 발생하지 않는다. 하지만 외환법 제16조제2호에 따라 거주자가 지급하는 수입대금의 지급시기 또는 수령하는 수출대금의 수령시기가 법정기간을 넘기는 결제, 즉 기재부장관이 정하는 기간을 넘기는 결제에 해당된다면 그 지급 · 수령방법에 대한 신고의무가 발생한다. 여기에서 다음과 같은 수입대금의 지급시기 또는 수출대금의 수령시기가 해당된다(외환규정 제5-8조제1항). 그리고 해당 신고기관은 한국은행총재이다(외환규정 제5-8조제1항).

### 1) 수출대금의 수령시기

① 본지사간의 수출거래로서 계약건당 미화 5만 달러를 초과하는 수출대금을 무신용장 인수인도조건방식 또는 외상수출채권매입방식에 의하여 결제기간이 물품의 선적 후 또는 수출환어음의 일람 후 3년을 초과하여 수령하는 경우;

② 본지사간 수출거래로서 계약건당 미화 5만 달러를 초과하는 수출대금을 물품의 선적 전에 수령하는 경우;

③ 본지사간이 아닌 수출거래로서 계약건당 미화 5만 달러를 초과하는 수출대금을 물품의 선적 전 1년을 초과하여 수령하는 경우가 해당된다.

여기에서 '본지사간'은 국내에 본점을 둔 국내기업과 동 기업의 해외지사나 현지법인과의 거래를 말한다(외환규정 제1-2조제9호). 그리고 제③의 경우에는 수출거래의 대상물품이 선박, 철도차량, 항공기, 대외무역법에 의한 산업설비에 해당된다면 외환법상 신고의무에서 제외되며, 그 수령시기의 사유가 불가피하다고 인정된다면 외환법상 지급 · 수령방법에 대한 신고의무는 1년을 초과한 날로부터 3월 이내에 사후이행이 허용된다.

### 2) 수입대금의 지급시기

① 미가공 재수출할 목적으로 금을 수입하는 경우로서 선적서류 또는 물품의 수령일부터 30일을 초과하여 지급하는 계약건당 미화 5만 달러를 초과하는 수입대금;

② 30일을 초과하여 연지급 수입한 계약건당 미화 5만 달러를 초과하는 내수용 금을 미가공 재수출하려는 경우;

③ 계약건당 미화 2만 달러를 초과하는 수입대금을 선적서류 또는 물품의 수령 전 1년을 초과하여 송금방식에 의하여 지급하려는 경우가 해당된다.

여기에서 제③의 경우에는 수입거래의 대상물품이 선박, 철도차량, 항공기, 대외무역법에 따른 산업설비로서 그 수입대금이 미화 5백만 달러 이내에 해당된다면 외환법상 신고의무에서 제외되며, 그 지급시기의 사유가 불가피하다고 인정된다면 외환법상 지급·수령방법에 대한 신고의무는 1년을 초과한 날로부터 3월 이내에 사후이행이 허용된다.

## 2. 신고의무의 면제

계약 건당 미화 5만 달러 이내의 수출대금을 기재부장관이 정하여 고시하는 기간을 초과하여 수령하는 경우 또는 그 밖에 기재부장관이 고시하는 경우에는 신고하지 아니할 수 있는 적용범위에 해당된다(외환령 제30조제2항제3호). 이에 따라 앞서 설명한 신고의무의 일반적 면제요건에 해당한다면 지급·수령방법에 대한 신고의무는 발생하지 않는다.

# Ⅳ. 외국환거래의 당사자가 아닌 제3자와의 지급·수령

## 1. 신고의무의 발생

외환법 제16조제3호에 따라 거주자가 해당 거래의 당사자가 아닌 제3자와 지급 또는 수령을 하거나 해당 거래의 당사자가 아닌 거주자가 그 거래의 당사자인 비거주자와 지급 또는 수령을 하는 경우에는 원칙적으로 그 지급·수령방법에 대한 신고의무가 발생한다. 여기에서 거주자와 다국적회사인 비거주자와의 거래를 위하여 당해 거래의 당사자가 아닌 다국적회사의 자금관리 전문회사로 지급된 경우에는 지급일로부터 사후보고가 가능하다. 외환법상 제3자와의 지급·수령에 해당하는 거래관계의 구체적인 유형을 설명하면 다음과 같다.

① 거주자(A)와 비거주자(B) 간 거래 또는 행위에서 채무자인 거주자(A)가 해당 거래 당사자가 아닌 비거주자(C)에게 거래대금을 지급하여 채무를 이행하는 경우이다. 이를 거래도로 설명하면 아래와 같다.

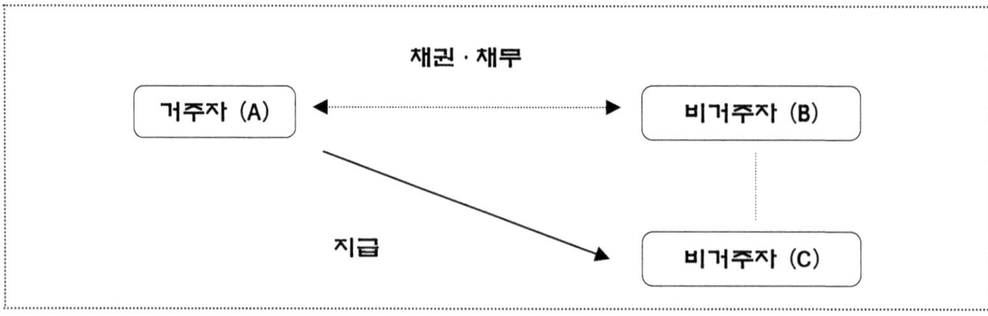

② 거주자(A)와 비거주자(B) 간 거래 또는 행위에서 채무자인 거주자(A)가 해당 거래의 당사자 아닌 거주자(C)에게 거래대금을 지급하여 채무를 이행하는 경우이거나 채권자인 거주자(A)가 해당 거래의 당사가 아닌 거주자(C)로부터 거래대금을 수령하여 채권을 실현하는 경우이다. 이를 거래도로 설명하면 아래와 같다.

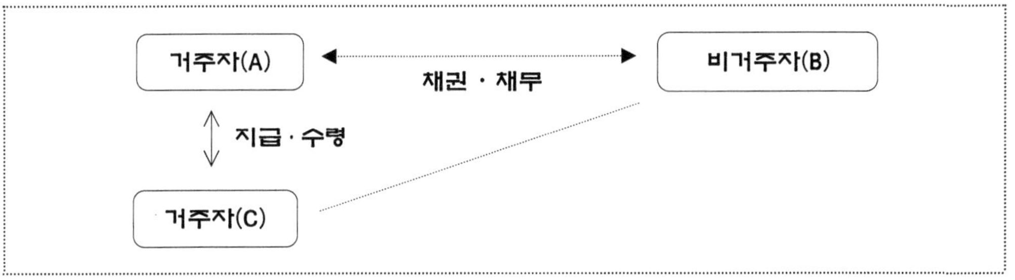


③ 거주자(A)와 비거주자(B) 간 거래 또는 행위에서 해당 거래의 당사자가 아닌 거주자(C)가 해당 거래 당사자인 비거주자(B)에게 거래대금을 지급하여 채무자인 거주자(A)의 채무를 이행하는 경우이다. 이를 거래도로 설명하면 아래와 같다.

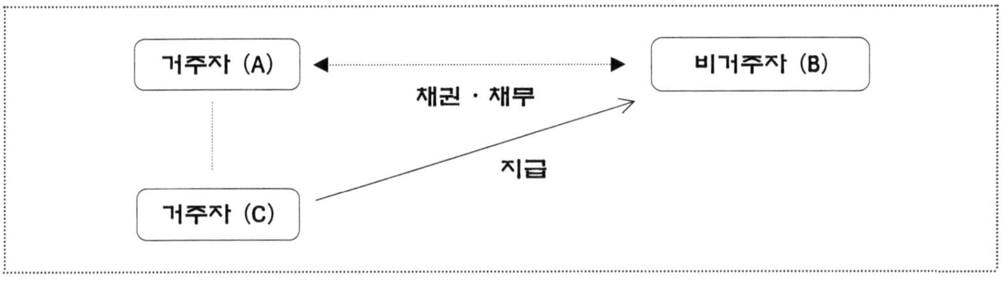


④ 비거주자(B, C) 상호간 거래 또는 행위에서 해당 거래 당사자가 아닌 거주자(A)가 해당 거래 당사자인 비거주자(C)에게 거래대금을 지급하여 채무자인 비거주자(B)의 채무를 이행하는 경우이다. 이를 거래도로 설명하면 아래와 같다.

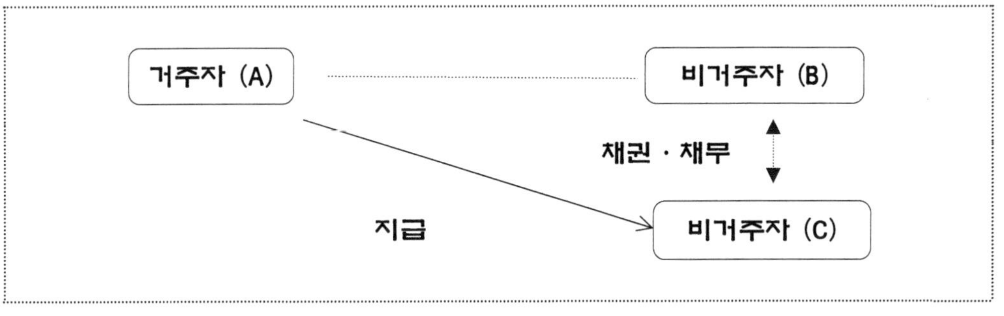

해당 신고기관은 제3자와의 지급 · 수령금액에 따라 구별되는데, 지급 · 수령금액이 미화 5천 달러를 초과하고 1만 달러 이내인 경우에는 외국환은행장이 해당 신고기관이 되며(외환규정 제5-10조제2항), 미화 1만 달러를 초과하는 경우라면 한국은행총재가 해당신고기관이 된다(외환규정 제5-10조제3항).

### 2. 신고의무의 면제

거주자가 해당 거래의 당사자가 아닌 제3자와 지급 · 수령을 하거나 해당 거래의 당사자가 아닌 거주자가 그 거래의 당사자인 비거주자와 지급 · 수령을 하는 경우에는 그 지급 · 수령방법에 대한 신고의무가 발생하는 것이 원칙이다. 하지만 외환법 제18조에 따라 기재부장관에게 신고한 방법에 따라 채권을 매매, 양도 또는 인수하는 경우나 그 밖에 기재부장관이 정하여 고시하는 경우에는 신고하지 아니할 수 있는 적용범위에 해당된다(외환령 제30조제2항제2호). 이에 따라 외환규정상 신고의 예외거래에 해당한다면 외환법상 지급 · 수령방법에 대한 신고의무가 발생하지 않는다(외환규정 제5-10조제1항).[10)]

## Ⅴ. 외국환업무취급기관을 통하지 아니한 지급 · 수령

### 1. 신고의무의 발생

외환법 제16조제4호에 따라 거주자가 외국환은행을 통하지 아니하고 지급 · 수령을 하고자 하는 경우(물품 또는 용역의 제공, 권리의 이전 등으로 비거주자와의 채권 · 채무를 결제하는 경우를 포함한다)에는 원칙적으로 지급 · 수령방법에 대한 신고의무가 발생한다. 해당 신고기관은 한국은행총재가 된다(외환규정 제5-11조제3항).

### 2. 신고의무의 면제

거주자가 건당 미화 1만 달러 이하의 경상거래에 따른 대가를 외국환업무취급기관을 통하지 않고 직접 지급하는 경우 또는 그 밖에 기재부장관이 정하여 고시하는 경우는 사후에 보고하거나 신고하지 아니할 수 있는 적용범위에 해당된다(외환령 제30조제2항제4호). 이에 따라 외환규정상 신고의 예외거래에 해당한다면 외환법상 지급 · 수령방법에 대한 신고의무가 발생하지 않는다(외환규정 제5-11조제1항).[11)]

10) 신고의무의 면제요건에 대한 자세한 내용은 김용태, 앞의 책, 151~154쪽을 참조.
11) 신고면제요건에 대한 자세한 설명 내용은 김용태, 앞의 책, 166~169쪽을 참조.

## Ⅵ. 지급 · 수령방법 신고의무위반행위(죄)에 대한 형사제재

지급 · 수령방법 신고의무위반행위(죄)[12]는 대외거래나 행위에 따른 채권 · 채무의 결제를 위한 지급이나 수령이 외환법 제16조에서 규정하고 있는 비정형적 지급 · 수령방법에 해당됨에도 불구하고 그 신고의무를 이행하지 아니하고 지급하거나 수령함으로써 성립하는 범죄이다(외환법 제16조; 제29조제1항제6호). 본죄의 처벌요건 위반금액은 50억 원이다(외환령 제40조제1항제1호). 따라서 처벌요건 위반금액을 충족하지 못하는 50억 원 이하의 신고의무위반행위는 본죄의 적용범위를 벗어나게 되며, 단지 과태료 부과대상 질서위반행위에만 해당될 따름이다. 본죄의 행위태양으로는 ① 불법상계행위, ② 수출입대금의 법정기간을 초과한 무신고 지급 · 수령행위, ③ 무신고 제3자 지급 · 수령행위, 그리고 ④ 외국환업무취급기관을 통하지 아니한 무신고 지급 · 수령행위가 있다.

지급 · 수령방법 신고의무위반행위(죄)에 대한 형벌제재는 1년 이하의 징역 또는 1억 원 이하의 벌금에 처하되, 위반행위의 목적물 가액의 3배가 1억원을 초과한다면 그 벌금을 목적물의 가액의 3배 이하로 한다(외환법 제29조제1항). 본죄는 징역과 벌금을 병과할 수 있으며(외환법 제29조제3항), 몰수 · 추징 및 양벌규정의 적용대상이 된다(외환법 제30조 · 제31조). 그러나 미수행위에 대한 가벌성은 없다.

# 제3절 지급수단 등의 수출입신고의무

## Ⅰ. 지급수단 등의 수출입신고의무

외환법 제17조에 따라 기재부장관은 외환법의 실효성을 확보하기 위하여 필요하다고 인정되는 경우에는 지급수단 또는 증권을 수출하거나 수입하려는 거주자 또는 비거주자에게 외환법상 해당 지급수단 또는 증권에 대한 수출신고의무나 수입신고의무를 부과할 수 있다. 그리고 외환법상 그러한 신고의무를 부과할 수 있는 경우는 ① 우리나라가 체결한 조약 및 일반적으로 승인된 국제법규의 성실한 이행을 위하여 필요한 경우와 ② 자본의 불법적인 유출 · 유입을 방지하기 위하여 필요한 경우로 제한된다(외환령 제31조제1항). 여기에서 귀금속의 수출입은 앞서 설명한 경우에 해당한다고 하더라도 외환법상 신고대

12) 형사법적으로 자세하게 설명한 내용은 김용태, 앞의 책, 169~181쪽을 참조.

상의 적용범위에 포함되지 않는다. 또한, 외환법에 따라 지급·수령방법에 대한 신고의무를 이행하거나 자본거래에 대한 신고의무를 이행하고 그 신고내용에 따라 지급수단 또는 증권을 수출입하는 경우에도 역시 신고대상의 적용범위에서 제외된다.

## 1. 수출입신고의무의 발생

### 1) 수출입신고의 객체

외환법상 신고의무가 발생하는 수출입신고의 객체는 지급수단과 증권이 해당된다. 여기에서 지급수단의 적용범위에는 다음과 같은 것이 해당된다(외환법제3조제1항제3호; 외환령제3조):

① 정부지폐·은행권·주화·수표·우편환·신용장;
② 증권에 해당하지 아니하는 환어음, 약속어음, 우편 또는 전신에 의한 지급지시와 그 밖에 지급을 받을 수 있는 내용이 표시된 것으로 기재부장관이 인정한 것;
③ 증표, 플라스틱카드 또는 그 밖의 물건에 전자 또는 자기적 방법으로 재산적 가치가 입력되어 불특정 다수인 간에 지급을 위하여 통화에 갈음하여 사용할 수 있는 것으로서 대금을 미리 받고 발행하는 선불카드;
④ 그밖에 이와 유사한 것으로서 기재부장관이 정하는 것.

### 2) 신고의무의 발생요건

① 거주자 또는 비거주자가 미화 1만 달러를 초과하는 대외지급수단과 내국통화 또는 원화표시여행자수표 및 원화표시자기앞수표를 휴대수입하는 경우와 ② 국민인거주자가 미화 1만 달러를 초과하는 대외지급수단과 내국통화 또는 원화표시여행자수표 및 원화표시자기앞수표를 휴대수출하는 경우에는 관할세관장에게 신고하여야 한다(외환규정 제6-2조제2항). ③ 또한, 거주자 또는 비거주자가 그 밖의 지급수단이나 증권을 수출입하려면 관할세관장에게 신고하여야 하며, 국제우편물로 수입되어 수입된 사실을 알지 못하는 등 불가피한 사유로 인정되는 경우에는 지급수단이 수입된 날로부터 30일 이내에 사후 보고를 할 수 있다(외환규정 제6-3조제1항).

## 2. 수출입신고의무의 면제

거주자나 비거주자가 지급수단 또는 증권을 수출입하는 경우에는 관할지 세관장에게 신고하여야 하지만, 외환규정상 신고예외에 해당하는 지급수단과 증권을 수출입하는

경우에는 신고의무가 발생하지 않는다(외환규정 제6-2조제1항).[13]

### 3. 질서위반행위에 대한 과태료제재

외환법에 따른 신고를 하지 아니하거나 거짓으로 신고를 하고 미화 1만 달러를 초과하고 미화 3만 달러를 초과하지 아니한 지급수단 또는 증권을 수출입하거나 수입하려한 행위는 5천만원 이하의 과태료 부과대상 외환질서위반행위에 해당한다(외환법 제32조제2항). 하지만 미화 3만 달러를 초과하는 지급수단 또는 증권을 신고를 하지 아니하거나 거짓으로 신고를 하고 수출입하거나 수출입하려 한 행위는 형벌제재의 대상이기 때문에 과태료 부과대상 외환질서위반행위의 적용범위에서 제외된다.

## Ⅱ. 대외지급수단의 국내취득사실 확인

비거주자 또는 외국인거주자가 미화 1만 달러를 초과하는 대외지급수단을 다음과 같은 방법으로 국내에서 취득하는 경우에는 그 취득사실에 대하여 외국환은행장의 확인을 받아야 한다(외환규정 제6-2조제3항).

### 1. 비거주자의 취득에 대한 확인

비거주자가 다음과 같은 외국환거래를 행하는 경우에는 외국환은행장의 확인을 받아야 하는데, 이러한 경우에 해당한다고 하더라도 외교적 또는 한 · 미SOFA 신분에 해당하는 특수신분 외국인비거주자는 그 취득사실을 확인받을 필요가 없다:

① 대외지급수단을 대외계정 및 비거주자외환신탁계정의 인출 등으로 취득하거나 송금을 수령하는 경우;
② 최근 입국일 이후 외국으로부터 외환규정에서 정하는 바에 따라 수령 또는 휴대수입한 대외지급수단을 취득하는 경우.

### 2. 외국인거주자의 취득에 대한 확인

외국인거주자가 다음과 같은 외국환거래를 행하는 경우에는 외국환은행장의 확인을 받아야 한다:

---

13) 신고면제요건에 대한 자세한 설명 내용은 김용태, 앞의 책, 191~194쪽을 참조.

① 대외지급수단을 대외계정 및 비거주자외환신탁계정의 인출 등으로 취득하거나 송금을 수령하는 경우;
② 외국으로부터 외환규정에서 정한 바에 따라 수령 또는 휴대수입한 대외지급수단을 취득하는 경우;
③ 해외여행경비 지급을 위하여 취득하는 경우(해외체재자와 해외유학생은 외환규정 제5-11조의 규정에 따른다).

## Ⅲ. 수출입신고의무위반행위(죄)에 대한 형사제재

수출입신고의무위반행위(죄)[14]에 대한 형벌제재는 1년 이하의 징역 또는 1억원 이하의 벌금에 처하되, 위반행위의 목적물 가액의 3배가 1억원을 초과한다면 그 벌금을 목적물의 가액의 3배 이하로 한다(외환법 제29조제1항). 본죄는 미수행위도 가벌성이 있으며(외환법 제29조제2항), 징역과 벌금을 병과하고(외환법 제29조제3항), 몰수 및 추징과 양벌규정도 적용된다(외환법 제30조·제31조).

14) 형사법적으로 자세하게 설명한 내용은 김용태, 앞의 책, 196~198쪽을 참조.

13

# 자본거래의 신고의무

# 제13장

# 자본거래의 신고의무

## 제1절 자본거래에 대한 일반통칙

### Ⅰ. 자본거래의 적용범위

외환법의 시행규칙인 외환규정은 거주자와 비거주자간 "직접투자와 부동산 취득"을 일반적 자본거래와 구별하여 규율하고 있는바, 해당 신고의무 등의 해석 · 적용에 유의할 필요가 있다. 외환법상 자본거래의 적용범위를 분설하면 다음과 같다(외환법 제3조제1항제19호; 외환령 제9조).

#### 1. 채권의 발생·변경 또는 소멸에 관한 거래

다음과 같은 거래는 외환법상 자본거래에 해당한다. ① 예금계약, 신탁계약, 금전대차계약, 채무보증계약, 대외지급수단 · 채권 등의 매매계약에 따른 채권의 발생 · 변경 또는 소멸에 관한 거래; ② 거주자와 비거주자 간 또는 거주자 간의 임대차 · 담보제공 · 보험 · 조합, 그 밖에 이와 유사한 계약에 따른 채권의 발생 · 변경 또는 소멸에 관한 거래; ③ 거주자와 비거주자 간 또는 거주자 간의 상속 · 유증 또는 증여에 따른 채권의 발생 · 변경 또는 소멸에 관한 거래; ④ 비거주자 간의 거래로서 내국통화로 표시되거나 지급을 받을 수 있는 채권의 발생 · 변경 또는 소멸에 관한 거래; ⑤ 그밖에 거주자와 비거주자 간의 채권의 발생 · 변경 또는 소멸에 관한 거래(물품의 수출 · 수입 및 용역거래를 제외한다)

나 거주자 간의 외국통화로 표시되거나 지급받을 수 있는 채권의 발생 · 변경 또는 소멸에 관한 거래로서 기재부장관이 인정하는 거래.

## 2. 증권의 발행과 취득거래

증권의 발행 · 모집, 증권 또는 이에 관한 권리의 취득은 외환법상 자본거래에 해당한다. 거주자에 의한 다른 거주자로부터의 외화증권 또는 이에 관한 권리의 취득과 비거주자에 의한 다른 비거주자로부터의 내국통화로 표시되거나 지급을 받을 수 있는 증권 또는 이에 관한 권리의 취득도 외환법상 자본거래에 해당한다.

## 3. 파생상품거래

파생상품거래는 외환법상 자본거래에 해당한다. 여기에서 파생(금융)상품(financial derivatives)은 그 가치가 통화, 채권, 주식 등 기초금융자산의 가치변동에 의해 결정되는 금융계약을 의미하며, 계약의 형태에 따라 크게 선물(futures), 옵션(option), 스왑(swap) 등으로 구분된다.

## 4. 부동산의 취득거래

거주자에 의한 외국에 있는 부동산이나 이에 관한 권리의 취득과 비거주자에 의한 국내에 있는 부동산이나 이에 관한 권리의 취득은 외환법상 자본거래에 해당한다. 따라서 비거주자에 의한 외국에 있는 부동산이나 이에 관한 권리의 취득 또는 거주자에 의한 국내에 있는 부동산이나 이에 관한 권리의 취득은 규범논리적으로 외환법상의 적용대상에서 배제된다.

## 5. 사무소의 설치·확장 또는 운영 등

법인의 국내에 있는 사무소와 외국에 있는 사무소 사이에 이루어지는 사무소의 설치 · 확장 또는 운영 등과 관련된 행위와 그에 따른 자금의 수수(授受)는 외환법상 자본거래에 해당한다. 그리고 개인의 국내에 있는 영업소 및 그 밖의 사무소와 외국에 있는 영업소 및 그 밖의 사무소 간에 이루어지는 사무소의 설치 · 확장 또는 운영 등과 관련된 행위 및 그에 따른 자금의 수수(授受)도 외환법상 자본거래에 해당한다. 여기에서 사무소의 적용범위는 본점, 지점, 출장소, 그 밖의 사무소가 해당된다. 그리고 법인이란 자연인 이외의 것으로서 법률상 권리 · 의무의 주체일 수 있는 것을 말하고, 그 실체는 일정한 목적 하에 집합한 사람의 단체인 사단(社團)이나 일정한 목적을 위하여 갹출된 재산의 집합체인 재단(財團)을 말한다.

### 6. 그밖의 자본거래와 적용제외 거래

거주자와 외국에 있는 학교 또는 병원 간의 학교 또는 병원의 설립·운영 등과 관련된 행위 및 그에 따른 자금의 수수(授受)는 외환법상 자본거래의 규율범위에 속한다. 한편, 법인의 국내에 있는 사무소와 외국에 있는 사무소 사이에 이루어지는 사무소의 설치·확장 또는 운영 등과 관련된 행위와 그에 따른 자금의 수수(授受)에 해당하거나 개인의 국내에 있는 영업소 및 그 밖의 사무소와 외국에 있는 영업소 및 그 밖의 사무소 간에 이루어지는 사무소의 설치·확장 또는 운영 등과 관련된 행위 및 그에 따른 자금의 수수(授受)에 해당한다고 하더라도 외국에 있는 사무소 또는 영업소를 유지하는 데에 필요한 경비나 경상적 거래와 관련된 자금의 수수로서 다음과 같은 지급 또는 수령에 해당하는 것은 자본거래의 규율범위에서 제외되므로 유의할 필요가 있다: ① 집기구매대금, 사무실 임대비용 등 사무소를 유지하는 데에 직접 필요한 경비의 지급 또는 수령; ② 물품의 수출입대금과 이에 직접 딸린 운임·보험료, 그 밖의 비용의 지급 또는 수령; ③ 용역거래의 대가와 이에 직접 딸린 비용의 지급 또는 수령.

## Ⅱ. 신고의무의 부과요건과 일반적 면제

### 1. 신고의무의 부과요건

외환법 제18조제1항은 자본거래 당사자에게 소정의 신고의무를 부과하고 있다. 따라서 외환법상 신고의무의 이행이 선행되지 아니한 자본거래 대금의 지급은 원칙적으로 허용될 수 없다. 여기에서 신고의무의 이행이 선행되어야 한다는 것은 외환법상 자본거래에 대한 신고 또는 신고수리가 자본거래 대금의 지급·수령에 관한 절차 이전에 완료되어야 한다는 것을 의미한다(외환법 제18조제2항). 그런 까닭에 신고의무의 이행은 자본거래의 대금을 지급하거나 수령하기 위한 전제조건이 된다. 외환법상 이와 같은 신고의무가 발생되는 자본거래의 유형에는 다음과 같은 일곱 가지 형태의 자본거래가 있다:

① 예금, 신탁계약에 따른 자본거래;
② 금전의 대차, 채무의 보증계약에 따른 자본거래;
③ 대외지급수단, 채권 기타의 매매 및 용역계약에 따른 자본거래;
④ 증권의 발행 및 취득;
⑤ 파생상품거래;
⑥ 그 밖의 자본거래;
⑦ 직접투자와 부동산 취득.

외환법상 자본거래에 대한 신고(보고)의무를 이행하는 절차는 소정의 신고(수리)서를 해당 자본거래의 신고(수리)기관에 제출하는 것이며, 이미 자본거래에 대한 신고(보고)의무를 이행하였지만 그 신고(보고)내용을 변경하는 경우에도 그 변경사항을 첨부하여 해당 신고(수리)기관에 제출하여야 한다(외환규정 제7-4조제1항). 다만, 기존 신고인 · 대리인 · 거래상대방에 관한 정보 변경에 대해서는 사후보고 할 수 있다.

외환법상 거주자와 거주자 간 자본거래 또는 행위에 따른 대금의 지급 · 수령은 외환규정에서 특정하는 경우를 제외하고 원칙적으로 외국환은행을 통하여 지급하거나 수령하여야 한다. 하지만 지급 또는 수령하는 금액이 건당 미화 5천 달러 이하 금액의 지급 · 수령과 다음과 같은 경우의 자본거래에 해당하는 지급 · 수령은 예외적으로 외국환은행을 통하지 아니하더라도 그 지급 · 수령이 허용된다:

- 외국에 체재하고 있는 거주자와 거주자 간 금전대차거래의 경우;
- 특정보험사업자가 국내의 거주자와 외국통화표시 보험계약을 체결하는 경우;
- 거주자가 해외여행경비의 지급에 충당하기 위하여 외국인거주자로부터 대외지급수단을 증여받는 경우(외국에서 발행된 항공권, 선표, 여객운임선급통지서[P.T.A], 항공권교환증을 포함한다);
- 거주자가 다른 거주자로부터 자본시장법에 의한 증권시장에 상장된 외화증권을 한국거래소를 통하여 취득하는 경우.

그런데 위와 같이 자본거래 대금의 외국환은행을 통하지 아니한 지급 · 수령이 허용되는 경우에 해당된다고 하더라도 그 자본거래 대금을 실제로 외국환은행을 통하지 아니하고 지급하거나 수령하려면 외환규정에 따라 미리 한국은행총재에게 신고하지 않으면 안 된다.

## 2. 신고의무의 일반적 면제

자본거래 · 행위에 대한 신고의무를 이행하지 아니한 자본거래 대금의 지급 · 수령은 원칙적으로 허용될 수 없지만 외환법은 외국환수급의 안정과 대외거래 원활화를 위하여 특정한 자본거래에 대하여는 예외적으로 사후에 보고하거나 신고의무를 면제하여 그 거래대금의 지급 · 수령을 허용하고 있다(외환법 제18조제1항단서). 여기에서 다음과 같은 자본거래가 사후보고대상 또는 신고의무 면제대상 자본거래의 적용범위에 해당된다(외환령 제32조제2항): ① 외국환업무취급기관이 외국환업무로서 수행하는 거래(다만, 외환거래질서를 해할 우려가 있거나 급격한 외환유출입을 야기할 위험이 있는 거래로서 기재부장관이 고시하는 경우에는 신고하도록 할 수 있다); ② 기재부장관이 정하여 고시하는 금액 미만의 소액 자본거래; ③ 해외에서 체재 중인 자의 비거주자와의 예금거래; ④ 추가적인 자금유출입이 발생하지 아니하는 계약의 변경 등으로서 기재부장관이 경미한 사항으로 인정하는 거래; ⑤ 그밖에 기재부장관이 정하여 고시하는 거래. 이에 따라 외환규정상 신고등의 예외거래에 해당한다면 외환법상 신고의무는 발생하지 않는다(외환규정 제7-2조).[1)]

## 3. 질서위반행위에 대한 과태료제재

외환법상 신고의무를 이행하지 아니하거나 거짓으로 신고의무를 이행하고 실행한 자본거래행위로서 그 신고의무 위반금액이 한화 20억 원 이하 상당액에 해당하는 행위는 1억원 이하의 과태료 부과대상 외환질서위반행위로 취급된다(외환법 제32조제1항).

1) 신고의무의 일반적 면제에 대한 자세한 내용은 김용태, 앞의 책, 207~208쪽을 참조.

# 제2절 일반적 자본거래에 대한 신고의무

## Ⅰ. 금융 및 유가증권거래

### 1. 국내예금 및 국내신탁

#### 1) 신고의무의 발생

외환법 제18조제1항에 따라 거주자 또는 비거주자가 국내에서 거주자와 예금거래나 신탁거래를 하려는 경우에 원칙적으로 해당 거래에 대한 신고의무가 발생한다. 해당 신고기관은 한국은행총재가 된다(외환규정 제7-6조제2항). 그리고 국내에서 거주자와 신탁거래(거주자 간의 원화신탁거래를 포함한다)를 하는 거주자 또는 비거주자가 신탁계약이 만료됨에 따라 금전이 아닌 자산 또는 이에 대한 권리를 취득하려는 경우에도 외환규정에서 정하는 바에 따라 신고등을 하지 않으면 안 된다(외환규정 제7-6조제3항).

#### 2) 신고의무의 면제

외환법 제18조제1항단서와 외환령 제32조제2항에 따라 거주자 또는 비거주자가 비록 국내에서 거주자와 예금거래나 신탁거래를 하려는 경우에 해당하면서 그 거래의 유형이 ① 거주자 또는 비거주자가 외환규정에서 정하는 예치 및 처분사유에 따라 외국환은행 및 종합금융회사와 예금거래 또는 금전신탁거래를 하는 경우와 ② 국민인비거주자가 국내에서 사용하기 위하여 내국통화로 행하는 예금거래 또는 신탁거래를 하는 경우에 해당된다면 예외적으로 그 거래에 대한 신고의무는 면제된다(외환규정 제7-6조제1항).

### 2. 해외예금 및 해외신탁

#### 1) 신고의무의 발생

외환법 제18조제1항에 따라 거주자가 해외에서 비거주자와 외화예금거래 또는 신탁거래를 하려는 경우에 원칙적으로 해당 거래에 대한 신고의무가 발생한다. 그리고 외환법상 신고의무의 면제여부와 상관없이 해외에서 비거주자와 신탁거래를 하는 거주자가 그 신탁계약기간이 만료됨에 따라 금전이 아닌 자산 또는 이에 대한 권리를 취득하려는 경우에는 외환규정에서 정하는 바에 따라 신고등을 하여야 한다(외환규정 제7-11조제4항). 해외에서의 외화예금거래에 대한 해당 신고기관은 원칙적으로 지정거래외국환은행장이 된다(외환규정 제7-11조제2항). 하지만 해외에서의 외화예금거래가 건당(동일자, 동일인 기준) 미화 5만 달러를 초과하여 국내에서 송금한 자금으로 예치하는 경우와 해외에서의 신탁거래에 대한 해당 신고기관은 한국은행총재가 된다(외환규정 제7-11조제3항). 또한, 해외에서 외화예금거래를 건당(동일자, 동일인 기준) 미화 5만 달러를 초과하여 국내에서 송금한 자금으로 예치하려는 거주자의 신분이 ㉮ 기관투자가, ㉯ 전년도 수출입 실적이 미화 5백만 달러 이상인 자, ㉰ 해외건설촉진법에 의한 해외건설업자, ㉱ 외국항로에 취항하고 있는 국내의 항공 또는 선박회사, ㉲ 원양어업자 등에 해당한다면 해당 신고기관은 한국은행총재가 아니라 지정거래외국환은행장이 된다.

2) 신고의무의 면제

외환법 제18조제1항단서와 외환령 제32조제2항에 따라 거주자가 해외에서 비거주자와 예금거래 또는 신탁거래를 하는 경우라고 하더라도 외환규정상 신고예외거래에 해당하는 외화예금거래나 신탁거래는 외환법상 신고의무가 면제된다(외환규정 제7-11조제1항).[2)]

## 3. 금전의 대차계약

1) 신고(보고)의무의 발생

외환법 제18조제1항에 따라 거주자가 비거주자로부터 외화자금 또는 원화자금(비거주자자유원계정에 예치된 내국지급수단에 한한다)을 차입하거나 거주자가 비거주자에게 대출(외환규정에서 외국환업무취급기관의 외국환업무로서 허용된 경우는 제외한다)하는 경우에는 해당 차입거래와 해당 대출거래에 대한 신고의무 또는 보고의무가 발생한다.[3)] 여기에서 외화자금 차입의 적용범위에는 증권 및 원화연계외화증권 발행도 포함된다.

2) 신고(보고)의무의 면제

외환법 제18조제1항단서와 외환령 제32조제2항에 따라 금전의 대차계약에 해당하더라도 외환법상 신고의 예외거래에 해당한다면 외환법상 신고(보고)의무는 면제된다(외환규정 제7-13조제1항).[4)]

2) 신고의무의 면제에 대한 자세한 내용은 김용태, 앞의 책, 216~218쪽을 참조.
3) 신고(보고)의무에 대한 자세한 내용은 김용태, 앞의 책, 221~224쪽을 참조.
4) 신고(보고)면제요건에 대한 자세한 내용은 김용태, 앞의 책, 224~225쪽을 참조.

### 4. 채무의 보증계약

#### 1) 신고(보고)의무의 발생

외환법 제18조제1항에 따라 거주자가 비거주자와 채무의 보증계약에 따른 채권 또는 채무의 발생 · 변경 · 변제 · 소멸이나 직접 또는 간접의 이전 기타의 처분에 관한 거래를 하려는 경우에는 해당 거래에 대한 신고(보고)의무가 발생한다.[5]

#### 2) 신고(보고)의무의 면제

채무의 보증계약에 따른 채권 또는 채권의 발생 · 변경 · 변제 · 소멸이나 직접 또는 간접의 이전 기타의 처분에 관한 거래를 하는 경우에 외환법상 신고의무가 발생하는 것이 원칙임에도 불구하고 외환법 제18조제1항단서와 외환령 제32조제2항에 따라 외환규정상 신고의 예외거래에 해당한다면 외환법상 신고의무는 면제된다(외환규정 제7-17조).[6]

## Ⅱ. 대외지급수단, 채권 기타의 매매 및 용역계약에 따른 자본거래

### 1. 신고(보고)의무의 발생

#### 1) 거주자와 다른 거주자 간 거래

외환법 제18조제1항에 따라 거주자가 다른 거주자와 외국의 부동산 · 시설물 등의 이용 · 사용 또는 이에 관한 권리의 취득에 따른 회원권의 매입거래를 하려면 해당 거래에 대한 신고의무가 발생한다. 해당 신고기관은 한국은행총재가 된다(외환규정 제7-20조제2항).

#### 2) 거주자와 비거주자 간의 거래

외환법 제18조제1항에 따라 거주자가 비거주자와 대외지급수단의 매매계약에 따른 외국통화로 표시되거나 지급받을 수 있는 채권 또는 채무의 발생 · 변경 · 변제 · 소멸이나 직접 또는 간접의 이전 기타의 처분에 관한 거래를 하는 경우에는 해당 거래에 대한 신고의무가 발생한다. 해당 신고기관은 원칙적으로 한국은행총재가 된다(외환규정 제7-21조제3항). 하지만, 거주자가 비거주자와 외국의 부동산 · 시설물 등의 이용 · 사용 또는 이에 관한 권리의 취득에 따른 회원권의 매입거래를 하는 경우라면 외국환은행장에게 거래가 있었던 날로부터 1개월 이내에 거래사실을 보고하면 된다(외환규정 제7-21조제2항).

---

5) 신고(보고)의무에 대한 자세한 내용은 김용태, 앞의 책, 226~228쪽을 참조.
6) 신고(보고)면제요건에 대한 자세한 내용은 김용태, 앞의 책, 228~230쪽을 참조.

### 2. 신고(보고)의무의 면제

#### 1) 거주자와 다른 거주자 간의 거래

거주자가 다른 거주자와 외국의 부동산 · 시설물 등의 이용 · 사용 또는 이에 관한 권리의 취득에 따른 회원권의 매입거래를 하는 경우에 외환법상 신고의무가 발생하는 것이 원칙임에도 불구하고, 외환법 제18조제1항 단서와 외환령 제32조제2항에 따라 외환규정상 신고의 예외거래에 해당한다면 외환법상 신고의무는 면제된다(외환규정 제7-20조제1항).[7)]

#### 2) 거주자와 비거주자 간의 거래

거주자가 비거주자와 대외지급수단 및 채권의 매매계약에 따른 채권 또는 채무의 발생 · 변경 · 변제 · 소멸이나 직접 또는 간접의 이전 기타의 처분에 관한 거래를 하는 경우에 외환법상 신고의무가 발생하는 것이 원칙임에도 불구하고 외환법 제18조제1항단서와 외환령 제32조제2항에 따라 외환규정 신고의 예외거래에 해당한다면 외환법상 신고의무는 면제된다(외환규정 제7-21조제1항).[8)]

## Ⅲ. 증권의 발행 · 모집 및 취득과 파생상품거래

증권은 재산에 관한 권리나 의무를 나타내는 문서로서 유가증권과 증거증권이 있다. 유가증권이란 사법(私法)상의 재산권을 표창한 증권으로서 권리의 발생 · 행사 · 이전의 전부 또는 그 중 일부를 위하여 증권을 필요로 하는 것을 말하고, 그 예로는 주식 · 공채 · 사채 등을 들 수 있다.

### 1. 증권의 발행·모집

#### 1) 거주자의 증권발행 · 모집

##### (1) 신고(보고)의무의 발생

외환법 제18조제1항에 따라 거주자가 외국에서 외화증권을 발행 또는 모집하는 경우(거주자가 국내에서 발행 또는 모집한 외화증권을 비거주자가 자본시장법에서 규정하는 사모로 취득하는 경우를 포함한다)와 거주자(외국환업무취급기관을 포함한다)가 외

7) 신고면제요건에 대한 자세한 내용은 김용태, 앞의 책, 233~234쪽을 참조.

8) 신고면제요건에 대한 자세한 내용은 김용태, 앞의 책, 234쪽을 참조.

국에서 원화증권을 발행 또는 모집하는 경우에는 그 발행 · 모집에 대한 보고 또는 신고 등의 의무가 발생한다.

#### (2) 신고의무의 면제

외환법 제18조제1항단서와 외환령 제32조제2항에 따라 거주자가 국내에서 외화증권을 발행 또는 모집하려는 경우에는 그 발행 · 모집에 대한 신고 등의 의무가 발생하지 않는다(외환규정 제7-22조제1항).

### 2) 비거주자의 증권발행 · 모집

외환법 제18조제1항에 따라 비거주자가 국내에서 외화증권 또는 원화연계외화증권을 발행 · 모집(외국에서 기발행 · 모집된 외화증권을 증권시장에 상장하는 경우를 포함한다)하거나 원화증권을 발행 · 모집하려는 경우와 비거주자가 외국에서 원화증권 또는 원화연계외화증권을 발행 · 모집하려는 경우에는 그 발행 · 모집에 대한 신고의무가 발생한다.

## 2. 거주자의 증권취득

### 1) 신고의무의 발생

외환법 제18조제1항에 따라 거주자가 비거주자로부터 증권을 취득하는 경우에는 원칙적으로 그 취득거래에 대한 신고의무가 발생한다. 만일 비거주자로부터 증권을 취득하는 거주자가 보유증권을 대가로 하여 증권을 취득하는 경우라면 그 거주자는 교환대상증권의 가격에 대한 적정성을 입증하여야 한다(외환규정 제7-31조제2항단서). 증권취득에 대한 해당 신고기관은 한국은행총재가 된다(외환규정 제7-31조제1항).

### 2) 신고의무의 면제

거주자가 비거주자로부터 증권을 취득하는 경우에 외환법상 신고의무가 발생하는 것이 원칙이지만 외환법 제18조제1항단서와 외환령 제32조제2항에 따라 외환규정상 예외적인 거주자의 증권취득에 해당한다면 외환법상 신고의무는 면제된다(외환규정 제7-31조제1항).[9] 여기에서 그 증권취득이 외국법인의 경영에 참가하기 위하여 해당 법인의 주식 또는 출자지분을 취득하는 경우라면 외환규정상 직접투자의 규정에 따라야 한다.

---

9) 신고면제요건에 대한 자세한 내용은 김용태, 앞의 책, 238~239쪽을 참조.

## 3. 비거주자의 증권취득

### 1) 신고의무의 발생

외환법 제18조제1항에 따라 비거주자가 거주자로부터 증권을 취득하는 경우에는 원칙적으로 그 취득거래에 대한 신고의무가 발생한다. 해당 신고기관은 한국은행총재가 된다(외환규정 제7-32조제3항). 하지만 비거주자가 거주자로부터 국내법인의 비상장·비등록 내국통화표시 주식 또는 지분을 외투법에서 정한 출자목적물에 의해 취득하는 경우로서 외투법에서 정한 외국인투자에 해당하지 아니하는 경우라면 해당 신고기관은 외국환은행장이 된다(외환규정 제7-32조제2항).

### 2) 신고의무의 면제

비거주자가 거주자로부터 증권을 취득하려는 경우에 외환법상 신고의무가 발생하는 것이 원칙이지만 외환법 제18조제1항단서와 외환령 제32조제2항에 따라 그 증권취득이 외환규정상 신고예외에 해당한다면 외환법상 신고의무는 면제된다(외환규정 제7-31조제1항).[10]

## 4. 파상상품거래

### 1) 신고의무의 발생

거주자 상호간 또는 거주자와 비거주자간 파상상품거래로서 외국환업무취급기관이 외국환업무로서 행하는 거래에 해당하지 않거나 외국환업무취급기관이 외국환업무로서 행하는 거래라고 하더라도 다음과 같은 경우에 해당된다면 외환법상 신고의무가 발생되고, 해당 신고기관은 한국은행총재가 된다(외환규정 제7-40조제2항): ① 액면금액의 100분의 20 이상을 옵션프레미엄 등 선급수수료로 지급하는 거래를 하는 경우, ② 기체결된 파상상품거래를 변경·취소 및 종료할 경우에 기체결된 파생상품거래에서 발생한 손실을 새로운 파생상품거래의 가격에 반영하는 거래를 하는 경우, ③ 파생상품거래를 자금유출입·거주자의 비거주자에 대한 원화대출·거주자의 비거주자로부터의 자금조달 등의 거래에 있어서 외환법·영·규정에서 정한 신고등의 절차를 회피하기 위하여 행하는 경우, ④ 한국은행총재에게 신고해야 한다고 규정된 경우.

---

10) 신고면제요건에 대한 자세한 내용은 김용태, 앞의 책, 241~243쪽을 참조.

### 2) 신고의무의 면제

거주자 상호간 또는 거주자와 비거주자간 파생상품거래로서 신고대상요건 파생상품거래에 해당한다면 해당 거래에 대한 신고의무가 발생하는 것이 원칙이지만 외환법 제18조제1항단서와 외환령 제32조제2항에 따라 그 파생상품거래가 외환규정상 신고의 예외거래에 해당한다면 외환법상 신고의무는 면제된다(외환규정 제7-40조제1항).

# Ⅳ. 기타의 자본거래

## 1. 거주자와 다른 거주자 간 외국통화표시 기타 자본거래

### 1) 신고의무의 발생

거주자와 다른 거주자 간 외국통화표시 기타 자본거래 또는 행위를 하려는 경우에는 일반적으로 외환법상 신고의무가 발생하지 않는다. 하지만 거주자가 다른 거주자와 외국통화로 표시되거나 지급을 받을 수 있는 담보·보증계약에 따른 채권 또는 채무의 발생·변경·변제·소멸이나 직접 또는 간접의 이전 기타의 처분에 관한 거래에 관하여는 외환규정상 채무의 보증계약에 관한 규정을 준용하여야 한다(외환규정 제7-43조제2항). 그러므로 채무의 보증계약에 관한 규정이 준용되는 거래는 외환법 제18조제1항에 따라 해당 거래에 대한 신고의무가 발생할 수 있다. 여기에서 거주자와 다른 거주자 간 외국통화표시 기타 자본거래의 적용범위는 다음과 같은 거래 또는 행위가 해당된다(외환규정 제7-43조제1항):

① 거주자가 다른 거주자와 외국통화로 표시되거나 지급을 받을 수 있는 임대차계약·담보·보증·보험(보험업법에 의한 보험사업자의 보험거래는 제외한다)·조합·사용대차·채무의 인수 기타 이와 유사한 계약에 따른 채권 또는 채무의 발생·변경·변제·소멸이나 직접 또는 간접의 이전 기타의 처분에 관한 거래;
② 거주자와 다른 거주자 간의 상속·유증·증여에 따른 외국통화로 지급을 받을 수 있는 채권 또는 채무의 발생·변경·변제·소멸이나 직접 또는 간접의 이전 기타의 처분에 관한 거래;
③ 거주자가 다른 거주자로부터 외화증권 또는 이에 관한 권리의 취득.

그런데 제①의 경우에서 외환법에서 규정하는 예금계약, 신탁계약, 금전대차계약, 채무보증계약, 대외지급수단·채권 등의 매매에 따른 채권의 발생·변경 또는 소멸에 관한 거래의 경우를 제외한다. 그리고 제③의 경우에서 당해 외화증권의 취득으로 인하여 해외직접투자의 요건을 충족하게 된 경우에는 외환규정상 직접투자 에 관한 규정에 따라야 한다.

### 2) 신고의무의 면제

외환법 제18조제1항단서와 외환령 제32조제2항에 따라 신고의 예외거래에 해당하는 거래 또는 행위는 신고의무가 면제된다. 그러므로 거주자가 다른 거주자와 외국통화로 표시되거나 지급을 받을 수 있는 임대차계약 · 보험(보험업법에 의한 보험사업자의 보험거래는 제외한다) · 조합 · 사용대차 · 채무의 인수 기타 이와 유사한 계약에 따른 채권 또는 채무의 발생 · 변경 · 변제 · 소멸이나 직접 또는 간접의 이전 기타의 처분에 관한 거래가 예금계약, 신탁계약, 금전대차계약, 채무보증계약, 대외지급수단 · 채권 등의 매매에 따른 채권의 발생 · 변경 또는 소멸에 관한 거래의 경우에 해당하지 않는다면 신고의 예외거래로 적용된다(외환규정 제7-43조제2항).[11]

## 2. 거주자와 비거주자 간 기타 자본거래

### 1) 신고(보고)의무의 발생

외환법 제18조제1항에 따라 거주자와 비거주자 간 기타 자본거래 또는 행위를 하려는 경우에는 원칙적으로 신고의무가 발생한다. 그리고 거주자의 자금통합관리 및 그와 관련된 행위에 대한 신고의무는 반드시 자금통합관리 개시 전에 이행하여야 한다(외환규정 제7-46조제3항). 여기에서 거주자와 비거주자 간 기타 자본거래의 적용범위는 다음과 같은 거래 또는 행위가 해당된다(외환규정 제7-44조제1항):

① 거주자와 비거주자 간의 임대차계약(비거주자의 국내부동산 임차는 제외한다) · 담보 · 보증 · 보험(보험업법에 의한 보험사업자의 보험거래는 제외한다) · 조합 · 채무의 인수 · 화해 기타 이와 유사한 계약에 따른 채권 또는 채무의 발생 · 변경 · 변제 · 소멸이나 직접 또는 간접의 이전 기타의 처분에 관한 거래;
② 거주자와 비거주자 간 상속 · 유증 · 증여에 따른 채권 또는 채무의 발생 · 변경 · 변제 · 소멸이나 직접 또는 간접의 이전 기타의 처분에 관한 거래;
③ 거주자가 해외에서 학교 또는 병원의 설립 · 운영 등과 관련된 행위 및 그에 따른 자금의 수수;
④ 거주자의 자금통합관리 및 그와 관련된 행위.

---

11) 거주자가 다른 거주자로부터 외화증권 또는 이에 관한 권리의 취득이 해외직접투자의 요건에 해당하지 않는다면 신고의 예외거래로 적용될 것이다. 아울러 거주자와 다른 거주자 간의 상속 · 유증 · 증여에 따른 외국통화로 지급을 받을 수 있는 채권 또는 채무의 발생 · 변경 · 변제 · 소멸이나 직접 또는 간접의 이전 기타의 처분에 관한 거래도 외환규정상 신고의무로 정하고 있지 않기 때문에 신고의 예외거래에 해당한다고 보아야 할 것이다.

해당 신고(보고)기관은 다음과 같이 구분된다. ① 거주자와 비거주자 간에 계약 건당 미화 3천만 달러 이하인 경우로서 부동산 이외의 물품임대차 계약(소유권을 이전하는 경우를 포함한다)을 체결하는 경우와 ② 소유권 이전의 경우를 제외하고 국내의 외항운송업자와 비거주자 간의 선박이나 항공기를 임대차기간이 1년 이상인 조건으로 외국통화표시 임대차계약을 체결하는 경우에는 거래 또는 행위가 있었던 날로부터 1개월 이내에 외국환은행장에게 거래사실을 보고하여야 한다(외환규정 제7-46조제1항). 하지만 그 밖의 거주자와 비거주자 간 자본거래 또는 행위라면 한국은행총재에게 신고하여야 한다(외환규정 제7-46조제2항).

### 2) 신고(보고)의무의 면제

거주자가 비거주자 간의 기타 자본거래를 하려는 경우에는 일반적으로 외환법상 신고의무가 발생하지만 외환법 제18조제1항단서와 외환령 제32조제2항에 따라 그 거래가 외환규정상 신고의 예외거래에 해당한다면 외환법상 신고의무는 면제된다(외환규정 제7-45조제1항).[12]

## 3. 비거주자와 다른 비거주자 간 내국통화표시 자본거래

### 1) 신고의무의 발생

외환법 제18조제1항에 따라 비거주자와 다른 비거주자 간 내국통화표시 자본거래 또는 행위를 행하는 경우에는 원칙적으로 신고의무가 발생한다. 여기에서 비거주자와 다른 비거주자 간 내국통화표시 자본거래의 적용범위는 ① 비거주자와 다른 비거주자 간 내국통화로 표시되거나 지급받을 수 있는 채권 또는 채무의 발생 · 변경 · 변제 · 소멸이나 직접 또는 간접의 이전 기타의 처분에 관한 거래 또는 행위, 그리고 ② 비거주자가 다른 비거주자로부터 원화증권 또는 이에 관한 권리를 취득하는 경우가 적용된다(외환규정 제7-47조). 해당 신고기관은 한국은행총재가 된다(외환규정 제7-48조제2항).

### 2) 신고의무의 면제

비거주자와 다른 비거주자 간 내국통화표시 자본거래를 하려는 경우에는 일반적으로 외환법상 신고의무가 발생하지만 외환법 제18조제1항단서와 외환령 제32조제2항에 따라 그 거래가 신고의 예외거래에 해당한다면 외환법상 신고의무는 면제된다(외환규정 제7-48조제1항).[13]

12) 신고면제요건에 대한 자세한 내용은 김용태, 앞의 책, 251~252쪽을 참조.

## V. 신고의무위반행위(죄)에 대한 형사제재

자본거래신고의무위반행위(죄)[14]란 외환법상 자본거래에 대하여 부과되는 신고의무를 위반하는 행위를 말한다(외환법 제18조·제29조제1항제6호). 본죄는 외환법상 자본거래에 대한 신고의무를 단지 이행하지 않기만 하면 성립되는 불법자본거래행위(죄)만 해당하므로 그 신고내용에 대한 타당성을 인정하는 신고수리를 받지 않았기 때문에 성립하는 해외직접투자 신고의무위반행위(죄)와 해외부동산취득신고의무위반행위(죄)는 본죄의 적용범위에서 제외된다. 본죄의 처벌요건 위반금액은 20억 원이다(외환령 제40조제1항제2호). 따라서 처벌요건 위반금액을 충족하지 못하는 20억원 이하의 신고의무위반행위는 본죄의 적용범위를 벗어나게 되며, 단지 과태료 부과대상 질서위반행위에만 해당될 따름이다.

자본거래신고의무위반죄에 대한 형벌제재는 1년 이하의 징역 또는 1억원 이하의 벌금에 처하되, 위반행위의 목적물 가액의 3배가 1억 원을 초과한다면 그 벌금을 목적물의 가액의 3배 이하로 한다(외환법 제29조제1항). 본죄는 징역과 벌금을 병과할 수 있으며(외환법 제29조제3항), 몰수·추징[15] 및 양벌규정의 적용대상이 된다(외환법 제30조·제31조). 그러나 미수행위에 대한 가벌성은 없다.

# 제3절 직접투자와 부동산취득에 대한 신고의무

## I. 해외직접투자의 신고의무

### 1. 개설

#### 1) 해외직접투자의 수단

외환법상 해외직접투자의 수단은 외환규정에 따라 다음과 같은 것이 해당된다: ① 지급수단; ② 현지법인의 이익유보금 및 자본잉여금; ③ 자본재; ④ 산업재산권 기타 이에 준하는 기술과 이의 사용에 관한 권리; ⑤ 해외법인 또는 해외지점·사무소를 청산한 경

---

13) 신고면제요건에 대한 자세한 내용은 김용태, 앞의 책, 241~243쪽을 참조.

14) 형사법적으로 자세하게 설명한 내용은 김용태, 앞의 책, 253~262쪽을 참조.

15) 카지노의 '칩'은 몰수·추징의 대상에 포함되지 않는다(대법원 1998.12.22. 선고 98도2460 판결).

우의 그 잔여재산; ⑥ 대외채권; ⑦ 주식; ⑧ 기타 그 가치와 금액의 적정성을 입증할 수 있는 자산. 해외직접투자의 수단 가운데 '자본재'의 적용범위는 산업시설(선박 · 차량 · 항공기 등을 포함한다)로서의 기계 · 기자재 · 시설품 · 기구 · 부분품 · 부속품 및 농업 · 임업 · 수산업의 발전에 필요한 가축 · 종자 · 수목 · 어패류 기타 주무부장관(해당 사업을 관장하는 중앙행정기관장을 말한다)이 해당 시설의 최초시운전(시험사업을 포함한다)에 필요하다고 인정하는 원료 · 예비품 및 이의 도입에 따르는 운임 · 보험료와 시설을 하거나 조언을 하는 기술 또는 용역을 말한다(외투법 제2조제1항제9호). 한편, 해외직접투자를 행한 개인투자자가 해외에서 영주권 또는 시민권을 취득한 경우에는 더 이상 해외직접투자에 관한 외환규정이 적용되지 않는다(외환규정 제9-5조제6항).

### 2) 해외직접투자의 적용범위

#### (1) 외국법인에 경영참가를 위한 투자거래 · 행위

거주자가 소위 외국법인, 즉 외국법령에 따라 설립된 법인(설립중인 법인을 포함한다)이 발행한 증권을 취득하거나 그 법인에 대한 금전의 대여를 통하여 그 법인과 지속적인 경제관계를 위하여 행하는 거래 또는 행위를 말한다(외환법 제3조제1항제18호가목). 여기에서 그 구체적 적용범위는 다음과 같은 것이 해당된다(외환령 제8조제1항):

① 외국법인의 경영에 참가하기 위하여 취득한 주식 또는 출자지분이 이른바 투자비율, 즉 해당 외국법인의 발행주식 총수 또는 출자총액에서 차지하는 비율(주식 또는 출자지분을 공동으로 취득하는 경우에는 그 주식 또는 출자지분 전체의 비율을 말한다)로 100분의 10 이상인 투자;
② 투자비율이 100분의 10 미만인 경우로서 해당 외국법인과 임원의 파견, 계약기간이 1년 이상인 원자재 또는 제품의 매매계약의 체결, 기술의 제공 · 도입 또는 공동연구개발계약의 체결, 해외건설 및 산업설비공사를 수주하는 계약의 체결의 어느 하나에 해당하는 관계를 수립하는 것;
③ 앞의 제① 또는 제②에 따라 이미 투자한 외국법인의 주식 또는 출자지분을 추가로 취득하는 것;
④ 앞의 제①부터 제③까지의 규정에 따라 외국법인에 투자한 거주자가 해당 외국법인에 대하여 상환기간을 1년 이상으로 하여 금전을 대여하는 것.

#### (2) 외국소재 영업소의 설치 · 운영자금 및 해외활동자금의 지급행위

거주자가 외국에서 영업소를 설치 · 확장 · 운영하거나 해외사업 활동을 하기 위하여 자금을 지급하는 행위를 말한다(외환법 제3조제1항제18호나목). 여기에서 구체적 적용범위는 다음과 같은 자금을 지급하는 것이 해당된다(외환령 제8조제2항): ① 지점 또는 사무소의 설치비 및 영업기금; ② 거주자가 외국에서 법인 형태가 아닌 기업을 설치 · 운영하기 위한 자금; ③ 해외자원개발법 제2조에 따른 해외자원개발사업 또는 사회간접자본개발사업을 위한 자금(다만, 해외자원개발을 위한 조사자금 및 해외자원의 구매자금은 제외한다).

### 3) 신고수리의 요건심사 및 결정

거주자로부터 해외직접투자신고를 받은 기재부장관(해당 신고수리기관)이 신고내용을 검토하여 신고수리 여부를 결정할 때에는 신고를 받은 날부터 30일 이내에 신고수리, 거부 또는 거래 내용의 변경권고 여부를 정하여 신고인에게 통지하여야 한다(외환법 제18조제4항; 외환령 제32조제7항제1문). 거주자의 해외직접투자신고에 대하여 기재부장관(해당 신고수리기관)은 외환법에 따라 투자의 적격성 여부, 투자가격 적정성 여부 등의 타당성을 검토하여 신고수리 여부를 결정할 수 있지만 투자업종, 투자규모 등을 고려하여 정형화된 해외직접투자로 인정되는 것으로 미리 고시한 경우에 해당한다면 요건심사를 생략할 수 있다(외환령 제32조제3항제2문). 또한 기재부장관(해당 신고수리기관)은 신고수리의 요건심사를 할 때 신고내용이 불명확하여 심사가 곤란하다고 인정되는 경우에는 지체 없이 상당한 기간을 정하여 보완을 요구할 수 있으며, 신고인이 이 기간에 보완을 하지 아니하면 신고서류를 반려할 수 있다(외환령 제32조제4항). 이 경우 보완에 걸리는 기간은 처리기간에 산입하지 않는다(외환령 제32조제7항제2문).

한편, 해당 신고수리기관으로부터 신고거래 내용의 변경권고를 받은 신고인은 변경권고를 받은 날부터 10일 이내에 해당 변경권고에 대한 수락 여부를 해당 신고수리기관에 알려야 하는데, 그 기간에 수락 여부를 알리지 아니하면 수락하지 아니한 것으로 간주된다(외환령 제32조제5항). 기재부장관(해당 신고수리기관)은 신고인으로부터 변경 권고내용을 수락하지 아니한다는 통지를 받은 때에는 통지를 받은 날(통지가 없는 경우에는 신고인이 변경 권고를 받은 날부터 10일이 지난 날)부터 10일 이내에 해당 자본거래의 변경 또는 중지를 명할 것인지 여부를 결정하여 신고인에게 알려야 한다(외환령 제32조제6항).

### 4) 투자금의 회수의무

해외직접투자자는 당해 신고의 내용에 따라 투자원금과 과실을 국내에 회수하여야 하고, 만일 해외에서 외환규정에 의해 인정된 자본거래를 하는 경우라면 그러한 회수의무는 면제된다(외환규정 제9-4조).

## 2. 금융기관을 제외한 거주자의 해외직접투자

### 1) 신고의무의 발생

거주자가 해외직접투자를 하려는 경우 또는 거주자가 해외직접투자를 한 거주자로부터 당해 주식 또는 지분을 양수받아 해외직접투자를 하려는 경우에는 외환규정에 따라 외환법상 신고의무가 발생한다. 여기에서 ① 거주자가 해외직접투자를 한 거주자로부터 당해 주식 또는 지분을 양수받아 해외직접투자를 하는 경우, ② 이미 투자한 외국법인이 자체이익 유보금 또는 자본잉여금으로 증액투자하는 경우, ③ 누적 투자금액이 미화 50만 달러 이내에서의 투자의 경우에는 거주자가 경우에는 거래가 있은 날로부터 3개월 이내에 사후보고가 허용된다.

해당 신고기관은 거주자(기업체)의 구분에 따라 아래의 〈표 13-1〉에서 정하는 외국환은행장이 된다. 여기에서 거주자의 신분이 해외이주 수속 중이거나 영주권 등을 취득할 목적으로 지급하려는 개인 또는 개인사업자라면 그 거주자는 해외직접투자의 신고의무가 발생되는 거주자의 적용범위에서 제외된다. 그리고 이미 투자한 현지(외국)법인에 대한 증액투자도 외환법상 신고의무가 발생하는 해외직접투자의 적용범위에 포함된다. 따라서 해외직접투자 건에 대하여 이미 외환법상 신고의무를 이행하였다고 하더라도 그 해외직접투자 건에 추가로 증액투자를 행하려면 또 다시 외환법상 신고의무를 이행하여야 한다.

〈표 13-1〉 **해외직접투자의 지정 해당 신고기관**

| 거주자(기업체)의 구분 | 지정 해당 신고기관 |
|---|---|
| 주채무계열 소속 기업체인 거주자 | 해당 기업의 주채권은행인 외국환은행장 |
| 주채무계열 소속 기업체가 아닌 거주자 | 여신최다은행인 외국환은행장 |
| 그 밖의 거주자 | 거주자가 지정하는 외국환은행장 |

※ "주채무계열 소속 기업체"라 함은 금융위원회의 은행감독규정에서 정하는 "주채무계열"의 소속 기업체를 말한다.

외환규정에 따라 거주자가 해외직접투자의 신고한 내용을 변경하는 경우에도 해당 신고기관의 장에게 변경신고를 하여야 한다. 여기에서 해외직접투자에 대한 변경신고의 대상범위에는 현지법인의 자회사 · 손회사 설립 및 외환령에 따라 금전을 대여했으나 1년 이내에 회수하는 경우도 포함된다. 그리고 해외직접투자에 대한 변경신고 대상의 내용이 다음과 같은 경우에 해당된다면 변경사유가 발생한 후 3개월 이내에 사후보고도

허용된다: ① 투자자의 상호 · 대표자 · 소재지, 현지법인명, 현지법인의 소재지를 변경한 경우; ② 현지의 예상치 못한 사정이나 경영상 급박한 사정 등으로 사전에 제출한 사업계획을 사전신고 후 변경하는 것이 적절치 않은 경우로서 추가 투자금액을 필요로 하지 않는 경우; ③ 해외직접투자를 한 거주자가 다른 거주자에게 당해 주식 또는 지분을 매각하는 경우.

만일 거주자가 신고를 하지 아니하거나 신고된 내용과 다르게 해외직접투자를 한 경우에는 외환규정에 따라 해당 위반사실을 제재기관의 장에게 보고하고 해당 투자에 대하여 신고기관의 장에게 사후신고를 할 수 있도록 예외를 허용하고 있다.

한편, 외환법상 해외직접투자에 대한 신고의무의 이행절차는 해외직접투자를 하려는 거주자가 해외직접투자신고서에 다음과 같은 구비서류를 첨부하여 해당 신고(사후보고) 기관에 제출하는 것이다(외환규정 제9-5조제3항):

① 사업계획서(자금조달 및 운용계획 포함한다);
② 주식을 통한 해외직접투자인 경우에는 공인회계사법에 의한 회계법인의 주식 평가에 관한 의견서;
③ 해외직접투자를 하려는 자가 신용정보법에 의한 금융거래 등 상거래에 있어서 약정한 기일 내에 채무를 변제하지 아니한 자로서 종합신용정보 집중기관에 등록되어 있지 않음을 입증하는 서류(다만, 회사정리법 또는 화의법에 의하여 정리절차가 진행되고 있는 기업체가 기존의 유휴설비나 보유기술을 투자하거나 관련 법령이 정한 법원 또는 채권관리단의 결정에 의한 경우에는 예외가 적용된다);
④ 조세체납이 없음을 입증하는 서류;
⑤ 기타 신고기관의 장이 필요하다고 인정하는 서류.

### 2) 해외직접투자사업의 청산과 사후관리

해외직접투자자가 투자사업을 청산할 때에는 외환규정에 따라 분배잔여재산을 즉시 국내로 회수할 의무가 발생하고 청산관련서류를 신고기관에 보고하여야 한다. 그리고 해외직접투자자가 청산 보고 후 해외에서 외환규정에 의해 인정된 자본거래를 하는 경우에는 그 청산자금을 국내로 회수할 의무가 면제될 수 있다. 한편, 해외직접투자자는 외화증권(채권)취득보고서(법인 및 개인기업 설립보고서 포함), 송금(투자)보고서, 연간사업실적서(해외자원개발사업 및 사회간접자본개발사업으로서 법인 형태가 아닌 투자의 경우는 제외함), 청산보고서, 거주자가 외환규정에 의하여 신고하거나 보고한 내용의 변경보고서, 해외직접투자를 한 거주자가 다른 거주자에게 당해 주식 또는 지분의 매각보고서, 기타 신고기관의 장이 해외직접투자의 사후관리에 필요하다고 인정하여 요구하는 서류를 법정 기일 내에 당해 신고기관의 장에게 제출하여야 한다(외환규정 제9-9조제1항). 다만, 해외직접투자자 또는 투자한 현지법인의 휴 · 폐업, 현지의 재난 · 재해 등 불가피한 사유로 해외직접투자자가 보고서 등을 제출하는 것이 불가능하다고 신고기관의 장이 인정하는 경우에는 당해 불가피한 사유가 해소되기 전까지 제출하지 아니할 수 있다.

### 3. 질서위반행위에 대한 과태료제재

#### 1) 해외직접투자 미신고행위

외환법상 신고의무를 이행하지 아니하거나 거짓으로 신고의무를 이행하고 해외직접투자를 실행한 행위(해외직접투자 미신고행위)로서 그 신고의무 위반금액이 한화 10억원 이하 상당액에 해당하는 행위를 말한다. 이러한 해외직접투자 미신고행위는 1억 원 이하의 과태료 부과대상 외환질서위반행위에 해당된다(외환법 제32조제2항).

#### 2) 신고수리위반 해외직접투자행위

해외직접투자의 해당 신고수리기관의 수리거부결정을 위반하여 해외직접투자를 실행하였거나 해당 신고수리기관의 거래내용 변경 권고 내용과 다른 해외직접투자를 실행한 행위(신고수리위반 해외직접투자행위)를 말한다. 이러한 신고수리위반 해외직접투자행위는 1억 원 이하의 과태료 부과대상 외환질서위반행위에 해당된다(외환법 제32조제2항).

#### 3) 자본거래 사후보고 불이행행위

외환법상 신고의무를 위반하여 신고에 갈음하는 사후 보고를 하지 아니 하거나 거짓으로 사후 보고를 실행한 행위(자본거래 사후보고 불이행행위)를 말한다. 이러한 자본거래 사후보고 불이행행위는 3천만 원 이하의 과태료 부과대상 외환질서위반행위에 해당된다(외환법 제32조제2항).

## Ⅱ. 국내기업 및 외국기업 등의 지사설치 관련 신고의무

### 1. 해외지사의 설치·운용

#### 1) 적용범위

외환법상 해외지사의 설치 · 운용은 거주자가 외국에 해당 거주자의 지점 또는 사무소인 이른바 해외지점을 설치 · 운용하기 위하여 뒤에서 설명하는 일반적인 자본거래와 유사형태 자본거래에 해당하는 행위 및 그에 따른 자금의 수수를 하려는 경우에 적용된다(외환규정 제9-16조). 여기에서 해외지사는 '해외지점'과 '해외사무소'로 구분되는데, '해외지점'은 독립채산제를 원칙으로 하여 외국에서 영업활동을 영위하고자 설치하는 해외지사를 말하고, '해외사무소'는 외국에서 영업활동을 영위하지 아니하고 업무연락, 시장조사, 연구개발활동 등의 비영업적 기능만을 수행하거나 비영리단체(종교단체를 포함함)가 국외에서 해당 단체의 설립목적에 부합하는 활동을 수행하기 위하여 설치하는 해외지사를 말한다(외환규정 제9-17조).

해외지사의 설치 · 운용의 적용범위에 속하는 일반적인 자본거래의 해당범위는 법인의 국내에 있는 본점, 지점, 출장소, 그 밖의 사무소와 외국에 있는 본점, 지점, 출장소, 그 밖의 사무소 사이에 이루어지는 사무소의 설치 · 확장 또는 운영 등과 관련된 행위와 그에 따른 자금의 수수(授受)가 된다(외환법 제3조제1항제19호마목). 그러나 법인의 국내에 있는 본점, 지점, 출장소, 그 밖의 사무소와 외국에 있는 본점, 지점, 출장소, 그 밖의 사무소 사이에 이루어지는 사무소의 설치 · 확장 또는 운영 등과 관련된 행위와 그에 따른 자금의 수수(授受)에 해당된다고 하더라도 외국에 있는 본점, 지점, 출장소, 그 밖의 사무소를 유지하는 데에 필요한 경비나 경상적 거래와 관련된 자금의 수수로서 다음과 같은 지급 또는 수령은 해외지사의 설치 · 운용의 적용범위에서 제외된다(외환령 제9조제1항): ① 집기구매대금, 사무실 임대비용 등 사무소를 유지하는 데에 직접 필요한 경비의 지급 또는 수령; ② 물품의 수출입대금과 이에 직접 딸린 운임 · 보험료, 그 밖의 비용의 지급 또는 수령; ③ 용역거래의 대가와 이에 직접 딸린 비용의 지급 또는 수령. 하지만 개인의 국내에 있는 영업소 및 그 밖의 사무소와 외국에 있는 영업소 및 그 밖의 사무소 간에 이루어지는 사무소의 설치 · 확장 또는 운영 등과 관련된 행위 및 그에 따른 자금의 수수(授受) 또한 자본거래에 해당된다(외환령 제9조제2항제6호).

### 2) 신고의무의 발생

금융기관이 아닌 '소정의 거주자'가 해외지사를 설치하는 경우에는 외환규정 에 따라 외환법상 신고의무가 발생한다. 해당 신고기관은 지정거래외국환은행장이 된다. 그리고 금융기관이 아닌 '소정의 거주자'의 적용범위는 해외지점을 설치하는 경우라면, 과거 1년간의 외화획득실적이 미화 1백만 달러 이상인 자 또는 기타 주무부장관 또는 한국무역협회장이 외화획득의 전망 등을 고려하여 해외지점의 설치가 필요하다고 인정한 자가 해당되며, 해외사무소를 설치하는 경우라면 다음과 같은 자가 해당된다:

① 공공기관;
② 금융감독원;
③ 과거 1년간 외화획득실적이 미화 30만 달러 이상인 자;
④ 과거 1년간 유치한 관광객수가 8천명 이상인 국제여행 알선업자;
⑤ 2인 이상이 공동으로 하나의 해외사무소를 설치하려는 자로서 공동으로 앞의 제③과 제④의 요건을 충족하는 경우;
⑥ 외화획득업자나 수출품 또는 군납품 생산업자로 구성된 협회 또는 조합 등의 법인;
⑦ 중소기업협동조합;
⑧ 국내의 신문사·통신사 및 방송국;
⑨ 산업기술개발촉진법령에 의하여 산업부장관으로부터 국외에 기업부설연구소의 설치가 필요하다고 인정받은 자;
⑩ 대외무역법에서 정하는 바에 의하여 무역업을 영위하는 법인으로서 설립 후 1년을 경과한 자;
⑪ 기타 주무부장관 또는 한국무역협회장이 해외사무소의 설치가 불가피하다고 인정한 자(비영리단체를 포함한다).

### 3) 해외지사 운영경비의 지급

#### (1) 해외지점의 영업기금

해외지점을 설치한 자가 해외지점 설치신고 시 신고한 금액범위 내에서 당해 해외지점에 영업기금을 지급하려는 경우에는 지정거래외국환은행을 통하여 지급하여야 한다. 그리고 해외지점 설치신고시 신고한 영업기금을 초과하여 영업기금을 송금하는 경우에는 지급일로부터 1개월 이내에 지정거래외국환은행장에게 보고하여야 한다. 여기에서 영업기금의 적용범위에서 해당 해외지점의 설치비·유지운영비 및 영업활동을 위한 운전자금을 포함하지만 현지금융차입에 의한 자금은 제외된다.

한편, 외항운송업자 및 원양어업자의 해외지점 또는 해외건설 및 용역사업자의 해외지점은 독립채산제를 적용하지 아니하며, 이에 따라 영업기금을 지급할 수 없는데, 외환규정에 의한 설치비와 유지활동비는 지급할 수 없는 영업기금의 해당범위에서 제외된다(외환규정 제9-19조제3항). 그리고 부득이한 경우 예외적으로 한국은행총재에게 신고하여 수리를 받은 건에 한하여 독립채산제를 적용할 수 있으며, 매분기마다 해외지점으로의 지급내역 등에 대해 한국은행총재에게 보고하여야 한다.

#### (2) 해외사무소의 경비

해외사무소의 설치비 및 유지활동비는 지정거래외국환은행을 통하여 지급하여야 한다. 그리고 해외사무소의 확장에 따른 경비를 지급하려는 경우에는 지급일로부터 1개월 이내에 지정거래외국환은행장에게 보고하여야 한다. 아울러 지정거래외국환은행장은 설치비의 정산 결과 미사용잔액이 있는 경우에는 이를 유지활동비로 전용하게 할 수 있으며, 그 전용금액은 해당 사무소의 유지활동비 지급총액에 합산하여 관리하여야 한다.

#### (3) 국내항공 또는 선박회사 해외지점의 운영경비

외국항로에 취항하는 국내항공 또는 선박회사는 그 항공 또는 선박회사의 해외지점의 주재원급여·설치비 및 유지활동비를 그 항공 또는 선박회사의 전 해외지점의 당해 연도 수입금의 100분의 30 범위 내에서 직접 사용하는 것이 허용된다(외환규정 제9-21조제1항). 아울러 국내항공 또는 선박회사는 매 연도별로 각 해외지점의 현지수입금과 앞서 설명한 허용되는 현지수입금 사용명세서를 해당 연도 종료일부터 2월 이내에 지정거래외국환은행장에게 제출하고 사후관리를 받아야 한다.

### 4) 해외지사에 대한 사후관리

#### (1) 해외지점의 영업활동

해외지점이 다음과 같은 거래 또는 행위를 하려는 경우에는 외환규정에 따라 한국은행총재에게 신고하여 수리를 받아야 한다: ① 부동산에 관한 거래 또는 행위; ② 증권에 관한 거래 또는 행위; ③ 비거주자에 대한 상환기한이 1년을 초과하는 대 부. 하지만 부동산에 관한 거래 또는 행위에 해당된다고 하더라도 해당 해외지점의 영업기금과 이익금유보액 범위 내(독립채산제의 예외적용을 받는 해외지점의 경우에는 인정된 설치비 및 유지활동비 범위 내)에서 사무실 및 주재원의 주거용 부동산 등 해외에서의 영업활동에 필요한 외국에 있는 부동산의 취득 등과 관련하여 행하는 부동산 거래이라면 한국은행총재에게 신고하여 수리할 필요가 없게 된다. 그리고 증권에 관한 거래 또는 행위에 해당한다고 하더라도 당해 해외지점의 영업활동과 관련하여 해당 주재국 법령에 의한 의무를 이행하기 위한 경우와 당해 주재국 내의 정부기관 또는 금융기관이 발행한 증권으로서 즉시 환금이 가능하며 시장성이 있는 증권에 대한 거래라면 마찬가지로 한국은행총재에게 신고하여 수리할 필요가 없게 된다. 또한, 비거주자에 대한 상환기한이 1년을 초과하는 대부에 해당한다고 하더라도 현지금융은 역시 한국은행총재에게 신고하여 수리할 필요가 없게 된다.

#### (2) 해외지점의 결산 순이익금의 처분

독립채산을 하는 해외지점을 설치한 자는 해당 거주자의 매 회계기간별로 각 해외지점의 결산재무제표 및 그 부속서류와 결산결과 발생한 순이익금의 처분내역을 회계기간 종료 후 5월 이내에 지정거래외국환은행장에게 제출하여야 한다. 그리고 결산이익금의 처분방법은 전기이월 결손에의 충당 또는 국내에 회수한 후 외국환은행에 내국지급수단을 대가로 매각하거나 거주자계정에의 예치 혹은 당해 해외지점의 영업기금으로의 운용에 의하여야 한다.

(3) 해외지사의 폐쇄 등

해외지사의 명칭 또는 위치를 변경한 자는 외환규정에 따라 지정거래외국환은행장에게 그 변경내용을 사후보고할 수 있다. 그리고 해외지사를 폐쇄할 때는 외환규정에 따라 잔여재산을 국내로 즉시 회수하고 해당 해외지사의 재산목록, 대차대조표, 재산처분명세서, 외국환매각증명서류를 지정거래외국환은행장에 제출하여야 하는데, 해외에서 외환규정에 의해 인정된 자본거래를 하는 경우라면 예외적으로 잔여재산을 국내로 회수하지 아니할 수 있다.

(4) 해외지사의 보고의무

해외지사의 설치에 관한 신고를 한 자는 설치신고를 한 날부터 6월 이내에 현지법규에 의한 등록증 등 지사설치를 확인할 수 있는 서류를 첨부하여 그 설치신고를 한 지정거래외국환은행장에게 설치행위의 완료내용을 보고하여야 하며, 외환규정에 의하여 해외지사가 부동산을 취득 또는 처분하는 경우에는 그 취득 또는 처분일부터 6월 이내에 지정거래외국환은행장에게 그 취득 또는 처분내용을 보고하여야 하고, 또한 해외지점(비독립채산제 해외지점을 제외한다)을 설치한 자는 당해 해외지사의 연도별 영업활동상황(외화자금의 차입 및 대여명세표를 포함한다)을 회계기간 종료 후 5월 이내에 지정거래외국환은행장에게 제출하여야 하는데, 해외지점을 설치한 자가 휴·폐업 등으로 인해 보고서를 제출하는 것이 불가능하다고 신고기관의 장이 인정하는 경우에는 예외적으로 당해 휴·폐업의 기간에 보고서를 제출하지 아니할 수 있으며, 아울러 영업기금, 설치비, 유지활동비의 지급은 해외지사의 설치신고를 한 지정거래외국환은행을 통하여 이루어져야 하고, 동 지정거래외국환은행은 부동산의 취득 및 처분, 결산, 자금의 차입 및 대여 등에 대하여 해외지사별로 종합관리카드를 작성 비치하거나 전자적 방법으로 사후관리를 하여야 한다.

5) 질서위반행위에 대한 과태료제재

외환법상 신고의무를 이행하지 아니하거나 거짓으로 신고의무를 이행하고 외국영업소 설치 · 운영자금 및 해외활동자금의 지급행위로서 그 신고의무 위반금액이 한화 10억 원 이하 상당액에 해당하는 행위는 1억 원 이하의 과태료 부과대상 외환질서위반행위에 해당된다(외환법 제32조제1항).

## 2. 국내지사의 설치·운용

### 1) 신고의무의 발생

비거주자가 국내지사를 설치하려는 경우에는 외환규정에 따라 외환법상 신고의무가 발생한다. 여기에서 '국내지사'는 국내에서 수익을 발생시키는 영업활동을 영위하는 '지점'과 국내에서 수익을 발생시키는 영업활동을 영위하지 아니하고 업무연락, 시장조사, 연구개발활동 등 비영업적 기능만을 수행하는 '사무소'가 해당된다. 해당 신고기관은 일반적으로 지정거래외국환은행장이 된다. 하지만 비거주자가 ① 자금의 융자, 해외금융의 알선 및 중개, 카드업무, 할부금융 등 은행업 이외의 금융관련업무, ② 증권업무 및 보험업무와 관련된 업무, ③ 외국인투자촉진법 등 다른 법령의 규정에 의하여 허용되지 아니하는 업무 등에 해당하는 업무 또는 앞의 제①부터 제③까지와 관련된 업무의 영위를 목적으로 하는 국내지사를 설치하는 경우라면 해당 신고기관은 지정거래외국환은행장이 아니라 기재부장관이 된다(외환규정 제9-33조제2항). 아울러 국내지사의 설치 · 운용의 적용범위에는 비거주자가 국내지사를 설치 · 운용하기 위하여 외환법에 의한 자금의 수수도 포함된다(외환규정 제9-32조).

한편, 국내지사의 설치신고 방법은 외국기업국내지사설치신고서에 다음과 같은 구비서류를 첨부하여 기재부장관 또는 지정거래외국환은행장에게 제출하는 것이다(외환규정 제9-33조제3항): ① 본점인 외국법인의 명칭 · 소재지 및 주된 영위업무의 내용을 증빙하는 서류; ② 다른 법령의 규정에 의하여 그 설치에 관한 허가 등을 요하는 경우에는 그 사실을 증빙하는 서류사본; ③ 국내에서 영위하고자 하는 업무의 내용과 범위에 관한 명세서. 그런데 국내지사 설치신고를 행한 자가 신고한 내용을 변경하려는 경우에는 외국기업국내지사변경신고서에 변경사실 입증서류 또는 사업계획서(지사의 업무내용 변경 시)를 첨부하여 해당 설치신고를 받은 자에게 제출하여야 하는데, 다만 국내지사의 대표자, 소재지, 업종을 변경한 경우에는 변경사유가 발생한 후 1개월 이내에 사후보고할 수 있다(외환규정 제9-33조제4항).

2) 국내지사의 사후관리

국내지사가 외국의 본사로부터 영업기금을 도입하려는 경우에는 지정거래외국환은행을 통하여 도입하여야 한다. 그리고 외환규정에 의하여 설치신고를 한 지점이 결산순이익금을 외국에 송금하는 경우에도 마찬가지로 지정거래외국환은행을 통하여 송금하여야 한다. 한편, 국내지사의 설치신고를 행한 비거주자가 국내지사를 폐쇄하려는 경우에는 외국기업국내지사폐쇄신고서를 설치신고를 한 해당 신고기관에게 제출하여야 하며, 이와 같이 국내지사의 폐쇄신고를 행한 비거주자가 국내보유자산의 처분대금을 외국으로 송금하려는 경우에는 지정거래 외국환은행장에게 당해 국내지사의 관할세무서장이 발급한 납세증명을 제출하여야 한다.

## Ⅲ. 부동산취득에 대한 신고의무

### 1. 거주자의 해외부동산 취득

1) 신고의무의 발생

거주자가 외국에 있는 부동산 또는 부동산에 관한 권리를 취득하려는 경우에는 외환규정에 따라 원칙적으로 외환법상 신고의무가 발생한다. 해당 신고수리기관은 일반적으로 한국은행총재가 된다. 하지만 거주자가 주거 이외의 목적으로 외국에 있는 부동산을 취득하는 경우 또는 거주자 본인이나 거주자의 배우자가 해외에서 체재할 목적으로 주거용 주택을 취득하는 경우(거주자의 배우자 명의의 취득을 포함한다) 혹은 외국에 있는 부동산을 임차하는 경우(임차보증금이 있는 경우로 한한다)라면 해당 신고수리기관은 한국은행총재가 아니라 예외적으로 지정거래외국환은행장이 된다(외환규정 제9-39조제2항). 그리고 부동산에 관한 권리는 부동산에 관한 물권 · 임차권 기타 이와 유사한 권리를 말한다. 아울러 거주자의 해외부동산 취득에 대한 신고의무의 이행방법은 부동산취득신고(수리)서를 작성하여 해당 신고수리기관에 제출하는 것이다.

그런데 거주자가 외국부동산 매매계약이 확정되기 이전에 지정거래외국환은행장으로부터 내신고수리를 받은 경우에는 취득 예정금액의 100분의 10 이내에서 외국부동산 취득대금의 지급이 가능하며, 이 경우 해당 거주자는 내신고수리를 받은 날로부터 3개월 이내에 지정거래외국환은행장에게 신고하여 수리를 받거나 지급한 자금을 국내로 회수하지 않으면 안 된다(외환규정 제9-39조제3항).

### 2) 신고의무의 면제

거주자가 외국에 있는 부동산 또는 부동산에 관한 권리를 취득하려는 경우라고 하더라도 그 부동산 또는 부동산에 관한 권리의 취득이 다음과 같은 경우에 해당된다면 외환규정에 따라 외환법상 신고의무는 면제된다:

① 외국환업무취급기관이 해외지사의 설치 및 운영에 직접 필요한 부동산의 소유권 또는 임차권을 취득하는 거래(해당 해외지점의 여신회수를 위한 담보권의 실행으로 인한 취득을 포함한다);
② 거주자가 비거주자로부터 상속 · 유증 · 증여로 인하여 부동산에 관한 권리를 취득하는 경우;
③ 정부가 외국에 있는 비거주자로부터 부동산 또는 부동산에 관한 권리를 취득하는 경우;
④ 외국인거주자와 비거주자의 대한민국에 있는 지점, 출장소, 그 밖의 사무소가 외환법 · 령의 적용을 받는 거래 이외의 거래에 의하여 외국에 있는 부동산 또는 부동산에 관한 권리를 취득하는 경우;
⑤ 외국환업무취급기관이 외국환업무를 영위함에 따라 해외소재 부동산을 담보로 취득하는 경우;
⑥ 부동산투자회사, 금융투자업자가 당해 법령이 정한 바에 의하여 외국에 있는 부동산 또는 부동산에 관한 권리를 취득하는 경우;
⑦ 법률에 따라 설립된 기금을 관리 · 운용하는 법인 및 국민연금법에 따라 국민연금기금의 관리 · 운용에 관한 업무를 위탁받은 법인이 당해 법령에 따라 해외자산운용목적으로 부동산을 매매 또는 임대하기 위한 경우;
⑧ 은행, 보험회사, 종합금융회사가 해외자산운용목적으로 부동산을 매매 또는 임대하기 위하여 해당 기관의 관련 법령이나 규정 등에서 정한 범위 내에서 외국에 있는 부동산 또는 부동산에 관한 권리를 취득하는 경우;
⑨ 해외체재자 및 해외유학생이 본인 거주 목적으로 외국에 있는 부동산을 임차하는 경우.

### 3) 신고수리요건의 심사와 사후관리

거주자의 외국에 있는 부동산 또는 부동산에 관한 권리의 취득에 대한 신고를 받은 한국은행총재 또는 지정거래외국환은행장은 신고수리요건을 심사한 후 수리여부를 결정하여 신청일로부터 20일 이내 해당 신청인에게 그 신고수리서를 교부하여야 하는데, 해당 신고수리기관이 그 수리여부를 결정하기 위해서는 다음과 같은 사항을 심사하여야 한다(외환규정 제9-38조): ① 외국에 있는 부동산 또는 이에 관한 물권 · 임차권 기타 이와 유사한 권리를 취득하려는 자가 ⓐ 신용정보법에 의한 금융거래 등 상거래에 있어서 약정한 기일 내에 채무를 변제하지 아니한 자로서 종합신용정보집중기관에 등록된 자, ⓑ 조세 체납자 또는 ⓒ 해외이주수속중인 개인 또는 개인사업자에 해당하는 자가 아닌지 여부; ② 부동산취득금액이 현지금융기관 및 감정기관 등에서 적당하다고 인정하는 수준인지 여부; ③ 부동산취득이 해외사업활동과 거주목적 등 실제 사용목적에 적합한지 여부.

### 4) 질서위반행위에 대한 과태료제재

외환법상 신고의무를 이행하지 아니하거나 거짓으로 신고의무를 이행하고 실행한 해외부동산 또는 해외부동산에 관한 권리의 취득행위로서 그 신고의무 위반금액이 한화 10억 원 이하 상당액에 해당하는 행위는 1억 원 이하의 과태료 부과대상 외환질서위반행위에 해당된다(외환법 제32조제1항).

## 2. 비거주자의 국내부동산 취득

### 1) 신고의무의 발생

비거주자가 국내에 있는 부동산 또는 부동산에 관한 권리를 취득할 경우에는 외환규정에 따라 외환법상 신고의무가 발생한다. 여기에서 부동산에 관한 권리는 부동산에 관한 물권 · 임차권 기타 이와 유사한 권리를 말한다. 그리고 해당 신고기관은 한국은행총재가 된다. 하지만 비거주자가 국내부동산 또는 국내부동산에 관한 권리를 취득하는 경우가 다음과 같은 경우이라면 해당 신고기관은 예외적으로 외국환은행장이 된다: ① 외국으로부터 휴대수입 또는 송금(대외계정에 예치된 자금을 포함한다)된 자금으로 취득하는 경우; ② 거주자와의 인정된 거래에 따른 담보권을 취득하는 경우; ③ 앞의 제①에 의한 자금(외국에서 직접 결제하는 경우를 포함한다) 또는 앞의 제①과 제②의 방법으로 부동산 또는 부동산에 관한 권리를 취득한 비거주자로부터 부동산 또는 부동산에 관한 권리를 취득하는 경우. 한편, 비거주자가 국내에 있는 부동산 또는 부동산에 관한 권리를 취득할 경우에 신고의무의 이행방법은 부동산취득신고(수리)서에 당해 부동산거래를 입증할 수 있는 서류 또는 담보취득을 입증할 수 있는 서류를 첨부하여 해당 신고기관에 제출하는 것이다.

### 2) 신고의무의 면제

비거주자가 국내에 있는 부동산 또는 부동산에 관한 권리를 취득하려는 경우에 해당된다고 하더라도 그 경우가 다음과 같은 경우에 해당한다면 외환규정 제9-42조제1항에 따라 외환법상 신고의무는 면제된다:

> ① 해저광물자원법의 규정에 의하여 인정된 바에 따라 비거주자인 조광권자가 국내에 있는 부동산 또는 부동산에 관한 권리를 취득하는 경우;
> ② 비거주자가 본인, 친족, 종업원의 거주용으로 국내에 있는 부동산을 임차하는 경우;
> ③ 국민인비거주자가 국내에 있는 부동산 또는 부동산에 관한 권리를 취득하는 경우;
> ④ 비거주자가 국내에 있는 다른 비거주자로부터 토지 이외의 부동산 또는 부동산에 관한 권리를 취득하는 경우;
> ⑤ 외국인비거주자가 상속 또는 유증으로 인하여 국내에 있는 부동산 또는 부동산에 관한 권리를 취득하는 경우.

## Ⅳ. 신고의무위반행위에 대한 형사제재

### 1. 불법 해외직접투자행위(죄)

불법 해외직접투자행위(죄)[16]는 외환법상 자본거래에 대한 신고의무를 위반한 행위 중 해외 직접투자에 대한 신고내용의 타당성을 인정하는 신고수리를 받지 않는 행위가 적용된다. 본죄의 처벌요건 위반금액은 20억 원이다(외환령 제40조제1항제2호). 따라서 처벌요건 위반금액을 충족하지 못하는 20억 원 이하의 신고의무위반행위는 본죄의 적용범위를 벗어나게 되며, 단지 과태료 부과대상 질서위반행위에만 해당될 따름이다.

해외직접투자 신고의무위반행위(죄)에 대한 형벌제재는 1년 이하의 징역 또는 1억 원 이하의 벌금에 처하되, 위반행위의 목적물 가액의 3배가 1억 원을 초과한다면 그 벌금을 목적물의 가액의 3배 이하로 한다(외환법 제29조제1항). 본죄는 징역과 벌금을 병과할 수 있으며(외환법 제29조제3항), 몰수 및 추징과 양벌규정도 적용된다(외환법 제30조·제31조). 그러나 미수행위에 대한 가벌성은 없다.

### 2. 불법 부동산취득행위(죄)

불법 부동산취득행위(죄)[17]는 외환법상 자본거래에 대한 신고의무를 위반한 행위 중

---

16) 형사법적으로 자세하게 설명한 내용은 김용태, 앞의 책, 288~292쪽을 참조.

부동산취득에 대한 신고내용의 타당성을 인정하는 신고수리를 받지 않는 행위가 적용된다. 본죄의 처벌요건 위반금액은 10억원이다(외환령 제40조제1항제2호). 따라서 처벌요건 위반금액을 충족하지 못하는 10억원 이하의 신고의무위반행위는 본죄의 적용범위를 벗어나게 되며, 단지 과태료 부과대상 질서위반행위에만 해당될 따름이다. 불법 부동산취득죄의 행위태양은 거주자의 해외부동산 미신고취득행위와 비거주자의 국내부동산 미신고취득행위가 있다.

불법 부동산취득행위(죄)에 대한 형벌제재는 1년 이하의 징역 또는 1억 원 이하의 벌금에 처하되, 위반행위의 목적물 가액의 3배가 1억 원을 초과한다면 그 벌금을 목적물의 가액의 3배 이하로 한다(외환법 제29조제1항). 본죄는 징역과 벌금을 병과할 수 있으며(외환법 제29조제3항), 몰수 및 추징과 양벌규정도 적용된다(외환법 제30조·제31조). 그러나 미수행위에 대한 가벌성은 없다.

17) 형사법적으로 자세하게 설명한 내용은 김용태, 앞의 책, 293~299쪽을 참조.

# 부록 관세사 시험 기출문제

◆ 2024년도 41회

(20점)

**[문제 1]** 다음 물음에 답하시오.

**물음 2)** 외국환거래법령상 소액해외송금업자와 관련하여 (1) 등록의 요건(영 제15조의2)을 모두 쓰고, (2) 소액해외송금업무의 안전성 확보 기준 등(영 제15조의4)을 4가지만 쓰시오. (10점)

◆ 2023년도 40회

(20점)

**[문제 1]** 다음 물음에 답하시오.

**물음 2)** 외국환거래법령상 (1) 외국환업무(법 제3조) 4가지(단, 법 제3조제1항제16호 마목 제외)를 쓰고, (2) 대통령령으로 정하는 외국환업무(시행령 제6조)를 모두 쓰시오. (10점)

◆ 2022년도 39회

(20점)

**[문제 1]** 다음 물음에 답하시오.

**물음 2)** 외국환거래법상 외국환평형기금을 조성(법 제13조제2항)하기 위한 재원(財源) 5가지만 쓰시오. (10점)

◆ 2021년도 38회

(10점)

**[문제 1]** 외국환거래법상 제21조의2 부담금납부의무자에 해당되는 5개 기관만 쓰시오. (제21조의2 7호 각 목 제외)

◆ 2020년도 37회

(10점)

**[문제 1]** 외국환거래법상 '거주자'의 정의와 이와 관련된 '거주자의 범위'(시행령 제10조 제1항) 7가지를 쓰시오.

◆ 2019**년도** 36**회**

(10점)

**[문제 1]** 외국환거래법령상 소액해외송금업자와 관련한 이행보증예탁기관의 이행보증금의 지급사유와 반환사유에 대하여 각각 설명하시오.

◆ 2018**년도** 35**회**

(10점)

**[문제 1]** 외국환거래법령상 외국환업무취급기관 등의 '건전성 규제' 기준에 대하여 설명하시오.

◆ 2017**년도** 34**회**

(10점)

**[문제 1]** 외국환거래법(제3조제19호)에서 규정하고 있는 자본거래의 정의에 관하여 설명하시오.

◆ 2016**년도** 33**회**

(10점)

**[문제 1]** 외국환거래법령상 자본거래의 신고 등에 관한 내용 중 경미하거나 정형화된 자본거래로서 ① 사후에 보고하는 거래의 종류와 ② 자본거래신고 등의 예외거래의 종류를 설명하시오.

◆ 2015**년도** 32**회**

(10점)

**[문제 1]** 외국환거래법령상 '외국환거래의 정지 등'을 다루고 있는 규정을 조치의 대상, 관련 사항의 고시, 적용기간, 적용의 제한 등으로 나누어서 설명하시오.

# 참고문헌


김용태, 관세행정법 with 관세형사법(서울: 도서출판 두남, 2023)

______, 외국환거래법 with 외환형사법(서울: 주식회사 부크크, 2024)

김완석 · 박종수 · 이중교 · 황남석, 주석 국세기본법(서울: 삼일인포마인, 2021)

박수혁, 행정법강의[제4판]: 주요이론과 논점 및 판례(서울: 법률문화사, 2004)

이재상, 신형사소송법(서울: 박영사, 2007)

임승순, 조세법(서울: 박영사, 2016)

임 웅, 형법총론[제8정판](파주: 법문사, 2016)

홍정선, 행정법원론(상) 제11판(서울: 박영사, 2003)

관세청, 외국환거래법 유권해석 사례집(2017)

Hartmut Maurer, Allgemeines Verwaltungsrecht, 11., überarbeitete und ergänzte Auflage(München: Verlag C.H.Beck, 1997)

Peter Witte/Hans-Michael Wolffgang(Hrsg.), Lehrbuch des Europäischen Zollrecht, 3. Auflage(Herne/Berlin: Verlag Neue Wirtschafts-Briefe, 1998)

Wolfgang Jakob, Abgabenordnung: Steuerverwaltungsverfahren und finanzgericht liches Verfahren, 2., völlig überarbeitete Auflage(München: Verlag C.H.Beck, 1996)

# 약어표

| 약어 | 법령명 |
|---|---|
| 기재부 | 기획재정부 |
| 개소세법 | 개별소비세법 |
| 공공기관운영법 | 공공기관의 운영에 관한 법률 |
| 공공차관법 | 공공차관의 도입 및 관리에 관한 법률 |
| 공정거래법 | 독점규제 및 공정거래에 관한 법률 |
| 국기법 | 국세기본법 |
| 국기령 | 국세기본법 시행령 |
| 국징령 | 국세징수법 시행령 |
| 국징법 | 국세징수법 |
| 국제조세조정법 | 국제조세조정에 관한 법률 |
| 국제조세조정령 | 국제조세조정에 관한 법률 시행령 |
| 금융사지배구조법 | 금융회사의 지배구조에 관한 법률 |
| 금융산업구조개선법 | 금융산업의 구조개선에 관한 법률 |
| 금융실명법 | 금융거래실명 및 비밀보장에 관한 법률 |
| 금융위원회법 | 금융위원회의 설치 등에 관한 법률 |
| 과기정통부 | 과학기술정보통신부 |
| 관세규칙 | 관세법 시행규칙 |
| 관세령 | 관세법 시행령 |
| 관세환급특례법 | 수출용 원재료에 대한 관세등 환급에 관한 특례법 |
| 남북교류협력법 | 남북교류협력에 관한 법률 |
| 농특세법 | 농어촌특별세법 |
| 대외경협법 | 대외경제협력기금법 |
| 대외무역령 | 대외무역법 시행령 |
| 물류시설법 | 물류시설의 개발 및 운영에 관한 법률 |
| 부가세법 | 부가가치세법 |
| 부가세령 | 부가가치세법 시행령 |
| 부정경쟁방지법 | 부정경쟁방지 및 영업비밀보호에 관한 법률 |
| 불공정무역조사법 | 불공정무역행위 조사 및 산업피해구제에 관한 법률 |
| 범죄수익은닉규제법 | 범죄수익은닉의 규제 및 처벌 등에 관한 법률 |
| 사법경찰직무법 | 사법경찰관리의 직무를 행할 자와 직무범위에 관한 법률 |
| 산업부 | 산업통상자원부 |

| | |
|---|---|
| 식품표시광고법 | 식품 등의 표시·광고에 관한 법률 |
| 식물신품종법 | 식물신품종 보호법 |
| 신용정보법 | 신용정보의 이용 및 보호에 관한 법률 |
| 선박입출항법 | 선박의 입항 및 출항 등에 관한 법률 |
| 외국인관광객면세규정 | 외국인관광객 등에 대한 부가가치세 및 개별소비세 특례규정 |
| 외투법 | 외국인투자촉진법 |
| 외환법 | 외국환거래법 |
| 외환령 | 외국환거래법 시행령 |
| 외환규정 | 외국환거래규정 |
| 원산지표시법 | 농수산물의 원산지 표시에 관한 법률 |
| 여신협회장 | 한국여신전문금융업협회장 |
| 자본시장법 | 자본시장과 금융투자업에 관한 법률 |
| 조특법 | 조세특례제한법 |
| 조특령 | 조세특례제한법 시행령 |
| 중기령 | 중소기업기본법 시행령 |
| 중기법 | 중소기업기본법 |
| 중견기업법 | 중견기업 성장촉진 및 경쟁력 강화에 관한 특별법 |
| 전자상거래법 | 전자상거래 등에서의 소비자보호에 관한 법률 |
| 정보공개법 | 공공기관의 정보공개에 관한 법률 |
| 정보통신망법 | 정보통신망 이용촉진 및 정보보호 등에 관한 법률 |
| 질서위반법 | 질서위반행위규제법 |
| 총포화약법 | 총포·도검·화약류 등의 안전관리에 관한 법률 |
| 채무자회생법 | 채무자 회생 및 파산에 관한 법률 |
| 특정경제범죄법 | 특정경제범죄 가중처벌 등에 관한 법률 |
| 특정금융정보법 | 특정 금융거래정보의 보고 및 이용 등에 관한 법률 |
| 한·미SOFA | 대한민국과 아메리카합중국 간의 상호방위조약 제4조에 의한 시설과 구역 및 대한민국에서의 합중국군대의 지위에 관한 협정 |
| 환전영업고시 | 환전영업자 관리에 관한 고시 |
| 해수부 | 해양수산부 |
| 행안부 | 행정안전부 |
| 행소법 | 행정소송법 |
| 형소법 | 형사소송법 |
| FTA관세법 | 자유무역협정의 이행을 위한 관세법의 특례에 관한 법률 |
| GATT | General Agreement on Tariffs and Trade |
| HS | Harmonized Commodity Description and Coding System |
| SOFA군대 | 한·미SOFA에 따른 미합중국군대 및 이에 준하는 국제연합군 |
| SOFA신분자 | SOFA군대의 구성원·군속·초청계약자와 SOFA군대의 비세출자금기관·군사우편국·군용은행시설 |

# 찾아보기

◎ 저자 약력 ......................................................................................................................

## ■ 김 용 태

〈학력 및 해외연구 경력〉

- 성균관대학교 문과대학 독어독문학과 졸업
- 서울시립대학교 일반대학원 법학과(석사과정 및 박사과정) 졸업, 법학박사
- 독일 Köln대학교 국제경제법연구소 객원연구원(1998.11.~1999.2.)
- 독일 Giessen대학교 경제형법연구소 객원연구원(2001.4.~2001.9.)

〈주요 경력〉

- 관세청 FTA집행기획관실·조사감시국 관세행정관
- 서울본부세관 조사국 외환조사팀장
- 법무법인 화우 조세그룹(관세팀) 관세·외환·FTA원산지조사 전문 파트너관세사
- 한국관세포럼 총무부회장(2000.~2012.) 및 한국관세학회 부회장(2016.)
- 원산지관리사 『FTA 협정·법령』 출제 및 선정위원(제15·16·20회)
- 관세청 『FTA 정책자문단』 자문위원(2015.10.~2016.6.)
- 관세청 『통관물류 정책자문단』 자문위원(2016.5.~2017.6.)
- 관세사 국가자격시험 『관세평가』 출제(제34·38회) 및 채점(제34·35·37·38회)위원
- 단국대학교(죽전캠퍼스) 상경대학 무역학과 외래강사
- 한남대학교 무역학과 『관세법 및 HS·관세품목분류』 담당 외래교수
- 서울사이버대학교 글로벌무역물류학과 『FTA 원산지』 담당 외래교수
- 세무TV 『세무컨설팅최고전문가과정』 전임교수
- 국세공무원교육원 『외환조사기법 및 사례연구』 담당 외부교수
- 『(사)한국 FTA Rules of Origin 연구회』 사무총장
- 『한국 관세법판례연구회』 사무총장
- 건국대학교(글로컬캠퍼스) 경제통상학과 겸임교수
- 덕성여자대학교 국제통상학과 겸임교수

〈주요 연구논문 및 저서〉

- Global 경제시대에서의 한국 관세행정법에 관한 연구(박사학위논문, 2005.)
- FTA 원산지 이야기(도서출판 두남, 2022.)
- 관세행정법 with 관세형사법(도서출판 두남, 2023.)
- 외국환거래법 with 외환형사법(주식회사 부크크, 2024.)
- 관세평가의 법리와 판례연구(도서출판 두남, 2024.)

**무역관계법규 : 관세법 · 대외무역법 · 외국환거래법**

초 판 1쇄 인쇄 —— 2024년 8월 1일
초 판 1쇄 발행 —— 2024년 8월 5일

지은이 —— 김 용 태
펴낸이 —— 전 두 표
펴낸곳 —— 도서출판 **두남**
서울시 강동구 성내로 6길 34-16 두남빌딩
신 고 : 제25100-1988-9호
TEL : 02) 478-2066, 2067
FAX : 02) 478-2068
E-mail : dnbooks@dunam.co.kr
http://www.dunam.co.kr

**정가 30,000원**

ISBN 978-89-6414-998-0 93320